国家出版基金项目
NATIONAL PUBLICATION FOUNDATION
"十三五"国家重点
图书出版规划项目

# 晚清思想史资料选编

## 1840—1911

### 第 五 卷

主编 郑大华 俞祖华

选编 刘 平 俞祖华 贾小叶

任 青 刘 纯 周 游

马守丽 朱映红 郑大华

岳麓书社·长沙

# 第五卷目录

**八、甲午战争前民间思想观念的初步变化 / 1**

导　论 / 1

**1. 从"经学为本"到"声光电化""练兵制器" / 4**

引　言 / 4

· **华蘅芳**

微积溯源序 / 5　　　　　代数术序 / 6

· **张文虎**

新译几何原本序 / 7

· **许克勤**

中西医理孰长论 / 8

· **傅云龙**

地椭圆说 / 11　　　　　地动说 / 13

· **沈毓桂**

中西相交之益 / 14　　　　西学必以中学为本说 / 22

· **吉绍衣**

问格致之学泰西与中国有无异同 / 23

·邹弢

推广西学议 / 25

·徐寿

医学论（节选）/ 26

·保笑嵒

学贵实用论 / 27


2. 从"重农抑商"到重视工商 / 30

引言 / 30

·许庭铨

中国近日富强之术以何者为先论 / 31

通商八策 / 35

·柯来泰

救商十议 / 40

·杨家禾

通商四大宗论 / 45

·杨史彬

整顿铁政纺织利不外溢策 / 47

·吴佐清

中国仿行西法纺纱织布应如何筹办俾国家商民均获利益论 / 52

·俞赞

恤商论 / 54

·马良

改革招商局建议 / 58

·马林、李玉书

富民策 / 59          各家富国策辨 / 62

论地租归公之益 / 71

·《申报》言论

议建铁路引 / 75　　　　　造铁路告白 / 76

商贾论 / 76　　　　　　　开矿论 / 78

轮船论 / 79　　　　　　　致富论 / 80

论内地将购设火轮车路 / 81

论铁路事 / 82　　　　　　试行开矿论 / 83

论电线 / 84　　　　　　　论制造 / 85


**3. 对西方政治制度的介绍与向往 / 87**

引　言 / 87

**·项文瑞**

西学储材三要 / 88

**·杨家禾**

西学储材六端 / 90

**·王佐才**

公法不足恃论 / 92

**·钟天纬**

据公法以立国论 / 93

**·杨史彬**

议院十难 / 95

**·佚　名**

论议院为治国之纲领 / 99

**·许象枢**

议院利害若何论 / 100

**·陈翼为**

议院得失篇 / 103

## 九、甲午战争后维新变法思想的兴起 / 106

导　论 / 106

### 1. 康有为的早期思想 / 108

引　言 / 108

· 康有为

戒缠足会启 / 109　　　　论幼学 / 110

公法会通 / 112　　　　论时务 / 113

与潘文勤书 / 119　　　　与曾劼刚书 / 121

上清帝第一书 / 123

与洪右臣给谏论中西异学书 / 130

### 2. 康有为的《新学伪经考》和《孔子改制考》 / 132

引　言 / 132

· 康有为

新学伪经考（存目）/ 133

孔子改制考（存目）/ 133

### 3. 严复译《天演论》及按语 / 134

引　言 / 134

· 严复

天演论·吴序 / 135

天演论·自序 / 136

天演论·译例言 / 138

天演论上 / 140

天演论下 / 169

**十、维新派的变法思想与主张 / 201**

　导　论 / 201

　**1. 康有为的变法思想和主张 / 204**

　　引　言 / 204

　　变则通通则久论 / 205　　　　上清帝第二书 / 206

　　上清帝第三书 / 226　　　　　上清帝第四书 / 244

　　京师强学会序 / 255　　　　　上海强学会章程 / 256

　　上海强学会后序 / 261　　　　记强学会事 / 262

　　上清帝第五书 / 262

　　外衅危迫分割洊至急宜及时发愤大誓臣工开制度新政局折（总理衙门代递
　　　　折）/ 269

　　为译纂《俄彼得变政记》成书可考由弱致强之故呈请代奏折（总理衙门代
　　　　递折）/ 276

　　进呈《日本变政考》等书乞采鉴变法以御侮图存折（总理衙门代递折）/ 280

　　保国会序 / 283　　　　　　　保国会章程 / 284

　　京师保国会第一次集会演说 / 287

　　请广译日本书派游学折 / 291

　　请定国是明赏罚以正趋向而振国祚折（代杨深秀作）/ 293

　　请明定国是疏（代徐致靖作）/ 295

　　国是既定用人宜先谨保维新救时之才请特旨破格委任折（代徐致靖
　　　　作）/ 297

　　请废八股试帖楷法试士改用策论折 / 299

　　请变通科举改八股为策论折（代宋伯鲁作）/ 302

　　经济特科以得通才为主片（代宋伯鲁作）/ 303

　　请御门誓众开制度局以统筹大局折 / 303

　　请废八股以育人才折（代徐致靖作）/ 306

　　请将经济岁举归并正科并饬各省生童岁科试迅即遵旨改试策论折（代宋伯

鲁作）/ 307

请告天祖誓群臣以变法定国是折 / 308

请开学校折 / 310

答人论议院书 / 311

请立商政以开利源而杜漏折 / 313

为厘定官制请分别官差以行新政以高秩优耆旧以差使任才能折 / 317

请定立宪开国会折（代内阁学士阔普通武作）/ 319

请君民合治满汉不分折 / 320

请开制度局议行新政折 / 323


**2. 梁启超的变法思想和主张 / 325**

引　言 / 325

变法通议 / 326　　　　　　古议院考 / 361

论中国积弱由于防弊 / 363

论报馆有益于国事 / 366

与严幼陵先生书 / 369

论君政民政相嬗之理 / 372

论中国之将强 / 376

《日本国志》后序 / 381

读《日本书目志》书后 / 382

《西政丛书》叙 / 384　　　　南学会叙 / 386

知耻学会叙 / 388　　　　　与林迪臣太守书 / 390

保国会演说词 / 392　　　　论湖南应办之事 / 394

# 八、 甲午战争前民间思想观念的初步变化

## 导 论

鸦片战争发生后，不仅统治阶级的不同派别作出了各自的回应，形成了学习西方或拒绝变革等不同的思想倾向。在民间社会、下层民众中，也对西方殖民势力的入侵、西方文化的传播，作出了一面反对侵略、一面主张学习西方先进文化的回应。民间社会的不同阶层、不同人士，由于所处地位不同，与西方文化接触的机缘与感受不同，对西方冲击的反应、回应也有所不同。一些士绅、民众采取了打教堂、反洋教等激烈的反应方式，甚至存在盲目排外的倾向。但也有一些有较多机会接触西方文化的民间人士，对西方文化怀有好感，对西方文明的先进性有所认识，主张学习西方先进科技、先进文化、先进制度。他们的思想观念发生了深刻的变化。

这种变化主要体现在口头相传的谣谚、民间传说，及文本形式的书文揭帖、报刊、方志、个人日记游记等不同载体上。王明伦选编的《反洋教书文揭帖选》，收集、编辑、整理了洋务运动时期反洋教的文献资料，包括下层民众发布的揭帖、告白、檄文、告示等。张守常编辑的《中国近世谣谚》一书，辑得谣谚一千三四百首，对近代重大史事，如鸦

片战争和英法联军、太平天国和同期其他人民起义、中法战争和中日甲午战争、反教会斗争和义和团运动、辛亥革命以及袁世凯和北洋军阀，所辑录的谣谚尤多，可以窥见人民群众对这些重大事件的看法和他们在这些重大事件中的呼声。本卷重点关注在西方文化传播影响之下民间社会思想观念的一些积极变化。选录了体现民间知识分子"走向世界"历史记忆的李圭的《环游地球新录》与徐建寅的《欧游杂录》两篇域外游记。在郭嵩焘、王韬、薛福成、马建忠等洋务思想家、早期维新思想家的海外日记、行记外，这一时期类似的域外游记如罗森等的《日本游记（1854）》、斌椿的《乘槎笔记》等。

个人日记是反映这一时期知识分子思想观念变化的重要史料。洋务运动时期的重要名士日记如：李慈铭的《越缦堂日记（1854-1894）》、翁同龢的《翁同龢日记》、王闿运的《湘绮楼日记》、叶昌炽的《缘督庐日记》、潘祖荫的《潘祖荫日记》、吴汝纶的《桐城吴先生日记》等。

随着学习西方的推进与维新思潮的兴起，报刊成为大众传媒的主要形式，也成为后人了解晚清社会思想观念变迁与社会生活习俗变化的重要渠道。《申报》原名《申江新报》，1872 年 4 月 30 日（清同治十一年三月二十三日）在上海创刊，1949 年 5 月 27 日停刊，为近代中国发行时间最久、具有广泛社会影响的报纸，是中国现代报纸开端的标志。该报虽由外国人创办，但由中国人主持笔政，"本馆虽西人开设，而秉笔者则华人，其报系中西人所共成者"。19 世纪 70 年代以后，还出现了中国人自办的报刊，如1874 年在上海创办的《汇报》、在香港由华人出资开办的《循环日报》等。本卷从这一时期的《申报》《万国公报》《上海新报》《格致汇编》等报刊中，选编了一些能反映该时期社会思想观念变化的一些文章。

文选类资料集有：《皇朝经世文续编》一百二十卷（葛士濬辑，清光绪二十四年上海书局石印本，突破了《皇朝经世文编》分学术、治体及吏、户、礼、兵、刑、工八纲的体例，另增洋务一纲二十卷，收奏议、论文一千余篇）。《皇朝经世文三编》八十卷（光绪二十四年上海书局石印本，清陈忠倚即淞南香隐辑。共选 592 篇，时间自光绪十四年至二十三年）。《皇朝经世文四编》五十二卷（何良栋辑，门类同葛书，但把洋务变为外部，增改子目有富强、国债、税则、钞法、银行、赛会、公司、公法、议院、善举、埠政、治道、史传、地志等，共 670 篇，光绪二十八年刊）。另有陈耀卿辑《时事新编初集》（光绪二十一年铅印本），郑振铎编《晚清文选》（中国社会科学出版社 2002 年版）等。

# 1. 从"经学为本"到"声光电化""练兵制器"

## 引　言

　　第二次鸦片战争后，洋务派掀起了"师夷长技""师夷智以造炮制船"的"自强""求富"活动，倡导学习西方科学技术。与此同时，士人与社会各界也通过各种报刊，倡导学习自然科学与现代技术，致力于传播科技知识，致力于推动"经学为本"、混而不分的传统学术向"声光电化"、分科而立的现代学术的转型。这一时期，出现了徐寿、华蘅芳、李善兰、徐建寅等现代科技先驱，其中，华蘅芳与傅兰雅合译了《微积溯源》《代数术》等著作，李善兰翻译了欧几里得的《几何原本》后九卷，及西方近代数学、天文学、力学、植物学等方面的著作。《万国公报》上发表了沈毓桂的《中西相交之益》《西学必以中学为本说》，吉绍衣的《问格致之学泰西与中国有无异同》，蔡尔康的《设文会以广闻见议》，张书绅的《中西书院之益》，邹弢的《推广西学议》等文章，主张兼采中西，在"以中学为本"的同时，吸收、推广西学，认为"西国之史学宜考究也""西国之性理宜考究也""西国之经学宜考究也""西国之格致宜考究也""西国之天文宜考究也""西国之数学宜考究也""西国之地舆宜考究也""西国之音乐宜考究也""西国之丹青宜考究也"（《中西相交之益》）；主张分科立学，"分天文、地理、测算、制造、绘图、兵学、光学、重学、矿学、律学、电学以及格致行船之类，报名入考"（《推广西学议》）。1876 年创刊的《格致汇编》，是以介绍声光化电等科学知识为中心内容的、我国近代第一份科学普及期刊，刊载了《医学论》《论轻气球》《电气蜘蛛》《西国嬉戏格致器说》《美国时辰表公司》《火车与铁路略论》等文章，介绍、普及相关科学知识。《申报》上也发表了大量倡导、传播科学技术知识，介绍军事技术进展、练兵制器等内容的新闻与评论，如 1872 年《申报》创刊首月刊载的《地球说》一文，被称为是中国近代第一次"见诸报端的天文地理知识"的大众科学启蒙（邬国义：《〈申报〉初创：〈地球说〉的作者究竟是谁？》，《华东师范大学学报》2012 年第

1 期）；如围绕制造、练兵购置铁甲舰等发表了《西友谈兵》《精练水师》《东南六省海口一带亟宜团防说》《论武员宜究习西国兵法》《劝办铁甲战船说》等多篇报道与评论，呼吁练兵制器、强军保国，指出："非有铁甲战船，则海岛诸国万难使海疆无患、国家均安，长享承平之福也。……与其俟事有失而后筹款以赔兵费，曷若先将赔费以置办各物，而使有备无患乎！此举固中国最要之关键，此日乃中国吃紧之时候；少疏计算，徒悔无及！安得沿海各省皆如粤省绅富捐资购买铁甲战船，均存报国保家之心，先行报国保家之事，以为报国保家之计；则区区日本，何足忌惮哉！"（《劝办铁甲战船说》）。

## 华蘅芳

### 微积溯源序

《微积溯源》八卷，前四卷为微分术，后四卷为积分术，乃算学中最深之事也。余既与西士傅兰雅译毕《代数术》二十五卷，更思求其进境，故又与傅君译此书焉。先是咸丰年间，海宁李壬叔曾与西士伟烈亚力译出《代微积拾级》一书，流播海内。余素与壬叔善，得读其书，粗明微积二术之梗概。所以又译此书者，盖欲补其所略也。书中代数之式甚繁，校算不易，则刘君省庵之力居多。今刻工已竣矣，故序之曰：吾以为古时之算法，惟有加减而已。其乘与除，乃因加减之不胜其繁，故更立二术以使之简易也。开方之法，又所以济除法之穷者也。盖算学中自有加减乘除开方五法，而一切浅近易明之数，无不可通者矣。惟人之心思智虑，日出不穷，往往以能人之所不能者为快，遇有窒碍难通之处，辄思立法以济其穷。故有减其所不可减，而正负之名，不得不立矣，除其所不受除，而寄母通分之法，又不得不立矣。代数中种种记号之法，皆出于不得已而立者也。每立一法，必能使繁者为简，难者为易，迟者为速，疏者为密，而算学之境界，借此得更进一层。如是屡进不已，而所立之法，于是乎日多矣。微分积分者，盖及因乘除开方之不胜其繁，且有窒碍难通之处，故更立此二术，使之简易而速，以得极密之数者也。试观圆径求周真数求对数等事，虽无微分积分，亦未尝不可求。惟须乘除开方数十百次，其难有不可言喻者，不如用微积之法，理明而数捷也。然则谓加减乘除开方代数之外，更有二术焉，一曰微分，一曰积分可也。其积分术为微分之还原，犹之开平方为自乘之还原，除法为乘之还原，减法为加之还原也。然加与乘其原无不可还，而微分之原，有可还有不可还，是犹算式中有不可开之方耳。又何怪焉。如必曰加减乘除开方，已足供吾之用矣，何必更究其精，是舍舟车之便利，而必欲负重远行也，其用力多而成功少，固不待智者而辨矣。同治十三年九月十八日序。（《晚清文选》卷中）

## 代数术序

《代数术》二十五卷，余与西士傅兰雅所译也。傅君本精于此学，余亦粗明算法。故傅君口述之，余笔记之。一日数千言，不厌其艰苦，凡两月而脱稿。缮写付梓，经年告成，爰展阅一过，而序之曰：数之名始于一而终于九，故至十则进其位，而仍以自一至九之数名之。至百则又进其位，而仍以自一至九之数名之。如是以至千万亿兆，其例一也。夫古人造数之时，所以必以十纪之者，诚以数之多可至无穷，若每数各与一名，则吾之名必有穷时，且纷而无序，将不可记忆，不如极之于九而以十进其位，则举手而示，屈指而记，虽愚鲁者皆能之。故可便于民生日用，传之数千百年，至今不变也。观夫市廛贸易之区，百货罗列，精粗美恶贵贱之不同，则其数殊焉。多寡长短大小轻重之不同，则数其又殊焉。凡欲以其所有易其所无者，必握算而计之。其所斤斤计较者，莫非数也。设有人言吾能用他法以代其数，夫谁能信之？良以其乘除加减，不过举手之劳，顷刻而得，无有奥邃难明之理在其间，本无借乎代也。惟是数理幽深，最耐探索，畴人演算，务阐精微，于是乎设题愈难，布算愈繁，甚至经旬累月，不能毕一数。且其所求之数，往往杂揉隐匿于各数之内，而其理亦纡远而不易明。若每事必设一题，每题必立一术，枝枝节节而为之，术之多将不可胜纪，而仍不足以穷数理之变，则不如任数理之万变，而我立一通法以驭之，此中法之天元，西法之代数所由作也。代数之术，其已知未知之数，皆代之以字，而乘除加减，各有记号以为区别，可如题之曲折以相赴。迨夫层累已明，阶级已见，乃以所代之数入之，而所求之数出焉。故可以省布算之工，而心亦较逸，以其可不借思索而得也。虽然，代数之术诚简矣，诚便矣，试问工此术者，遂能不病其繁乎，则又不能也。夫人之用心，日进而不已，苟不至昏眊迷乱，必不肯中辍。故始则因繁而求简，及其既简也，必更进焉而复遇其繁。虽迭代数十次，其能免哉！由是知代数之意，乃为数学中钩深索隐之用，非为浅近之算法而设也。若米盐零杂之事，而概欲以代数施之，未有不为市侩所笑者也。至于代数、天元之异同优劣，读此书者，自能知之，无待余言也。同治十二年十月二十日序。（《晚清文选》卷中）

## 张文虎

### 新译几何原本序

《几何原本》前六卷，明徐文定公受之西洋利玛窦氏，同时李凉庵汇入《天学初函》。而《圜容较义》《测量法义》诸书，其引几何颇有出六卷外者，学者因以不见全书为憾。咸丰间，海宁李壬叔，始与西士伟烈亚力续译其后九卷，复为之订其舛误。此书遂为完帙。松江韩绿卿尝刻之，印行无几，而板毁于寇。壬叔从余安庆军中，以是书视予，曰："此算学家不可少之书，今不刻，行复绝矣。"会余移驻金陵，因属壬叔取后九卷重校付刊。继思无前六卷，则初学无由得其蹊径，而乱后书籍荡泯《天学初函》，世亦稀觏。近时广东海山仙馆刻本，纰缪实多，不足贵重。因并取六卷者，属校刊之。盖我中国算书，以《九章》分目，皆因事立名，各为一法，学者泥其迹而求之，往往毕生习算，知其然而不知其所以然，遂有苦其繁而视为绝学者。无他，徒弦其法，而不知求其理也。传曰："物生而后有象，象而后有滋，滋而后有数。"然则数出于象，观其象而通其理，然后立法以求其数。则虽未睹前人已成之法，创而设之，若合符契。至于探赜索隐，推广古法之所未备，则益远而无穷也。《几何原本》不言法而言理，括一切有形而概之曰，点线面体。点线面体者象也，点相引而成线，线相遇而成面，面相叠而成体，而线与线，面与面，体与体，其形有相兼，有相似，其数有和，有较，有有等，有无等，有有比例，有无比例。洞悉乎点线面体而御之以加减乘除，譬诸闭门造车，出门而合辙也，奚敝敝然逐物而求之哉！然则《九章》可废乎？非也。学者通乎声音训诂之端，而后古书之奥衍者可读也；明乎点线面体之理，而后数之繁难者可通也。九章之法，各适其用，《几何原本》，则彻乎九章立法之原，而凡九章所未及者无不赅也。致其知于此，而验其用于彼，其如肆力小学而收效于群籍者欤？（《晚清文选》卷中）

## 许克勤

### 中西医理孰长论

尝读《史记》至《扁鹊列传》，虢中庶子谓扁鹊曰："臣闻上古之时，医有俞跗，治病不以汤液，割皮解肌，湔浣肠胃，漱涤五脏，练精易形。"未尝不掩卷而叹，以为中国良医自古有之，非今之西医所以独专其长也。乃为考之他书，《列子》言扁鹊之治鲁公扈赵齐婴也，饮以毒酒，两人迷死乃剖胸探心，互为易置，投以神药，既悟如初矣。《抱朴子》言张仲景之为医也，则尝穿胸而纳赤饼矣。《后汉书》言华佗精于方药病结在内针药所不及者，先与以酒服麻沸散，既醉无所觉，因割破腹背，抽割积聚，若在肠胃则断截湔洗除去疾秽，既而缝合，傅以神膏四五日疮愈一月之间平复矣。他若太仓公解颅而理脑，徐子才剖眼而得蛤。此《齐书》载之如此之类指不胜偻。所可惜者，华佗害于曹瞒，其书付之一火，至今刳割之法华人不传，而西人航海东来，工制造，精化学，乃兼挟其医术鸣，如产难几死剖妇腹以出其儿，小便石淋刳小肠而去其石，以及割瘤去赘截足易木之类，彰彰在人耳目焉。此皆中国之古法，西医颇能用之者也。于是乎中西医学截然不同，有夸医学之长于华者，有务华医之长于西者，有谓华医长于内而西医长于外者。西医视诊之法日出不穷，用听法以知心肺之病，华人未习其法也；用器以测肺之容气多寡定人强弱，华人未有其器也；用化学之法以分溺中之各质，华人习化学者其少也；切脉则有器有表，行卧坐立迟速自异；问病则有常有变，真清诡语细察即明，而华人但用一息，以定脉之至数也。而且脑筋血管，确有把握，非若中医之徒讲阴阳五行，生克为空虚之谈也，此夸西医之长者也。然而中国之医由来者远，神农尝百草之味，伊尹著汤液之经，上溯轩岐，经传灵素，载稽《周礼》，医属天官，秦越人张长沙、皇甫谧、孙思邈导其源而始显，张洁古、刘河间、王海藏、李东垣畅其流而益明，盖历四千余年而后鸿术通乎神明，灵机出之妙悟，人得习谙乎？明堂甲乙玉册元球，博通乎三部九候、五运六气，所以归者平淡不尚新奇也。乃西医不然，筋则但主乎脑筋，不知有十二经络之异，病则统名为炎症，不知有上下表里之殊；脉则仅辨其至数，不明乎结代攸殊，病脉相反之殊，况乎南北殊体，中西异宜。西医徒执其一定之方，以治中原弱质万殊之病，无怪其难杀生人，而不能起死人也，此矜中医之长者也。内科有伤寒，有杂症，华人治之，明标本，依经络，病情千变，药品迥殊，虽有成方，而皆随时加减，所以危者渐平，重者渐轻，轻者即愈也。西医治之，一药不效，多加其服，以致轻者重，重者死，往往有之。惟外科如痈疽诸毒，金刃等伤以及跌打赘疣之属，西医按病施治，利其器，敷其药，计日可瘳，是其所长，而非华医所及也。盖外科之药，贵乎多，尤贵乎精，华医之丸散膏丹，不能多备，西人之药水霜酒，炼之最精也。此谓中医长于内，西医长于外者也。窃尝平心论之，中西医理，各有所长，以内外言，中医长于内，西医长于外者也，外科诸病，有形可观，内科之症，无形可观也。以内科言，中医长于伤寒，西医长于杂症，杂症之病势一定，何以一定之方治，伤寒之传变无定，则必攻补温凉，加减进退，药亦无定，乃可以治也。且华医之药多平和，西医之药多猛烈，则是治膏粱之体，华医所长，而治藜藿之体，乃西医所长。何则？粱膏之体，攻伐难胜，必致百端之变出；藜藿之躯，病邪一去，精诚渐可以复元也。抑缠绵久疾，中医所长，急危暴病，西医所长也。何也？久病以和剂，王道不贵乎近功，新病当急攻，金石可期其速效，是中西医理各有所长也。凡服西医之药者，宜少不宜多，可暂不可久，毒烈伤肠胃，轻浅不急之病，多服辄至于暴亡。金石多燥烈，阴虚内热之人，久服必贻夫大患。西人食牛羊，嗜火酒，非华人所可比，故大黄、黄连彼以为补剂，吾以为泻药也。中国轻粉，吾以为劫剂，彼以为力薄。硫硝强水，彼以为性轻功小，吾以为消散乳痈之神药，则不同。苦杏仁也，同吾以为止咳下气，彼以为毒药，而食之或死（疑不去双仁之故），则又不同。中西医药不可强同者如此，其同者，岐伯之言曰：无盛盛，无虚虚。西医加仑之言曰：治病之端，不外二事，一曰补虚，二曰去积，其理可以相通也。

　　又若牛痘之可以免痘，金鸡那之可以治疟，西治之行于中国者，惟此为最验。而血瘤为绝症，则中西各法，皆不能治焉，是论医理，而中西之异同可见矣。人之言曰：西医割疣等法，虽可速愈，而不出三年，必患他病以死，此或愈后失调，起居不慎之致，未可以全归咎于医。然病有不可速愈者，且有不可治愈者，不明乎此，势必使气血大伤，而遗人夭折。请援二事以为证：昔徐文伯之治范云也，谓之曰：缓之一月，乃复。欲速，即时愈正恐二年不可复救。云不信，乃以火劫汗，病虽即起，二年竟卒（见《南史·范云传》）。钱镠老年一目失明，求中朝胡姓医治，曰："可无疗，此当延五六年寿，若决膜去障，即复旧，但虑损福耳。"镠愿瘳之，乃为治之复故，医归镠即卒（见刘颖叔《异苑》及《名医类案》）。观此二事，一则不可速愈而期其速，一则不可治愈而求其愈。不知速其愈者，适以促其死也。西医善用利器，施毒药，以奏速效，其长在此，其失亦在此。故华医之失，在于不能治病，因循坐误；西医之失，一有不当，则祸不旋踵，其不尽得手者，端由于此。但西人医学，在二百年前，法犹未善，十人之中常死其四，今则二百余人而死一焉，则将来之渐臻尽善，未可知也。至于剖视脏腑，中国古亦有之，人所易知，兹不具论。苟能采取西法，洞明全体，习化而学，尝西药知其然且明其所以然，官为考取，设局施医，从此精益求精，将至于万全无误不难也。彼夫实实虚虚，夭人天年者，中西皆有之，乃庸工非上工也，不足齿数。

　　愚涉猎医书二十年于兹，虽不愿以医名间或出而治人，于人所不能治者颇多治愈，今见是题不觉有感于怀，因直抒所见，如此以为求医者鉴，持论者毋谓西医独专其长也。（《皇朝经世文三编》卷六）

## 傅云龙

### 地椭圆说

地体椭圆（椭详释椭），论定如山，厥说有本，匪自西始矣。或犹执《管子》之大方，《吕氏春秋》之大矩，以问难云龙，辄辞焉以答曰："旧说地道方，非以体言。"《易》曰："地德方。"《吕氏春秋》曰："地道方，万物殊形皆有分职，不能相为，故曰方。"《淮南子》曰："地道曰方。"《白虎通》曰："地，谛也，其道曰方。"《鹖冠子》曰："方者，地之理也。"然则，理也、德也、道也，皆非体之谓。不然，周髀家既言："天象盖笠（象一作似），地法覆槃（槃，《宋志》作盆）。"而又言："天圆如张盖，地方如棋局。"（又见《晋志》）何与棋局喻开方之道，覆槃则喻地圆之体，或且疑儒家罕言之盍簪《大戴礼记》乎？单居离问于曾子："天圆而地方，诚有之乎？"曾子曰："天之所生上首，地之所生下首，上首之谓圆，下首之谓方，如诚天圆而地方（鲍本《御览》二引"如诚"云"始识"），则是四角之不揜也。参尝闻之夫子曰：'天道曰圆，地道曰方（注：道曰方、圆，非形也），方曰幽，而圆曰明。"然则地圜之说，孔圣发之而圣门述之，如读者未之深思何？《周髀算经》曰："极下者其地高，人所居六万里，滂沱四陨而下。"按四陨即无四角谊也。上而溯之《虞书》璇玑玉衡，马注："玑，浑天仪，可转旋。"）《御览》二引《风土记》："璇衡即今浑仪，古者以玉为之。"）又上而溯之《内经》，黄帝曰：地之为下否乎？岐伯曰：地为人之下，大虚之中也。考容成作盖天（黄帝臣），在颛顼作浑天前，图浑于平，盖天之理不异浑天，扬雄、蔡邕难之非也。《周髀》即盖天说，独怪太史公世掌天官两仪，亦一无阐明，何论班《志》，又何论司马彪采马续说以续《汉志》也。《晋志》虽鲜实测，所引未尝无是。《浑天仪》云："天如鸡子，地如鸡中黄，孤居天内，天大地小，天半覆地上，半绕地下，二十八宿半见半隐。"《黄帝书》云："天在地外。"吴中常侍卢江王蕃制浑仪，立论考度，曰："前儒说天地之体，状如鸟卵，天包地外，犹壳之裹黄，其形浑浑然，二端北极出地三十六度，南极入地三十六度，绕北极径七十二度常见谓之上规，绕南极七十二度常隐谓之下规。"陆续造浑象如鸟卵。此皆近是者也，天可言无？葛洪讯非当讯，转许知言是者不信为是，所繇非者未断为非也。《齐书·张融传》所谓"分浑始地"，亦似有见。《隋》《宋》志半沿《晋志》之说，而《明志》胜其言地圆与《元史》西域扎马鲁丁地圆说略同。（按：元西域扎马鲁丁造西域仪像，所谓北来亦阿儿子，汉言地里志也。制以木为圆球，七分水，其色绿，二分土，其色白，画小方井，计幅员广袤，道里远近，亦地圆不始西说一证也。）惜言圆未言椭圆也。欲知椭圆之所以然，先言地圆之易见其然。登高视地必有圆界，一也。地以人立处为高，二也。海岸视舟渐远桅亦渐隐，三也。地自转动无疑，凡物自转必圆，四也。试繇中国东航而太平洋，而北阿美利加洲，而南阿美利加洲，而大西洋，而亚非利加洲，而印度洋，仍回中国，是为环游一周，西航亦如之，五也。月小于地，地小于日，地隔日光而地影见月食处辄圆，六也。日轮周圆而向地平，向日为午，背日为子，东三十度得未，西三十度得巳，七也。地非圆则南北无差，何以近赤道昼夜渐平、北极之下半年昼半年夜如《周髀》所云乎，八也。非圆则日一出而四方皆曙，何以此日中彼夜半如《周髀》所云乎，九也。就地见圆既如彼说，日月见地圆又如此，苟求其故不待知者而知矣，曷又言乎？椭圆其理阐微于重学，其度实测于天学，重学家谓地圆环转有离心力（亦曰离中力）。南北必扁于东西，譬以泥球贯木轴持转不停，两端附轴处渐缩（当转缩时视之有椭圆形），理有必至，地何独不然耶？天学家（析言曰算、曰测，浑言曰天算）谓地如正圆而用径一周三一四一五九六二五之率测算辄差。于是就精测而密算之，地非正圆，且非正椭，盖当赤道形亦略椭也（犹言正扁椭圆），其长径东西四千一百二十五万八千五百五十三尺（一度二百里是秒得千五百尺），一其短径南北四千一百二十四万八千九百二十四尺（长径约大于短径五里有半），而东西长径南北短径之说，中国古亦有之，见《河图括地象》（《御览》三十六引曰："八极之广，东西二亿三千里，南北二亿一千五百里。"）、《淮南子》（东西二万八千里，南北二万六千里。注：经短纬长）、《物理论》（《御览》三十六引曰："地，天之根本也，形西北高而东南下，东西长而南北短，其尽四海者也。"）、《后汉·天文志》注（八极之维径二亿三万二千三百里，南北短减千里，东西则广增千里）。特古疏今密不无异同。即西人实测之法，亦后出者胜，然大要不外乎此，庶无疑大方大矩之为地形乎？（《皇朝经世文三编》卷八）

## 地动说

说地主动，非自西始，虽诸子亦能道之。如列子曰："运转亡已，天地密移，畴觉之哉？"庄子曰："天其运乎？又地其处乎？日月其争于所乎？孰主张是？孰纲维是？孰居无事，推而行之是？意者，其有机缄而不得已邪？意者，其运转而不能自止邪？"尸子曰："地右辟而起昴、毕。"《鹖冠子》曰："地循理以进而证之。"《春秋元命苞》曰："（《御览》三十六引）地所以右转者，气浊精少含阴而起迟，故转迎，天佐其道。"又曰：阴右动（注：动而东也，繇西转东）之西说基此矣。"《尚书考灵曜》曰："（《御览》三十六引）地有四游，冬至地上北而西三万里，夏至地下南而东复三万里，春秋分则其中矣。地恒动不止，人不知，譬如人在大舟中，牖闭而坐，舟行不觉也。"张华《博物志》亦引之："岸动舟不觉动之。"西说又拓此矣。或疑违经，请与言《易·坤》至静以德言也，不然何言静又言动，与承天时行之悖，即万世中外地学之宗也。动而有定者二：一为转不变向；一为南北之极不变方位，近中国为北极，远为南极，而从古至今之纬度罔有一变。所谓得主有常，非与西说天算学之法，实本动重学之理，何以言之？谓：地盖厚，岂无尽界，否则日月奚繇出入乎？界尽则浮空中不难于动，而难于不动，一也；凡物等重必变，如地不动赤道陆必消蚀成正圆非椭圆矣，椭圆繇动，二也；凡重物动，有离心力、生摄力恒向地心，一名地心力，亦名向心力，有直加有递加，非几何学难辅重学，而离心力繇地动而生，居向心力二百八十九分之一，三也；陆居四之一而水居四之三，地动何以不泄，亦犹盛水之器绳悬而转其四边，水起欲离不能，有重力阻之，四也；欲明地动而人不颠之理，亦有［重学］，五也；地也，地亦一行星，六也；天动地不动之旧说，按之日月行星，其理不符，七也。而地动有二：一为一日自转一周，一为环日一年一周，又何以言之？既自转一周凡二十七日六小时二刻六分，又一周天凡三百六十五日四分日之一。非地日一转，何以朝见日东夕见日西也，赤道北恒北风，南恒南风，谓之恒风；非他〔地〕日一转，何以北辄东北风，南辄东南风，而赤道气至地面北辄西南风，南辄西北风也，指一星于地平若干度；非他〔地〕日一转，何以明日复然也。知斯三证，所谓尖锥动者，夫奚疑曷言。地环日一年一周也，其道若椭圆，其行自西而东，一日而时异，一年而日月亦异，地背日半面为夜，向日半面为昼，昼夜平分，则春秋分时也。中国居赤道北，当赤道北向日时，中国渐燠（北暑南寒）；而赤道南向日时，中国渐寒（南暑北寒）若春若秋，地斜向日，然则四时非地动无以成也，譬之二丸环行天空必绕重心。日大于地百三十八万四千四百七十二倍，地绕重心即绕日也，凡物行之迟速与加力之大小为算学，平环率而绕行之道辄为椭圆，日力吸地，视此地小于日故速于日，而日转若不动。李善兰《叙谈天》曰："证以距日立方与周时平方之比例，及恒星之光行差地道半径视差，而地之绕日益信；证以彗星轨道双星相绕多合椭圆，而地与日之行椭圆益信。"善兰算学，西人所自叹弗如者也，其主地动之说如此。而或疑何与云龙惜其疑，则天算几何动重学诸书皆不克籀，欲述诸学释例而未遑也，辄举浅近大要而撮经籍说以导之。（《皇朝经世文三编》卷八）

## 沈毓桂

### 中西相交之益

　　且夫人与世周旋，固宜谦逊自持，而无所用其傲慢者也。抑人与世晋接，固宜诚信自维，而无所用其猜疑者也。今者西人散布于中原，异服异言，非我族类，意必人心叵测，不敢与之通款曲，不敢与之道殷勤，若有相拒绝之势也。而孰知西人言词相接，礼仪相交，文学相辅，正性之所由验也。所恃者惟此信而已。信以成之，义以行之。信义立而德不孤。况西人阔大为怀，不存悭吝之见；公正为念，不生私刻之心。故到处咸宜，无往不利。苟性情不实，中西交接之际如何能联络？如何能维持？出一言而多虚伪，则有损而无益矣。行一事而无实意，则有害而无益矣。恐一时之欺诈，即以启后日之嫌疑，则愈损害而愈无益矣。

　　余生今之世，揆今之时，度今之势，华人若与西人相交日密，则获益日深。试思西人重洋数万里不顾跋涉，不避艰险来游中原，绝无他意。惟立约通商而已。盖中西自通商以来，历数十年。通商日广，贸易日盛。其中之益不可枚举。即如上海盖海滨一小县耳，迨道光季年五口通商，遂成巨观。近则轮舶日多，外海、长江，四通八达。人物之至止者，中国则有十八省，外洋则有十余国。猗欤盛哉！自生民以来，未有若是之美备者也。夫中国一大国也，地大物博人众。欧洲人无不向中国来也。彼此通商，互相交易，其益不浅，而关系亦甚重哉。按通商二字，以其所有易其所无，此天下自然之理也。乃西人以通商为至要，而华人则以通商为非宜。若果如此，乃逆自然之理而执强然之理。凡理之出于自然者，则愈行而愈顺矣。而理之出于强然者，则愈行而愈逆矣。逆则损，顺则益，逆则贫，顺则富，逆则弱，顺则强。惟西人只期顺理通商，故先立和约，两不受亏，毫无阻碍。但通商原无阻碍也，而恐有意外之碍难不得不按和约而行，以免节外生枝也。足见西人之秉公无私，以信称义，与之相交实属有益。

夫既立约通商矣，尚存保护之意在其中也。坐商之房屋货物，行旅之身家性命，皆当慎重而善顾之。岂不有益乎哉？总之，西人无欲中国土地之心。其所欲者，通商也。欲其通商无往弗利也，欲其有名有实也，欲其沿途平安而不受害也。中国苟能若此，则西人所望于中国者。一曰非强不可，一曰非富不可。盖富必由于强，强必由于富。设中国既富且强，不特中国有益而西国亦有益也。如其不强则有妨于中国，而且有碍于西人也。不强则海多巨盗，不强则内多叛贼。如发逆、捻匪，残害生命，蹂躏省垣。生意之限滞不行，岂非有碍于西人乎？西人沾沾焉望于中国之强者宜矣。如其不富，则西国之物无能买也。但富非止多金银之谓，谓其出产之多也。出产多则生意盛，生意盛则富之基矣。不富生意清寥，不富则国势屡弱，岂非有妨于西人乎？西人切切焉望于中国之富者宜矣。西人望其能强且富，尤必有明于理者，出而联络维持于其间也。贸易日盛，而富可立至。富可立至，而强即不难。国而能强，国而能富，则西人通商无阻而不受害。中国亦可安然无事而免外患。岂非中西相交之益哉？

溯泰西学问一道分门别类，不能偏废。亦非一蹴可能，必循序渐进。故先设小书院，迨学有成就升入大书院。聘请名师教授生徒也。

一、史学。泰西生徒在院，史略需熟。一国史，一圣会史。历代帝王崇道如何？礼制如何？一一皆了于胸。必如是方能谓之学也。而中国史学一道，不过成才以后自为涉猎。在院时，为师者鲜讲史学。所以疏也。若是者则西国之史学宜考究也。

一、理学。西人言性理者，专有其人。而凡读书人莫不知其学。不第本国性理，亦及他国性理然后精义乃见。而中国理学一道，于此亦缺如也。士人不过粗知宋儒性理之名目，若问心、性、意、志、思、仁、义、礼、智、信，能条举以对否？夫人仅知宋以前孟子、荀子、董子、杨子、韩子等言性理，不知诸子以外尚有多人乎？此儒家之言性理尚未能周知也。若是者则西国之性理宜考究也。

一、经学。以本经为根柢，注疏次之。本经又以《新约》为最。《新约》又以《福音》为最。为师者宜自思索，使心思恬静则意义自生。不必太深，贵生徒之能明。或问或覆，则听者留心。《新约》人物，郡邑沿流宜粗知梗概。有舆图以观则易明也。今中国虽尚未能尽知西国之经学，然亦每称西士仗信笃实，当思其何以臻此。因有《圣经》为之本，而中国儒经非同《圣经》为人所必需也。若是者则西国之经学宜考究也。

一、文字。夫西人不论学何国文字，皆为有用。能读外国书，最开人之灵才，扩人之心胸。治经者宜学犹太、希利尼文字，以读《圣经》本文。学格致者，则拉丁文字。况今泰西为学问渊薮已译有多书传其学，可不乘时以学乎？而中国未能精通西国文字也。若是者则泰西之文字宜考究也。

一、格致。夫《大学》言："格物然后知至，知至然后意诚。"格物一道，内可诚意正心，外可修齐治平。讵不重哉？宋儒言格物不斥，所格何物，卒无定解。此处纤纬之徒，盛因格致之学疏。明历算则知占星之说谬，通地学则知堪舆之事乖，考生物则知龙凤为子虚，格元质则知生克为多事。凡吉凶之法一切可破。故圣会小院宜以格致授生徒，庶他日不为曲学所迷也。先以目前显近事，如日月运行之理，朔望之故，昼夜之成，日蚀之法，雨之渨，露之润，霜之降，虹之见，雷之鸣。水何以就下，火何以炎上。金本坠也，空其中则浮何故？木本浮也，实其中则沉何故？百钧之物，人弗能举也，加以辘顿轻其半何故？秋毫之末，人弗能视也，鉴以镜了然指掌何故？虽浅近之事无人为之解，则小子知其当然，不知其所以然。间举一事问之，使思索以开其理性不明，然后为之解。如是则其惯于考察，能自出新裁，不需依傍于人以困其才智。格致一道最足增人智识，根于实学非遁于元虚，为救时之急务，而中国未能知其要领也。若是者则西国之格致宜考究也。

一、天文。泰西有专门之士，仰观天文，查考旋绕迟速、度数，出没有条不紊。即如近日所见彗星现于东北，中国以为刀戈灾荒之兆。但究其实，则有轨道自为循环，并无相关于世事也。由西国天文家之说观之，则彗星之见亦属平常。与中国所言灾异之说判若两歧。每读《谈天》一书所言星象，凿凿可考，又有图说，更易明晓。盖西人之言彗星足以正之，其余亦可推论矣。若是者，则西国之天文宜考究也。

一、数学。夫数为六艺之一。古者八岁入小学，则教以书数之文，以其为人所必需也。中国算盘之法，非数学之善。盖积微非算盘所能尽，且亦不便。以算盘不能在掌握也。宜教以西学算法。此法算自心起，大小之数可用。初学由一至十，十至一，加减既熟，进以乘除。乘除既熟，进以丈量、勾股之法。先以一器，如算盘之类，使生徒以观。一数加若干则成若干，减若干则成若干。学一数宜极熟，不然差以毫厘，谬以千里。宜常出数题，使之自算。数为智慧之根，泰西技艺之盛亦发源于数，稍长则授以几何之学。数学本无穷，最切于人用。而中国之算法未能如是之便捷灵敏者，若是者则西国之数学宜考究也。

一、地舆。夫人通古今之沿革，各国之事迹，可以开眼界、扩心胸。初学由近及远，先自本县之起。于何时历代有何人物，风俗土产如何，次及本府府属何县，再及于省，于国。本国既熟，然后及于外国。各国疆域若干度，若干分。名城巨郡，人物、政治、教化、朝代，名山大江，宜知梗概。而中国之舆图多讹昧于方向也。若是者则西国之地舆宜考究也。

一、音乐。夫音乐为声之美，论乐亦儒书所重。君子无故，琴瑟不去于身，以其可以宣湮郁，解烦恼。所惜者正乐云云。今所有者，不过世俗之乐。其声邪淫，其曲绮丽，荡人心志。此等音乐在所当戒，非所当学也。圣会中所训之音乐，是在礼拜堂歌颂主宰。其声清越，其音和平。其诗冠冕，沨沨乎盛世之音。高低抑扬，需合节奏。熟一调方进他调。初以琴引之，再则使之自唱。或一人独唱，或众人合和。一合一分，皆需合格。言乐本为天籁，得于心而应于口，可以陶情，可以悦性。为养心之善法，亦文人之韵事。而中国未知圣会中之音乐也。若是者，西国之音乐宜考究也。

一、丹青。为色之美，为各艺之始基。可以定眼界、精手法、专心思。

泰西各物精良故发源于画。故男女皆学字法，为画学临本。故初学临字，宜心正笔正。手不濡墨，纸不涂鸦。每绘事之，一助画学。另有专门设有丹青院，以教绘家子弟。然此为画师者设，众人所学者不过得其梗概。人能知画品亦高洁，绘山绘水恍然身置清幽世界。而中国之画事，虽然讲究，尚不如西国之精妙也。若是者西国之丹青宜考究也。

以上西学为读书所必需者也。中国儒士倘能考究各学，深入毫芒，庶几获益无穷矣。中西学始焉一理，中散为万殊，末复合为一理。放之则弥六合，卷之则退藏于密。其味无穷，皆实学也。苟能考究西学，则自然日新而月盛矣。岂非中西相交之益哉？夫一国则有一国之法，万国则有万国之法。独是西国之法最精也，最深也，最全也，最大也。华人情深则效，惜乎效其粗，而未能效其精也；效其浅，而未能效其深也；效其偏，而未能效其全也；效其小，而未能效其大也。宜西国之生材制造各器，其法精良。如造船、枪炮、纺织、机器。运物则有铁路，行海则有轮船。设立电线局、书信局其为时也甚速，其为费也甚廉。开设男女学塾，教授生徒，莫妙西国之法。制造洋元局，大小轻重自有一定，以便通用。以上皆人事所不可缺者。更有最要者，莫如天事。如设立礼拜堂，恭敬耶和华，赞美祈祷。平时讲读圣书，劝人为善等事。近来中国渐能变通，士大夫亦讲求实学。如总理衙门奏拟招考天文算学人员，以期通晓洋务。李少荃相国奏设洋学局，沈幼楠〔丹〕制军奏设特科，王补帆中丞奏设储才馆。国家于京师、粤东设有同文馆，于闽、沪设有船政局，津门设有炮局。又岁遣生童出洋肄业，广购外国机器，亦整顿时事之一道。然此不过暂补于目前，非治本之长策也。凡从事实学，方能收实效。若不从根本用着实工夫，即学习皮毛，亦无裨益于实用也。宜以天文、地理、格致、农政、理学、法学、武学、医学，凡一材一艺，罔不有师指授。分门别类，视人之所能而专其所学。课其勤怠，别其优绌也。夫学术固宜变通，而道理更须早日转易，以道理为学术之源。泰西之学，全在有耶稣道为之本。罔有真学，而不有善道，非宜也。中国未与泰西互市以前，不见格致之学，则不知词章之学不足。今不睹泰西之学，亦不知儒学之不足。《学记》曰："学然后知不足。"儒者不学泰西之学，无惑乎儒学以自封也。

中国之弱而不强，贫而不富，皆因乎拜偶像、祭鬼神、堪舆卜筮星相等事相沿成习所由来也。泰西各国，此等习俗一概删除。惟敬拜独一无二造化天地万物之大主宰，以外别无可敬可拜者。若是者西国之富强有不期然而然者矣。而中国之贫弱，有莫致之而致者矣。夫耶稣道本言理而已，不言治世之学。但国人从耶稣之道，不期学而学自至。如百物非出于日，而无日则百物不生，格致技艺亦不兴。中国之于西学可谓殚心竭虑矣。然事必揽之要，学必探其原。西学头绪繁多，纷歧百出，苟但曰学之而已，而不能握要，以图持原以进，则学之者苦无从措手。爱博者情不专，始勤者后或怠，虽学与不学同也。今闻京师之同文馆总教习，西士丁冠西先生告假回国之后，中朝查问西学以何者为最关紧要，为华人所宜先习，令其详细开陈，是固可谓得其要领者矣。夫华人之于西学先从言语文字入手，而后愈推愈广。各种西学剖析详考，竟委穷源。此其大要，固夫人而知之矣。然其间又有大要者，则非深明西学者不知。不可不详询而确究也。顾华人之为西学者亦岂无已成之材哉？有仅知其言语而不识其文字者，有能识文字而不能觞类变通者，即其制造之物有仿其式样而不知其精蕴者，有知其精蕴而仍不知其变通者。是皆不得其要领之故也。窃谓即中国制造一端而论，如能得其要领不难精益求精。中国之心思才力非真远逊于西人，特以无可学法则，不敢首创焉。夫既有轨辙可循，而再加以工力，则华人优为之愈变愈巧，愈进愈深，青出于蓝而胜于蓝，冰生于水而寒于水。西人固不得为限也。

而近来中国制造各物亦既有年，而卒无可以胜于西人之处。此其故何哉？盖由官办而非商办故也。西人制造之事，皆由商办。如制一物可以合用，则官给以执照，任其销售。于是乎利之所在，人争趋之。且各出其心思才力，以求胜于前物，而智虑益浚而益开，制作愈工而愈巧。中国则归官办。西人出一物，华人亦仿造一物。假令所仿之物，不差累黍，亦终系拾人牙慧，且制器者亦但求与西制略相仿佛，便足告无罪而心已足，又孰肯过费心力以求胜于西制哉？即督办之官亦但求是物之与西人所制不相上下，既以为责有可谢，又何暇再为深虑而高出于西人哉？此中国之制造所以不能过于西人之实在情形也。若不归官办而归商办，则商人既以制器必精可得善价，而工匠等亦或独运匠心。美者益求其美，精者益求其精。以冀工食之加丰，销售之加捷。利之所在，趋之者必多。是以各逞心思，各竭才力，因而远驾乎西人而上之，当不难矣。

　　旷观天下大局，学问之兴，贤才之多，甲兵之强，莫如从耶稣之国矣。天下之国而偏让从耶稣之国独兴何哉？因有耶稣道为之本。所谓君子务本，本立而道生也。故泰西惓惓于耶稣道。虽三家之市，必设一福音堂，以陶淑斯民。先教以治心之道，后教以治生之策。教养兼备，真王者之政。中国欲奋发为雄，先折衷耶稣之道，后参以格致之学。如是而不富强者未之有也。盖华人拘泥乎古法，而不则效于西法，不能媲美于西人。苟能变通乎古法，而则效于西法即能驾于西人之上矣。岂非中西相交之益哉？且夫人具于心者之谓仁，是固与人相亲者也。顾具其理者，在乎已辅其德者恃乎人。果其同类相接，不分畛域，不分中外，见有理全德备者足为我观摩之助焉。

　　余不谙世务，不随人情。家徒壁立，迹类蓬飘。年年冯煖，常同弹铗依人；岁岁邹阳，不免曳裾作客。青眼难逢知己，不易两鬓已雪，百念皆冰。于是淡然于世俗，而殷然于天道焉。自道光己酉冬，来游沪上，谒见西士麦都思。偶尔瞻韩，即蒙说项。足见西人情深古道，理重斯文也。英商汉璧礼先生，延余教读。按汉璧礼贸易公正，作事平和，乐善不倦。慷慨待人，卓然有古君子风。虽回国多年，人犹称道不衰。迨咸丰辛亥岁，英国进士艾约瑟先生延余翻译。后艾师至山东之烟台，余亦偕行。斯时初通商，设立讲堂，颇不易为。但既立之后，听者日益众，毫无辨诘骚扰等情。先生禀性仁慈，学问渊博，与余交最契。又随至京师三年。今离南北相睽时，蒙垂问余在山左时曾见麦嘉谛先生，人品温和，学问纯粹。前年曾任美国副领事，后因驻札日本钦使聘请麦君襄办。近闻现回美国，未知何时可得旧雨重逢也。在京时与总教习丁冠西先生，医士德子固先生时相往来，叨益良深。同治丙寅冬，由京回苏省亲。次岁至沪，即蒙伟力亚烈先生招余翻译，极承优待。按伟烈先生性情朴茂，学问深奥。终年手不释卷。所著《谈天》《数学》等书，遝迱争购。当世士大夫咸钦佩之。后因患目疾回国。虽短扎时通，而景仰弥涯矣。英国伦敦会教师慕维廉，招余翻译，迄今六年。先生著书甚多。如《大英国志》《地理志》《新约》全部翻译土白，注解浅文。其余书名不及备载。山西旱灾，竭力劝捐。周恤灾民，无微不至。先生皓首穷经，赤心传道，真可谓学不厌，教不倦矣。美国监督会教师孙罗伯，延请余讲解《圣经》，翻译土白。按孙师建立会堂、创造医院。每至冬天或给米，或施粥。贫民感激非常。待人仁爱，作事公正。余馆四年极蒙雅爱。去冬反国，临别依依。至今缅怀不置。美国施约瑟监督，余曾襄办笔墨数月。后至万航渡，因路远稍疏。监督学问深醇，终日著书，创建书院。延师课生，嘉惠后学，无微不至。其功伟矣。美国进士林乐知教长，才高学茂，著作富有，识力兼到。所关心者殷勤传道，建造一三堂，设立男女义学。《万国公报》已著十有三年延，余襄办于今三载。政事则凡时势之利弊，中外之机宜，皆得纵谈。教事则凡启迪劝导，贵乎言言真切。近事则凡攸关国计民生，移风易俗诸大端，登其真实而黜其虚浮。并所著《中西关系略论》等书，名公巨卿莫不佩服。江海关监督敦请先生为广方言馆教习，所授诸生成就者不少，登仕籍者亦有。后于制造局翻译多年。英国傅兰雅先生亦在制造局，所著书籍甚富不及备载。按先生精通格致之学，著有《格致汇编》，月出一卷，引人入门，遐迩心钦。两先生在制造局办事曾历多年，著有功勋。中朝优奖品职。余知两先生不尚功名，而尚德行焉。浸理会教师晏玛太曾任副领事，审事公正，著书颇佳。英国教师马吉利治，精通经学，翻译五经等书，传流海内，士人心钦。长老会范约翰先生传道施医，著有《小孩月报》《花图新报》月出一卷遍处传扬。英国进士韦廉臣先生禀性谦和，学问清正，所致《格物探原》《基督实录》等书，阅者同声赞扬，每来上海，时叨教益。又有杨格非先生，前在墨海书馆，无日不晤。后往汉口传道，踪迹略疏。先生性情温和，著书明晓，闻在汉口传道，信者甚多。英士兰林先生精通天文地理，数学格致等学，在英华书院教授诸生，功课严密，教法极善，延余教读儒书，迄今五载于兹矣。美国教师潘慎文，事理通达，心气和平。现著圣道传法一书尚未脱稿。著有《圣日功课》，月出一本。此二书一助传教，一助课徒者大有益也。美国汤蔼礼先生监督会教师待人谦和，考究《圣经》，无时或释。著有《犹太史记》行将付梓。以上诸君皆余所熟识者或朝夕相亲或偶尔晤谈，获益岂浅鲜哉？又有问其名而未识其人也。如美国韦三畏先生著有《字典》一书，西士奉为圭臬。德国花之安先生著书甚富，读其书，令人景行靡殷。英国教师李提摩太，情殷周恤，山右士人钦敬非常。溯前医士合信先生著有医书五种已传数十年，海内咸钦。夫交友之道甚难，善莫善于交友，西士不第学问宏博，品诣纯粹而一言一行合乎义理，各种学问关于心德，久而能敬，不以贫贱而轻弃之，不以富贵而尊重之。儒书云与朋友交言而有信西士则然矣。岂非中西相交之益哉？窃愿阅是书者勿谓余过誉西士也。实为幸甚。（《万国公报》第六百四十九册，光绪七年六月二十八日）

## 西学必以中学为本说

自来为学莫先穷理，穷理必本读书。中学然，西学何独不然。而或半途坐废，泛骛不精，则中学既不能窥其藩篱，西学更何由测其门径。譬诸无本之水，沟浍皆盈者，涸可立待。纵有所得，浮光掠影而已，一知半解而已。乌足语于西学哉？

即以本书院言之。本书院设立中西二学，岂欲从学之士粗谙西语，略识西文，供西人役使并与欧洲联商局者哉？惟期造就英才，为中朝效臂指之助耳。盖我中国古昔春秋之世，首重邦交，聘问往还务修辞令。一时列国河山阨塞，军赋强弱，积储多寡以及君臣上下取舍好恶，学士大夫类能博采广谘，以得其要领。而后可以运筹帷幄，折冲樽俎。此《春秋》所以重九能之选也。方今天下大势，雅与春秋相似。而先时与西人交接者，半出于闾阎之巨猾，草野之黠徒。恒欲挑中西之衅，以坐收渔人之利。第计身肥浸成，国蠹弊将不知所止。廷臣疆吏亦既知其祸之所由然矣。于是延揽誉髦兼习西学，都中暨各行省俱有同文馆，业著成效。然事机迭出，肆应尚苦乏才。仆也忧之，窃谓此日非得忠智之士，使之练达西国文字、朝章、军政，以与西人周旋，恐不足以维大局于不坏。而不泽以诗书之气作其义烈之心，标榜才华，冀幸富贵，合之古圣贤重道崇儒之本旨，亦奚取焉？以故美国进士林乐知先生与仆，商立中西书院于沪上。假西学为中学之助，即以中学穷西学之源。而尤汲汲于中学者，诚以士林之意旨，自异于市井之规，为唐刘宴领江淮转运使，诸所任使多用士人。近咸同间益阳胡文忠公，开府鄂渚，亦以诸士子分领厘捐等局诸事。以为士既读书明理，识见远谋略优，必能公而忘私，国而忘家。上为圣主宣威，下为斯民养福。盖识时务者之所为，固非愚昧迂阔者之所及。而本书院创设之意，实欲窃附于大雅君子之末也。计自开院以来已历七载，游庠食饩者有人，为海关、电报、招商、铁路诸局罗致者有人，固彰彰在人耳目，无俟仆之自言矣。然仆与监院林君之私心尤期承学之士中而无偏，进而益上。不使燕石乱玉，鱼目混珠。而或偏重西学尤必以中学进之。盖不明中国之字义文法于西学终不能出人头地。即今中朝举擢深通西学诸生，分遣京师暨南北洋效用。而四方专精西算之士，许各咨送顺天乡试，每二十名额中举人一名，至三十余名即中二名。必皆文理优长，庶几青云可致。

且以仆一身论，与西友艾约瑟、慕维廉、伟烈亚力、林乐知诸君交二十余载，询余以西文西语敢谢不敏，而泰西古今典籍、政令风俗，概能洞悉源流、深明本末。是皆翻译西书而得。则西学自当以中学为本，而提纲挈领固亦有道也。务愿有志西学者勿视中学为具文，紬绎中国之文辞，以旁通西国之义蕴。同此心性，同此知能，即同此觉悟。百川皆可学海，一月足印千潭于焉。由中学以触类而引申，而凡西士新译《地理备考》《海道图说》、西洋兵书皆足资我考证。他如英志、联邦万国公法，《博物通考》，天文算学，格致学，光学，声学，热学，植物学，重学等书尤足扩我聪明。我人荟萃中西两学，以尽其精微，以裕其经济，而又勿计近功，勿图小就。孜孜焉必以古人三年小成，九年大成为率。庶无负创设书院之苦心也夫。（《万国公报》复刊后第二册，光渚十五年二月）

## 吉绍衣

### 问格致之学泰西与中国有无异同

中国格致之说，汉儒与宋儒异。盖汉儒多训物为物理，宋儒则专训物为事理。其认物字异，故物理事理诠释亦异也。至近今数十年来，西国之典籍日刊行于中国，而其格致之学亦日流传于中国。考其所为格致，要不出乎化合，采炼，推算及一切制造之术。与中国汉宋诸儒之旧说又异。中西二说，疑若冰炭之绝不可合，枘凿之难于强投矣。不知格物云者仅格其物乎，抑格其物之理乎？使所格而在乎物理，则中西之言物虽异，而穷理之功无异。将不独与汉儒之多涉物理者无甚悬殊，即与宋儒之专指事理者亦可隔反。特其所造尤为精进，有何异之不可同乎？试畅厥旨。

夫天下一事有一事之理，万事有万[事]之理。究之一事之理，推之可通于万事之理，万事之理，约之仍不越乎一事之理。然非先有格致之功，则知其当然而不知其所以然。将事之施于家国者，守其常或不能通其变。于处事讵无隔阂？天下一物有一物之理，万物有万物之理。究之一物之理，扩之可统乎万物之理。万物之理合之，要不离乎一物之理。然非先有格致之力，则见其已然而不见其所由然；将物之切于日用者，得其粗或不能得其精。于创物乌能有成。此格致之学，所以无论中西皆当有实尽之修为也。

顾或谓我中人之所为格致由诚意至，以至尽性至命。由修身以极齐家治国平天下。其道至大为儒者须臾不可舍。若西国之所为格致，大都不出乎工师艺术之事宜，为庠序学校之士所不道。不知西国之格致，正中国彻上彻下之道也。盖其道有二。一从本原，下究乎万物，而万物无不包举此上彻下之道也。一从万物，上推乎本原而万物咸有归宿，此下彻上之道也。扫外之积习，涤内之旧染，全己之大智慧以求道之真主宰，而格致之学已尽其精微矣。其他化学、医学、重学、力学、光学、电学、天学、地学，与夫一化制造之学，其学必假途于格致。而此格致犹为格学中显而易见之事言之，有未易更仆数者。而西人要必共明其理，共习其事，共制其器，各出其心思巧力，递相师授，以冀月异而岁不同。此西国格致之学视中国之仅求物理、事理者，尤为切于世用。而可以工师艺术少之乎？且不直此也。我中国洪荒之世，一物无所有而始创为宫室者，非圣人乎？始创为舟车者，非圣人乎？始创为臼杵者，非圣人乎？垂衣裳，以问文教；作弧矢，以立武功；定日中之市，以通货财者，非圣人乎？或修礼以范人之行止，或作乐以和人之性情，准绳规矩，权衡度量，无在不关制作之精意，则形下之器，究之皆形上之道所存。而《周礼·考工记》一篇，凡梓匠轮舆之所为，千百年儒者奉之为经术，而又可以末艺薄之乎？

总而论之，中国之格致虚言心性，非深通理学者不能知。即或知之，要亦不切于世用，而又分其力于训诂辞章，萦其情于功名富贵。则其为学亦若存若亡而已。至西国则不然。既有格物院以育人才，而子弟之入此院者有明师以为指授，有故籍以备稽求，有友朋以为攻错。童而习之，不见异物而迁，故其学易成，而他学亦有所凭借。方今泰西承学之士，上者由格致以阐天道之大原，下者明经络配药品以治人之疾病，而采炼五金制造百器所以利民而富国者，皆惟格致是赖。此则西人所独擅，在中人必当效法，尚同异之足言者哉。（《万国公报》第十九册，光绪十六年六月）

## 邹 弢

### 推广西学议

当今物色，难得通儒。时事变更，宜兼西学。虽国家盛衰关乎气运，而乱极思治必有机会可逢，使一辈人才风云会合。然人才之所以奋兴，亦必在上者有以栽培，教而兼养，然后经济学问一以贯通。本平日之所知，以为朝廷之大用。于是赞襄有赖不同徒托空言，而要之培养无方，终不能集思而广益也。

夫天下之大，民人之多，造物生才何地蔑有。在贫贱子弟泥涂伏处。目不睹古今之书，身不列通显之地，见闻所囿，风化皆拘，猥鄙昏庸，几不知天地为何物。即一二有识之士，亦以遭逢不偶，问道无从，遂至肮脏。生平自少而壮而老，长为农夫以没世，彼岂不求富贵甘作庸流哉？势处于无可如何，遭遇使然，莫能奋发耳。若当道为之教化，为之鼓励。就资质之所宜，因才而笃，而又不惜经费，在各省郡邑设立公家学堂，并多翻绎西书，由公家刊印，贱其价值，售之于人，俾寒士之有志经纶者易于购阅。民间子弟六岁以外均须入县学肄业，其能自延师傅亦听其便。习学既专，然后县试。县试既取，再赴郡试。分天文、地理、测算、制造、绘图、兵学、光学、重学、矿学、律学、电学以及格致行船之类，报名入考。郡试既取，再赴省试。果其才识各有专长，方升之国学之中。以备器使。或更出洋习练以扩见闻。如是栽培，不二十年，人才济济。可无旷职之忧矣。

中朝自开关揦使以来，成见破除，喜行西法。京、津、江、粤、闽各省皆有公塾。延请西士教之、诲之，又恐域于见闻，莫窥堂奥，复挑选出洋子弟，俾广聪明，随其才力之浅深各习一艺。国家之重视西学可谓余力无遗。乃讲求二十余年，足资效用者曾有几人？且间有浮躁之徒，眼高于顶，自以为洋务中人不过知几句西言，几行西字，遂若目无余子，独出奇才。此等庸流，一旦加以重任，其不致弄权贻害者几希。

或谓人无全材，惟当道善为器使，故用人之智，去其诈；用人之勇，去其怒；用人之仁，去其贪。若以小节而弃真才，则天下之人几无指臂之助。是贵司其事者善为培植，诱掖裁成，以集思广益之明成翕受敷施之治。故《洪范》之道广大而不隘，宽厚而不苛，所谓有猷有为有守，皇则受之者，家国于以有乂治也。且夫泰西之俗，虽与中国悬殊，不知德成艺成，似分二致。而形上形下，本乎一原。窃谓欲于西学专精，须大洗委靡之习，而后不蹈西人之所短，可得西人之所长。苟能实心办理有志振兴，去其观望之私，扩以精明之识，渐摩已久，犹谓华人之不敌西人，吾不信也。（《万国公报》第二十五册，光绪十七年正月）

## 徐　寿

### 医学论（节选）

昔西士合信氏与管茂才翻绎西医书数种，病之根原、传变以及治法朗若列眉。世之读者皆知西医之治病确有把握，非如中医之徒讲阴阳五行生克，为空虚之谈也。

顾或谓西医精于外科而不精于内科，善用金石而不善于用草木。噫！是说也，非深知西医之原者也。外科用刀针、敷膏丹，计日而愈，共见共闻，自无所疑。内科病情千变万化，治法不一。西医用听法以知心肺之病，华人未习其法也；用器以测肺之容气多寡，定人强弱，华人未有其器也；用化学之法以分溺中之各质，华人习化学者甚少也。余如切脉则有器有表，行卧坐立，迟速自异；问病则有常有变，真情诡语，细察即明。吾华人用一息以定脉之至数，其法迥异。加以中西言语不通，借人传达，问者答者，均各以意为之。失之毫厘，差以千里，何怪乎华人之不信哉！然西医之内科未尝不精也，病之所在，确有指明。先考其根原，后论其治法；征验有定凭，久暂有定候。药味无多，功效立显；非如中药之多用而少力也。医者虽更，治法不背；非如中医之朝进温而夕进凉也。……

西国药品约二千八百余种，金石居其二，草木居其八。有专用金石之方，有专用草木之方，有金石草木合用之方，其意并无轩轾，当用则用之。且草木之性亦有峻烈者，金石之性亦有和平者，亦何必震惊乎金石而不用哉！（《格致汇编》第一年第二卷，1876 年 3 月）

## 保笑嵒

### 学贵实用论

或问于达西主人曰学问之事，其裨益于人者何在？曰：所以广见闻、益智慧也，所以鉴于往古而推行于今时也，所以观古人之行事而可以正心术、成人品也，此三者皆得益于学问之事也。而其所尤要者，则在乎格物致知，通今致用。昔人云：通天、地、人之谓儒，盖致知之谓也，亦即致用之谓也。使为学而不知格物致知，则其学皆不征诸实理，何以穷天文、地理、人事之纷纭烦赜而各得其精微乎；使为学而不知通今致用，则其学皆不见诸实功，何以究兵刑、礼乐、农桑之纲领条目而各得其体要乎？虽然学人之所以能成就而卓有施为裨于创制者，类皆专精一事而不尚兼骛之能类，皆渐致其功而不尚速成之效。故潜心静气，体玩研索，深之穷天地施地生之功用，浅之亦窥人情物性之庸奇，大之为体国经野之谟猷，小之亦尽制器尚象之精妙。故曰：引而伸之，触类而长之。又曰：通其变，观其通，学问中之能事尽矣。

近来泰西各国极重学问之士，士有能穷一理、精一艺者，即达于朝廷，优其廪饩，使之专心于是焉。所以能求求、能精益求精，而学问之途愈广；盖所以稽古而达时，考迩而见远，探之微而推之广，以得夫造化之神奇、万物之情状焉。则致力者之阶也，而其道则在乎上之立法有以鼓舞而振兴之，使逸其身赡其家而又示以进取之途、功名之路，则凡人之聪明才力有不竞用之于有用之学哉？则凡人之智巧，艺术有不竞效之于求效之世哉，此西学之所以盛也。夫浑仪周髀，天文之祖也，而法愈出而愈密则步天之歌可弗作矣；幂积句弦，算法之宗也，而法愈演而愈捷则九章之术不足习矣；耰锄犁耨，农田水利之经也，易之以机器，戽水芸田可省人力四之三矣，纺绩裁缝，女红妇子之业也，易之以机器，运梭引线可省人力五之四矣。更精之以化学、汽学、重学、为政之学、航海之学，无不各得其精，又况一国之人，人人自励。专门名家其所以讲求而切究之者，并无空言无补之弊，又无迂论难行之失，此学问之所以为可用而士人之深有裨于国也，此即古人所谓通天、地、人之谓儒也，而岂徒沾沾于章句之学云尔哉？

　　或乃跃然而进曰："信如子言，则学问之事其足为富强之术者既如此矣，其足为家国之利者又如彼矣，然则昔圣先贤所为枕经葄史之功、博古通今之识是皆可以不事其劳矣。"则应之曰："何为其然也，是盖实见夫取士之道，华士徒尚文词，而坐言不能起行，则浮靡者不足恃；朴士亦知经济，而施设并无艺术，则迂远者不足凭。推原其故，则自汉唐宋元以来，其考试科举之法有以限之也。尚策论之世，人人皆董江都、贾长沙也；尚经术之世，人人皆郑司农、许浼长也，此犹其根本之学也；皆而尚诗赋，则人人皆扬子云、司马相如，而对偶声病束缚豪杰之才矣；降而尚经义，则人人皆王荆公、归震川，而义理格律又磨尽英雄之气也。盖功令所在，士人束发受经时，即已守之勿失，惟恐绳尺之或逾，因而雪案萤窗黄馘槁项，使其聪明才力尽销归于无用之中而后已。以至言格致则以为极幽穷深而无益于揣摩之计，言经济则以为好高骛远而有妨其诵读之功。于是，言天文、历律，则二极之躔度、四时之测验、五音之正变，均茫然也；言农田、水利，则凶荒之补救、沟洫之经营、坝堰之兴废，举茫然也。甚者，足不出里巷，目不见当世事，而徒自命为儒者，上以是求，下以是应，能致知者几人哉，能致用者又几人哉？殴洲诸国特大反其制焉，凡士有能通知今古治乱兴废之机、致君泽民之事者，则议政朝廷资其擘画焉；有能遍通各国语言文字之精、尽读各国记事纂言之作者，则搜罗典册资其详译焉；有能极制器尚象之功、成利用前民之业者，则传述工匠资其化裁焉。至其甚者，则又能别出新奇，力通秘奥星象之全体，以寸管收之山河之全图，以寸球缩之事直泄造化之精矣。电气之运行，借之以备吾用汽机之捷速，演之以试吾能事，直探制作之源矣。血脉之考证，居处之讲求，事直究性命之微矣。故士苟精一艺，自足令人钦佩而可食利于无穷，此学贵实用之明

验大效也。夫华人之聪明才力何遽不及西人也，而何以性灵汩没，精神耗
敝哉？则以功令之文之限之也，不然使由器而进于道，由技以通乎神，则
昔圣先贤所为枕经葄史之功、博古通今之识者，岂至意成为空言而无实用
哉？吾甚惜夫考试为求才之事，而卒使有才者之无以见其才，并使有才者
之枉用其才也。故特因子言而发之，非谓通行千余年之良法美意为有所敝
也，或遂喟然请从子游而遍焚功令之文以自励于学问焉。（《申报》1873 年
6 月 12、13 日）

# 2. 从"重农抑商"到重视工商

## 引　言

农本商末是中国传统社会的基本经济理念，重农轻商是历代封建王朝的重要经济国策，并由此形成了"士农工商"的社会秩序结构。到了近代，随着国门的打开及对西方富强之根源的了解，国人对工商业以及商人在经济活动、在国家富强中的地位与作用有了全新的认识，重商思潮由此兴盛。除了曾国藩、李鸿章等洋务大员和薛福成、郑观应等早期维新思想家，一些并不知名的社会人士，对重商思想、经济观念也有所阐述。1886 年，上海格致书院以"中国近日讲求富强之术以何者为先论"为题考课学生，许庭铨强调："西法之已行于中国者，如机器局、招商局、开矿、电线、海军之类，必精益求精矣；西法之未行于中国者，如铁路之类，必举行矣，安有不富强者哉？"（《中国近日富强之术以何者为先论》）王佐才提出，欲讲富强，必须"改约章"，为发展工商业创造条件。1888、1891、1892 年，格致书院围绕"如何振兴商务"考课学生，许庭铨提出"通商八策"，指出"泰西重商，国家之贫富强弱皆系于商务之兴衰"；柯来泰提出"振兴商务十策"，称"商盛则国富，国富则兵强，此中消息关系极大，此乃振国之纲"；杨史彬提出"整顿铁政纺织利不外溢策"，强调"必以收回利权方为第一要着，而讲求钢铁织纺皆利权之至宏者也""但使土铁土布多销一分，即洋铁洋布多塞一分，外洋利息少赢一分，即中国利源少耗一分"。杨家禾、吴佐清等则围绕发展纺织业、丝茶贸易等，提出了相关建议。《申报》上发表了不少经济类的新闻、评论和有关言论。如围绕架设电报电线，发表了《论电线》《电线落成》《津沪电线告成有益无损说》《电线被阻》等文，强调"盖朝廷之用兵也，赖电线以通达军情，则有者多胜而无者多败；是强之道，出乎此。商贾之贸易也，赖电线以通达市价，则有者常赢而无者常绌；是富之道，亦出乎此：此一定不易之理也"（《论电线》）。围绕修筑铁路，发表了《议建铁路引》《造铁路告白》《火轮车路辨》《民乐火车开行》《论铁路有益于中国》《论铁路火车事》《又论铁路火车》《再论铁路火车》《轮车铁路利弊论》《铁路继电线而成说》等文，留下了关于在上海开筑铁路的最早记载，宣传着铁路在交流物资和便利军事行动等方面的作用，强调"火车于国家颁政、遣使、调兵、转饷之利，实莫大焉"（《火轮车路辨》）。《万国公报》上发表了《以地租征税论》《富民策》《各家富国策辨》《论地租归公之益》等经济类文章，介绍各国发展经济、发展工商业的富国策，并对中国富国策、富民策提出相关建议。如《各家富国策辨》一文，结合各国富国经验指出："中国地大物博，天时和暖，土脉肥腴，而美矿尤为不少。然何以沿至今日，其民依旧贫苦，所食之物，粗粝异常。负戴搬运之工，率用人力。如云地不足养，则其良田沃土未辟甚多。即煤矿之开，亦百未一二。此何故也？夫矿中所产，虽非食物，然实能易食物。且民虽以食为天，而实所需不止于此。故筹富国者，当以生材之全数而言，不当以一端而定。"强调不能只盯着土地、只盯着农业，而"当以生材之全数而言"，充分利用各种资源，发展工商矿业。

## 许庭铨

### 中国近日富强之术以何者为先论

呜呼，中国患贫弱久矣。上而府库支绌，几无以给官府之用；下而百姓困苦，其号称素封者亦多有亏空倒闭不能复振之势；至军旅惰弱，虽海外小国皆怀藐视之意，此诚危急存亡之秋也！况乎俄人雄视于北，自吉林以至西藏壤地相接几及万里；日本崛起于东，灭琉球、窥朝鲜、包藏祸心深莫能测；南则法人据越，英人据缅，皆与我有逼处之忧，其兵律则甚练，其器械则甚精，其谋画则甚狡，其银饷则筹自议员，虽百万可以立致，其运兵运货则各有属地以为息肩处，非若向时之劳苦矣。中国而不亟求富强，是坐以待毙也。

然而朝廷之上亦已知之矣，崇节俭，黜奢华，简使臣以驻各国，委南北洋大臣以通商事务，凡西人之所以致富强者无不仿而行之。即近日而论，未尝不竭力以振商务也，未尝不建电线以便信息也，未尝不开矿也，未尝不购枪炮也，未尝不用轮船铁甲也，未尝不延西人以教习也，而数十年来卒未能转贫为富、转弱为强者，岂中国之事必不可为哉？盖施之无其本、握之无其要也。夫所谓本与要有三，请备言之：其一曰培根本，其二曰蓄财用，其三曰厉法禁。我朝自定鼎以来，所取于民者，田赋而已，关税而已；其用以战守者，八旗而已，提督镇抚之兵而已。然于斯时也，内藏充实，太仓之粟仍仍相因，大兵西指拓新疆之地万千余里，征金川则蕃酋稽首，征缅甸则缅人乞降。由是观之，祖宗之制自足以致富强也。然而列圣相传，皆恪守旧规无更易制度之举，至于今日而国日益贫，兵日益弱者，师祖宗之制不师祖宗之意故也。夫当祖宗之时，思深虑远，上下情通，田无不治，商无不富，故所入者多；将无不勇，兵无不练，故所向辄克。今也则不然，吾尝考中国之产田也、盐也、丝茶也，而田之所出为尤大，国家之正赋在是，小民之衣食亦在是。乃者发捻之后，各省之荒地甚多，虽以浙江、江苏之蕃庶，亦所不免，是何故也？谓土广而人稀耶？而游勇之类群行内地，闽粤之民佣于南洋诸岛国者几十万，则不可谓无人也。谓地瘠不可耕耶？谅一省之地彼此之间其气候无甚悬殊，即西北数省地之肥硗或异东南，然观禹九州岛各有田赋，则不可谓地不可耕也。是何也？不修水利、不事招徕故也。若夫已垦之田，其所出宜丰矣，然民之性勤事者鲜，好嬉者众，其甚者嗜赌博、吸洋烟，朝喧乎茶坊，暮醉乎酒肆，终岁之入不敷其一月之出，国之租赋无物可纳，惟以皮肉笞责而已。其患之最巨者莫如种罂粟。夫罂粟者饥不可以为食，寒不可以为衣，食之则有瘾，有瘾则废事，固天下之恶物者也。然其销路畅旺，故种之者众，种于云南曰云南土，种于四川曰四川土，种于两广曰广土，种于浙江台州曰台土，山西一省种者愈多，故往者年荒而饿殍甚众，谷少故也。以中岁论之，每亩出米二石，约计各省种罂粟者不下千万亩，则是国家岁种千万亩害人之罂粟，即岁少二千万石养人之米谷。呜呼，此所以公私交困也。为今计者，非修水利、广招徕、警游惰、禁罂粟，田事曷可兴哉？次于田者则有盐，昔陶文毅公鉴盐政之多弊，奏裁盐院节商家之费，使利源滴滴归公，可谓有卓见矣。然今日官盐销路不能十分兴旺，则以民食私盐故也。民之所以食私盐者，以私盐之价廉于官盐也。夫官盐之贵非必官吏之侵渔也，盖上宪委员以董之，复分局各州县以买之，其必用善会计者以司出入，必用佣役以运动之，薪俸、饮食所费甚巨，私贩者无此也，故官盐之贵也势为之也。夫官盐不廉，则私盐不绝，私盐不绝则官盐销路必不增广。吾以为不如悉罢诸局，而听民贩卖，国家但当妥议章程于出盐之地，每场每井每岁酌收银若干，用唐刘晏故事，则既无偷漏之弊，又省局员巡丁之费，其利无不归公矣。至于丝茶两项，岁有亏折，盖外洋近有种茶养蚕者，惟轻收其税，出口之数或可稍增。

国家所以威四方者，八旗也。当其初有大战事必调之，固天下之劲旅也。然日久玩生，至于今日能如向之奋力疆场、风驰电迅者，盖亦鲜矣。至各省提镇督抚之兵，有言之而可痛者，上自统领下至哨官，兵不满数皆不补入，节饷银以入私囊，可痛者一也。不勤训练，惟届阅兵之年，星使未到以前，恐遭斥辱，略事操演，余则如平民等，可痛者二也。承平无事，纵令兵丁四出游荡，吸食鸦片，略不致警，可痛者三也。夫额既不实，而复不练，有烟瘾，一旦遇敌奚啻以犬羊饲虎耶？夫此兵既不可用，有事之日势必招募新兵以为助，事未平则饷糜，事既平则撤退遣散，又有游勇抢劫之祸，此亦政之至不善者也。吾以为宜饬各省督抚提镇补空额，勤训练，禁鸦片，则进可以战，退可以守，无事招勇为矣。

此数端者，祖宗之所以致富强者也。苟守其法通其意，利则兴之，弊则革之，其亦可以兴矣。虽今泰西通商，用度日烦，战事日精，不当专事乎。此然欲创中国未行之事，先弃中国已成之法，虽至愚亦知其谬也。所谓培根本者此也，今天下言富强者皆归泰西，泰西各国俄、英为大，俄人僻处一隅，英之本国不过三岛，余则大国不过二三千里，小国不过数百里，无有如中国幅员之广者也。然苟有兴作，百万之费咄嗟可办，商务广也，轮船水师横行五大洲而莫敢谁何者，船坚炮利也。近岁中国亦尝学之矣，然而立公司以求利，亏折者多，获益者少；制轮船购巨炮，而马江一役一败涂地。是岂宜于泰西而不宜于中国哉？盖中国有泰西之法而无泰西用法之人也。夫国家取士也，科第为多。始也试于州县，继也试于省，终也试于礼部，不为不慎矣，而谓无用法之人者何也？朝廷所取者制艺耳，士之工此者得第，不工者终身不得仕，是故虽豪杰有志者不得不以其心思才力消磨于无用之时文也。洎乎业成而仕，虽书禀之类、钱谷之微，犹将倩人为之。呜呼！所取若此，有善法而欲用法之人乌可得哉？近日朝廷亦知其不可恃，而诏中外大臣以保举人才矣。然以愚观之，亦有不足恃者，何则？今之大臣与下民隔绝，虽有奇才贤能之士伏于下，彼固不得而知也。所接者属员而已，属员未必有才也；所习者戚友而已，戚友亦未必有才也。是故不得已而应诏，亦惟举中兴旧臣与庸懦循谨之辈以塞责已耳，安见保一岩穴非常之士哉？其甚者或且借朝廷虚怀求士之心，为植党营私之计，曰某缺优缺也可以升迁，保举某某；某差美差也可以得，则保举某某。呜呼！不计事之成败，不察人之可否，举荐若此可得才乎？我以为欲兴贤才，不如广进取之路以鼓舞之，稍变旧规以核实之。其法有四：其一曰不论已仕未仕，下及军民人等，习一艺制一器有益于国家富强之政者，许诣阙自呈召试，而实者不次用之，其不实者亦无罪。其二曰中外大臣保荐，必先核实，曰某人习某事，其已试用者曰于某役试之，不得以含糊荐语了事。其三曰制艺取士祖宗之法未便更改，但士子于制艺之外必习一有用之学，或天文，或地理，或算学，或泰西富强之事，临考报试，技未精者制艺虽佳不取。其四曰国家于武举马步刀石而已，今宜添设枪炮；默写武经而已，今宜添设步伐，兼擅者列优等，不能兼者次之。行此四者不得真才，我不信也。求富强而得真才，如筑屋之得大匠，雕璞之得玉人，必可成矣。所谓蓄材用者此也。

昔圣君贤相之治天下也，威与惠而已，惠极而民不感则纠之以威，威极而民怨则结之以恩。故高帝承秦政之暴，济以宽而汉治；孔明承刘璋之弱，济以猛而蜀亦治，彼二人者岂有成心哉？亦视天下之势而救之而已矣。仰观我朝待下之厚无微不至，窃谓弊之所归不在恩薄而在恩滥，不在法密而在法疏，今内外臣工泄泄沓沓，绝无建白，职是故也。夫欲求富强，宜除内忧，今海内晏安二十余年，人皆以为无患矣，而有识者犹为深忧。则以川陕湖广间教匪潜伏，江浙之间土客两民互相猜忌，盐枭游勇结党横行，所在多有抢劫之案层见叠出，此有妨于富强之大者也。尤可患者，哥老会匪蔓延十数省，长江水师及各省营兵多与之通，一旦寇敌外至，饥馑内困，乘间窃发，为害岂浅鲜哉，而为之上者不能密访盗魁尽法严惩，甚可惧也。愚以为宜及早访查，歼殛其魁首，解散其羽党，安抚其胁从，则内忧除矣。

泰西所以致富者恃商，而商之资本大者数百万，小亦不下数十万，岂皆出自一人哉，集股分者居多也。中国招商局、开平矿仿此，行之至善也，乃前有集股开矿未几而亏折尽者，其实虽不可知，而股东怨怒，物议沸腾，则亦有可疑者。为之上者广涵遍覆未尝明查其事，严惩其罪以示戒，是怠天下集股之心也。夫股分既不可集，商务安可广耶？愚以为集股之事，宜饬董其事者时时结算，亏十分之一招众股东会议，曰止者寡曰为者众则复为；又亏其一矣，又议曰止者众曰为者寡则立止。如是则事由公议，虽有亏折司员无罪，若违此例而忽折巨是有意侵吞也，宜籍其家财以偿之（案：家财不足以偿其亏空之多少，照骗人财物例以罪之）。夫成则享其利，败则受其罪，则无不成矣。

至军旅之事，则尤不可玩。兵法云，知勇仁信严。孙武之戮宫女，孔明之斩马谡，严也。即以近事征之，中法争越，我兵驻北宁者数万人，法兵未至纷然溃走，为天下笑。及黄赵正法、唐徐拿问，谅山之役将士皆奋不顾身，俘斩甚众，贼将受伤。法人闻信，举国震动，几至内乱。是岂前怯而后勇哉？盖驻北宁者，习见圣恩宽大，以为进有劲敌未必生也，退有仁主未必死也，其走也由不严也。驻谅山者，引前车之鉴，以为进则犹可幸胜，退则不免典利，故奋然争先也。即此观之，不亦信军政之宜严耶？今创设海军，尤为前古所未有。朝廷既立学堂以教习，复派大臣以练操，意至善也。然能保其专心以习此乎？窃谓官立章程，兵丁水手吸食鸦片者杀无赦，游历他国上岸肇事者杀无赦。三年之内炮不命中人不习器者杀无赦，海道不熟沙线不明者杀无赦，洪涛巨浸之中纵横驰骤不合战法者杀无赦，夫彼贪薪俸之厚必不告退，畏刑政之重必能诸事留心。不过数年可与泰西争衡矣。凡此数者非尚严以立威也，势之所趋有不得不然者也。所谓厉法禁者，此也。夫富强之术固非一端。然能行此三者，则有根本以裕其源，有材用以任其事，有法禁以救其弊，窃谓西法之已行于中国者，如机器局、招商局、开矿、电线、海军之类，必精益求精矣；西法之未行于中国者，如铁路之类，必举行矣，安有不富强者哉？（《皇朝经世文三编》卷二十六）

## 通商八策

中国重农，泰西重商。道光时海禁大开，泰西诸国连樯而至，其中若英、若法、若美、若俄、若德、若奥，皆大国也，然核稽历年通商册，英必赢，俄美必绌。至光绪十六年，英赢银至六千八十万之多，而俄美等国各补入中国银八九百万，其故何欤？盖俄美等国之心思才力，虽未必有逊于英，而经营东方则以英人为最早。英人自据印度之后，即设有东方贸易公司，故中国各口贸易之利英独得十之七八，而其余各国仅能笼统共得其一二而已。又英人来货以鸦片为一大宗，鸦片出于印度，俄美不能种植以分其利，且与立条约均有不准贩运洋药明文，而于中国所产之丝茶则不能不运以归，此英之所以赢，俄美之所以绌欤。然中国虽岁得八九百万于俄美，而以赢补绌尚岁有四千余万之多，苟不力为整顿，将国日益困民日益穷，江河日下恐有不堪设想者。然风气既开而欲闭关谢客，使泰西诸国返斾改辕，其势不能。故今日而欲塞漏卮，揽利权，立富强之基，不可不以振兴为要图也。夫振兴之术约计有八，试详论之。

一广生业以裕其源也。泰西生财之道，矿学外有动物家言、有植物家言，中国以耕田为一大政，而亦不若泰西植物之精，英国二百年内考究地学者日精，能令瘠土变肥，各处之土虽一，其质实不能同，多沙之土名为矽土，多石灰或白石粉之土名为钙土，生泥之土名为铝土。而植物家林娜斯法又辨明生植物、暗生植物为两大类，又知明生植物有外长、内长之别，暗生植物或为半微管质或全为聚泛体。夫西国植物必察土地之宜与各国之性，然后种植，故出产日多，商务日盛。中国地广民稠，甲于天下，陕甘、山东、山西、直隶、吉林、奉天、黑龙江等处旷土甚多，宜延西国精于植物学者辨其地之燥湿、天之寒暑，因其所宜教民种植，不必五谷也，即果实瓜菜药材之类皆可。树艺之设有瘠土，宜参西法用石膏烂草鸟粪等物培之，以助土中生物质，则物产亦必甲于天下矣。至于山麓数菹不可种植之处，宜皆扩为牧地，延西国之精于养动物者，教民畜牧，盖牛羊犬豕之属既饶，岁歉则可济民食，岁丰则可售诸他国而享其利。夫物产既富，则我之所需不必购求于外，而诸货物自无不足之虞，且可以其所余出售于人。古云：地不爱宝，岂地之自贡其宝乎？盖亦人力为之也。

一兴商学以重其基也。天下事治得其人，则无利不兴；治不得其人，则无法非弊，不独商务然也，而商务人才亦有不可少者。西国之于商人，其教之也有素，其视之也甚重。制一器则数年擅其利，谋一埠则国家助其力。是故工心计者，莫不殚精驰思，逐什一于数万里之外。迄者日本崛起海东，设商务学校，举凡一切种植制造，皆步武泰西，故虽蕞尔小邦，有蒸然日上之势。中国讲求西学在日本之先，土地之大及人民之众、物产之饶，又远过之，而商务无起色者，则以有治法，无治人也。愚窃以为必欲国家多设艺学，以教导天下，非惟无其资，亦且无其师。古人云：善为国者，因其势而利导之。为今之计，莫如使出洋大臣及中国所设领事官，劝谕华人之在外者，如旧金山、澳大利亚、秘鲁、日本以及南洋诸岛皆遣子弟就近学习。其能兼有外国之长，通达当世之务，则不次用之，即于生物、植物、制造、矿务等学，习有一技，亦许来华献技。果其有功于国，有益于民，可用以夺西人之利，亦必与以执照，许以若干年独食其利。不幸而有所匮乏，则出资财以辅助之，有所谋夺，则出谋力以保护之。夫彼生长外洋，习业既便，而又可获大利于中国，有不踊跃而兴者乎？风气既开，然后设立各学校，则学者必多而商务可兴矣！

一精制造以投其好也。凡物适于用则人爱之，不适于用则人弃之。中国地大物博，无所不有，而所造之物不能行于中国，中国之人爱之嗜之争相购求者，则以物之适用不适用故也。盖西人制造不拘一格，必因人之欲随俗之宜，而与为变通，故爱之者众，而销路畅。中国宜派精敏之士若干人，游历欧美诸国，凡其国中所食之物所用之器一一考其制度，求其制造之法，苟中国有是物料亦可仿而为之，则非惟可以塞彼之来，且可运往以分其利。如瓷器之精细坚致，西人皆以中国为最，今通商三十余年不能为出口一大宗，日本瓷质松脆，远逊中国，而出口之数目增且遍行于中国，亦以通用故也。中国苟能变通旧章，仿泰西各式制为杯盘器皿以与交易，西人乐其适用断无不欲购之者。他如棉花羽毛之类，中国所有也，亦可织为呢布；甘蔗、萝卜、山芋之类，中国所有也，亦可煮之为糖、葡萄、苹婆之类，中国所有也，亦可酿之为酒，盖投其所好以制一物则一物之销路畅，以制百物则百物之销路均畅矣。

一宜制洋土以塞其流也。鸦片之入中国为害最巨，为漏卮亦最大。道光时林文忠公欲烧毁之、遏绝之，其识甚卓，其志甚坚，然迄今五十余，年嗜之者且遍天下，则其不能禁之也明矣。故有心世道者，默窥世运，俯察事势，莫不幡然变计，以为与其厉禁空悬使洋人擅售之利，不如教民栽植使中国夺产土之权。是故，近数十年中国出土之地甚多，国家亦收土浆之捐，盖已隐许民以种植矣。雇〔顾〕土浆之出岁增，而洋药之入不见其减者，何也？说者谓印度地近赤道，与中国气候不同，故其性亦异，而不知非也。鸦片为罂粟子壳所放之汁，波斯国名为阿非恩，亚喇伯谓之阿非乌末，欧洲各国谓之阿比由末，以土耳其所出为上，印度次之。化学言家言其所含生物质有十一种，而各质内功力最大者为莫尔非尼，其性能感动然。考印度所产中含莫尔非尼仅百分之五，土耳其所产中含莫非尔尼有多至百分之十四分有余者，英法德等处所产中含莫尔非尼有多至百分之十六分至二十八分者，可知莫尔非尼之多并不关乎地气之暖也。印度之所以浓于土浆者，意者由收浆制土之法有异耳。愚以为中国不开种烟之禁则已，如欲种烟以夺西人之利，莫如选民间聪俊子弟，给其用度，遣往印度学制土之法，又用重价聘请印人之精于制土者来华教习，务使中国所出土浆无异洋药而后已，则嗜之者何必舍土浆而爱洋药哉？又为严定章程，种于荒地者听，种于熟田者罪不赦，则五谷无伤也，奉法纳捐者听，违法逃捐者罪不赦，则税银无亏也。夫不伤五谷、不亏税银，而银泉流转仍在中国，不致岁以数千万流入外洋，则所夺英人之利岂浅鲜哉？

一整丝茶以专其利也。中国出口货以丝茶两项为最大，雇〔顾〕近来西洋之意大利、法国，东洋之日本，并皆出丝，英之印度、锡兰，以及日本，其茶叶亦日新月异而岁不同。中国之业茶丝者，大有愈趋愈下之势，近数年来富商大贾之亏折倒闭者不可数计。不知天下之利权无定，人之货物精于我则利为人夺，我之货物精于人则利可以为我专也。考中国蚕力较各国为大，中国蚕性较各国为纯。据法国格致家云：查得中国各种蚕身内具克柏司格，其病名为伯撒灵，凡蚕及蛾茧与子均沾此病，且查各种蛾茧内并有他病，如法拉斯利特其一耳，倘系西国之蚕染此病状，断难生子，即生子亦未必能为蚕，而中国送来之子竟能养出且能挑得无病之蚕成蛾成子，可见中国之蚕其力较他国为大。又近有英国医士安多罗，验得锡兰、印度之茶饮之易生疾病，中国茶则饮之无疾，可见中国之茶其性较他国为纯。中国苟能用奥国养蚕公院之法以育蚕，用巴斯陡之法以防伯撒灵，则出丝必佳。苟能用印度机器以焙茶，不使有过焦不及之弊，则茶味必佳，安有丝茶之利遽为外人所夺也哉？

一广贩运以夺其权也。泰西各国自与中国通商，皆能涉重洋、历风涛，运其所有以售于我，又能载我国货物以归其国，其有出口、进口之货均无需乎他人代运者。考各国商人航海轮船，英国为最多，其余若法若德若美若日本亦莫不设有公司轮船往来于中国各海口。中国近来风气大开，二十年前已有招商局之设，以分各洋行之利，然但能分内地贩运之利而已，而于海外诸国之地仍缺如也。愚以为宜推广商局，添置轮船，以夺其载运之权，始则试之于南洋诸岛，如槟榔屿、新嘉坡、苏门答腊等地，华人之经商于彼者甚众，当必有利可获；推诸日本之长崎、横滨，越南之西贡，英之印度、锡兰，新金山亦可相继而往；又推而远之，然后及于欧美两洲，各大国彼民所欲我能运之，以往则洋商无抑勒之权，彼国所有我能载之以来，则洋商无居奇之柄。不独此也，中国既有出洋轮船，则各国之海道必熟，沙线必明，其舵工、水手即可备，两洋兵轮之选，商务之兴犹小焉者也。

一严禁令以作其气也。西人经商资本皆巨，其大者数千万，其次数百万，最少亦不下数十万，此岂一人一家所能有哉？盖亦股分为之也。中国官长深知股分之利，数年前凡开矿等务无不许人纠股措办。顾任其事者鲜实心实力之人，或任意浮销或隐行吞没，而国恩宽厚未闻严惩一人以儆效尤。是不啻民有向股之心而止之，民有入股之念而拒之也。愚以为中国欲兴商务非广集股分不可，欲集股分非定浪费吞没之罪不可。查泰西经理公司之人皆由股东保举，设有亏空即以其股本抵销。中国宜略师其意，凡总办以及司事除厚给薪水外有任情挥霍吞没银两等事，亦经告发即以家产抵偿，如无物可抵照骗窃抢劫例严惩其罪；其有存心公正任事之后著有成效者，或加以冠带或赐以珍物以荣宠之，则股银不至受亏矣。此亦辅翼公司之一法也。

一严察识以杜其弊也。泰西重商，国家之贫富强弱皆系于商务之兴衰，如出一货而销路不广，制一器而购者寥落，国家必为之设法防维，使商务大局不至因以败坏。昔年印度国主因蚕业中衰，曾遣工头一人入法国养蚕公院学习，可知外国于民务在在留心。惜印国蚕力本弱未易挽回耳。中国官与商隔，凡商之所为上皆听之，而商人见小不惟不肯求精，往往不顾大局搀杂伪货以致销货日绌，商务大坏。中国如设立商务大臣，凡出口货之渐减者，宜与精通商务之人推求其所以渐减之故，或因地力之渐薄，或因人力之不齐，或因奸商之以伪乱真、以贱充贵，而为之施补救之术，立整顿之法，则中国所产之货即可日精，即中国商务自可日有起色也。（《皇朝经世文三编》卷三十一）

## 柯来泰

### 救商十议

今之天下一通商之天下也，然所谓通者不仅以货物之有无相交易也，必彼有以来我有以往，始可谓之通也。中国自古重农而轻商，故视商务之盛衰漠然不加喜戚于其心。同治间设立招商局以与洋商争江海之利，以为中国转贫为富、转弱为强在此一举，然限于一隅未揽全局，焉能与环瀛各国并驾齐驱争雄海上。自中西互市以来，洋商之赢中国银钱者动以亿兆计，而英国之商务尤为诸国之冠。夫英之所以能旺盛者，以英之局厂商舶多于各国，而英尤擅鸦片之利；次则洋布、羽呢、煤铁等物亦莫盛于英，此诸国之所以不能争胜也。即以鸦片一宗而计之，每年销数总在十万箱之谱，可赢中国银六十兆，以土苴易我金银，其害更甚于日用各货，此为漏卮之最大者，久而不塞，将有竭泽而渔之虑。

从前丝茶销路畅旺，尚可抵敌，今则日疲一日，渐形塞滞。茶则有印度、锡兰、日本出产渐多，香色俱美，洋茶日盛，华茶日衰。前次茶商英为多，近数年惟俄商争购稍可补救，不意今年华茶运至俄国，均有油气，销路不合，转运至英减价求售，折耗必多，恐明春俄商亦复裹足矣。查光绪七年印茶出四十八兆磅，运英者四十五兆，印度相去较近，茶价虽昂，水脚较省。故英商多舍中而就印，幸而印、锡均产红茶，中国绿茶之利不致尽夺，然日本则多产绿茶，倘日茶盛行，中国之〔茶〕势必窒塞不销，俄商之所以踊跃，由俄无产茶之地，倘将来印俄铁路联落，则运费轻，便恐俄惟向印、锡购采而中国茶务愈不可问矣。

丝则有意大利、法兰西、日本加意剔选，缫制极精，已骎骎乎。效中国之长，夺中国之利。核之海关总册，销数虽不致大减，而商家岁岁亏耗，人人折阅，几有一蹶不振之势。光绪九年，日本因丝商生意不旺，农桑务省即设法整顿，颁发联合章程，不十年蚕丝顿盛，查出洋丝数同治八年只七十三万斤，光绪十四年骤增至四百六十八万斤，商业日隆，利益颇厚，而中国丝业遂为之倾挤。

统稽中国商务入口，以洋药、洋布为大宗，出口以丝茶为大宗，丝茶为中国自然之大利，疲软若此可不寒心？今欲挽回，其大端有二：入口之货纷至沓来，必思有以分之；出口之货衰弱疲滞，必思有以疏之。但能以中国之货足抵洋人之货，出入不甚悬殊，即挽救得其要领矣。惟中国商情涣散，往往胜不相让，败不相救，各谋其私，而甘授洋人以垄断之利，数十年［来］，前后一辙，遂为洋人窥见症结，得以左之右之操纵在手，而商务遂一败而不可救，华商之受病在此，洋商之得利在此。此则非朝廷仿行洋法、特设专官、统筹全局、妥立章程不可。今略拟一纲十目条列于左，特备采择，献芹负曝，亦聊以效一纲得之愚焉耳。

一商务宜设专官也。古有司市之官，所属有司官，而司市为之统，凡平价设争，悉市官任之。汉唐以下，盐铁茶马皆［有］专官。泰西风气质直，犹近中国古制，如英有掌本国商贾事者，有掌印度公司事者。欧美各邦大都皆有商部之官统驭商政。今中国亦宜略为变通，创设商务官员，经理商贾，制货运货，出入交易，开拓市埠各事，而统之以通商大臣。此乃以今师古，非用夷变夏。如总理衙门亦昔无而今有，盐运司亦专理盐商事务。况曰今地球万国，通商殆遍，其局面百倍于曩昔，而可以商务为无足轻重欤？既有专官则物产之盈虚，销路之通塞，市情之衰旺，皆有所稽核，利当兴则兴之，弊当革则革之，竭力经营，十年之间，风气必然大变。西国见我办事合彼西法，自然不敢轻视，且商盛则国富，国富则兵强，此中息销关系极大，此乃振国之纲。若其条目约有十端缕陈于下：

一莺粟宜择地栽种也。鸦片之流毒，虽孺妇知之。然烟瘴遍地骤禁不得，则与其与洋人以专利，何如稍弛其禁约通办理，犹可杜塞漏卮。查五印度产烟之处，皆孟加拉所辖，所产烟土尽数归官，揽办运至中华约六万箱。另有印度内地所产，由迷望出口，约四万箱，英收其税，销售中国，约有八九，英共获税饷四千余万圆，而洋商之利不在其内。近来波斯亦拟栽种莺粟，约全国四分之三，倘中国吸食渐多，则销路愈畅，其银流出外洋难以计数。今既不能禁，惟有自种之一术，但须经营办理，择荒瘠之地，教民垦种，示以限制，断不至有碍谷产，倘能土药多出一分，即洋药杜塞一分，岂非补救之妙术乎？

一洋布宜购机织造也。中土本系产棉之地，除蚕丝紬缎之外，布匹衣被天下。自洋布入口，货美价廉群相购用，遂被侵灌，内地穷民几不能以自食。光绪七年，西报英国正月内洋布往上海者，价值六十三万八千八百十一磅，一月如此，一年可知，况更有别口别国之货乎。夫耕织为天下大利，乃尽为所夺，民生焉得不匮？彼洋商贾中国棉花而犹能得利者，其货皆以机器织造，故工省而利溥。今拟于海疆大埠开局自织，销运内地，夺回洋人之利还之中华，凡货壅则价贱，彼见无利可获，庶不致有喧宾夺主之虞乎。

一宜设厂局制造杂货也。洋人心计甚工，除洋布大宗之外，一切日用皆能体华人之心，仿华人之制，如药材、颜料、瓶盎、针钮、肥皂、灯烛、钟表、玩器，悉心讲求，贩运来华，虽僻陋市集靡所不至。今中国宜于洋人所喜者，亦悉心制备以扩销路而启利源，如烟酒、蔗糖、加非、可可、磁器、紬缎、刻竹、镂牙，中华所擅者刻意精制，运往销售，以觅外洋之利。如日本亦亚洲之国，近来仿造皮酒胜于欧制，为洋人所喜，安见华人智巧必出倭奴下耶。

一宜尽地利培植物产也。洋人至中国购办生料，运回国内加工制造，复贩来华以求利益，可见中国物产富饶，皆可变易金银，惟货弃于地，则人事有所不尽，虽造物亦无可如何。今宜于山海水陆竭力搜采，加工种植，如果实、蔬菜，必选佳种滋培壅护，必令丰收；金铁铜铅，尽力开挖，置炉熔炼，必求精足；推而至于皮革、杞梓、鱼鲊、肉脯，无不慎加选择，精益求精，使土货畅销盛行，则出口多一分货，即入口减一分利，惟在下之习尚全赖在上之转移，及今振整求艾可期，倘因循坐误，则惟视财源之流出外洋，束手坐困而已。

一丝茶宜联合一气也。中国商货以丝茶为最巨，其所以连年亏折者，以不能齐心协力也。洋商则反能一气联络，如茶丝英商照会俄商，不许放价抢盘，俄商即允照办。今既知其受病之由，则必思所以救之之方，救之何如？亦惟有联络之一法。华商资本既薄，又放胆多做，揭借庄款，为息制缚，洋商抬价则尽力多囤，一旦跌价则又急思脱手。又有奸商作伪搀杂，故受洋人以口实，任意挑剔颠之倒之，一任洋人之所为，播弄华商血本，不竭不止，此皆华商心志不齐之故也。今宜于上海、汉口各立公会，推一公正干练之人为会董，另选数人辅之，逢茶丝开市，严定划一章程，各商皆遵守，不准轻本多积，不准跌盘贱售，不准增价购货，不准搀杂作伪，违者罚之。中国但能于丝茶两宗振顿得法，其余各货虽有跌蹉，不至牵动大局，而其源又在精制作。如丝则讲求育蚕（必须仿巴斯徒拣择无病蚕蛾方法）制缫；茶则讲求培植烘焙，苟能事事考究，则物产精良，洋人自能出价愿购，又何患不获厚利也哉。

一煤铁宜尽力开采也。西人各法制造机器，行驶舟车，惟煤铁是赖，故谋求矿务不遗余力。尝闻之西人云泰西大利在于开矿，而矿之中以煤为最，何则？金银诸矿虽贵，究非人人必需耳，其销路反不若煤之广远。故论所以煤为上，铁次之，铅次之。比利时，欧洲弹丸之地也，特设矿部，已开之矿十处，每年售值数千万金，而其国赖以不贫。中国十八省，五金煤铁蕴蓄遍地精华未泄，除开平基隆之煤矿、云南之铜矿，办有成效，湖广创办铁政外，各省未能兴举。今拟先设矿务学堂，聘师教习，精心考察地理，以立矿务之基，然后逐渐举办，俾中华之煤铁取不竭而用不穷。近今各西国颇有煤铁用罄之虞，中国则正方兴未艾，除各厂局轮船需用外，可以运销外国，亦国家大利之所在也。

一宜设学堂以资肄习也。泰西各国皆立商务学堂，凡天文海道疆域物产以及驾驶轮帆稽帐目，一一皆童而习之，故长而远涉，行之若素。且一切工艺皆赖机器，非有师承，焉能精进；中国制造悉本手工，非不拙朴耐用，未免费巨工迟。况工艺之精者由于化学，尤须明师指授。即耕种农夫亦有植物学及农学各项，以资讲贯，故土之瘠者能肥，物之瘦者能硕。日本自明治维新以来，往欧西学工艺者接踵于途，不数年其所制各物皆能仿佛西洋，运销来华，均能获利。我中国欲兴商务，宜精制造，欲精制造，宜立学堂。或选工商子弟往西洋各厂分门学习，艺成回华，可以传习，此乃商务根苗，不可以不亟讲也。

一宜派委员以资侦探也。欧美商局君民一气，以商养兵，以兵卫商，国家以商为命脉之所在，故竭力扩充，极立保护。其经营之道在先探商情，各国教士深入内地，不但传教，实为商人耳目。即游历各员亦无非采访人情物产，禀报国家，以便制备各货合于所宜，并饬各口领事查报各路商务。如生料成物，我贱彼贵则运以去，彼贱我贵则运以来。海关总册年年比较，如有阻滞即改弦而更张之，各国商务所以蒸蒸日上也。中国亦宜仿而行之，或即饬游历人员逐细查访，或由驻使领事就近考察，申报总理衙门暨通商大臣，以资核办，或先令一二人运货试销，合宜然后以大帮断之。西国于南洋各埠及我中华皆用此术，至今日遂如釜金之气，蓬勃不可遏抑也。

一商货宜自运也。西洋商局如此之大，皆非一人一家之财力所能为，大都皆创立公司，故资雄而力厚。其获利者无此已，即至亏本，各股所失甚微，自能再振旗鼓。各公司皆自制轮船，往来运载，今欲振兴商务非自运出洋不可，自运必先造船，造船必先立公司。庶使洋商捆载来华，华商亦捆载出洋，利权不致为洋人独操。今日之华商只能运至口岸而止，如丝茶亦只在上海、汉口两埠销售，皆不能自运出洋。缘中土商务初兴，如婴儿之学步，倘国家不能护持，商人胆怯，恐受洋人之欺。故宜饬驻洋使臣于彼外部酌议妥协，重订约章，查明各国税则，开栈立埠，并设保险公司，辅以兵轮，然后可兴，商务既兴国势亦振。惟筹画经营颇不容易，然今日之商政，将与地球相终始，卒不能畏难而退处，否则徒仰洋人之鼻息而华商终无自伸之一日也。

一税则宜改章也。设关征税乃国家理财之大经，亦地球各国之通利也。泰西各国税额轻重悬殊，大抵出口之货税从其轻，入口之货税从其重，轻则土货疏通可冀畅销，民财可以日阜，重则客货渐少无虞占夺，财源亦不外流。至烟酒等物更重者，以其有损无益无关日用也。尝稽西洋税额，有全免者，有值百抽二十者，有值百抽四十五十者，更有值百抽百者，轻重之间悉寓权衡中国税额。较之西洋甚轻烟酒等物，且以食物免税，洋人独得便宜。（条约免税各物注明，洋人自用之物今如洋酒、吕宋烟、香水、洋皂、琉璃器皿，销售华人江海、津海两关前，经申请均经赫德议驳，概行免税。）幸而中国商货鲜至西洋，否则轩轾太甚，殊欠平允。今拟届改约之，期关税一节宜执公法熟商酌改，虽税则载在条约，然并无不准改税之文，非彼此拟一公平税则，即中国照西关办理，若照英则值百抽二十，中国岁可溢银三千余万，况条约有利益均沾之文，洋商既得便宜，岂可令华

商独至向隅如此？则国计民生均有裨益，自在秉钧者办理何如耳。（《皇朝经世文三编》卷三十一）

## 杨家禾

### 通商四大宗论

中国自与泰西互市以来，银钱之流外洋者，不可数计。尝就进出口各货核之，而得其要矣。出口以丝与茶为大宗，进口以烟、布为大宗。今则丝布坏矣，而茶市之坏尤甚；洋药旺矣，而洋布之销更旺。关心商务者能不为之熟计哉？蚕桑之利，古惟中国九州之地无不宜蚕，近则浙江之嘉兴、湖州，江苏之溧阳、无锡获利尤饶。泰西之来中国购丝也，始于康熙二十一年，其时海禁初开，番舶常取头蚕湖丝运回外洋。乾隆年间旋禁旋弛。迨道光之季通商立约，出洋之货丝为一大进款，其利实与茶相终始。茶之出洋也亦始于康熙初年，厥后轮舶踵至，华茶日兴，由福建、浙江以及安徽、江西、湖广等省，产茶之区推行渐广，业茶者大率粤人居多，无不利市三倍，以道咸年间为极盛。西人见丝茶之利为中国所独有，垂涎已非一日，于是法兰西、意大利诸国精理蚕务，出丝日多，法又巧于组织，遂为泰西诸国冠。美国所产之丝不亚欧洲，日本之丝近颇考究，各国之留心蚕务也如此，中国知之，英人亦知之矣。英于商务独重，心计最工，自知印度出丝无多，不能于各国争利，而茶又仰给于中国，未免相形见绌，因于印度之北境考得其地燥湿寒暑与茶相宜，广为种植，复以重资雇我皖人出洋为之教导，尽得其法，印度茶业遂盛。洋药本产于印度，流入中国销行日广，因之云贵川陕晋豫苏皖闽浙等省争种莺粟，中国之土药日增。［英］亦知洋药之利不可挽回，惟洋布之销行有年，度非中国旦夕所办，英国自保其利，不惮极意经营，添设机张益加意纺织，以供中国之用，利权独揽，英实有之。夫以烟布而论，烟之害人也，尽人知之，其病显；布则咸以为适用，致使中国女红之利尽失，而人亦漫不加察，其病隐。病之显者入人已深，病之隐者更不可问。或谓［利］之所在，人争趋之，烟之利厚，随地皆可种植，其势易。布之利较薄于烟，狃于目前之计者人又往往忽之。向来织布华人专恃人工，西人竞尚机器，工半利倍。中国若欲仿而行之，动需巨款，其势之难，故中国之种莺粟者，各行省蔓延殆遍布，则上海一局如硕果之仅存。窃恐中国利权之失，不仅在丝茶，而在洋药，亦不仅在洋药，而尤在洋布，何则？丝茶之利尚可整顿，烟亦可以禁止，惟布则整顿无从、禁止不可，深足虑也。请申论之。整顿之法何在？丝茶两项向为中国独擅之利，今为中西共有之利，说者谓厘金太重足以病商。此说诚是，然我之厘金可减，外洋之税亦可增，出口税轻进口税重，泰西常例，若我减厘一分彼反增税一分，亦无如彼何，是减厘之说尚不足以尽之，无已其惟精物产乎？西人之于丝茶也，讲求尽善，养蚕则有公院选蚕之法，以法人巴斯陡为最精，显微镜以察其形，知病蚕之宜去；寒暑表以测其热，使冷暖之适中。蚕茧之成也，三日不缲，蛹自化蛾啮茧而出，则烘茧一法能久藏以待缲；制用汽水丝白而洁，缲用机器缕细而匀，即破茧乱丝一经缲出，均可适用，凡此皆化学之功也，而华人略之。茶则色香味三者并重，外洋之茶远逊中国，惟采摘及时，烘焙得法而已。华人作事不如西人，惟作伪则过之。先是西人惟喜绿茶，华人并渗以干靛诸物，而茶非真色矣；或以野柿之叶相混，恐其味苦沥而晒之，与茶无异；又或焙老叶使敛，一如嫩芽，甚有以柳叶搀杂者，茶之香味俱失，种种制伪不可枚举，物产之不精正坐此耳。他如放价争买，跌盘贱售，皆自败之道，于西人乎何尤？今使业丝茶者自知变计，力求整顿，亡羊补牢未为晚也。

更论禁止之法，洋药一项向为英人独擅之利，今为中西共有之利，其流毒也殆遍中国，有谓宜禁外洋之进口者，洋药之来载在和约，行之数十年，一旦议禁势必不能。有谓宜禁内地之种植者，小民惟利是视，非人力所能强制，禁令也视为具文，而种者如故。有谓宜不禁而禁，重加洋药税饷者，烟台之约已行，向之洋药每百斤纳税银三十两者，今则厘税并征，已加之一百十两，仍属无济。有谓宜悬为属禁，不使华人吸食者，烟之贻害已久，通都大邑无论已，穷乡僻壤之间，几于无处无吸烟之人，无处无售烟之市，一旦立予厉禁，恐闾阎未易遵行。然则若何而后可？曰有禁私煮之一法，中国烟馆林立，取携良便，难期禁止，莫如仿香港熬煮熟膏领牌纳饷之例，其法印度运来之洋药，由官分售，设立烟户册，按户派烟许，有减而无增，苟非由官煮者以私论，是殆与古禁私酿意相合。今若参酌其法，仿宋榷酤，使设官稽察，无论洋药土药不得私自熬煮，凡售烟者责令由官领帖，较他业什伯其税，只准出售烟膏，不得设榻开灯供人吸食，违则严惩不贷，吸烟之人惮其不便，已吸者或可戒除，未吸者不可沾染，禁止之法或于是乎得之。若夫布之为物也，日用所必需，本为中西共有之利，今反若为西人独擅之利，其在十余年前英国各织机约有十三万余张，美国有十五万数千张，印度亦有一万余张，此后添设者甚多，其织成之粗细各布运入中国者，即以光绪十五年而论，按照海关贸易总册所载约有一千四百万余匹，计银二千五百余万两，棉纱约在七十万担，计银一千三百万两。其间如美国之布虽不亚于英，而销数之多究以英及印度为最。我中国之织布局，仅在上海一隅，设机四百张，每年约出布二十四万匹，其定章载明，有人仿办，只准附股入局，不准另行开张，抑有隘也。近岁如张香涛制军，拟于湖北省另立一局，尚未开办。夫以中国之大，岁销洋布至一千数百万匹，可知民间标布扣布梭布之利尽为所夺，整顿与禁止两穷其术，若仅恃此四百张机织出布二十四万匹，诚不能敌其万一，矧谋之十载始有规模，纵使竭力扩充，而利权之收回尚不知在于何日。坐使每年三四千万金之巨款流出外洋，可胜浩叹？窃谓东南各省种棉者不知凡几，若各就其地悉令民间改用西法，其织成之布将不可胜用，闽中陈伯潜阁学近购机器，分置乡间，即此意也。更有进者，中国讲求西学不遗余力，制造等局各省林立，鼓铸日兴，独于织布之机张从未有议及者，果能于轧花、纺纱、织布等器具自行制造，再得所在有司实力劝导，俾知机器之利可以补人工之不足，或一家自置数器，或数家共置一器，推广行之，将布缕日裕，又何虑银钱之日绌哉？（《皇朝经世文三编》卷三十一）

## 杨史彬

### 整顿铁政纺织利不外溢策

自海禁开创千古未有之奇局，自商埠盛贻中国无穷之漏卮，故居今日以衡时势，必以收回利权方为第一要着，而讲求钢铁织纺皆利权之至宏者也。汉阳铁厂在大别山下，规模甚宏，并就近开大冶铁，由比国矿师白乃富相度机宜，其苗颇旺，查铁矿以含铁多为佳，大冶矿所含铁虽不及俄之黑矿，实与英之红色、法之棕色等矿不相上下。盖俄矿质为铁三养四，含铁最多，每百分中杂质仅三十分，纯铁可得七十分，若红色矿质含铁二养三，每百分中得钝铁六十八九分，少则四十分，棕色矿质含二铁二养三三轻养，形如内肾，更有如鳞者，如木片者，如豆粒累积者，每百分中得钝铁六十三分。今大冶铁质化炼得法亦能得纯铁六十三四分，是其矿固最佳者也。矿质既佳，即为利于销场之末。若纺织尤宜讲求，盖织纺利权为洋商所握久矣，向者纱布进口岁已值银一二千万，光绪十四年竟增至四千四百四十三万七千五百二十五两，此后更有增无减，有识者所以亟亟于设局纺织也。去岁汉口织布局创立，大致与上海相同，诚使办理得法，皆可收利权也。今欲使开矿合法，在乎择精器通运道，推而至于畅销钢铁，在乎研化学、备物料、立分局、设公司，而欲商办有成，则又在乎由官创导。欲使织纺甚善，在乎精工作、更税则，推至于收种洋棉，在乎求佳种、用新法、早下种、稀花料，而欲华棉有用则又在乎设法挽和，请详其说如左。

　　曷言乎择精器也？开采宜用机器，尽人所知，然机器之类甚烦，宜于彼曷不宜于此，良宜择其精者也。揆诸大冶情形，莫如择比国之法，比国虽小，矿学綦详，野世城设有矿务学堂，欧洲各国皆遣学生前往学习，所造开采各机精灵巧妙冠于泰西，最合中国之用。其器最要者有四：一为戽水之器，一为注气之器，一为拉重任重之器，一为极大猛力之器。各国开矿每多购比国之器，是其器必精也。虽美国春杵三百杆机器三百尝不可用，而究不及比国之合宜。允宜仿而用之，庶几开采可旺，以立富强之基也。

　　曷言乎通运道也？采铁既旺，苟运道不通，究属艰难。是宜用英人非尔里之法，由大冶以至铁政局，制简便汽车路，其造路之费甚省，无须另购新地，但将平常马路凸凹者填之使平，宽松者桩之使固，铺置铁条一双下以木条托之即可遄行，造数十里仅需二三万金，汽车每只亦止数十元，且其车轮能切紧路上，即道路湾曲仍可行使自如，是则可省勘路之费；全车以一机运动，添煤灌水起行停止，只须一人已足，是则可省用人之费；每行一里须煤一磅，有奇□油亦属有限，是可省零用之费。况大冶至汉阳路程尚近，苟自铸铁轨试行创办，则费用无几而裨益矿务良多，行见开采日甚矣。

曷言乎研化学也？铁矿每含杂质如养硫炭磷等质，更有各种渣滓即二铁养。考养三非通化学之理炼必不精，不精又安能适用？欲其销路之旺也难矣，故欲畅销必研以化学，使其物质精良，凡总办会办各员精化合化分能辨物质者为上，否则亦须延士民通化学者以为辅助。况炼铁各功甚细，未谙化炼则火候或致失宜，坚脆必难如度，如欲淡黄色钢须加热四百三十度，若火功过大至七十度即成深黄，九十度即成淡紫，且五百五十度为淡蓝，稍差十度而至六十度即成深蓝，其化候宜审慎如此。故有明化炼者以督工匠，则物质必美，销路有不畅旺哉？

曷言乎备物料也？钢铁之用甚广，为制造家所必需，欲推广销路，当将各物所需之料逐一铸成，以备运往各处销售，而钢料尤宜多铸。盖近来钢之用更胜于铁，如车路悉多以铁，今则大半用钢，以钢条耐久胜于铁条数倍也。他如造船造炮亦多变铁而为钢，是钢料亦宜多备，凡铁路之钢轨、兵船之钢甲、巨炮之钢皮、锅炉之钢板、巨绳之钢丝与别种钢铁各料均宜铸成。又每分钢参以晏得摩利药六分，则金光夺目，以制器皿无异于金，若铸此种钢料售于百工，尤有利市三倍，此推广销场之妙用也。

曷言乎立分局也？大凡商务一道，必先声气广通，然后贸易自广。各国钢铁厂既有总局，又有分局，总局所以总厥成，分局所以分其事，凡招徕客商推广经营胥于是赖焉。今汉阳铁厂为总局，苟不多立分局，则各处商人未必尽往购办，况通商各口西商分局林立，彼又善于钻营，华商欲办钢铁自就与彼交易，孰复舍近而就远哉？故为今之计，宜于上海、香港、天津、福州先设分局，随后再遍设于通商各埠，铸炼务较洋产为胜，价值务比洋产为廉，凡属华商必不再办洋铁，宜于奏定饬各省船局、制造局皆用土产钢铁，不准复购于外洋，则利权必不外夺矣。

曷言乎设公司也？今之衡量商局，多有议开商埠于外洋者，但其事不易行，若设钢铁公司兼收各物，则未尝不可。宜先设于华人旅店各处，如东南洋等埠华人不下数百万，其资本充盈，开铁器者各店甚众，故宜设于此处先与华商交易，后再广结洋商，迨立于不败之地，随即逐渐推广设于各国商埠，以与西国争衡。如虑初设之时不无棘手，可先妥定章程，照会该国外部大臣，彼此秉公办理，不得偏好偏见，并令中国驻扎领事遇有事件必按公法据理直陈，妥为保护，是为至要也。

曷言乎由官创导也？铁政之事官督商办未始不宜，泰西各国开矿制造诸大端，大都由商开办，其官办者甚少，盖商人熟识情形，举凡开采销路尤易得手，鲜有偾败之虞，所以能持久。然华商谙熟铁政者少，且自鹤峰等矿一败涂地后，人皆视股分为畏途者，招商开办势必百无一应，计惟有先由官办，俟办有成效，众目昭彰，然后再招商办，或独力承充，或众擎共举，派勤慎老成之员以督之，但防其弊责其成，而不夺其权，斯必日有起色，可一日者亦可百年。官款提还后再开他处矿务，并设局锻炼钢铁，办有成效仍招商办，如此循环创导，可开无穷之大利，可绝无限之弊端。

曷言乎精工作也？织纺工作大纲有三：曰轧花、纺纱、织布。中国轧花之器程功既慢，又不能外出异质，故棉中多杂叶梗质，缕遂不能精，是宜用马加第去子器不为功，论棉丝长短，俱可轧出好花，子亦不坏而又能自添花，无须人力，故欲轧之精费之省，非用此器不为功。纺纱工作分十二层，即去土、弹片、梳带、成条、纺松、引长、卷紧、纱制、精纱纬纱、络纱成绕、合绕成包、提检费棉。织布工作分六层，即络经、理经、浆缕、织缕、折布、印花，其工甚细，非办理合宜，断难经久。当派委员选带工匠十数人，分赴英美纺织厂察其情形，窥其奥妙，并学习一切事宜，回华后果有心得者，即派为总管，督理工作，则纺织必精，利源可以日广矣。

曷言乎更税则也？西国定例，土货之税必轻，进口之税皆重，此皆保守利权之微意也。今欲推广纱布之利，税则允宜变通，查纱布进口纳税过轻，试观西贡收纳布税值百竟抽三十六，甚至四十，其余各国或抽二十或抽三十至少亦抽十余，鲜有抽五者。尝观中国所定税则，洋布之宽三十因制长四十码者，每匹仅纳税一钱，袈裟布印花布亦仅纳税七分，轻微已甚，如不更改，则不啻釜气熏蒸方有加而无已，纵使二十余省遍设织纺局，亦难抗其势而遏其流，故当更换条约时，设法加重以塞其来源，而于自纺纱布经过关卡，则一概轻其税厘，畅其销路，斯操纵得其道矣，至畅销钢铁亦当如此办理。

曷言乎求佳种也？纺织细布必用洋棉，以其质软缕长，轻机器不致中断也。洋棉共有数种，至埃及种、美利坚种，丝文最佳，若求此种行种蓺自能繁盛，如印度之甘提司，其地苦瘠，土花甚劣，嗣蓻洋花质缕遂精于土产，价值亦逾于寻常，获利尤为丰厚。种洋棉每英地一亩，即中国六亩，种费需洋三元七角五分，收花值洋六元二角五分，约比土种所出者多得利二元左右。苟能多种，不但可供织纺，亦可获利于无穷，诚开元〔源〕之要务也。

曷言乎用新法也？洋棉之性耐热而不耐寒，一见霜即花陨叶枯，成实难望。论者故谓宜种于台湾，然谓台湾外别无宜种者，是又不然，广东之广州、惠州及潮琼肇嘉，冬属冬令鲜见霜雪，土地尽属膏腴，倘种之于春至秋一律收成，安能有被霜之虑，此外如两湖浙，土性莫不宜棉，其寒冷较早处，可仿行用电之新法。近来西国种植家能以电益植物，凡各种花果草木，设法施之以电，其发苗也既速，其长足也又易，岁可播种二三次，若用此法，即寒冷处春种夏收，必无伤损，用之于台湾、广东，一岁更能再熟，势必出产日多，洋花不复进口矣。

何言乎早下种也？中原地气与外洋不同，种之过迟则实必晚，种之过早则苗易萎，总须在清明之后、谷雨之前早种早收，不致受风霜之剥。早种或恐春寒，则当于旧冬新春初耕后，先下大麦种数升，临种棉时转耕并麦苗掩覆之，则苗根在上，棉根过之即不畏寒并能耐水耐旱耐风潮，其种子宜于岁暮用腊雪水或鳗鱼汁浸过，可以不蛀，亦不畏旱。欲下种之前，又宜精拣，将种子用水泡湿而淘汰之，其秕者油者、郁者、远年者、火焙者俱浮，其坚实者、无病者俱沉，浮者当摈而勿用，沉者即取以为种，则苗出于肥花收必旺矣。

曷言乎稀花料也？西国种棉皆距数尺而留一科，古法亦然。故《农政全书》云木棉一步留两苗、三尺一株，可见古法与西法同。每科相距必不宜密也，依此则能耐水耐旱，丰而多收。今种土花者相去仅二三寸、五六寸，甚至三五成簇，非惟无益，而又有损益太密。有六害：苗长不作蓓蕾一也；花开不能结子二也；即结子而雨后郁蒸随即随落三也；行根浅近水旱易于成灾四也；子种每易暗蛀五也；土力既分收必歉薄六也。故收种洋棉非科稀不能旺，当照《农政全书》之法，三尺一株并时加培壅，勿令过于瘠薄，则未有不蓬勃也。

曷言乎设法挽和也？土花非不能纺织，每岁运出外洋约二十余万石，东洋尤乐购用，前岁东洋进口棉花共三千五百万斤，百分之中华棉已居七十，则大有用可知也。但以之织布洁白有余，软熟不足，而缕又欠长，故欲访细纱织细布，必不宜用土花，今欲使之有用，莫如将洋花土花搀和互用，则所成纱布亦与洋花无殊。昔英人尝行此法，当美国南北争战时，出花甚少，英即以美棉印度棉和用后，又以华棉及美印棉和用，所成纱布洁白染色攸往咸宜，且英人心计最工，安知其今不用此法也。彼既可行，我岂不可行，行之则洋花土花相资而不相悖，除自用外并运售于东西两洋，利权有不自我操哉？

总而论之，今之时，非封关闭市时也。既难禁洋货之不来，即难杜利源之不溢。使于此漠视之，恝置之，而不设法以转移，流弊将伊于胡底？故铁政织务皆当大加振作，以收利权，而最要者无论钢铁、织纺，不当仅资官用，并当趋乎时宜以资商民之用，且不当仅资民用，并当投乎嗜好以资外洋之用。但使土铁土布多销一分，即洋铁洋布多塞一分，外洋利息少赢一分，即中国利源少耗一分。虽漏卮尚未尽塞，而视昔之如水趋壑，亦自不同矣。故君子贵乎自强。（《皇朝经世文三编》卷三十一）

## 吴佐清

## 中国仿行西法纺纱织布应如何筹办俾国家商民均获利益论

书院以纺织命题者屡矣。在当道欲收回利权，博采刍荛，孜孜不厌，故肄业诸生，咸欲效愚者之一得。或谓宜收种洋棉，或谓宜搀和洋棉，或谓宜轻其税厘，或谓宜精其工作，或以机器不多而谓宜多购机器，或谓销路未畅而谓宜设法畅销。言者非纸上空谈，听者亦虚衷采纳。惟尚有未尽事宜，为前论所不及者，爰冒渎陈之，以备采择。

一、官督商办之不能无弊也。夫泰西虽官商一体，然商务则官第保护之，维持之，不侵其权也。中国之纺纱织布局，若云官办，则实招商集股；若云商办，则有总办、帮办、提调名目。即有一二实事求是者汰去帮办、提调名目，而总办之名，则固居之不疑也。商民虽经入股，不啻途人，即岁终分利，亦无非仰他人鼻息。而局费之当裁与否，司事之当用与否，皆不得过问。虽年终议事，亦仿泰西之例，而股商与总办，分隔云泥，亦第君所曰可，据亦曰可，君所曰否，据亦曰否耳。且商人惟利是趋，不赖官之督责而始知求利也。一自官为督责，则所用司事，皆官场荐举之人，情面太多，必有屡满之患。商人沾染官气，则凡达官过境下临，布局亦必多方酬应，献媚取怜，而局用浩繁矣。此官督商办之万万不可也。若云零星招股，非得一人主持其间，则事权不一。信如此说，亦宜于股分之多，身家之殷资者，听众商公举一人，管理局务。即其人爵秩崇贵；而既主持是局，则亦曰众商首领而已，无所谓官也。必如是而积弊可除也。

一、关税厘捐之暂宜蠲免也。查各局税则，西贡收纳布税值百竟抽至三十六，甚有抽至四十者。其余各国，二十、三十不等，至少亦抽十余，而鲜有抽五者。中国出进口之税则，洋布宽三十因制、长四十码者，逐匹仅纳税银一钱；袈裟布、印花布仅纳税银七分，轻微已甚：此洋布之所以销畅，而利权为西人独揽也。议者因漏卮之大，欲于换条约时设法加税，塞其来源，而于自纺纱布，轻其厘税，亦似得操纵之法。然税则载在条约，骤议加重，彼必多方以阻我。与其加彼之税，徒托空言，孰若免我之税，稍纾民力，即使关卡不能不受其害，而此则藏富于民，利固仍在中国。彼则漏卮日大，利已流入外洋。权其重轻，知此说之并非迂阔也。必如是而商本可轻也。

一、土棉果善种植，则不必学种洋棉也。论者谓纺细纱、织细布，不宜用土花。盖土花洁白有余，软熟不足，宜将土花洋花搀用，则所成纱布，亦与洋花无殊。然土花运出外洋，每岁约二十余万石，东洋尤乐购用。前岁东洋进口棉花共三千五百万石，华德占其七分，则华棉之大有用可知也。华棉之所以不能软熟者，由于不善种植。诚使早下种，稀花科，慎收获，并仿西法以电养苗，则棉不畏寒，而棉自能软熟。中国二十一行省，宜棉之地不胜枚举，果种植皆能得法，则洋棉可不复进口。且说者曾议种洋棉矣，夫洋棉畏寒，甚于华棉，设种植不精，亦有易萎之患。与其精艺术以种我土地不宜之洋棉，何如精艺术以种土地相宜之华棉乎。且华人久种土棉，纵使用法未善，究系熟手，一旦令其学种洋棉，是舍己之长，有枘凿不入者矣。

一、纺织宜设学堂而后技艺可精也。考泰西之制，纺纱工作分十二层，织布工作分六层，其工甚细，非研习有素，不能得其奥妙。宜派妥人选带工匠十余名，分赴英、美纺织厂，细心学习；回华后派在学堂，充当教习。设虑其旷日持久，则学堂或先延聘西师主讲斯席。但学堂之建，经费甚大，一时难于筹款，或即附于纺织局内，亦属一举两得。如此则中国之工作不致瞠乎其后矣。

一、纱布既免税厘，则棉花税厘亦宜酌减也。夫使布可免税，而花则分毫未减，亦非正本清源之论。而或疑于棉花减税，则西人一体均沾，漏卮更大。不知出口之棉，其税本较内地为减。是华人之税重，西人不得援例；则华人之税轻，西人亦不得借口也。且棉花之税厘果减，而土布亦沾利益。纵局中所出之布，不敌泰西进口之布，而成本稍轻，易于获利，则中国之裨益已多矣。此棉花税厘之宜变通也。

一、产花之区，设厂以轧花，则糜费中可轻也。中国二十余省，产花甚多，然局中购以纺织，牙侩居奇，层层盘剥，所费不赀；加以辗转运载，偷漏更不能免。如上海设织纺局，则毗连之通州，即为产花之所，设一分局于其地，轧花固可，纺纱固可，织布亦无不可。花价既可相宜，亦无因市侩居奇、停工待花之虑。且通州与扬镇密迩，布之销路更可日畅。果能四通八达，商人有利可获，然后稍收厘税，上应饷需，亦无不可。裕国裕民，咸基于此。此尤当事者所不可忽也。

鲲生问学素陋，闻见不多，拉杂成篇，不知有当于万一否。（《皇朝经世文三编》卷二十六）

## 俞 赞

### 恤商论

从古治天下者，曰富国，曰强兵。其条目，曰开源，曰节流。所谓开源者，惟男耕女织，使地无旷土，国无游民，尽天地自然之利而已；所谓节流者，惟戒奢靡，崇节俭，上行下效，驯至耕九余三而已。夫然后可以富国，可以强兵，盖必国富然后兵强，未有用不足而能训练者，此千古不易之理，而特不可行之于今日，何则？今日之势，匪特前古历朝所未有，实开辟来未有之局。合五大洲为一家，未可以寻常治天下之理治今日也。今中国之贫极矣，贫则弱，愈贫则愈弱，欲转弱为强，必因贫致富，然开之无其源，节之而流愈甚。上与下虽讳言利，而无人不趋利若鹜，非若西人之孳孳为利，日出奇技淫巧以谋吾之利，而困吾之民也。西人之所以困我者，首在鸦片，流毒海内，以白银易其粪土，五十年来漏卮不可以数计，而禁之愈厉，犯之愈甚。彼则坐其利，必使中国人人有患贫之虑，人人为枯槁之人，风俗日颓，人心日坏，而其计始逞。故推西人之意，不忧中国之强，而忧中国之富，百计千方必尽括其财而后已。近者各省尝私植矣，何以在我犹躬冒不韪？殆气数使然。中国应有此黑劫，然蒙谓与其不能禁人之食，孰若任民播种，犹为中下，稍夺利权，而官府之禁令弥严，胥役之苛索尤甚，一若非洋土不准吸食。在彼在奉旨通行贻害中国之策，果使中土日多，则洋土自贱，吾不能禁彼之来，彼不能阻吾之种，数十年后潜移默化，然后惟吾所欲为，或加重税则，或严立科条，势将不禁而自绝，特非旦夕所能奏效耳。所虑者朝[廷]无此政体，官府难于奉行，而迂腐者动以民食为词，是以苟且因徇，贻害益大，十室有九空之虑，一家无不吸之人，所谓自取贫困张其势焰者，可胜浩叹？间尝思一便捷之法，令不烦而民不扰，可以克期见效，其始严于士大夫，继而武弁兵勇，终以在官人役，一有犯者虽才堪王佐、勇冠三军，终身废弃不用，果其雷励风行，破除情面，下至农工商贾，不必再颁条教，自相戒不敢犯，所谓上行下效者此也，正本清源之治莫大于是矣。如是而国不富且强者，断无是理。若夫洋布名为利用，实则价贱而质脆，一无可取，其花样愈新者，本质愈坏，愚民乍睹新奇贪其价廉而购之，殊不知西人惯用机器、惯用药水，其制造之时惟在欲速而物之本质已失。故一经久用，破败遂不可收拾，岂若中土之以人工成者犹可补苴罅漏，历久可用。故门面虽阔，价值虽贱，而彼此相较不如土产远甚。窃谓洋货一宗，名目虽多，而皆不能耐久，且偶尔损坏，半文不值。其受祸尤烈者，莫如煤油，价贱而光明，民间咸乐用之，而因此兆焚如者十居其八九，官府虽禁终不省悟，是其居心之毒，罔利之巧，苟有天理，岂能久享。故即其物而思其人，其气运亦可想而知，不过扰乱一时若蝗螟之为害耳。

各国商务，以英为巨擘，而富强亦如之。谈洋务者，辄歆羡无已，欲师其长技。如开矿、商务、机器织布等局，事事步其后尘，为所愚弄，集众腋以成裘，化子虚为乌有。试观二十年来，到处创办，到处无成，究未尝参一官，治一罪，以昭炯戒。故人皆视为畏途，后虽有真实可靠者，人亦裹足不前矣。即如机器织布一局，沪上兴办已十余年。今年招股分，明年添资本，屡易其人，无不亏空，而未尝织一布，成一事也，岂主其事者皆不肖耶？办一事而未知底蕴，事事仰借于人。其来也不过徇情面，倚声势，大率纨袴居多之人本不知稼穑之艰，焉知大体？惟好为排场，任其挥霍，迨历久无成始求庖代，而继之者"犹吾为大夫崔子也"，如是而求其成，不亦南辕而北辙耶？夫木棉产于中国，西人往返四万里，加以关税水脚，织成尚可获利。岂中国自为之反至亏折，虽愚人亦知其非。而终不逮者，一则实事求是，一则徒骛虚名。天下惟似是而非者，最为误事。况委札甫下，荐书纷来，用人若干，薪水若干，花红若干，姑勿论事之成否，而出款已不可数计矣。无底之壑，终必匮乏，不待智者而知其必败也。

且今之所以兴办者，在挽回利权耳。欲见我之长，必先制彼之短。知洋布之不能久，必思所以经久之法。如织布之用机器，轧花之用机器，用力少而成速，其法诚善。惟纱棉仍须民间自纺，万不可用药水泡制，则花质现在与中土自织者无异也，虽价值稍贵，人咸乐得而趋之。或谓此局若成，江浙亿万女红无乃坐食？不知近来布价甚贱，民间无利可图，倘纺纱令下，将织布者改而纺纱，岂不甚善？在织局无乏纱之虑，而民间有余利可沾，非两全其美乎？况扣门坚固，毫无欺饰，从此洋绸、洋绉推广行之，彼外观有耀而不久即敝者，岂能与之颉颃？盖挽回利权，全在细心参究，非虚憍浮滑者所能胜任。夫洋货之来也虽多，烟与布其大宗；中国之出口虽夥，丝与茶其大较。从前出入之数不甚悬殊，犹谓以有用之财易无用之货，近更入多出少，年复一年，伊于胡底。查光绪十五年，粤海关进出货，总进口洋布洋线三千六百余万，洋药三千六百万，金银铜铁六百余万，大米六百余万，洋绒洋纱三百余万，鱼介各类二百余万，煤油二百余万，共八千七百余万；出口湖丝三千六百余万，茶叶二千余万，棉花五百余万，皮货二百余万，草辫一百八十万，又衣服二百七十万，纸货一百四十万，鞭炮一百二十万，共七千零十万。以入抵出，计亏一千七百余万。此仅就贸易言也。至于军器、火药、铁甲、轮船，每年输出者又不下数百万，几若无事不借洋人，中国之贫能无日甚。况近年东洋兴蚕桑矣，缫丝一切较中土更为精美；印度学种茶矣，自采摘至烘炒无一不格外求工，故色味俱佳，反出吾上，西人每舍此而就彼。当局深抱隐忧，前曾发策下问，大约中国商人只顾目前之利，乏深思远虑之谋，加之银根日紧，虽亏折亦所勿顾。是以西人深知其弊，往往乘危垄断，玩之股掌之上，且浮费过多，大半冶游淫荡挥金如土，就沪上一隅而论，倒闭时闻莫可救药。昔所称殷实者，今尽赤贫，然则自强之策能不加意于理财耶？查蚕桑之利，以浙之杭嘉湖三属为最，自经兵燹，大半流亡，即使朝夕勤劬，犹逊从前十倍，乃复层层剥削，觅利甚难，是以削平大难已三十年，地方元气未复，职是之由。江苏素无其利，屡经劝办，习俗难移，惟太湖接壤之区，稍沾利益耳。产茶之乡地面较广，两湖浙闽皖到处皆茶，宜获利较厚矣。然洋人多方挑剔，销售者仅俄国居多，若英美法各国则喜用印茶，就近购取，既省水脚又免风波，业此者亦有江河日下之势。推原其弊，皆由茶商贪心所致，其始也故昂其值以示招徕，若利可操券得者，而洋人迁延不发，一若无意于此；迨至相率求沽，则又故绌其价以期必售，彼商人资本有限，势难旋转，不得不贬价而沽，千手雷同，历年一辙；其狡黠者复搀杂伪茶以低货混充，冀图保本，一经发觉转相诘责，狱讼繁兴，此办茶者之频年折阅，皆由贪心以肇祸者此也。夫丝茶为中国利源，洋人能效吾法以行之，致销路日窒；鸦片虽害人之物，中国独不可广种以攘彼之利乎？盖同一土也，禁洋土则西人必至龃龉，禁中土则西人无从置喙，故中国而不禁烟也则已，中国而禁烟也必胥天下之人尽吸中土，然后权自我操，禁令可以画一。谚所谓欲擒先纵反其道以行之者，舍是别无良策。至江防、海防，虽王公设险原不容稍缓，而论今日之势，则不必亟亟也，何则？西人所忌我者富耳，兵端断不轻开，万一有急仿昔年林文忠公治粤之法，撤沿海三十里之民以避之，吾惟专心于陆战，主客之势显然，其困可立待。况船坚炮利，尤须有朴实坚忍之人以统之，方足制胜，否则有器与无器同，转不若无器之为愈也。昔有子之言曰："百姓足，君孰与不足？"管子曰："仓廪实而民知礼义。"然则，从古治天下之道，其能外于足用哉？呜呼！言之匪艰，行之维

艰，是在枋国者之默为补救尔。（《皇朝经世文三编》卷三十一）

## 马　良

### 改革招商局建议

谨按商局情弊，非改弦更张，难期振刷，用举一二，缮呈钧览：

一、经理不善也。一用人之弊，失之太滥。各局船栈，人浮于事，视太、怡行不啻三倍，而得用者无多。甚至首领要缺，委之庖代，如北栈管总、广州局总、各船之"总"，皆不在其事，但挂名分肥而已。又局中司董均无保单，故挂欠水脚，挪用银两，无从追缴。推其不用保单之故，因系总办亲友可靠，而不知舞弊则亲友更甚。"总"之缺，向归总办分派，非唐即徐，间用他姓，则须打通关节，与局中有力者分做，即暗地分财之谓也。此种人品，一得"总"，便引用亲朋，至二三十之多，以致船上好舱半为占去；而趾高气扬，睥睨他乡过客，尤为可恶！闻南洋分局，香港、广州等又尾大不掉，难以节制。洋人言，该处司董以局船为己有，专装私货，无怪公局之亏折也。南洋船主亦言，每船到埠，不准早开，以局董私货未及配载，有停至五六天者，为费不赀；未识信否？

二、分局之弊，失之太纵。各处栈局经费，自包归九五扣用，照出口水脚原较节省；而总局另设包局，包南北栈者，除第一年认真办理后，仍须总局年年贴补，与未包同无限制。且栈租寥寥，不事招徕，何以称职？他埠惟九江、宁波两口尚无挪欠，若芜湖则欠一万余金，福州则欠二万余金，种种侵隐腾挪之巧，有防不胜防。况局中司董鲜不另做生意，如汉口局董张德仍为谦安茶栈当手，何以专心尽职？而出纳无［此处似有缺字］不独分心，亦未免出入不明。总局揽载唐道绅，私设长裕泰装船行，退客货，先装己货，至欠水脚一万余金。又顶招商局名，伙开栈房［长发栈］，双扣九五用钱，专写客票，欠一万余金，万安栈亦欠八千余金，统计水脚旧欠十有一万，新欠更数倍于此。此皆唐道终年在外、徐道终年买地，致无人综核，糜烂至此。

三、总局之弊，失之太浮。举措无当，全凭私臆。有如南洋船只方苦亏耗，忽造致远、拱北、图南、普济四艘，银五十一万两，更无望余利矣。又添造广利、富顺钢身快船两只，银四十余万两，不知是何用意？长江轮船本足驶用，又添造江裕一船，银二十四万两，吃本如此巨［缺一页］。言啧啧。某仅承揽四船油漆，而衣食美好，拟于素封。又每年用煤四十余万金，价值斤两省耗之数甚巨，但凭各船各栈报单而已。此岁用之费也，而总局支销不在此数。

四、帐目之弊，失之太浑。不外四柱，有帐无实，而每年结帐又徒务虚名，纷然划抵，究难取信。患在公私混乱，挪欠自如。唐总办欠六七万，徐欠二万余，各司董所欠不等，殊与初定章程，凡有挪欠者立即撤退之意相左，此特其净欠者耳。更有以烂贱股票押取局银至三十余万之多者！徐道名下押有十五万，其实并无抵物可以赎回。以致局无现银，去年九月几乎倒闭，蒙拨公项，赖以周转。当时限定，凡动局款，自万金以上须公议。乃唐道于年底回沪，辄以局中地基押于怡和，借银二十五万，二十万归局用，五万则擅抵私欠。前贷开平银五六十万，不为不多，自去秋禀请划定后，今春又借去万余金。似此任情指拨，殊属非是。最可异者，各局契纸不存总局，抽换、抵押、遗失之弊，所在俱有。福州房产，历年结帐作一万余两，今春三月唐道改作九千，现核该契已经典出，唐道乃称福州并无房产，则历年所作之价谓何？总局房产一万两，契不见，新获他局契纸有未到者，有与估价不符者。船契则致远、图南二契存在怡和，悬挂英旗，不知有何轇轕？唐曰无，怡曰有，又不知孰是？是则局中财产［以下缺］
（《中国近代史资料丛刊·洋务运动》第六册）

## 马林、李玉书

### 富民策

泰西致富之术，厥有二焉：一曰富室集金创立公司，其意专为利己，而即以变通世运；一曰工人立会自高声价，其意在于均财，而即以抗拒富室。

此二法者，各有利，亦各有弊，民间只期善自为谋耳。有国有家者，所宜酌剂于二者之间，而使其平，俾贫富之民，彼此相安，斯大善矣。向来中国翻译西书，大抵主于前一术者为多。西士马林先生，今主后一术立论。合录如左，以为兼听并观之助。

《书》曰："民为邦本，本固邦宁。"《论语》曰："百姓足，君孰与不足？"当今天下，即至贫至弱之国，岂无一二富室席丰而履厚，养尊而处优。所难堪者，彼茕茕无告之民耳。又观今日富者固多，贫者亦不少。是其法只能富一二人，不能富千万人，只能富有资本之人，不能富无衣食之人，不几无益而害之乎？即如机器一项，可省人工，彼力能购者固大获其利矣。若工作小民，向之可以一事而用十人者，今则一人为之而有余，此九人者不皆向隅而泣耶？夫机器为利民之物，以其能节省工之力也，乃虽有善法而无善道以行之，其为害犹若此，何况本为病民之事哉！总之，当今之患，不在不足而在不均。至究其所以不均者，则由于富者占地太多，彼贫无立足之小民，非向乞怜不能存活。

此岂天生之不足哉？人为之也。譬之大舟过海，满载行人，其中所住之舱，所食之物，以及煤炭油盐之类，凡所需者，几至应有尽有，绝无匮乏之虞。其布置固甚妥贴也，乃不意船主阴狠，舟人狡猾，预占其居处之舱，食用之物，于是冻馁而死者恒多矣。地非大舟乎？天非大水乎？熙熙而来，攘攘而往者，非犹旅行寄食之客乎？贵而有位，富而有财者，非即船主舟人之类乎？然而无衣无食冻馁以死者，其咎盖有在也。天何尤哉？夫天之生人也，无厚无薄，无贵无贱，要皆一视同仁，不使有一夫之失所。是以日月之照临也，雨露之滋润也，太空之气之与人呼吸也，自然之利之任人所求也，皆无有阻止占据于其间者。地亦犹是也。其在中国尧舜之时，民皆有地，故其言曰"凿井而饮，耕田而食"，"不识不知，顺帝之则"，此其愉快为何如也。自商鞅起而井田之法废，吞并之风炽，于是富者田连阡陌，贫者地无立锥。虽有言利之臣，愈求富而富愈远，以失根本故也。是以处今之世，求富之术，贫富之不能均者，天下之大势也。

然贫富不能均，而必筹所以均之者，则又生人之至理，上帝之公义也。则善乎彼创为按地科租之法者，其为富国之第一策乎？盖按地者，按其价之贵贱也。科租者，科其租之多寡也。如国中之地，毋论其在城在乡，用与未用，均估其价值若干。今有此地者，照价岁出四五厘之租以充公用，如修路通道，立学读书，以及国家之钱粮，官府之用度，皆可取给于中。如此则有地者必不欲留多余之地，以出重租，势必退让与人。贫者得之，即可自食其力。且以出租之故，多用工而少用地。夫多用工则可格外生财，少用地则可随便得地，岂不较井田更善乎？盖井田主于分地，人或知用不知用，岂能一律？此则不必欲人皆得一地，而可使人公用此租。譬人有田千亩，有子十人，以数计之，人当得田百亩。然此千亩者，则各有肥瘠之不同，斯得之者亦自有厚薄之各异，其势不能均也。若律以科租之法，使得膏腴者出膏腴之租，得沙漠者出沙漠之租，地不能合而以租合之，所谓截长补短，以羡补不足者，此则不能均而必筹所以均之也。均则既无大贫，亦无大富。生斯世者皆得含哺鼓腹于光天化日之中，岂非太平气象哉？故余读圣书至《马太》六章，未尝不欣然称羡曰：此耶稣之富国策，惜人不知之也。其言曰："尔曹勿虑生命何以食，何以饮，勿虑尔身何以衣。试观天空之鸟，不种不植，不积于仓，然尔天父养之。尔非甚贵于鸟乎？"又曰："人当先求上帝之国与其义，则所需之物自不求而至矣。"此章之旨，言浅意深，盖以上帝生人本有自然之利。即鸟雀微物犹得飞翔如意，饮啄从心。四面八方，凡养之者，至公无私，无人阻止。而人生天壤之内，为万物之灵，反不免忧愁时多冻馁，是人不如鸟矣。所以然者，鸟以任天而动，故能自遂其生。如其无一枝之栖，而作依人之计，吾知樊笼是困亦犹人耳。呜呼，今之言富国者其能知此意乎？

然而今之言富国者，舍此意又岂足以致富乎？乃有论钱粮者曰：为利国便民起见，夫利国诚是矣。至于民则可谓之殃民，而不可谓之便民。盖凡钱粮关税，皆阻生财之路者也。于物之未成而征之，则业之者，固显受其害。于物之既成而征之，即售之者亦暗受其亏。何若只收按地之租，悉免他途之税，则百姓虽出钱粮犹如未出，因此租税者固向之归于地主者也。今以归之地主者而归之于公用，岂非不加征而民足乎？且不第民足已也，地税一兴，则各地之开销均出公用之中，不必另筹款项。其归之国家者，则反涓滴归公，非如他税之易于侵渔易于偷漏。盖公私两便，即上下皆优矣。至其所论工作曰：无使富室虐待工人。其意甚善。然玩其语意，亦若工实有赖于资本，故非富室不能生。不知生财者，地也，成财者，工也。

所谓本者，仍工之所生，以助工格外生财者也。譬有野人徒手入海岛，未始不可搏击禽兽，拾取鱼蛤而食。夫禽兽鱼蛤者，地之财也，搏击拾取者，人之工也。此则相需甚殷，缺一不可者也。如以所取之余，转售诸人购置弓矢罗网之类，然后所取者必倍于前。此即本之谓矣。况此弓矢罗网者，仍为工之所生者也。故《大学》曰："有人此有土，有土此有财，有财此有用。"诚以工为要，而本为末，非可相提并论者也。故虽在佣工之辈，外似依其主以为食，而实因其能为主生财，故用之耳。如其所生之财，不敷其工价，吾知必屏逐而不用矣。此以知工乃自食其力，非主之所养也。今日之工，必待富室之养，实由地主将地占尽，使其无可立足，故听其指挥而不敢有异说也。使地租之法立，则工价不足其用，即可改而归地有用之者，其价必优于所自作，始可出而应命焉。试观前者新金山出金，工人采之，日可得洋银十圆左右。其时用人者必出十圆之外方可，不然彼必曰吾固自有十圆在也，何需此为乎？既而富室狡猾，私向国家领凭执业，据为己有，于是出金犹昔而地主取其九，工得其一焉。岂理也哉。

又若赈济一端。夫赈济美意也，亦秕政也。盛世不闻赈济之事，以人皆可自养而无待于赈也。今也不然。以一人而占百千万人之利，此百千万人者自然枵腹从公，束手待毙矣。而间或出其余，以矜其惠，以为彼固赖吾存活也，而岂知此固百千万人之本利而为其所占。既取之又姑与之，是何异剧盗劫人，罄囊而去，反故置数金于其怀曰：吾以活汝也。噫，可笑已之数端者，皆管见所及，姑妄言之。试以证之有道诸公，其不以为冒昧，则幸矣。（《万国公报》第一百十四册，光绪二十四年六月）

### 各家富国策辨

从来人民贫富之由，户口增减之故，生材多寡之总数，食物盈歉之大原，虽曰天命，岂非人事哉？泰西于百姓贫苦一事，尝欲究其故而清其原，格物家尤视之为第一义，著书立说，聚讼纷纭，精义名言，固所时有，然以伪乱真，以非胜是者亦复不少。此非慎思明辨，显为区别，窃恐身处窘乡者，皆茫然不知其由。惟嗟以命之不犹，或怨彼苍之太薄，以厚诬我造物主，岂非罪乎？此从来策富国之不可不辨也。

美国卓尔基亨利先生，夙精格物，久擅大名，百氏之书，无所不读，书中之是非真伪，了如指掌，而又情殷济世，欲为贫窭者一破迷津。著作风行，几遍天下。深冀明此道者，无不读其书。读其书者，无不服其论也。且书中引证确凿，议论谨严，以无我之公心，筹救人之良策。虽其驳辨诸作，直令观者无从置喙，作者无处容身，然心实欲救天下之贫人，诚如孟子所云："予岂好辨哉？予不得已也。"蒙于此道，探索已久，窃愿述其大意，参以鄙言。首叙所以致贫之由，后言所以济贫之道。惟条目既众，篇帙又长，猝难就正当世，故先即各家之说，为之综论。关心民瘼者，或可稍进一解焉。

昔格物家有马耳德者，深思人民患贫之苦，手著一书，历来作富国策者皆以为笃论而宗之。其书略谓：天下之人，赖食而生。一日无食，生机顿绝。故必使生物之数，足敷口食之需，始可免饥馁而资休养。然考地球之上，人民孳息之多且速，实迥超于食物之萌芽。试就美国言之。二十五年前，凡得一兆人者，今已增至二兆。再阅二十五年，必将增至四兆。递推至百年以后，向之一兆人，实应增至三十二兆。若夫食物之生，虽亦岁有所增，特只能由渐而来。权二十五年之通，向之以一兆计者，仅可增至二兆。由是每阅二十五年而增一兆，积至百年之久大抵不越五兆。故更就英国而论，向来十一兆人，阅二十五年增至二十二兆。再增三增而至百年，应有一百七十六兆，而问其食物，只足供五十五兆人之口腹耳。今使有人于此，至二十五岁而生一人，已倍增矣，世代递嬗，积算至二百年之后，共得二百五十六人。然食物之所增二百年后，仅足以养九人。彼二百余人者，既无所食，何以为生？此民之所以不免贫且死也。或谓：目前虽生众食寡，然尚未至若此之甚。如子所言，无乃太过。不知人物滋生之比例，实属确不可易，故以其例推之后日，终必人多地满。其赖以聊且解免者，惟是天数之难逃，如刀兵水火疫疠之类，足以戕人之生耳。若欲以人力阻之，惟有禁人嫁娶之一法。嫁娶不能禁，则或有男子焉，长虑却顾，知不足以赡妻孥也，宁作鳏鱼以没世，即女子亦多寡鹄以终生。庶几传种渐稀，不致兴嗟鲜饱。藉非然者，男女以正，婚姻以时，而又别无阻抑之故，将见不数百年，林林而生，总总而群。宇宙遭其挤破，非惟食不足以养，抑且地不足以容矣。马耳德氏书中大旨如此。

窃揆马氏之意，盖谓地之生物有限，天之生人无穷。以无穷之人，居有限之地，而食有限之物，其不给也，必矣。且生物之地力，以渐用而渐减，即使倍加工本，终必不能倍收。假如有田一亩，一人耕之，秋收大稔，可收四石之谷，试以二人耕之，纵使岁入较丰，亦断无增至八石之理。此其明证也。

昔人言百工赖资本以养，无资本则财利无自生，固也。食物之于人，亦犹资本之于工，相需甚殷，不可一日缺者也。爰有至地狭民稠之国，博考众人生计者，但见贫民载道，虽欲百计生财，究竟分毫无补。盖以其地只堪养若干人，溢出多人，即无以为食也。若夫新辟之地，居人孳生最速。彼始至其地者，虽无大富，其实皆可自给。及至人多地满，贫人遂多于富人，孳生亦迟于昔日。何况旧城老地，户口满而食物渐稀，以供有限之人，尚将虞其不给，岂能生生不已，如新地之欣欣向荣哉？

黎加多氏《田租论》曰：人生日众，推究以至极薄之地，必将难以糊口。盖地限既岁有所降，工价即月有所减，而食物反日有所增。贫苦小民宛转沟壑，此必然之势也。

此三说者皆有意义，皆可为马书之证。即皆为富国策作家之圭臬。故丁韪良先生《富国策》中亦曰：数十年来，诸家之说俱无能出马氏之右者。且述马氏之意曰：以英国论，苟无阻抑生命之端，则必使嫁娶日稀。或令迁徙出洋，另辟新地，庶可少纾充塞之患。不然，虽有救贫之方，终归无益。

马氏之著此书，于今百年矣。鄙人玩索深之，不禁慨然曰：其言似是而实非，其理似真而实伪，滔滔皆是，长此安穷哉？吾辈读书谈道，必以知人论世为宗。窃谓马氏之说，所以得行，且能使通人之信奉者，非无故也。马氏生于法国变乱之时，习闻其世禄之家，骄淫矜夸，怙侈灭义。小民无衣无食，呼吁不闻，愁苦积心，酿成大祸。忽焉群起而攻，尽歼其众。于是欧洲各国中乘权借势之世家，深惧其民之尤而效之也。寝不安席，食不甘味。而马氏独曰：小民之贫苦，由于天数，而不关人事。一若上天生人生食，皆有限制，不可逾越。其饥饿而死者，理之所当然，而事之所必至。于富室乎何尤？且即竭富室之财，分诸贫户，于事仍无所济。其书既出，富人恃以为助，莫不津津乐道。彼终窭且贫者，虽无力购致其书，然侧闻人言，因之共参己意，咸谓我辈之贫苦，由于工价之不足。工价之不足，由于生齿之日多。盖至生齿既多，此竞彼争，自愿贬抑其工价，欲出窭乡而游乐国。实属戛戛其难，故亦疑马说之或有确据。重以作富国策诸人，多信其理，且为之旁通曲证，靡然相从。久而久之，附会日众，益视为至理名言，绝无人从而诽议。即如夙称格物名家之达文，亦尝言天下动植诸物，皆有化而渐上之理。譬如有虫一堆，蠕蠕而动，其中必有一二稍强者，得食较众虫为多，得命亦较众虫为久，遂乃脱离其类，变而稍大，既而稍大之虫，生育繁滋，其中又必有一二出乎其类者，更上一层。由此递推，渐有变成首足者，渐有变成羽翼者，且由羽翼而渐具官骸，由官骸而渐通情性，变而不已，进而愈上，争奇斗胜，以迄于性灵敏妙，肢体完备而全乎其为人，是可谓大成矣。然成者虽多，未成者亦尚不少。譬如养豕一群，其强有力者得食必多，生长必速，而群豕尚瞠乎其后，则大小不能一律也。又如种树成林，同吸空气，同得地力，然必先有一二树苗蘖生枝，开花结果。亦有枝叶黄落，枯萎而死者。此即争命之说也。夫一类之中，必有出类，一群之内，必有超群。此争先则彼堕后，物之变化，大抵类此。此达氏论物之意也。然其论不仅在物，实与马氏之说相通。故格物家爱格西先生云：达氏之说，即马氏之说所重出者也。达氏亦自云：我书之理，实从马书推广言之，要之马只论人，仆兼论物，其实人亦犹之物也。诸如此类，为马书作证者，盖美不胜收，亦多不胜计矣。

马书之意，既多经名士之证明，于是上至朝廷，下至黎庶，有见其书者，亦有未见其书者，有在教会者，亦有不在教会者，皆先横此意于胸中，遇事辄不觉与之暗合。盖天下之溺于其说者，匪一日矣。

有卓氏者起，觉其说之诞妄。特著论说，痛下针砭。卓氏之意若曰：上帝生人，具有自然之理，故生是人，即有所以养是人者，不以少而有余，亦不以多而不足。此造化之权衡也。使如马氏之说，不曰人事而曰天道，然则养民之事，竟无与于国政律法，亦不关于风俗人心乎？且马氏人多食少之说似属有凭，其实生人不尽如是之多，生物亦不尽如是之少。试先以人论之，我英国势，近岁益臻富庶，人民孳生之数，诚有如马氏所云者，特未可以一洲概五洲，尤未可以今日例后日也。试思五洲之中，亚细亚洲立国最古，若常以二十五年，而增人一倍，其数当不可以屈指计。何以中华、印度、日本诸国，至今仅此数百兆或数十兆哉？是必有故焉。夫天下之事，此盛则彼衰，此多则彼寡。人民之增减，亦犹是也。故有昔称繁庶，不数传而景物萧条者，亦有本属荒芜，一转瞬而人民充塞者。即如犹太、巴比伦等国，昔皆名都巨镇，肩摩毂击之场也。今则悉成邱墟，非复从前之繁盛矣。又如美洲之野蛮，今已寥寥无几，然闻其昔日，种类孔多，有若石靠等城，为其最新之地，而其中人数，不亚于各国之都城。此以知国有时兴，亦有时废，人有时少，亦有时多；新地之民，数有时增，旧地之民，数即有时减，理固然也。是以自古至今，多历年所，而人民之所增不过尔尔。倍加之说，岂足信乎？

尝观天下户口，惟中华孔子一家，历代相传，世系可考。然苟计其年岁，而以倍加之数例之，则其家之丁口应已不可胜数，乃至康熙年间，其男丁不过一万一千人，即以女子亦占其半言之当亦不过二万二千人，遑云二十五年而增一倍乎？

尝考生人之数，一家之中有多生者，有少生者，亦有竟不生者。截长补短而匀计之，大约夫妇二人，当生子女各一人。第观其外，二十余年之后，此子此女亦将各生二人。似一生二，二生四之数，不尽虚诬。殊不知一子虽生二人，然其上必有父母。一女虽生二人，然其上必有翁姑。是以四祖而生四孙也。而且男有室，女有家，其数亦惟四。虽有四子，未尝加也。马氏云：将来人数，实系倍出，必至无食可以糊口，无地可以容身，则试即其例而逆推之。如人有父母二人，父母亦各有父母二人，是两代以上有四人矣。由是四而八，八而十六，推之不已，进而愈多，岂上古之人，亦已充满于地乎？昔有善创笑谈者常云：当日亚当（泰西人以为亚当生人之始祖）之生子，未知生长之道究竟何如。然观其初生之时，身重英权十磅，至八月而即重二十磅，于是甚讶长成之速。乃以其例推之，意至十六月当重四十磅，二十四月当重八十磅，三十二月当重一百六十磅，四年之间即当重至六百四十磅。积至十年，不将与牛相若，更至二十年，不将与象相同乎？此即倍加之说，以今例后者也。谚云：竹竿与笋同长，岂不戳破了天？盖杞人之忧，井蛙之见，而实必无之事也。

试为以人匀地之法，而以英程方一卖阿计之（一卖阿约英程二里七分，一方卖阿计广袤十里零八分）。英吉利一方卖阿，中容四百四十二人。别及（未详）一方卖阿，中四百四十人。和兰一方卖阿，二百九十一人。意大利二百三十四人，日本二百三十三人，中国一百三十九人，印度一百三十二人。其最多者，德意志国，有一省每一方卖阿，中容四百四十六人。第证诸天下人之总数，今共一千三百七十七兆。以地球匀配之，每一方卖阿中仅有二十六人。若就英国一方卖阿地，能养四百四十二人之例。以概诸天下，吾知千万年后，即使增人二十倍尚复绰有余裕。初不料今世民人之贫窭，遽归咎于地力之穷也。

至谓欲阻生人之数，苟无刀兵水火疠疫诸天灾，惟有禁其嫁娶，使不滋生之一法，尤为灭伦背理。谚云："生子不忧贫。"又云："有儿穷不久。"从未闻有阻之使不生，而因之以致富者。试考中华、印度诸国之圣贤，以及犹太、埃及国中讲道之人，殊不乏聪明才辨，乃似此之语，从未经人齿及，可知其迂谬而不通。乃法人偏深信其说，故百年之前，已有四十兆人者，至今日而依然故我。然问其国势，未见富于他国。英、德二国人不知此道，而德国人数现有五十兆，英国人数合诸美国，共有一百数十兆，而其富仍有加无已。然则贫富之故，其不系乎人之多寡也，信矣。

今天下之国，以印度为最贫，中华次之。印度土旷民多，力田者终岁所得，但使得果其腹，即自命为有福之人。一遇凶荒，则壮者散之四方，老弱转乎沟壑。良由其王公百官，率以繁征重敛为事，而富家大室，又复盘踞其中，任情吞啮。小民终岁所得，仅图一饱，余悉输之他人，既不能留本以生利，安能为未雨绸缪之计？猝逢凶歉，惟有束手待毙而已。至于操作他业者，苦况亦复相同。商贾中人，贸易殊形淡泊，若使稍有资财，苟非闭置窖中，深恐利未得而本先失，甚且因之致祸。所谓匹夫无罪，怀璧其罪也。惟能精制金银饰玩之人，则因富家妇女，性喜妆饰，故尚可依之为活耳。

要之印度全地，自归元帝忽必烈辖治以后，四民皆渐即于贫。及至蒙古衰微，土宇分裂，十里一侯，五里一伯，狼蹲虎踞各啮其属。较诸中国王安石行新法时，豚栅鸡栖，皆登官册，不复为民家所有者，苦况尤加一等。迨归英国保护，规模较为画一，政治似渐更新。然百姓之贫，则且有如水益深，如火益热者。英国史家马靠列先生尝言：英人在印度大城开设公司，无不利市三倍，满载而归。印人则率多饿死。盖公司中人出其一指，犹胜于印度奉回教人之腰。是以英人一出，印人即趋避不遑，盖其视白面人不啻赤发蓝须青脸獠牙之鬼也。此东印度公司治印时之事也，英官有白克者，素着政声，于印度之事甚不谓然。尝言英人之向官于印者，日常拷掠百姓，犹如追比盗贼，迫令交赃。今则由国家宰治，尽去公司秕政，条约亦甚公平，地方亦多安静，国中铁路运河煤矿等事，皆准一律开办，利益彼此均沾。然印人之业此者，仍难得利也。遇有凶岁，仍冻馁而死亡也。通计一岁中英人之俸，多至英金二千万镑。印人之工价，每日不过百文，尚有廉至六十文者。此其贫可知矣。而且其地多为人占，其利多为人收，有均利之名，无均利之实。尝考印人借贷之息二三分者，数见不鲜，甚有六分至十分者。英国律法复严久假不归之罚，故民苦几于无告，至于征收钱粮，尤有加倍重征之弊。贫民贷债售田，变产质物，以充完纳之需者比比皆是。而食盐税课，几加至百二十分，国中遂多有食淡之辈。前此荒年，死亡者多至六兆，其未死者，亦身无蔽体之衣，而税课钱粮曾未稍减，可谓忍矣。盖印度之地，犹如一大田产，田主在外，每岁所入，皆当收清。故出国之货，食物为多，而实有三分之一以充交租之用，不能易回他物。以外貌言，印人一遇凶岁即己力不能支，似马氏食少之言略有明验，而不知其沃野千里，良田美矿，未辟者尚多。其所以贫苦之由，则因在上者之霸占，且土著之为官者情形尤熟，搜括尤工。以故富家装饰，华美异常，有时乘象而游，张盖而出，嵌以金玉，镶以珠宝，而农夫犁田之器，则仅枯木一株，后宫下陈，衣服轻软，大有霓裳羽衣之态，土人目之为风片织成，所以状其精细也。诗云"天孙为织云锦裳"，当亦不过如是。然而民间之衣，几于夏不足蔽体，冬不足御寒。即此而观，纵使一卖阿方中，仅有一人，恐亦不能免其冻馁。且其地所产食物为多，非若英国仰外邦之食，而英之富若彼，印之贫若此，则固非食之一端所致也，明矣。此印度之大略也。

　　中国地大物博，天时和暖，土脉肥腴，而美矿尤为不少。然何以沿至今日，其民依旧贫苦，所食之物，粗粝异常。负戴搬运之工，率用人力。如云地不足养，则其良田沃土未辟甚多。即煤矿之开，亦百未一二。此何故也？夫矿中所产，虽非食物，然实能易食物。且民虽以食为天，而实所需不止于此。故筹富国者，当以生材之全数而言，不当以一端而定。如英国爱尔兰之地，当一千八百四十年间人民计八兆口，而贫苦特甚。所食者惟芋一宗。房屋衣服，亦皆卑陋。有士人马格勒云：爱地食物，只能养四兆人，多即不给。一时人皆信之。其实，爱人当时虽贫，而其地所生食物，如牛羊之类出口者仍属不少，不过运到外邦，供地主之用耳。故一千七百年间，其地仅有二兆人，似当足食矣，然其贫尤甚于此，此非人多之故，审矣。是以卓氏尝痛恨此说，且言爱人遇凶荒而死者，不因食物之少，乃因占据之多，如能去地主一人，即如添食物无数。盖普天之下，断无一地食不足以养人。其为此言者，皆大背上帝生成之德也。而马氏又以人比物，谓天下动物植物，滋生最速。譬之兔在山林，鱼在江海，若去其所害，不数年间，将山海为之满矣。然其不满者，以滋生既多，各相争命，而且逾夫食物之限。故其生虽众，而无食必死。人亦如是也。斯言也，诚有足信者。然此类固人之所食，适足证食之比人，滋生更速也。盖物之产育，种类甚繁，有十倍者，有百倍者，亦有千万倍者。人岂如是乎？其在粗笨用力之人，贫穷无识之辈，生育尚众。若有聪明才智者，以及世家富室，则每忧不育。即育，亦不甚多。故俗有财主多福，贫人多子之谣，亦实有其理也。夫人为万物之灵，非物之蠢顽者可比。是以物类自相为食，且赖人为之保护。如鹰能逐鸟，人获鹰则鸟自多；狐能食兔，人猎狐则兔自众。以能去其害之之物也。又如水中之鱼，生育最众。然常强吞弱而大食小，且在江则有鲸以之为食，在海则有熊以之充饥。自有人取置池塘，以远其害，使之休养生息，于是不可胜食。故海熊食鱼，鱼因之少；人食鱼，鱼反为之多。因人有自主之权，生物之法虽多，无虑乏食也。《创世记》中神许福与人，谓之曰：生长众多，遍满于地，地俱归尔等所辖，并管海中之鱼，空中之鸟，及地上各种活物。此人与物之权不同也。盖物之食，皆享现成，故有限制，一定而不可逾。若人则可自为，欲多即多，非食能增人，实人能增食也。假如有人送老熊至阿美利驾洲空地，听其生长，虽历多年，其数必不能大增，因有食物为之限也。而现在美国之人，其加增如是之速，以食不足限之也。且物之欲有尽，人之欲无尽。物但求一饱而已，人则于食物之外复思有衣以章其身，有屋以托其足，充其意量之所至，直欲窥天地之奥妙，考万物之本原，穷性命之根柢，而又定为良法，宏乃远谟，以冀日渐兴盛。有为天下起见，而非仅私一人。有为后世生财，而不苟安目下者。此其所以步高一步，层上一层，非同物之止于此也。故有人即不虑无食。

　　食生于地，而实成于人。即如化学一端，其能加增食物者，正复不少。

美有爱得化德先生，夙精化学，深探根原，久在华盛顿都城农部化学局，于食物一道考较最精。见马氏书言，将来之人，必多饿死，乃辟之曰：将来之人，非惟不致饿死，且所食反胜于今，何也？化学之道，日精一日，食物之增，必年胜一年。夫物之生，虽由田地，实则多赖空气。苟化学得精，则瘠土可变良田，沙漠可成沃壤。尝考麦粉一物，百斤之中惟一斤出于地，其九十九斤者，皆因空气而生。气固取之不尽，用之不竭者也。昔人常云：地中所需，百料皆备，惟磷、钾、淡气三种难得。今化学家已考得磷乃矿产，钾多在山石之中，取而用之，虽万世不乏也。至淡气一种，布满半空。惟豆子之类，为能吸取此气。近用电气，亦可致之，何虑不足？且物更有不必生于地者。德国精化学之人，验得水中亦可植物，但须用料补养，曾以四粒之种植于水，竟能出苗四十六根，结实一千三百三十五粒。挪东洋地亦有荞麦，种于水缸之内，所结颗粒有七百九十六之多。又有一种树木，可产于水，而其根直未尝着土，可谓奇矣。

马氏谓地力用而渐尽，必至减收。实属过虑。殊不知地力断无用尽之理。天下之物为人用者，皆循环不已，从何而来，仍返何处。即有时地或肥而变瘠，然必有一地瘠而变肥。譬如树木之生，实赖炭养之气，用火焚木，其由气生者，仍归于气。所余之灰烬，为地之所生，亦仍归于地，曾未丝毫用去。亘古以来，地球之分量如故，不能减去一分。人身之力亦如此，用出即变为热，力去而气尚在也。气在则仍可吸而为力，周回无已，虽有变化，断无增减。可见地力必不能尽也。且尤有奇者，近有人能用化学，作成食物，无异地生，何忧食少乎？况食虽为人所重，然尤须有搬运之力，以及一切水力风力火力电气力太阳力等，以助人运动，使彼地之物可致于此地，此方之食可售之他方，转运流通，自无忧匮乏矣。故富国之策，当究其地生材之多寡，不当究食物之有无。人之得食，不必尽能耕种，业此即可致彼，精一即可致百。以其能生材，自能得食也。人谓新辟之地，人皆自给，及人多地满，贫者渐多。似马氏人多食少之说，未可厚非。殊不知以后而观，其地所生之材，固大胜于前日矣。其在初辟之时，人之在彼者，皆以地为生。有生食物之人，而无耗食物之人。故其时人人皆可果腹，既无大富，亦无大贫。然亦不过饥食渴饮而已。若其后则铁路渐兴，商埠渐辟，轮船渐多，所用之机器既精，所享之食用亦美。且其所养之文人艺士，妇女孩提，以及贫苦之人，疾废之辈，而又上有官宰以理事，下有军卒以卫民，所谓不能生而能食者不一而足。是以虽有无衣无食之穷人，然亦有腰缠珠宝者；虽有或死或亡之下户，然亦有坐拥厚资者。其生材何尝少乎？密约翰先生云：百姓多则难养，新生之口，所食与前人无异，而其手则未必如前。卓氏则云：新出之人，所食不多于前，惟所生必较前更胜。美国于二十九年中，其人即滋生加倍，但其所生之材并不止于倍也。盖工合则生材愈多，人聚则地方益旺。天下财赋货物之出，皆在通都大邑之中，必无在乡村僻壤之理，人多之故也。如五十卖阿方之地，食物足养数千人，然在英国伦敦，其地即可养数兆人，非其明证与？又有人谓：大城之材，乃多年所聚，故能养如许人。不知材非久聚之物，有可留数日者，有可留数月者，最久亦不过数年。如房屋机器及一切坚固之物，然亦必时加修理，方可持久。必无自祖宗遗留至今之理。犹之贸易之人，惟食其本，不能生利，必至用而渐尽。材亦如是也。故大城之中，能养人，即是能生材。能日日养人，即是能日日生材，非久聚也。又如二十人在薄地，分工而作，较之一人在美地，独立而作，其所生之材，合计必不止二十倍。所谓人多好作活也。

总之，士农工商各执一业，各精一艺，即可养家糊口。不必定作食物也。譬如英国伦敦城中人食物之限，不仅以伦敦一地为限，当以天下为限。以天下人可用伦敦所作之货，伦敦人即可食天下所出之食。犹于海中取水，虽在此处取去，然四海之水即从而补之，固无异取四海之水而用之也。是以民贫一事，亦如打一哑谜，必有着落之处，然必非因人多食少，地不足养之故。吾得执孔子一言以蔽之，曰"不患寡而患不均"而已。岂人数增减，食物多寡，可得而定哉？此马氏之说，与黎氏田租论，及本养工三事，同属一谬。故即管见所及，一一为之辨明。惟篇幅稍长，尚需时日，姑先出此篇，冒昧进质。高明者或不以为妄，而辱教焉，则幸甚矣。（《万国公报》第一百二十一、一百二十二册，光绪二十五年五月）

## 论地租归公之益

前章言地、工、本为生材之三项，租、价、利为分材之三项。而以利归本主，以价归工人。然则租将谁属乎？或曰工与本既各有主，则租亦当归于地主，似无疑义，而抑知不然。

夫价与利之归工本者，以工本固其人之所作也。至于地，岂地主之所作乎？至于租，亦岂地主之所当得乎？尝观黎加多氏《田租论》，略曰：租之所出，由于地限。限之上为租，限之下为工价，为利息。故地限愈下，地租愈增。此一定不可移易者也。然不仅农田然也。山矿之地，城市之地，亦莫不然。以此知租之所出，实由人众而成，不尽以地之肥瘠而定。是以市肆之地，既异于城厢近郊之地，又异于旷野。观人之多寡，即可知价之高低。观价之高低，即可知租之贵贱。此非众人之所成乎？租既为众人所成，利自应众人所得。今之欲富国者，常欲工价利息之增，而不知地日占，则限日低，虽欲增而末由也。盖地所生之材，不过此数。此多则彼寡，此盈则彼虚，必然之势也。于此而不留意，于租但鳃鳃焉，欲筹均富分财之策，吾知其抱薪救火，终归无济，无怪马氏有人多食少之语矣。

当今贫苦之患，不由于生材之不足，而由于分材之不均。其所以不均者，则由于有地无地之故。孟子曰："井地不均，谷禄不平。"此可深长思也。无地者受有地者之挟持，终身在其檐下，工价利息，一听其命而无奈之何。譬之上海一区，经商者利非不厚也，操业者价非不高也，然究其实获，不过与他处等。租贵之故也，租贵，则居其地而造货物，而为交易者，亦莫不俱贵。是以虽多而不获也。

中国自古有井田之制，男子年十五以上，皆有田亩。妇人年十五以上，皆有营业，二十岁，受田输租，六十岁退田免役，尽人皆有地也。尧舜之世，民安耕凿之天，文王之时，国无冻馁之老，职此故也。其后吞并攘夺之风日炽，于是贵贱贫富之势大分。孟子崛起其间，深知病根之所在，乃于齐于梁于滕，历详文王治岐之政，而欲复井田之制。且欲但征地租，尽免他税，故曰："关市，讥而不征。"又曰："廛而不征。"皆以免货物之税也。而其终则曰："圣人治天下，使菽粟如水火。"盖法井田之政，推而行之，诚足令斯民无衣食不足之患。以视马尔德之言生材不足养人，必禁其婚嫁，绝其孳生而后可者，其相去何啻天壤？然则孟子者，非古今富国之绝大策乎？可惜秦用商鞅，变乱旧制。于是富者田连阡陌，贫者至无立锥。古人云：井田之后，总无良法。正谓此也。然自此遂无有从而议之者。惟英之夺弗氏，美之卓尔基氏，相继而作，深探本原，创地税归公之说。夫二氏之于孟子，地之相去三万里，时之相后二千年，而其言乃不谋而合如此。且能推广其意，因时制宜，化板为活，不拘拘于井田分地，而自能均富分财，不尤较古制为善乎？

尝考卓氏之法，不必人皆分地也，而可有其地之租，亦不必分租与人也，而可以之为公用。其法以为人之有地，不论其在城在乡，用与未用，皆估其地之价值，而令有此地者，岁交四五厘之租，即以其租为公用。如此，则有地者多占一地，即当多出一租。是留地反以受累，势必退让与人。其无地者但使照价出租，自可随处得地，自食其力，不致见挟于人。其有占据以为奸，把持以待价者，皆无所施其术。而且当今之地，荒之而未尽垦者固多，即用之而未尽利者亦复不少。如专于税地，则人皆欲少用其地，而思多生其材。格物之事日精，则生材之道愈广。以视其他房屋之税，货物之税，人口之税，足以阻人之生，而令其物之少者，不又大相径庭哉？至其租之所人，以为此方之公用。如修桥、造路、立学堂、开医院、设博物赛奇之会、建藏书借读之楼、浚常通之沟以防染疫，引自来之水以免沉痾，推之国家之钱粮，官府之廉俸，巡逻兵士之粮饷，洒扫夫役之薪工，疲癃残疾之就医，鳏寡孤独之待养，无不取给于中而无事另筹他款，则居处此方者，不必分此方之财，而可食此方之惠。即铁路山矿，任人开办，而租归公用，亦不失此方之利。是虽工价利息，未见增于往日，而岁既有此巨款，尚虞用之不足乎！然亦不仅民间之富足已也，方今国家之税，多在农田，而不征他地。殊不知城市之地价较农田为多，其租亦较农田为厚，照价科租，岂毫末之数哉？而且地之广狭，既可披图而索。价之贵贱亦可互勘而知，非若他税之丛脞堪虞，纷纭无纪。或为官之所中饱，或为吏之所侵渔，或有蠹役贿纵之情，或有奸商隐匿之事，重重弊窦，防不胜防。若税地，则出之于民即收之于上，无事琐屑考核，自能涓滴归公，此岂他税之所可及乎？至其所征之税，并非别敛于民，不过昔以之归地主者，今以之归公中，特一转移之劳耳。如此则人人为地主，亦人人为租户。工价利息，不求增而遂自增。盖人之根本在地。地不难得，则有退步。有用之者不满其愿，即可返而归田，或播农桑，或蓺花果，或种菜蔬，皆能养身而立足。昔颜子穷居陋巷，犹有负郭之田。孔明高卧隆中，尚赖躬耕之地。

其身价若此贵重者，皆以有地故耳。试观前者，新金山之地尚属于公，其时工人采金，所获甚巨。船至其地，榜人舟子，几于奔走一空，多有任船之朽坏而不还者。故欲用一人，非予以多金，一如其在地之所获，则不肯出而应命，即利息亦有一分二分之多。此其证也。

今有艳称机器者，动曰：机器一物，可以使成本之用灵，可以使工人之力省。不知机器虽足助工本，然地税不归公用，则仍归无益也。夫人有机器，必思多用其地，以尽其长。用多则价自贵矣，价贵则租愈增矣。加之机器既精，则下等之地亦将次第开用，于是地限又降，获利虽众久仍归并于租，工本终于无益，且有非徒无益，而又害之者。机器日多，所用之工人日少，彼为人裁汰者，又必别谋营业，仍需地以为用，其限不愈降乎？惟地租归公，则以其有余补其不足。不患价贵而租多，且有愈多而用之愈足，分之愈均者。此固非今世分财均富之术所可同日而语，亦非古世井田分地之法，所可等量齐观矣。盖一人必分一地，其意甚善，而其事太拘。今惟不分其地，而只分其租。亦不显分其租，而但公其用，则是一方之地，即养一方之人，一方之材，即供一方之用。利无外溢，人各均沾，岂不善哉？譬人有田千亩，有子十人，计口而分，当各得田百亩，均矣。然此千亩也者，地既有肥瘠之不同，租亦自多寡之不等，是均而仍不均也。惟不问其人，但视其地。地上者出租多，地下者出租少。而其租即为十人之公用，截长补短，自归一律矣。又如以数人而有一船，或以二人而有一马，剖而分之，均无益也。惟以此船与马，或辇运货物，或乘载客人，取所获之资为公共之用，乃无偏颇之患也。故地租归公之法行，则天下之人既无大贫，亦无大富，皆可有食以果腹，有衣以章身。所谓"凿井而饮，耕田而食"，"不识不知，顺帝之则"者，于今不难复睹矣。

孔子曰："不患寡而患不均，不患贫而患不安。"有若曰："百姓足，君孰与不足？百姓不足，君孰与足？"其即此意也夫！其即此意也夫！

此即卓氏地税之大旨。全书今已译成，惟条目过繁，《公报》限于篇幅未能备载。故择其崖略，采录于右。余俟全书之出，阅者不以简略见责，斯大幸矣。（《万国公报》第一百二十五册，光绪二十五年五月）

# 《申报》言论

## 议建铁路引

窃思上海一邑，实为中华一大名区，盖自中西各国通商以来，几于无物不至，无美不臻。何也？盖由水陆交会、地理便易也。尝考其地势，其北则有天津、山东、牛庄治府，为北货之薮；其南则有广、潮、漳、厦、台、建、汀、温，为南货之渊；其西则通湖广、江浙之富；其东则尽横滨、长崎之利，洵乎为货物辐集、商贾辐凑之区矣。古所称为五都之市者，无以逾此间者。中西和好，遐迩乂安，凡四方之爱至此邦者，莫不有乐郊乐土之慕。故游人之行其间者，庶几乎挥汗如雨、嘘气成云矣。然泰西各国所称为名都大邑者，必能出奇异、便工力，以眩耀人之耳目，乃上海独未之闻。今有西人欲极新巧、逞智能以成人之美者，欲自小东门码头经金利源栈火船埠，由新北关门口过苏州河对面，直至同和祥码头，一路创建大铁路一条，洵为西域之大观、中华所罕见矣。至往来行人贸易各货，由花旗国购办铁车，价值万千贯而可以多装人、货。其法捷，其价廉，仍效驷马高车之制，俾中华人共享其利，其功可减小车四分之三。惟夫西人之为事，苟有利于人者，初不稍存彼疆尔界之心，独中国于创建铁路一款，议之八九年竟未见成功，有心世事者徒深浩叹。今特请于英、法两工部局官长，且齐集中西众商，妥议规条、筹画经费，务尽其创建之妙用。则此一举焉，可避拨船风潮之虞，可免小车尘雨之污，既快且捷，直欲便一蹴而至。是则华人之获益，良非浅鲜矣。独是现当甫议经营之际，其制甚巨，其费不赀，倘此举若成，即欲往美国，先办所用以装载之铁车，如铁车之价果不奢，则铁路之费亦不大，西人筹之熟矣。或英、法两工部谓此举有碍事理，则且暂为之止，而后必有集其事者。愿中国士商有志于益国而便民者，审思而详察之。惟是上海一隅，四方游食之小民聚而群处者，奚啻数万人？类多无恒产恒业，其间恃撑拨船、推小车以取衣食之资者不少。今铁路若成，则此二者，其用可减省大半。至冬月冰雪交侵之际，坐视其啼饥号寒之苦，吾恐此辈更无所措手足矣，其将何以为生乎？天下事有利必有弊，诚哉是言也。所愿世人为父若兄者，必使其子若弟各执一技以谋生，不独

士农工商为然也已！（《申报》1872 年 5 月 2 日）

## 造铁路告白

现在上海一隅，来往行人日多一日，其最热闹之处，如小东门码头，过金利源海关、苏州河一直到同和祥码头沿浦一带，过客多坐小车，风雨尘沙，殊苦颠顿，且索钱无艺较他处为尤贵。为此，有几个外国商人，他想用西车之式先造铁路以便驰驱，其车中箱甚宽，上有帷盖，一车可坐三四十人，坚固轻便。一车之成可数百年，较之小车，更为便宜，与中国人亦大有益处。所以老保顺之东家、旗昌管理火船之东家、丰裕洋行、立德洋行、同义兴洋行内之东家兀非磷共商此事。末，士兀非磷欲办成此事，必与工部局及各商妥议。倘工部及各商准他在铁路上装载行走，则日后又恐他人疑为包揽此生意，盖西人亦有不乐为此者，所以成此事极难。然今日不为，后人必有为之者，必欲将此事细细筹商，俟英国初六众商齐集之期，老保顺行之东家须问明众人可行与否，如实可行，即寄信至花旗购办所用之车及铸铁路器具，并打听得铁车及器具之价均不甚大。故特酌定章程，计合本银十二万两，分为百股，每股派银百廿两，每股先付该公司银二十五两，余俟需用时公同派取。必之同使中国往来人成受利益，及一切股份人亦同沾利益。如工部局不准此议，则且暂行停止；如此议已准，则中国人愿做股份者须于本月廿八日之前至义兴洋行签名，以早为贵，幸勿自误。（《申报》1872 年 5 月 2 日）

## 商贾论

舆图之广而各有所限也，物土之利而各有所宜也。限则不能相通，宜则不能相变。圣人制以关市之政，而商贾行焉，度支赖焉，下以便民生，即上以足国用焉，此万世不易之法也。水之利鱼盐蜃蛤，陆居者不得资其饶；山之利皮革竹木，川居者不得享其赢。况迁地弗良，如樀逾淮貉逾汶者，非得商贾之转运往来以互为通济，则三农百工之器械礼接之币帛货贝，与夫民生日用之所需，或急求而不得，或多积而无用。《尚书》曰："懋迁有无，化居。"诚利乎其化也。自后世设为税额，俾有一定之征，而物产〔价〕之盈缩，货值之通滞，上曾不过问焉，第取足乎税额而已矣。其弊也，物价腾贵，泉货不流，思变法者又谓利权必操诸上，于是贱收贵发，朝夕钩稽，驰驱四方以权赢绌，则朝廷习市侩之为，而民生益蹙，富商大贾皆至穷困不聊，则尤秕政之甚者也，彼物利土宜果可壅闭以妙其居奇之计乎？夫亦流通以博其货殖之途乎？智者谋富国而民愈便，不过以所有易所无，以所贱易所贵耳。而调剂节制之道，即寓乎其间矣。方今中外互市，凡货物之进出口岸者，固已通行无滞，揆其利益，厥有数端。一曰转运之利。在未通商以前，轮舶未行，货之往来江汉、粤闽、登莱锦，盖者近则半月，远则月余，方能得达。至风涛漂忽时，则又不能自主，而花木、鱼鸟、珍果之类，遂无以致远。轮舶则万里之程十日可达，挹彼注此，毫无阻碍。近如粤东岁歉，幸有轮船广运洋米，用资接济。舆图虽广，岂有可限者耶？一曰征税之利。在未通商以前，各子口未立，国家关税所入虽不加绌，而粤海、江海等关，沙船、福船之放洋者颇少，放洋既少，纳钞定不奢，而每岁税银之上户部者无以抵内地各关隘。今则轮舟杉板络绎海面，每日报关册进出各口货单至不可以计数，物土所产，固有以通其宜者耶，抑予私有请者。文宗朝以各路军兴议抽厘金，至今未改，条例烦琐，报验纷纭，吏胥得缘为奸，且设局过多，经费甚巨，虽收缴不赀，甘黔营饷、东豫协饷，固全借以取给。即江苏河工、浙江塘工，亦倚之以举。遽欲全撤，诚知其难，然苟设法以变通之，使无缺于公项而商贾不扰，则莫若于产货之处多征其税，或较前一倍，或较前二倍，征后给付联单护照，即听其所往，不复再征。到地之课，彼购是货而运赴各口者，既免沿途停泊查验之烦，即产是货而发运往各口者，亦免船中隐匿偷漏之弊。惟产货之地，如湖丝建茶等，当责成各地方官设局经理，妥议章程。酌夫厘金中，则或视货价之贵贱而每年更定，或较箱数之多寡而每件分科，至出口各关隘仍可照旧办理以规画一。如此，则商贾便、度支裕矣。留心经世者尚深思其利病也哉。（《申报》1872 年 5 月 9 日）

## 开矿论

夫天下利国便民之举，莫大于开矿一事。矿之为物，生于天，产于地，出于山川之间，可以取之而不竭，用之而不穷，此真天下之至宝也，特患不能识其苗，故不知矿之所在耳。中国之矿，如云南之有金、银、铜、锡，贵州之有铅，湖南之有朱砂、白铁，其他各省之有石灰、煤炭，均皆源源而出，往往不绝于世。但利之所在，争者必多，因而聚众斗殴，酿成人命巨案者，不一而足。其故何也？盖中国之矿，官吏无资不能开，富者畏法不敢开。所往开者，均系土豪巨猾，凑集资财，招聚无赖以成事，有矿则相争，争则必伤人命；无矿则各散，散则流为盗贼，其害有不可胜言者。昔明之末造万历年间，因国用支绌，信任太监，各处开矿及至全无所获，廷臣力谏始止。而帑项因而愈绌，流寇因之以兴。此前车之明鉴也。第天下之矿甚多，矿所有之物亦不少，弃之未免可惜。咸丰年间亦曾饬令各省大吏开矿，或开之所得无多，或开之竟不能得，或当事畏事竟以无苗复奏，遂使自然之利置之于无用之间。此有识者每为之旁观而扼腕也。吾闻西洋诸国，有矿必识，有识必开，有开必得，故无废弃之矿，国之富有，民之殷实，虽不尽由于此，亦未必不由于此。盖土内之物，尚且知而取用，而土外之物，岂有令其委弃者？此西洋所以称为识宝。前与西洋各商，谈及去岁西洋进口之货，锡六千六百担，计银十三万两，铅一万担，计银五万两，铁四万四千担，计银八万两，水银七百担，计银四万九千两，煤二万二千顿〔吨〕，计银十五万四千两，其他各货约银二万两，共计银四十八万三千两。是每岁购买西洋之货，已去银五十万两，尚有洋布、鸦片等物，每岁又去银数十万两，亦何怪中国日贫，西洋日富也！夫洋货之入中国者，皆日用所需之物，不徒西洋有之，即中国亦是处皆有之，所异者，西洋人能知而取之，中国人无论知者甚少，即能知之，而畏首畏尾不敢取也。今西洋人之至中国者，咸谓中国之矿实多，惜中国人无有识者，惜中国人无有开者。苟令西洋人之在中国者，准其详视矿苗，使估矿数，是能采得金、银若干，是能采得铜、锡、铅、铁若干，是能采得朱砂、硫磺、水银若干。定征若干，以供税贡，其余尽属开矿之人。中国不任其费，不掣其肘，未始非足国富民之一道也。果能如此，是每岁购买西洋锡、铁诸物之五十万银，不但不令西洋取去，而且中国所出之货物，中国不必尽用，并可卖与各国，必能令出洋之银日减，进口之银日增矣。惟是中国之人，惑于风水者众矣。倘有开矿之举，动则曰："是山也，或有关乎某处之来龙，是川也，或有碍乎某处之地脉。"纵有能识之、能开之者，亦必多方阻挠，不使其兴工而后已。不知石灰、煤炭之矿，岂皆无关碍于来龙地脉耶？何以又任其挖掘而不禁耶？而且石灰、煤炭之矿，自古至今未尝断绝，金、银、铜、锡诸矿，虽不能如此之盛，亦不至全无所获也。使无识者而任之妄开，恐招祸为可忧，使有矿者而禁其不开，诚弃利为可惜。愿有心世道者，曷不详思而议行之。（《申报》1872 年 5 月 17 日）

## 轮船论

舟楫之利，至轮船为已极矣，大则重洋巨海可以浮游而自如，小则长江内河可以行走而无滞。其运载重物也，为至便其传递紧信也，为至速其护送急客也，为至妥且捷。西人尝有言曰：中国既已设局自造轮船，何为只造缉捕兵船，曷不筹款多造，无论大小，总求敷用，宜于海者造若干号，宜于江者造若干号，宜于河者造若干号，则百货不忧其不通，万商不患其不至，早晚物价，紧急音书，虽不能如电报之速，然较之急足快船已十倍矣。以国家大事而论，去岁直隶水灾，倘有轮船运米，既便且速，何至令老弱饿毙、强壮流亡？以商贾贸易而论，前岁湖北木绵〔棉〕歉收，江南木绵〔棉〕丰熟，倘用轮船即运木棉驰至汉口，当时各处贩商云集，绵〔棉〕价日涨，乃用江船运载，迟迟其行。迨木绵〔棉〕至汉口，各贩因先时货少，大半已回，或已另办他货，而木棉之价日落矣。夫有轮船之利，如此无轮船之弊，如彼有心世事者，当亦可以恍然知所悟矣。方今苏州河道业已浚深，如能置造轮船数号，运送客商货物信件，岂不甚善？计沪至苏水路几及三百里，轮船行走至迟每时可以五十里，三百里程途一日可到，若用内地民船，迟则三日，速亦二日。倘遭石尤阻滞，尚不能以日计，他如汉口以上沿江之地，以及九江以内各处镇市码头可以通行轮船者，何妨添置次大轮船以便行旅？即或曰：改用轮船恐其滋事。曰：现在轮船日赴汉口，并未闻其滋事。或曰：轮船行至内河，恐其误伤民船。曰：轮船若令驶驰，方至招祸，若限定日行夜泊且限以不准欲速，每时只行五十里路，可以沿路照应，亦断不至蹭坏民船。或曰：轮船虽便而速，但水脚未免太昂于穷民，不甚相宜。曰：君盖未之思耳！譬如上海搭到汉口，其价每人不过七金，计钱十二千余，为期不过三日，若改搭民船，由上海而苏州，由苏州而镇江，由镇江而金陵、安庆、九江以至汉口，虽船价火食稍可减省一半而为期至速总在二旬以外，其途间之累坠阻滞，较之轮船已可往返三次矣。或曰：轮船造费既重，用度又多，驾船之人恐难措办巨资，奈何？曰：轮船费用虽大，而所入亦不轻，曷不凑集数人，各派若干以成其事？虽创始稍觉为难，然获利亦必不菲，试观现在行江轮船，不得厚利，安能日增月益？其为不至损本明甚。尝考西洋，未有轮船之先，尽用帆船，其行走迟滞，诸多不便，及至造成轮船，往来各国不须等候顺风。其运货诸事，帆船行走一次，而轮船已可三四次，故万商获利，百货流行，数十年来，业已富加百倍。愿中国亦仿其事，无徒尽造兵船，即商船一项，亦宜多造，至数十年之后，必能日见殷富不忧空乏矣！何不于苏州河道浚成之始，先造轮船以试端倪，若苏河行走既便，其他各处亦可仿造办理，未始非致富之一法也。刻闻西洋各商会议，有欲以制造轮船试行苏河之事禀，恳上海道宪允行者，若于和约无碍，谅道宪亦必乐于成全，转请督抚二宪允从也。（《申报》1872 年 5 月 30 日）

## 致富论

今夫人之处事不能有富而无贫也，而至于今则富者较少，贫者日增，何哉？此其故说者曰：时事之多艰也。或则曰：命运之不齐也。殊不知，富贵虽曰在天，而有可以人力渐而致者。观《大学》一书曰："生财有道。"圣王治世，则务财通商引为急务，可知天之生财，原欲使之以有易无、流通无滞，非必使有者尽坐拥厚资而无者致谋食不遑也。古语云："小富由人力，自在人之不费天时，不惜人工，善经纪以疏来源之路，节费用以杜消耗之端，则财之来也，自能如水之流行而无滞也。"故上古之世，无大富，亦无大贫。观于《陶朱公致富》一书，其言："养物类、培种植者，无不各得其宜，为天下有用之物，即以易天下无尽之财。"遂以此致富，是富之可以人力致者，既有明证矣！然其初所以致富之由，可以一言蔽之曰：克勤克俭而已。每观今之子孙，坐得资财，其创造之祖宗非有天与人授，亦由贫而手创，艰难积铢累寸而至得于此也。然则彼以昔之贫转而为今之富，则今之贫亦何不可变而为后日之富乎？独奈何以有用之人才，甘为天下之庸人，徒耽安逸而作为无益，狃于奢侈而坐耗资财，此于致贫之道甚近而于致富之道不愈远耶？吾概夫人之自取贫者日多，而作致富之论。如此，若夫善机巧以获傥来之福，登仕版以逞剥削之计者，此其致富之道徒期侥幸于一时，不为流传于久远者，又不可同日而语也。(《申报》1872 年 11 月 14 日 )

## 论内地将购设火轮车路

陆路之有火轮车，犹水路之有火轮船也，火轮船可行于长江，而火轮车独不可行于内地乎？论者或以设险阻置要隘之说，谓铁路一开，则守无可守矣。是固不然。殴州无国无铁路，而其所为险阻要隘者自在也，岂关乎铁路之开不开乎？是又过虑之谈矣。然华人于是役也，虽习闻其说而未常〔尝〕亲见其制度，亲试其便利，则亦无怪其疑惑而未敢轻试也。夫以一点钟之时，而能行二三百里之路，则以其水脚之价目例之，宁不甚廉乎哉？即以其往返之人事例之，不更甚便乎哉？是即拘牵成法，骇异新式者见之，尚得谓其上无大助于国家之政，下无广振于贸易之道耶？诚使各路通行，则州、县、省驿站之费而文报无阻，其利一也；差使免供应之烦而威福难作，其利二也；转运减车牛之扰而粮饷无缺，其利三也；官事无稽滞之虞而顷刻力办，其利四也。其有关系于国家之政者，诚非浅鲜，惟是国家大事不可率尔举行也。闾阎大利，亦不可骤为变易也，斯民可与图成，难与谋始，是在创议者之不避谤毁，不辞艰难，以成此大利益之事也。惟必须确实采访察看，真知有利而无害，有益而无损，方可举行，否则无以服众论，即无以持独见也。兹闻已拟定购造铁路以为样式，如实有裨益于国家之政，愈助夫贸易之道，则从此可仿而行之，使遍于东西开朔之通衢孔道焉。现尚隐秘其谋，未宣示于大众，故《西字日报》所述，亦未得其详也。但云先命往泰西各国之副钦使名柏蓝者，国家已简派往英国，购办所需用之各料物器械等，具足以造数百里远之路者。柏蓝业已赴程，数月之后定可购就，来华再议兴筑焉。虽然其火轮车路将置于何处，则《西报》未述也，姑揆而度之，则又在天津抵京都之一带路间也。其利益尤在附货之便、搭客之捷，则合内地人当无不乐之而称为美事矣。以此益见中国朝廷之加意民生，实为万世之利耳！

若使地方官当日一见本报，即阻西人无办此事，何至今日如此大费周章耶？闻昨日冯观察已与领事龃龉将此事诬为民称不便。但西人雇用民夫，民甚踊跃，且行走火车之时，观者又皆欢欣鼓舞，恐民称不便之说难以阻止西人。传闻地方官因此迁怒于民，竟欲将卖地之人尽行惩办。愚民何知彼见？道宪可以印契，彼小民何以不能卖地耶？此事实当官民同分其咎，不能尽诬之于小民也。且办理洋务之人实属不少，乃至酿成此事，事出之后，何得尽诿罪于卖地之小民也？并闻观察意在必止，西人意在必行，彼此相持，尚不可知何如了结。事不预先绸缪，必致临时费事，大抵如此。此事若听本报之言，早时阻止，何至今日如此费事乎？吁此大舜之好问察迩所以为大圣也与！（《申报》1872 年 11 月 28 日）

## 论铁路事

火轮车之便利载运也，世尽知之。特欧洲各国知之，多举行之。中国人之曾至欧洲各国者，亦皆知之，惟因中国向无此事，故不敢议行之耳。东洋人改用西法，深知其利便，故亦效而行之。无论其他，即运煤一举，东洋人业已大得其利。是以东洋之铁路，日增而月盛也。中西自通商以来，其采用西法之事，不可枚举。即火轮船之行走于江河者，亦皆知其利便而仿用之，特因此船行走不必更改江河。不比火轮车之行走必须先筑铁路也。西商之在上海者，每欲以火轮车之便利，夸耀于中国，且因闻中国近欲大开煤矿，恐载运尽用人马之力，未免费重事难，故欲先在上海至吴淞之地，开造铁路一条，用火轮车载运货物。至冬间立涸潮微之日，大可得其利便，亦可扩充华人之见闻。是以集资成一公司，向西国购办铁路、火车等物，一面先将上海至吴淞所须行走之路，尽行购买。其举动已三四年于兹矣。本馆于数年前当其创议之时，业已列诸本报。至甲戌秋间西匠已经动工，因民间将西匠殴打，亦曾涉讼公堂且至道署，何以观察毫不探听确实，全未禀知上宪，直至今日铁路已成，火车已走，然后禀明耶？本馆早料，此事成时，必费周折，故于此事西人一有举动，即行详细列报。原欲地方官早有见闻，可以先事绸缪，不致临时费事，熟知因循至今，事成见行发动，此实本馆之所不及料也。岂从前诸报地方官从未之阅耶？抑地方官别有深意于其间耶？本馆深知此事之误，匪朝伊夕其误，盖在于一"欺"字。中官则自欺，西人则欺人，以致酿成此事。冯观察则会逢其时，遂受此累耳。西商之买地者，数年买一车成一地，则观察即印一契。何致如此买地而观察毫不觉察，不一询问为何如此买法？恐难免不无自欺之处。但本馆前亦曾闻一事。买成一地，会番衙门中西官曾往会勘。陈司马已见本报，深疑系造铁路，询之西官，西官当以只造马路为词。是西官亦难免欺人之咎矣。自欺欺人为时已久，延至今日始行合盘托出。晚矣。（《申报》1874 年 3 月 23 日）

## 试行开矿论

上年，李爵相曾有在金陵开煤矿之议。是役也，众商闻之无不称善，以为法良意美，在所必行。不图迄今半载，而此举尚属未行，盖闻该处居民有以风水受损之说为请者，是以暂寝其议。抑知天下利国便民之举，以及乎强兵富国之图，莫大于开矿之一事。矿之为物，生于天，产于地，出于山川之间，可以取之而不竭，用之而不穷，此真天下自然之利也，特患不能识其苗，故不知矿之所在耳。中国之矿，如滇、粤之有金银、铜、锡，贵州之有铅，湖南之有朱砂、白铁，其他各省之有煤炭、石灰，均皆源源而出，不绝于世也。但利之所在，争者必多，固而聚众斗殴，酿成人命巨案，不一而足。其故何也？盖中国之矿，官吏无资不能开，富者畏法不敢开。所往开者，均系土豪巨猾，凑集资财，招聚无业游民，有矿则相争，争则必伤人命；无矿则各散，散则流为乱民，此固利中有害也。夫天下之矿甚多，矿中所生之物亦不少，弃之未免可惜，惟有开之所得无多，或开之竟不能得。故历操政柄者，往往诿之于无苗，遂使自然之利，置之于无用之间。此有识者每为之旁观而扼腕也。吾闻泰西诸国，有矿必识，有识必开，有开必获，无荒废之矿，国之富有，民之殷实，虽不尽由于此，亦未必不由于此也。盖土内之物，尚且知而取用，况土外之物，岂有令其委弃乎？前与西人各商，言及每岁西洋进口之货，如铜、锡、铅、铁、水银、煤等项，已约计银五十余万，尚有各项货色，又去数十万两。亦何怪中国日贫，西洋日富耶！夫货之入中国者，皆日用所需之物，不徒西洋有之，即中国亦是处皆有之，所异者，西人能知而取之，华人无论知者甚少，即能知之，而畏首畏尾不敢取也。今西人之至中国者，咸谓中国之矿实多，惜无有识者，惜无有开者。苟令西人之在中国者，准其详视矿苗，使估矿数，是能采得金、银、铜、锡。铅、铁若干，是能采得朱砂、硫磺、水银、煤炭若干，定征若干，以供税贡，其余尽属开矿之人。中国不任其费，不掣其肘，未始非富国足民之一道也。果能如此，则每岁中华所省者甚多，所入者亦不少，既能令出洋之银日减，帑藏之储日增矣。惟是中国之人，每有惑于风水者矣。倘有开矿之举，则曰："是山也，或有关乎某处之来龙；是川也，或有碍乎某处之地脉。"纵有能识之、能开之者，亦必多方阻挠，不使其兴工而后已。是使自然之利，终于无用之天而已矣。夫地不爱宝之谓何？所谓不爱者，要使人取之不穷，而用之不竭也；使无识者而任其妄开，固已招祸为可忧；使有矿者而禁其不开，诚以弃利为可惜。所冀有心时务者，详审而试行之，以成此美备之举可耳！（《申报》1874 年 4 月 20 日）

## 论电线

电线之有益于国家也，本馆前报已屡论之矣；中国之宜设电线也，本馆前报亦屡言之矣。盖电线者，其巧妙夺夫造化、其传递捷于影响；天下之事，固未有若是之速且便也。泰西各国之富强，虽不尽由于此，然未尝不基于此。盖朝廷之用兵也，赖电线以通达军情，则有者多胜而无者多败；是强之道，出乎此。商贾之贸易也，赖电线以通达市价，则有者常赢而无者常绌；是富之道，亦出乎此；此一定不易之理也。故泰西各国，未有不设电线者。即以英国而论，其电线实设于国家，并非民间私设也。民间之事欲借电线以通达者，仍归其信资于国家；每年所入，实属不少。除电线局开销之外，其余资可以贴补国家之用者，亦不为鲜。

至于朝廷之有机密事务，须借电线以通达者，更可以分文不费；其利岂不溥哉！此犹言国家承平时之利耳。若夫国家有故，彼此交兵，则电线更属断断不可少者。昔年普、法用兵之时，普兵于兵临之地，即设电线以传报；而法人所设之电线，尽为普人所断。故法人举动，普人无不知之；普人举动，法人毫不得知，所以普胜而法败也。今者，日本兵犯台湾。夫台湾远在海外，去京师数千余里，去福建省垣数百余里；一切紧要军机，即用轮船递信，至京师亦须数日，至省垣亦须一日。而日本设有电线，伊传信至伊国，都可以随发随至。前闻闽浙总督李公欲设电线，亦可谓知用兵之先务矣。

然吾以为中国之宜设电线，不但此事也。盖中国建都偏在北方，至极南之地，动辄万里；且多陆路，山川阻隔，音信非数十日不能达。其他离京师数千里者，指不胜屈。幅员既广，传递常艰；非有电线，何能速达！故台湾之事，日本兵已至台者多日，京师始知；即月前传说黔苗复叛，至今京师亦尚未得耗也。若有电线，何至濡滞如此！今若于镇江一处设立电线以达京师，则东南之事易于传达；其余他处，仍着天下督、抚揆度地势，次第举行；则京师虽远，如同咫尺矣。

或者曰：设电线，诚有益；第费用过大，何由措办？不知海中之电线，费用诚大；若设于陆地，其费亦不过百中之一耳。若国家设有此举而仍与民间传信，收其信资，则一二年间所用之款，即可收回，岂不益国便民乎？不然，中国欲惜此费，若准西人电线公司代为设立，凡朝廷有事，即令代为传递，亦可分文不给；但许其收取民间信资，而电线公司之西人亦无不愿也。何也？西人欲传此法于中国也久矣，故不计其资之盈亏，但求其事之能行否耳。慎勿谓中国不尚奇巧，置此有益之事于不议不论耳。

轮船枪炮等事，中国用之，已知其益矣；然彼尚损益参半也。至电线，则有益无损矣，何不一举而试之哉！（《申报》1874 年 7 月 14 日）

### 论制造

火轮船之有益于国家也，在承平之世，用之以载运仕商、转输货物，已为莫大之利；遇战攻之事，用之以载运将士、转输饷械，尤为最要之需矣。今台湾之事一出，于以更见轮船为国内一日不可少之一端也。

先是，日本初有兴师之举；所急需者，载兵运粮轮船也。故向西人以巨价购买数艘，又欲赁船以补不足之用；而西人以万国公法之所禁，未之许焉。日本于是向己国内所设立本地轮船公司，而尽赁其船；非此，则竟不足以供用也。设中国一旦与之构兵，其势必至大调兵勇。夫调用兵勇，莫有便捷于海江河湖诸途者。不论欲往何处，苟轮船所能达之地，多则六七日，少则三四日即可至矣。故吾念及此事，不禁羡慕前岁李伯相倡设招商轮船公司之为远谋良策也。盖中国虽有火轮兵船三十余艘，而于供给征调急需之用，亦尚不足；故不能不借助于商船也。即如英一国，艨艟虽难枚举，遇有用兵之事，尚每就商民以雇用；欲赁诸他国，安能乎！当今之世，各国兵器皆能日新月盛，各成制作之精良，而民间亦随时更改造就；故遇战事，未有不告助于国民。除赁船之外，则修船、制器各匠技艺之事，若于势急之时，欲全取力于国家制局以成，则其不能应急也必矣。故泰西各国，私家之制厂与公局相埒者，几于林立；即英一国，若欲一月之内制作新法之枪数万，只须分托于各制厂，而照期可成功备用。此事实国家自强之大要也。盖两国交兵之后，不能购诸局外之国，故不能不预筹于平日也。

以今日论之，中国所全赖者，惟公家设立各制造局而已；然西式技艺之各匠振兴于民间者，亦实与国势相维系也。所可喜者，现在上海一处，近有华人数家开设大铁厂数座，多在虹口地方；深知修理水镀、火炉，并能照图铸成铁器以供西人轮船之用，概可与西匠媲美。倘令制作营中所用之精器，或亦可敌西匠也。至于所开之厂多而且大者，亦已难以指计。若自今以往，推广扩充，必能振兴增益；不但能修轮船，又将能造轮船也。其余军器零物，犹其微焉者也。倘日后若有军旅大事而军器不足敷用，公局不能赶造，亦可以分派于各厂，使之代制也。国内设有此等铁厂，实足为国家之大利也。然非在上者有以开创而振兴之，又安能有此一举哉！于以见创设制作各局诸公，实能谋远大也。（《申报》1874 年 7 月 28 日）

# 3. 对西方政治制度的介绍与向往

## 引　言

洋务运动时期，人们从初期的"求强""求富"开始，进而要求学习西方政教，设立新式学校，改革科举取士制度；设立议院，改革君主专制制度。在文教制度上，有识之士主张中国教育必须改革，多设学堂，中西兼学。项文瑞的《西学储材三要》、杨家禾的《西学储材六端》，提出了培养精通西学的洋务人才的具体建议。在政法制度上，有杨史彬的《议院十难》、许象枢的《议院利害若何论》、陈翼为的《议院得失篇》等文，主张设立议院。杨毓辉在《振兴西学善策论》建议："凡西学中之天算格致等学、每学设立学堂一所，延请真正名师，并购办既翻译及未翻译各项西书，安置堂中。"杨史彬以批驳"十难"的形式，驳斥了所谓"中国不必开议院""中国不能开议院""中国无法开议院"等守旧论调。许象枢提出，"中国而不设议院则已，中国而设议院，其有利益于国家，有可偻指计者""中国诚能行之，将见君民联为一气，家国合为一体，古所云'民惟邦本，本固邦宁'者，不难再见于今日"（《议院利害若何论》）。国际政治方面，王佐才、钟天纬等对《万国公法》进行了思考，他们对国际公法的认识颇为清醒："我观泰西今日之局，小国援公法未必能却强邻，大国借公法转足以挟制小国，则所谓《万国公法》不过为大侵小、强陵弱借手之资而已。"（《公法不足恃论》）"夫《万国公法》一书，原为各国应守之成规，并非各国必遵之令甲，强者借此而愈肆其强，弱者恃此而无救其弱久矣，垂为虚论矣。"（《据公法以立国论》）《申报》发表了一些介绍西方与日本政治制度、教育制度、报刊新闻等方面的言论。早在 1873 年，《申报》就刊出《论创行议院事》一文，介绍了西方议会制度："议政院一举，泰西及美洲诸国固创行已久。各国议院，或仅一座，或分为两座。分为两座者即上议院及下议院。俄，普两国，大事均由议院商酌，而国君仍得主裁其间。若英国之君，名虽可改议院之决议，其实则不能不依者，盖下议院之议员，既为民间所举，则必郑重其事，而后升之于公。以故国家政治，即民人亦得参与其间焉。"后来，又发表了《日本已开议院》《论东洋初设行政院事》等介绍泰西、日本政治制度的消息、评论等。在文教制度方面，《申报》发表了《考试西学西法议》《论日本留意人才》等文，主张在科举选考人才的同时要加试西学西法，介绍了西方、日本重视人才的经验。《申报》发表了《邸报别于新报论》《英国新闻纸之盛》《论中国京报异于外国新报》《论各国新报之设》《论新闻日报馆事》《上海日报之事》《论字林新报言中国必能盛行新报事》《论新报体裁》《论日本禁止新报》《选新闻纸成书说》《论各省会城宜设新闻报馆》《整顿报纸刍言》等，介绍了现代新闻理念、新闻制度，如《〈申江〉新报缘起》指出："夫《京报》以见国家之意，而民亦宜皆有意；苟民之意不达于上，而上所为治理者，其何能如乎民心乎？是故新闻者，真可便民而有益于国者也。"《万国公报》选译了《自由篇》，并发表了一些文章，介绍西方政教制度、政治文化。

## 项文瑞

### 西学储材三要

富强不可恃也，惟人才最可恃。中国自讲求西学以来，自京师同文馆、福州西学馆、上海广方言馆虽皆延中西教习以课生徒，而域于所见难尽其精。出洋肄业者得其精矣，又易染其习，况幼时出洋，忠君爱国之大义尚未深知，一染外习而欲激发其天良储为大用不易得也，即得其人亦嫌不敷其用。此外如水雷局，亦能讲求实艺，蒸蒸日上，而于天文、地理、化学、算学、格致、制造诸书未必遍能探讨。国家需才孔亟，欲求于西学潜心肄习驾乎西人之上，储才之方不容缓焉。储之有三要：

从前出洋学生徒费巨资，无裨实用，其学之有成者，亦几等匠作之技，未能融会中西，扩充见识。既近年出使各国大臣轺车未行，荐书充塞，所带随员半顾情面，罕有留心外洋虚实者。然欲抉中西之关键，启阴阳之锁钥，仍莫如为庄岳之置蒙以为宜，招各省有志之举贡生员曾经学西文西语年在三十以下者百人，先由学师册送同文馆中，考取即由总署备照会给资分送英法德美意及荷兰葡萄西班牙等国，有愿入水师学堂者、有愿入兵法学堂者、有愿学测量推算者、有愿学制造器械[者]，各如其意，而要以出使大臣月加查课，奖励而督勉之，使之遍读诸书，深知要领，期满回国考试，除庸劣不取外，择其最优长者给以官阶，仍先分在中国水师、兵法等学堂及同文馆为教习，三年而后再保官阶，仍先取用。倘能造新式坚利船只，能制新式灵捷枪炮与一切足以制敌之器，由大员试验数次，果其有效，立予超迁。其次者送船政制造等局，分司诸事，优其薪水，庶后之学西学者皆勉于真才矣。储才之要一也。

然西人之游中华者，未尝就我中国通儒日夜渐渍也，而何以亦能深知我之底蕴耶？盖所载于文字者，仅能与人规矩耳，而欲使人巧，非亲身阅历焉不能。西人以中官印照游历内地，随事留心，与人言必道其详，遇人事必叩其故，见一器一物则考其法，游一水一山则绘其图，精审周详，无微不至。今我中国之于外洋也，亦能知其底蕴如是耶？蒙以为多使华人游历于外洋，所费太巨，莫若令出使大臣所带之随员，公事余暇广交西友，每日课以日记，或记其国势，或记其政府，或记其风土人情，凡有见于情事者[之]何以可疑，利权之何以可夺，须令于日记中剀切详明，畅发议论。出使大臣还朝带至总署，各呈所记，总署加以考试，优则于本保官阶加等奖叙，而大臣亦叙其功，无所长则于本保官阶减等示警，而大臣亦与有过。如是，则以后随员不至于外洋真实情形与我所以求胜之处，均茫无所见矣。随员之外，又专设游历诸员，亦使于日记中各抒所见，俾于随员等互证其是非，则真才益显。储才之要二也。

或谓耳目之及者浅，心思之所研者深，欲求西学必当研以精心，则储才又有道焉。中国待士最称优渥，无论省会郡县广建书院，优给膏火，而所课仅诗文。当此需才，岂不欲略为变通哉？诚恐开横议之风，致使士气日消，士习日坏耳。然蒙以为识时务者为俊杰，泥于诗文盲于时务，非所以储才也。宜令地方长吏捐廉购时务书多种，置之书院，命诸生入院传钞，课期则诗文外兼课一论，论优者予以加奖。此惟通商口岸诸生见闻较广，如天津、汉口、九江、镇江、上海、宁波、福州、广东等处自易为力，他处或不尽易行，而即此数处言之所以培养人才者，已不可限量矣。较顷所言出洋学习、出洋游历者，尤为得储才之大本大原焉。储才之要三也。之三要者储之于内相辅而行，不可缺一，奇材异能胥由是而造就也。此外，尚有储才之方，姑不赘［述］。（《皇朝经世文三编》卷二十）

## 杨家禾

### 西学储材六端

格致之道，中国素所不讲，自洋务兴而西学尚矣，同文、方言之馆、船政制造之局以及武备、水师各学堂次第创设于京师、福建、广东、上海、天津、江宁、台湾、湖北等处，举凡、天、算、医、化、矿、重、光、热、声、电诸学，悉延西人以为教习，入其中者或肄西国之典籍，或效西人之技艺，人才济济，造就者多。故于制船只、造器械、设电报、开铁路诸务先后兴办，蒸蒸日上，不可谓非储材之效。然而，盱衡时局，犹有不足缓者在也。请陈其说，约举六端：

一曰游历。西人之在中国，凡山川物产风土人情皆能了如指掌者，大半由游历而得。中国近年亦有派员出洋之举，往则采风问俗，归则立说著书，诚得其要领已然。游历而不肄习，犹未尽其能事，泰西尝有屈万乘之尊，忘储贰之贵，不惮躬肄操作者。中国体制所在，断不能以堂堂职官列身工匠之中效其制造，第事不亲习，终恐底蕴难穷。从前出洋之幼童，又以事无成效而止。今宜于游员之外兼派学生，半为游历，半仍肄业，此等学生可由各直省学政于每届岁考时，查明各学生员中有年未二十、文理通顺、体质强壮、愿赴外洋者，挑送总理衙门，交由出使大臣带往各国，分投学习。彼既身列庠序，必晓然于圣贤之学，庶不至有入教等事，心术端而学术进，定以年限，果有洞明时务才艺出众者，准由出使大臣咨送总理衙门考验得实，奏请破格赏给举人，量能授职，有愿赴礼闱者，仍准其一体会试，当无不感激思奋。是说也，本于冯林一宫允徐孙麒星使，宜参酌行之。

一曰交涉。今之办理洋务者，内有总理衙门，外有南北洋大臣，其在通商各口又有海关道员，凡华洋人有因钱债贸易屋房各交涉情事，尚不能与领事官按约核办，所最难者莫如教务，即在通商之处尚多掣肘，矧在内地或因购地建堂，致生衅隙，或因劝民入教，顿启猜疑，以致辱教士、拆教堂之案层出叠见。内地各州县岂能尽由洋务中来，势必谋之幕宾，此中人平时所习亦仅在刑名钱谷，其于一切条约公法从未经见，一遇民教不和之案，办理茫然，往往以小事酿成巨端，若此者皆不知洋务之故也。宜由各直省督抚将和约公法诸书刊发各州县，俾身为幕宾者于读书读律而外兼习其事。上年李傅相刊有《通商约章成案汇编》一书，尤为洋务之圭臬，果使入幕者咸从而习之，未始非政治之一助也。

　　一曰使臣。中国既与泰西各邦立约通商，不能无使臣以联两国之好。今则英法俄共一公使，美秘日共一公使，德一公使，日本一公使，各带参赞翻译及随员十数人分拨外洋各埠，为理事官，其制与各国公使之驻中国者无异，法至善也。说者谓俄为强邻宜设专使，当此星轺四出正需材孔亟之时，前经总理衙门奏设储材一馆，择翰林院编修庶吉士并五品以下京官入馆，以备使臣之选，无如京中鄙薄洋务者众，自设馆后入者寥寥，近年如许竹筼、崔惠人两星使何尝非词林中人，至若汪芝房太史本为同文馆学生，今已翔步水天出为参赞，贯习中西之学，人争羡之风气已开。若重定章程如翰院部曹中有留心时务者，奏派入馆，使之专致力于泰西书史，就今之已译者而博览之，遇有交涉事件即令其随同总理衙门之王大臣学习，俾资历练皇华之选，当不乏其人矣。

　　一曰统将。方今水陆战守处处紧要，陆军则炮台若林立矣，水军则战舰如云屯矣，欲治兵必先择将。湘淮夙称劲旅，陆军不乏专阃之材，水军当创办之初，求如丁吴两军门者诚不多觏。为今计，北洋海军既已成行，南洋师船亦将编列，宜令其分队周历海口，遍游地球，借壮声威，俾资简练，中国之地何处可守，外洋之地何处可攻，习风涛，辨岛屿，绘为图册，使军中上下无不周知地势、既明敌情，亦审运用之妙存于一心，一旦有事兵戎，斯为将者乃克操出奇制胜之策，且有谓求百偏裨易、求一将才难，安知今日之偏裨非即他日之将才也？干城之寄或于是乎得之。

　　一曰榷政。海禁已开，沿江沿海各省无不设立口岸，凡船舶之进出，货物之稽征，始则洋商居多，不得不借西人经理，是以中国特延英人赫德为总税务司，各海关分设税务司及副税务司，各员税务司准给三品衔，副税务司准给四品衔，帮同监督办理海关税务司事。宜次则帮办自头二等至四等，每等皆分正副，薪水亦有轩轾。又有所谓捍手者，亦用西人充之，所用之华人其熟习英国语言文字者为通事，经办汉文案牍者为书启，征收税饷者为书办，各司其事，井井有条。惟是中国设关垂四十年，华人中岂无熟悉约章精通税则如洋人者，税司无论已，何各关之帮办从未有一华人。或谓华人易于营私恐多弊窦，不知一关之内，华洋共处，非若卡员局委可以独行，何至有罔利之举。今宜令总税务司明定简明章程，嗣后税务司以下如各关之帮办，本无官职，准以华洋人并用，或即在于关之华人中无拘通事与书启书办择尤充补，不得升用税司，熟手可资，庶不至专恃借材于外洋矣。

一曰商务。泰西各邦，工商并重，特设专部经理其事，故利权独揽。中国虽无商部之设，南北洋两大臣均有通商兼衔，宜由两大臣饬令各省海关道，于年终时会同税务司将此一年内贸易情事详加考核，凡税银之盈绌、商货之盛衰反复推求，务得其要，知〔如〕有商情不便者许其陈诉，据实转请两大臣设法保护，开其利源。有谓商务之兴半由工艺，宜悬一格仿照西例，凡能以新法制物有益于用者，给以执照，限以年数，准其独制，期满之后他人始得仿造，〔工〕艺精而商贾盛，亦培材之一道也。（《皇朝经世文三编》卷二十）

## 王佐才

### 公法不足恃论

天下之理，必合天下之势以为衡，而理乃圆足。若只论是非，不论强弱，则势至窒碍而难行，理亦凭虚而无著，转不能通行于天下。此其说窃尝于《万国公法》得之，夫《公法》一书，西人所尝称为性理之书，谓其能以义理为断，而不杂以势利之见者也。果尔则与我中国之《春秋》亦奚以异？盖《春秋》者实我中国列邦之大公法也，其笔削予夺一字之间，足以褫乱臣贼子之魄，而立千秋世道之防。试问公法有此力量乎？我观泰西今日之局，小国援公法未必能却强邻，大国借公法转足以挟制小国，则所谓《万国公法》者不过为大侵小、强陵弱借手之资而已，岂真有公是公非之议论哉？试取欧洲之近事征之，为公法不足凭之一据。夫法被德蹙，俄人遂背墨海之盟，英法固无如之何也。土被俄残，柏林不改瓜分之约，各国亦无如之何也。此在欧国犹专以势言，矧为亚细亚与亚美利加两国交涉之事乎？今有一国欲禁绝有约之国人民来往，此在公法为何理也？夫立约通商，原期彼此人民来往营生共沾利益，今不禁本国之人往他国营生，而独欲禁他国之民入彼国糊口，而又不听他国商确擅定法律悍然行之，此岂得谓有公法乎？然我谓无足怪也，所谓公法者本视国之强弱为断，而并非以理之曲直为断也。夫仁义与富强本不判为两事，国富且强则仁义归之。庄子所谓窃国者王，而侯之门仁义存也。国贫且弱，则外侮加之，《书》所谓"兼弱攻昧"，孔子所谓天下之恶归之也。圣贤之作用与豪杰之图谋，皆认理极真而势亦未尝不讲，故能身泰而心安。反是则为宋襄以仁义行师，陈余之兵不诡道，身僇国亡而为天下笑。吾故曰：理必与势并衡者也，夫人必自侮而后人侮之。我愿有国者不必怨他人之相陵，还当问我之自立。我苟能自立而后公法始可得而言，夫约章始可得而守。否则，虽繁称博引据公法之成案，以喋喋争之，其如彼族之掩耳匿笑乎哉！（《皇朝经世文三编》卷四十）

## 钟天纬

### 据公法以立国论

尝观泰西以商务立国，故以通商为国家之命脉，视彼此人民来往营生为天壤应有之义。设有一国闭关不许互市，即为犯天下之不韪，不啻制他国之死命，不难群起而攻，此理在华人观之深以为奇，其实非奇也。泰西各邦境地狭小，土产不多，必借邻境通其有无，非若中国地大物博，百货山积，事事可仰诸本境，无借外来也。使中国犹是春秋之世，列邦各据其土产，则必持论亦然，即如葵邱之会以遏籴为戒，斯可知当日之情形已。间尝譬诸乡曲之间，通商者犹比邻之互相借贷也，来往者犹里党之彼此周旋也，设有一人深闭固拒不与世通，有不犯众人之怒乎？此理在泰西已成不易之局，无敢阳奉而阴违者，况素与立约之国乎，乃今有一国不禁本国之人来，偏禁他国之人往，此其所凭者，不知何理也？夫《万国公法》一书，原为各国应守之成规，并非各国必遵之令甲，强者借此而愈肆其强，弱者恃此而无救其弱久矣，垂为虚论矣。顾犹幸有此一书，彼此互相维持，如春秋之动援王命，目前犹不致骤流为战国。乃彼国独弁髦视之而土苴弃之，自居于公法之外，大抵民主之国，以人情为向背，设君子少而小人多，则国是混淆，几同化外。彼自夸自由自在者，实则无法无天，故其所行显犯公法而不以为非，遗笑各国而不以为耻，此亦自侪于蛮夷之列，殆亦无足与较矣。然而公法固班班可考也，万国公法云凡一百自主，自主者皆有权准外人入籍为本国之民，并可以土著之利权授之。英美两国断案曰："外人徙来或住家或入籍，均得享其住家入籍之利、所有通商之利权。"《公法会通》云："本国应保护己民之在彼国者有二：彼国违例虐待一也；被他人欺陵损害彼国不为保护二也，有一于此本国得向彼国讨索赔补，并请设法以防后来。"又云："邦国禁止客民入境或不准己民通商外国者，皆系违越人民本有之权利。"又云："客民照例入境其国，或无故禁止，或无故驱逐，或加以陵辱，则本国得凭公法理论并可讨索赔补。"《交涉公法论》云："凡此国既许彼国人到其界内，则不但不可加害，凡有交涉、通商各事必以公义相待，如此国既不阻彼国人来国，而既来之后不禁其百姓欺侮，客民岂非设陷阱以待彼国人乎？"又云："凡此国之人至彼国，或有所害，或有所累，而彼国不肯照应，则此国可立刻行令彼国保护其人，俾不受害。"历观以上公法各条，则彼国显违公法，即自背约章，倘循报复之理，即以其国之道还施之其国之人，彼此禁绝往来，彼亦何说之辞？然其曲在彼而隙则自我启之也，当彼国遣使请商改约之时，路人皆知其心，而当局曲从其请，既许改其约矣，则阴堕其术中，而显授以口实，遂启彼得进步之心，今且百喙争之而不得，不出数年而彼必更下逐客之令，驱迫我民举族内徙而后快，此其误。窃闻由于驻使误信人言，以谓禁止华佣续来，则先来者可以独享其利，非特谋生较易，抑且弹压较周，既可减埃党之怒，复可省交涉之繁，人情以省事为福，不觉娓娓动听，而为之奏请焉，不知此端一开，遂授人

以太阿之柄，顿生无数厉阶，此可见外侮之所由来也。我愿当局者惩后惩前尚其慎之于后哉。(《皇朝经世文三编》卷四十)

## 杨史彬

### 议院十难

今夫民心至涣也，天下甚遥也。而欲上德无不下宣，下情无不达上，诚非易易也。独有设议院之法，则可利无不兴，弊无不革，民之望因以慰，民之业得以兴，野既乐利相安，国斯强盛可致，何则？朝野一体也。身体之日用，必待手足之运行，未有手足丰腴而身体瘠瘁者也。君民一本也，本根之挺生实赖枝叶之庇荫，未有枝叶敷秀而本根枯槁者也。是故泰西之富强由于议院。其始立议院者仅一二国，既而各国闻风兴起，莫不创立，借通君民之情，其法良、其意美，方之皇古之制亦何多让？盖古之为政皆重民，《书》曰："民惟邦本，本固邦宁。"言国以民为重也。又曰："众志成城。"言既重民斯能得民心也。设使堂廉高远，下情或不能上达，虽欲重民而无自，虽欲得民而未能矣。故说者谓中国亦宜设议院，达舆情，采清议，以追乡校之遗风。诚如是则颓靡为之一新，局面为之一新，其利必多，其益必广。虽然，中国之欲设议院创举也，言其利者一人，而言其弊者或十人；谓其益者或百人，谓其害者或千人。苟不举其间利害，推阐详明，将何以破浮言、成大事？爰不揣谫陋，设为十难以辨之。

难者曰："中国政教号令俱出于朝廷，内而赞襄者有卿相，外而辅佐者有督抚，一切用人行政非庶民所能干，设议院后则君无权，官无权，而权在议员，毋乃有倒行逆施之弊乎？"曰："非也。中国政事议员能辨论是非而不能发施号令，盖议员所司者议事之职耳，朝献一治安之策，夕陈一富强之谟，务使利害之关键阐明，得失之机缘无隐，是其所职。若事之行否，仍须国家批准方可照行，否则议员无擅行之理，安得谓君无权乎？况上议员皆用勋旧大臣，非但下议员可以自主，又安得谓官无权乎？且议员深明大体，洞悉时务，更足补君相之不逮，是其有利无害可想而知，何容鳃鳃焉而过虑哉。"

　　难者又曰："泰西为蛮貊戎狄之国，中朝实声明文物之邦，夷夏之防不可不谨，故以泰西而行部议之法则可，以中朝而行议院之法则不可，盖用夷变夏，贤者所耻也。"曰："此不达理之言耳，议院虽行于泰西，而实昉于中土，试观三代之议礼明堂，郑人之议政乡校，即议院之制所由来，西人仿而行之，变而通之，遂使制度章程莫不尽善尽美。夫西人尚能师古，而我反行蔑古，竟视古法为西法，以为断不可行，抑何忘本如是！且即使议院为西法，而上有以利国，下有以益民，亦当采彼所长补我所短，不然电报、轮船西法也，矿务、铁路西法也，造枪炮、用机器西法也，何不闻一概绝之？可见事之有裨大局者，原宜创行，初不分乎夷夏，今若设议院，正礼失求野之意也，何耻之有哉？"

　　难者又曰："事事步武泰西，久为外人所轻视，今又仿行议院，西国见我因人成事，必益视为无能，而恫喝要求将无忌惮，其害如是，尚得谓之利乎？"曰："此正反言之也，实则中国不设议院必为外人所轻，苟设议院必为外人所重，何则？日本东洋一小国耳，其地不如中国之大，其人不及中国之繁，而近来尚设议院励精图治，其上院议员系亲王及文武大员，名曰贵族院；下院公举各府州县士民，名曰计议院。凡事必下院先发议论，然后达诸上院，如以为可，即行上闻，候国王批准，是日本尚能力求治理，今中国不及泰西而并不及日本，其能免外人轻笑乎？一旦设立议院，彼见我经营擘画，日起有功，势必敬重逾恒，而和局从此可以永固矣，其利不亦大乎？"

　　难者又曰："各国议院，其例虽具同，其制略异，法国有叫嚣之气，美亦有过重之权，今中国将何所适从？苟立定章程，未能妥善，势不免弊端百出，利何有哉？"曰："此无虑也。法、美之制固不当从，可从者莫如意、荷、英、德、之制，而意之法度尤为简约易行，其上院由国王选派议员，以亲王世子大臣之有名望者充之，约二百七十人；下院议员则由民间公举，约五百八人，年须及二十以上有地产于国中者方能应选，而一切官吏教师皆不得选，惟水陆兵官及副部员可略举五分之一，以五年为期，其院每年开聚一次，散院后遇有政事须订期会议，议事之法尽人畅所欲言，而以从违之多寡以定可否，议既定上之国王待批准而后行，其法简而具备，中国苟依法试行，并略为变法，借臻美善，其利不可更仆数，弊何有哉？"

难者又曰："俄为强大之国，自其先君彼得罗堡效赵武灵微服过秦之术，遍历欧洲，凡国有利之图无不仿行，而独不立议院，使议院果有利益，俄何为不行乎？"曰："正为俄人不立议院，而其乱党所以多也，其民向分数党，平日被官吏欺压，时思起而作乱以泄不平，观日报所载其君出游，乱党往往要伏中途思欲行刺，可见俄之不设议院，上下之情故不通也，虽其国亦有议会，而究不若议院之良，盖必设立议院政必以有得无失，官不敢舞弊营私，民间有疾苦之情立能上达，天下遇灾荒之事不壅上闻，何难庶绩咸宜百废具举，然则议院之利益诚可谓无穷矣。"

难者又曰："中国幅员之广为亘古所未有，若设议院亦仅设于京都，顺直一带虽可略沾利益，而其余各省相隔迢遥，下情岂能一概上达，则是议院即有益亦未能普于天下也。"曰："天下之利拘而守之，似亦限于一方，推而广之即可溥于四海，今欲使均沾天下议院之利，在浅见者固谓其难，而不知无难也。当仿英国立绅之法，英之城乡市镇每一地段分立绅士一二人，将地方利病曲直随时布诸同院而上陈之，计伦敦五十三部共立绅四百八十九人，阿尔兰三十二部共立绅一百零三人，苏格兰三十三部共立绅六十人，中国如照此法于各州郡县遍立绅士，随时采访情形，达诸议院，何难利益溥于天下乎。"

难者又曰："西国议员恒多充位滥竽，而行政之权仍归之于宰辅，黎庶不得干其事，君主不得操其权，名为与民共政，实则政由宁氏，然则所利者官耳，君民有何利哉？"曰："此说似是而实非也，夫天下之事大都利弊相因，办理而不得法，则滥竽之弊诚所难免，然使严行赏罚，明定章程，其弊自消，安有任非其人之虑？况乎议政之法无不一秉大公，而又下院之权重于上院，宰辅虽为上院之主，然一事也，上院以为是下院以为非，宰辅即不能专主，然则谓黎庶不得干其事者非也。一议也，上院以为可君主以为否，宰辅亦未克擅行，然则谓君主不得操其权者亦非也。盖上下交益之端，从来莫善于议院，而或以为官可专政，无利于君民，不亦谬哉。"

难者又曰："时势多艰筹款不易，苟立议院则议员薪俸所需匪微，试观各国议员之费，比则月支四百三十福兰格，荷则岁支一百六十磅，葡则日支七先令，美则上下院主席岁支俸一万元，上议员岁支七千五百元，是欲建议院必先筹费，而每年多此一费不有损于国计乎？"曰："议院之俸多寡初无一定，而意大里并无俸，今中朝如立议院，上议员皆王公大臣，既有本职养廉原无庸兼支议俸，不过下议员非俸不可，然究为数无几，何患乎不易筹？况自来兴大业者不惜小费，议员既献可替否，补弊救偏，是亦大有裨于国政，岂复吝区区之费耶？"

难者又曰："建官分职，我朝之立法极详，六部九卿外又有监察御史，所以寄耳目也，故天下之利，御史得据事直陈，天下之害，御史可危言相阻，是言官之设利益良多，何烦再立议院以滋他弊乎？"曰："此真经生之见也。夫朝廷之设言官，固欲其敷陈时政，然而承其乏者未必明大局情形，甚至揣摩时趋以为投机之。如昔年某学士奏开艺学科，而某侍御以流弊甚多请罢其议；某大员奏兴铁路，而某侍御以难于持久请勿庸行，遂使良法不能见诸施为，此何也？盖识时务者少，泥故步者多，而欲风气大开不戛戛乎其难之哉？设议院后则议论大发，耳目一新，即拘执不通者亦将默化潜移，知时务为不可不讲，行见大局不致束缚，其利自不胜言也。"

难者又曰："古来为远图者必筹全局，利之不能通行者不为，益之不能持久者不为，必也沾其利者千百人，受其益者千百世，始当竭力图维，试问议院之利益果能大而远乎？"曰："利之大而远者，莫如议院也，以商务论，原为致富之本，议院之立，凡振作商务、推广商务自必设法创行，而外洋之势可以夺；以地利论，今多弃之如遗，议院既开，凡垦务以裕民、矿务以富国、树蓺以广生计、制造以广流通自必大加振作，而中土之财源可以兴，其他足挽既倒狂澜者难以缕述，谓非利益大而远乎？"综此数端，可见议院之行诚为当今之急务，较明目达聪之制尤足除壅塞而振作衰靡，而不识时务者犹以为不可行，抑何所见之太迂也。故特抒管见设为十难，借杜妄议之口。世有留心大局者，当不河汉视之也。（《皇朝经世文三编》卷十八）

## 佚 名

### 论议院为治国之纲领

古无所谓议院也，君臣上下戮力同心而已矣。盖其时天泽之分未严，朝野之情不隔，在下者不谓堂廉之高远，在上者能知稼穑之艰难，臣有嘉谟嘉猷得以入告，民有疾痛惨怛得以上闻。况其时虽无议院之名，而有议院之实。舜之执两用中，汤之格尔众庶，盘庚之登进厥民，《洪范》之谋及卿士庶人，孟子之察及大夫国人，皆议院之似也。故曰："以厥庶民暨厥臣达大家，以厥臣达王，惟邦君。"汉世谏议大夫秩中三千石，又国有大事，每诏丞相列侯吏二千石、博士议之，则似乎真有议院矣。后世堂陛日尊，古制浸失，君上或有过举，骨鲠之士仅能折槛力争，面谀之臣惟有备员进退。于是乎一人耳目蔽于近臣，万民疾苦无所赴诉，而天下之安危君独任之矣。我朝定鼎之后，法良意美超迈前古，凡臣子封章入奏，必命部臣集议，务臻妥善覆奏，得旨然后施行，此其郑重为何如者。无如遵行既久，已为具文，牧令有不敢擅断之事则必请于大吏，大吏不决则以闻于九重，九重虚己则令该部议奏，部臣恐干驳斥则援旧例奏覆，事成既不居其功，事败更不任其咎。上下相诿莫或仔肩，以致官吏得缘以为奸，邻国遂因而狎侮，百姓从此无呼吁之门，朝廷因而成孤立之势，此甚非国家之所宜也。况大吏所奏各节，其在属草之初固已逆探上意，而知其早与成例相符，必蒙俞允矣，不过必俟命下然后施行耳。是以于凡无例可援之事，不敢率尔拜疏。故虽明知有大利而不能兴，明知有大害而不能去。噫，将何以矫其弊而正其失哉？夫以中国土地之大，人民之众，一日之间万几丛集，即使君臣一心，上让下竞，犹虞民志未孚，而民隐之莫恤。顾乃雍塞蒙蔽、因循隔绝之如是，是非岌岌可危者哉！今诚欲复前古之良法，创盛世之隆规，计莫如效法泰西各国，令上下皆设议院。尝考各国议院之制，地方满若干户口者得公议举员一人入下议院，凡事之不便于民、有益于民者，得而议之，议成各名下令及画诺，视其画诺之多寡以定其事之从违，盖善均从众之意。其事经议定者，复上之上议院之议员，俟其核准然后施行。其议院有常额，缺则补之。上议院之议员亦有常额，其议员首领或以宰相亲王充其职。遇有钱谷兵刑诸大政，则开院集议，亦以画诺之多寡以定其事之从违。故其朝廷之举措，无有不顺乎舆情者；民人之疾若〔苦〕，无有不可以控告者。君门虽远，犹跬步也；境内虽遥，犹睹面也。是以君之于民若父兄之爱子弟，民之于君若手足之卫其头目，以弭内忧以御外侮胥由是乎！中国诚仿而行之，自京师以迄直省郡邑皆设议院，京师则以翰詹科道各部之堂官充议员，即以宰相为之首领，而以地方绅董充议员，悉令公举，〔不得〕瞻徇；直省则以督抚为首领，而以监司及候补府道充议员，亦参以公举之法；郡邑即守令为议员首领，而以地方绅董充议员，悉令公举不得自专，其议事章程亦照西例。如是则上下之意乎，君民之志协，以之行政无捍格之虞，以之立法无壅蔽之患，朝廷无所用其督责。官吏不能便其私图，向者一切之弊可不劳而自绝，而且朝野有同患相恤之意，邻国息因利乘便之谋。今日自强之策孰有过乎议院者。吾故曰议院为治国之纲领也。或曰：献可替否？臣职之常总不能谏行言听，犹不妨面折廷争，何事规规乎必设议院？噫！为是言者，其亦不思之甚矣。凡臣子恐君上，有过举而后用其谏，而谏之能入与否，已不得而主之，则何如设立议院，议而后行不必从事于谏，而并使吾君并无过举之为得也。设也谏而不入，而或撄吾君之怒，而受铁钺之诛，则适以成己之名而彰君之过。虽不愧为忠臣，而于国是已不能有济矣！故议院兴而天下不必以忠臣为名高，至天下无以忠臣为名高者，而治国已得其纲领，而可以高枕无忧矣。（《皇朝经世文四编》卷二十九）

## 许象枢

### 议院利害若何论

孔子曰：天下有道，则庶人不议。非禁民之议也。有道之君，其智识足以烛民之隐，其仁慈足以苏民之困，其勇断足以除民之患，动而世为天下道，行而世为天下法，言而世为天下则，虽欲议之，无得而议焉。特是三王之世，不有议院，而物阜民康，后世莫及。然而圣不自圣，未尝不集众思以广益也。故轩辕有明堂之议，放勋有衢室之问，虞帝有告善之旌，夏后有昌言之拜。不特此也，《传》曰：史为书，瞽为诗。工诵箴谏，大夫规诲，士传言，庶人谤，商旅于市，百工献艺，是三代盛王，罔不博采众议也，特未创立议院名目。故遇哲王而言路通，否即言路即塞耳。考泰西上古亦无议院。耶稣降生前五十七年，即汉宣帝五凤元年，巴勒斯垣〔坦〕新设议政五大会，每会七十人，此为欧洲议院之权舆。至西历一千二百六十五年，宋度宗咸醇〔淳〕元年，英国新定议院章程。迄于今，而上议院下议院，无国蔑有。诚以议院之有益治理，非浅鲜也。泰西有君主之国，有民主之国，有君民共主之国。君主者，权操于上议院不得擅施行，弊在独断，德俄等国是也。民主者，权落于下，议员得以专威福，弊在无君，美法等国是也。英为君民共主之国，君可民否，君不得擅行，民可君否，民不得擅作，立法独为美备。然上情可以下逮，下情可以上达则一也。我中国幅员之广，物产之盛，人民之众，甲于五大洲。然而地利不能尽，国用不能充，弊政不能革，刑罚不能简，民困不能苏，国威不能振，下有贤才不能遽用，上有庸佞不能遽退。非中国之君不若各国之君也，中国之相不若各国之相也，上下之情隔焉故也。是故中国而不设议院则已，中国而设议院，其有利益于国家，有可偻指计者。中国五金煤矿，宜于开采，地气丰腴，宜于种植，物料宏多，宜于制造。如有于开矿植物制造确有见地者，即由议院上请开办，则地利尽矣。其利一。泰西各国凡大师旅，大兴筑议定后，即由议院筹款。盖百姓利之，劝输自易也。中国皆拨库款，故虽明知厘卡开捐之弊，而用度支绌，不能不借以补苴。有议院则上下同欲，筹款有自，国用不患无措矣。其利二。我朝忠厚开基，深仁厚泽，亘古未有，然而部办之掣肘善政，州县之滥用非刑，厘捐之不恤商情，诸弊尚多沿习。如建议院，弊之所在，即许直陈，不患不能尽革矣。其利三。泰西之俗习律例者，原有专家，设刑司以听断，设状司以辨驳，初不逮于议院。然上下情通，博访周咨，真情易得。中国诚能仿而行之，有狱不至留滞矣。其利四。海禁初开，中西立约通商，西人着着争先，中人事事吃亏。查近今通商贸易册，英人每岁赢金有四千余万之多，民力安得不困乎！有议院以维持之，则已往之条约，可设法更换，后来之弊窦，亦可先事预防，不受其抑勒，不受其把持，则商民之气伸，而困可稍苏矣。其利五。中国剿发灭捻以来，整军经武，已非道咸时可比。然承平日久，故态复萌，侵蚀名粮，则虚而不补，刻减军费，则器旧而不更。甚或耽于烟酒，不知操练为何事，私通枭贩，转以卖放为利薮。有议员以抉其弊，则上无虚糜之饷，下无不练之兵，而国威可振矣。其利六。泰西诸国大臣皆由公举。公举民主之国，虽伯理玺天德之废立，亦由议院主持。是以贤才不至淹滞，庸佞不得固位。中国宜略师其意，内而大学士六部大臣及总理衙门海军大员，外而督抚提镇及驻外国史〔使〕臣，皆咨于议院而后简放，则怀才之士进，而不肖者退矣。其利七。虽然，事属创始，必有出而挠之者。日本步武泰西，其气较中国为锐，观其工艺之日精，制造之日盛，几疑举国皆知西法之善。然前年开院集议，有掷石噪扰，伤及议院〔员〕者。况中国拘守成法，牢不可破，尤非日本之比哉！窃意中国政事动援成例，议院之设，为国家兴利而已，除弊而已，岂必有成案之可循？即部臣必有挠之者。中国之迁擢臣僚也，不视人才之可否，而视资格之浅深。议院之公举重才能不重资格，则内外臣工，必有挠之者。天下升平，武备渐弛，有议院以议其后，统兵大员不得冒口粮，废训练，则提镇以下诸武弁，必有挠之者。各省设立善后工程军装等局，名目甚繁，盖以调济闲散人员也，实则耗财用，无实济。如立议院，此等人员，必多删汰。则各省闲散人员，必有挠之者。凡州县佐杂之廉银禄米，所得几何？其得以肥身家，裕后昆者，非阴蚀国帑，即显叛民生。有议员以发其覆，则美缺皆苦缺矣。则州县以下，必有挠之者。中国之民少所见，多所怪，可与图终，难与虑始。前来设立电报，强者拔竿断线以肇事，弱者街谈巷议以惑众。议院之设，亦为闻所未闻。则百姓必有挠之者。其挠之之说，必谓中国民风土俗，与泰西殊。泰西之民顾大局明大势者居多，中国之民往往爱己不爱人，顾家不顾国，行之即久，必有钳制议院，以钳制官府，把持公事者。不知天下无无弊之法，而有无弊之人。泰西之设议院，亦合众小私成一大公也。知一事也，而民欲之，必其利己者也，然一人欲之则为私，人人欲之则为公矣。一政也而民恶之，必其害己者也。然一人恶之则为私，众人恶之即为公矣。即有时众议意见不合，各执一是，亦可互相辩驳，使曲不胜直，非不敌是，复何虑其有弊乎？中国诚能行之，将见君民联为一气，家国合为一体，古所云"民惟邦本，本固邦宁"者不难再见于今日。故蒙得而见决之曰：有利无害。（《皇朝经世文四编》卷二十九）

## 陈翼为

### 议院得失篇

天生蒸民，无欲无主则乱，圣人者立，为之王侯以统之，为之卿大夫士以治之，然后天下汇于一。三代以前，海内诸侯何啻万国，有分土无分民，民众则其国强，民寡则其国弱，民散则其国亡。国之所与立者民，而君听命于民者也，唐虞以前尚矣。尧之举舜，舜之举禹，皆博咨于众，而授以位，夫天下重器、王者大统，而授受之间惟众言是听，举凡百官之黜陟、百事之兴废，其待决于众可知。孟子所谓天与民与者是也。夫建君所以为民立政，所以便民设官，所以理民顺民之心、行民之事，而王者无所私于其间，此圣人意也。其在商书曰："民惟邦本，本固邦宁。"周语亦云："众心成城。"古人之重民如此，故箕子演洪范，有谋及庶人之语；凡伯刺厉王，有询于刍荛之训。然则唐虞三代之隆，未有不博咨于民者也。春秋之时，号为乱世，然子产不毁乡校，而郑以兴，列国之君一举大事必访于民。如晋惠之囚秦，陈灵之与楚，卫灵之叛晋，皆□国人而问之。及至战国，齐威后有民无恙岁无恙之问，孟子有民为重君为轻之论，则当时之重民可知矣。秦并天下始为尊君抑臣之制，焚诗书以愚黔首，及其弊也，卒亡于民。自是之后有天下者，率蹈秦辙益轻其民。然汉之博士大学生得议朝民之政事，魏之九品中正得举天下之贤才，而庶人之上书言事者无代篾有。至如东京之党锢，明季之东林，皆以布衣清议力持朝政，是重民之意，虽亡而民之所以为重者未尝亡也。综而论之，三代以前诸侯之国犬牙相错，土旷人稀，上轻其民，民散于四方莫得而禁也。秦汉以下，天下一家，尺土、一民莫非其有，民去则无所之，逃则无所匿，为上省习见而狎之不倚以为重。至于暴戾恣睢，然后激而叛上，方其初犯也，民固无如君何也。自通商以来，泰西诸国接踵，四裔有火车轮船以通其道，民固不以欧西为远。然则，今之天下固中外争民之时也，处今之势治今之民，欲以秦汉唐宋之制行，固不可得而理矣。泰西国于欧洲去中土数万里，亘古不相通，问政教风俗不相师者，今其国乃有议院之设。呜呼！何其大类皇古之道乎，岂亦有所师而然乎，抑或理之所同势之相便不相谋适相合乎。按议院之制，各国皆有之，法国为先，诸国多从其法，时有不同，然大致不甚远。姑就法国言之，法国议院之设甚久，然不独柄国家之权。至西历一千八百八十五年，始置上下议院，然后举国之权皆议院主之。其制上议院三百人，皆举于乡里之有闻望者、众所服者置之一乡之中，以理乡事；才大者则升之一邑之中，以理邑事；才尤大者，则升之一郡之中，以理郡事；才又大者则升之上议院及上议院以平章军国之事，与成周乡举里选略相仿佛。国家之兵戎、田赋、征榷、刑罚、礼制诸事，则博谋之议员，下议院条其事，上之上议院，上议院定其可否以达于总统，总统下之部臣以行于民，其有未审者，总统若部臣驳之，反覆再四必便尽善而已。其议终不合者，则部臣引退。若下议院之员与总统不合，总部〔统〕得退之，然必合于上院之意然后行。总统有罪，惟下院得告之，上议院得断其曲直。议院有罪，亦惟本院得而审之。凡会议之时年有五月，非有机密重事则大开院门举国之人皆得而与闻之，此法国议院之大略也。

今若其善而可行于今者，举而为之，辅之以文章礼乐，本之以仁义忠信，则唐虞三代之盛可复睹于今，岂独与泰西各国争富强而已哉！难者曰："中华文物之邦若建议院，是变于夷也。"是大不然。夫上古虽无议院之名而有议政之制，特书经秦火其详不可得闻。今以泰西之法行上古之政，所谓礼失求野，天子失宫守在四夷也。难者又曰："筑室道旁，三年不成，议院若设是启纷争之渐，欲求其治安岂不难哉？"不知议院之中，非驱市人而与之议也，不过议民之才智以任其职，议员有常数，议事有常经，又何不一之患哉。难者又谓："泰西民主之国君民一体，故议院可立；今民主之国既不可变，即议院亦不必立也。"然此说亦非也。泰西有非民主之国，无无议院之国。姑就英美俄法诸大邦言之，法与美民主之国也，英与俄君主之国也，英俄之议院无异于法美，然则议院之设固不问其为君主为民主也。夫议院以通上下之情，上知下之情而恤其下，下知上之乐而乐其乐，上下交而国不治者未之有也。果能不拘成见举而行之，则其利不可胜言。姑条其大者：曰去四害，曰兴三利。何谓四害？一曰抑臣工之弄权。自古大臣窃国必钳谏诤之口，以蔽人主之耳目，故民罢而君不知，政罢而君不知，水旱寇贼而君不知。议院立则天下之情通，而大臣之奸谋息。二曰去胥吏之积弊。胥吏习于例案，凡京员之铨选，州县之补授，必厚贿吏胥，否则往往据例而驳之，其至内之部臣外之监史反为玩弄于股掌之上。议院立则群臣之情通，而吏胥之伎俩穷。三曰绝官绅之私征田赋。征榷倍取于民，仅半入于公，商农微贱不能上诉，帝廷任其所为而莫敢谁何。议院立则商农之情通，而官绅之中饱绝。四曰免狱官之锻炼亲民之吏。一遇命盗重案，承审官惧有处分，往往辗转规避，规避不得则取疑似之人严拷之以塞责，其贪者卖狱之事在所不免。议院立则囚虏之情通，而刑狱之冤抑泯。四害既去，三利仍之：一曰吏治可振。近世官吏勤于奔竞，惰于任事，苟得长之心，民虽怨之无如何也。议院既设，则毁誉为赏罚，清议之所与，从而举之清议之所非从而去之，虽大吏不能为左右袒，则有位莫不相励矣。二曰财源可裕。天下生财之事，如铁路，如开矿，如织纺及百工之事，官不能独为之，必资民力，而又不信官，是以往往格而不行，亦不久而废。苟上下之情既通，则公司可举，合天下之财与天下之利而犹不能成者未之有也。三曰人才可兴。议员之举皆选于民，则中才以上争自濯磨以待国用，其余有艺之长者官皆知而用之，奇才异能之士既可表见于世，而人无遗力矣。兴三利，利也；除四害，亦利也。有此七利，则议院之举诚不可视为缓图，但积习既久，反古实难，当行之以渐，持之以久，则其利益之大，岂言辞所可尽哉！（《皇朝经世文四编》卷二十九）

# 九、 甲午战争后维新变法思想的兴起

## 导　论

　　戊戌变法的理论基础，包括康有为的《新学伪经考》《孔子改制考》和严复的《天演论》。其中，康有为的"两考"所阐释的变法理论即是由传统公羊学推演、阐发而来的"托古改制"论。清中叶以降，今文经学盛行，公羊学"以经议政"、注重"微言大义"的传统受到思想界的重视，并成为思想家阐发变法思想的重要资源。他们发挥公羊学的微言大义，阐发公羊三世说的变异观、"托古改制"论，提倡经世致用的学风。龚自珍、魏源即是借助公羊学资源阐发其思想的重要思想家。不过，龚、魏公羊学思想尚停留在议政的阶段，而康有为则将公羊学的思想资源阐发成为系统的变法理论，并付之于实践，掀起了一场声势浩大的戊戌变法运动。用梁启超的话来说，康有为是晚清今文经学运动的核心人物，他极大地发挥公羊学议政的特点，阐发公羊学的三世说、"托古改制"论，并将三世说与小康、大同思想相杂糅，与西方民权、平等学说相贯通，提出了一套系统的变法理论，成为戊戌变法的重要理论基础之一。

　　戊戌变法的另一个理论基础则是严复的《天演论》。如果说康有为的"托古改制"论的思想资源来自于中国传统的学术思想的话，那么严复的

《天演论》则是西方思想的输入。《天演论》主要翻译介绍了达尔文的进化论学说，译自赫胥黎的《进化论与伦理学》(*Evlution and Ethics*)。严复在其译文及其按语中，大力宣传达尔文的"物竞天择，适者生存""弱肉强食"说，尤其推崇斯宾塞的庸俗社会进化论，但同时他又不满于斯氏的"任天为治"的观点，而赞同赫胥黎在《进化论与伦理学》中提出的"天不可独任，要贵以人持天""与天争胜"的思想。这样，在严重的民族危机面前，严复一方面通过对达尔文的进化论尤其是斯宾塞的庸俗社会进化论的介绍，尖锐地抨击了当时中国封闭保守、麻木不仁的落后的社会心理，给人们敲响了如不赶快维新变法中国就有可能被强国肉食、亡国灭种的警钟；另一方面又通过对"天不可独任，要贵以人持天""与天争胜"思想的强调，告诉人们自己可以掌握自己的命运，只要树立信心奋发图强，中国就可以由弱变强。严复翻译《天演论》，把达尔文的进化论学说比较系统地介绍到中国来，为维新变法提供了理论上的支持。

此外，由于康有为的变法理论与其早期思想之间有一个延续、发展的关系，故本专题还收入了康有为的早期思想著作。

# 1. 康有为的早期思想

## 引　言

　　康有为的早期思想，主要是指甲午战争之前康有为的一些变法主张与思想。康有为（1858—1927），字广厦，号长素，原名祖诒，广东南海（今属佛山）人。他出身于一个以"诗礼传家"的士绅家庭，从小受过儒家思想的严格训练。1876 年，19 岁的康有为拜广东大儒朱次琦为师。朱次琦"其学根柢于宋明"，治学"以程朱为主，而间采陆王"，提倡经世致用，反对"无用之空谈高论"的学风。受朱次琦的影响，康有为反对繁琐的考证，关心国事民瘼，具有"以经营天下为志"的政治抱负，并逐渐对旧学产生了怀疑，认为"日埋故纸堆中"于国计民生百无一用。1879 年，康有为至西樵山白云洞"潜心佛典"，终于"深有所悟"，从道、佛思想中吸取了不少营养。同年 12 月，他游历香港，"览西人宫室之瑰丽，道路之整洁，巡捕之严密，乃始知西人治国有法度，不得以古旧之夷狄视之"，开始朦胧地认识到西方资本主义制度比中国封建制度优越，从而产生了向西方学习的念头。1882 年，他第一次到北京参加乡试落第，经上海回到广东。上海租界的繁华景象，给康有为留下了很深的印象，他遂购买江南制造局翻译馆译印的西方有关工艺、兵法、医学、宗教、天文、地理以及少量社会科学方面的书籍。第二年，他又订购了美国人林乐知主编的《万国公报》，这是一份以时事为主的综合性刊物。在"讲求"西书的过程中，康有为"参中西之理"，先后撰写了《康子内外篇》和《实理公法全书》等著作。这些著作的撰写，标志着康有为维新变法思想的初步形成。其中除了康有为在一些具体问题的见解，如戒缠足、论时务、论幼学，和康有为的办学宗旨，如长兴学记、桂学答问之外，还有一批能够反映康有为对人生、社会、现实、未来基本看法的重要著述，如《康子内外篇》《教学通议》《民功篇》《实理公法全书》等。此期，康有为的思想反映出他强烈的通经致用意识；在经学方面，他尚处于尊奉古文经学、今古文杂糅的阶段。这一时期，康有为还有一次上书活动。1888 年，他利用进京参加顺天府乡试之机，以布衣身份向光绪帝上了一篇长达 6000 言的《为国势危蹙祖陵奇变请下诏罪己及时图治折》（即"上清帝第一书"），在论述了变法的紧迫性和必要性后，提出了"变成法，通下情，慎左右"的三点建议。但上书因无人代呈而未能上达。康有为并未因上书失败而心灰意冷，相反，他落第回到广东后，"专意著述"，继续从事变法维新思想理论的研究。

## 康有为

### 戒缠足会启

缠足之风，俞正燮谓始于赵之跕利屣，殆不然也。唐人尚无是俗。李白诗所谓"一双金齿屐，两足白如霜，不着鸦头袜"；韩致光诗所谓"六寸肤圆光致致"，不缠足之证也。作俑者，其南唐之宫嫔宵娘乎？宋时唯程子之家不缠足，则是其风亦行。降宋迄明，僻奥之壤皆遍，遂至于今。

夫天之生人，指趺完美，其长以咫。屈而纤之，拳曲臃肿，是古之刖刑也。女子何罪而加刖之？且刖者不出于他人，而出于父母。专伤生人之肌，坏骨肉之恩，损天性之亲，天下之悖理伤道，莫此为甚。每见寡儿弱女，年未龆龀，骨未坚强，辄以三尺之布、寻丈之带横加裹束，若缚盗贼。号哭之声腾溢户外，见者未有不怜其无辜而以为当然也。及其缚束已成，弓鞋盈寸，其富贵之家，婢扶媪拥，尚有扶壁愁眉者焉；若贫贱者，十之八九亲井臼、躬烹炊，上事舅姑，下抚子女，跋来报往，应接靡息，吞声饮泣，竭力强承，然犹姑责其慢、夫恶其秽焉。其苦至矣！若猝然遭非常之变、践不测之故，委顿整蹩，一步不行，以至毁筋绝骨、失身丧命者，不可胜数。其他尚不忍言也。岂不痛哉！

世之为此者，其伤理勿论；以为得夫之欢乎？则又不尽然也。故世祖深恶恶俗，思欲变之。顺治十七年，命禁裹足，有犯此者，罪其父与夫，杖八十，流三千里，徒三年。法至严也，然则何乐伤天理、违国禁而为之？推其由来，盖风俗之敝，以为妻妾之辨在此也；亦有志士思矫之，又以婚姻之难在此也。是以流俗而靡变也。

近世士大夫邓鸿胪铁香、李方伯山农、区部郎海峰，其女子咸不裹足。诚愿与有志之士顺天理、奉王制，全生人之体、完父子之恩，使千年之恶俗一旦涤荡，岂不善欤？若谓出千万女子于残伤中而补完之，推从善降祥之说，其功德之无量，抑不待言也。凡我同人，书姓名、籍贯、里居、科第、官爵、三代、子女年岁于左，以备婚姻之采择焉。（《戒缠足文》一册）

## 论幼学

《内则》曰："凡生子，择于诸母与可者，必求其宽裕慈惠、温良恭敬、慎而寡言者，使为子师。子能食食，教以右手；能言，男唯女俞，男鞶革，女鞶丝；六年，教之数与方名；七年，男女不同席，不共食；八年，出入门户及即席饮食，必后长者，始教之让；九年，教之数目；十年，出就外傅，居宿于外，学书计，衣不帛襦袴，礼师初，朝夕学幼仪，请肄简谅。"古者言幼学，莫详于此。曰教以"方名""数"，曰"书计"，则《尔雅》《仓颉》《九章》之学也。曰"后长者""教之让""学幼仪"，则《曲礼》《少仪》《弟子职》之学也。其事至切实，一则为学世事之基，使长不失职；一则为人义之始，使长可为人。乃人道之必然，理势之至顺者也。

秦汉之后，经学以虚名相传，人道之宜，则未有留意者。于是，二千年来，竟无一书为养蒙计者。故后世童子诵《诗》《书》《论语》《孝经》，文义高远，不周于用，而外之不能通世事，内之不能益情性。至于《易》者，藏于太卜，韩宣子至于鲁，乃能见之。当时士夫殆寡见，而今童子莫不诵读。学非所用，用非所学，舍宜学之幼仪，而教以阴阳之秘籍，享爰居以钟鼓，被牺牲以文绣，责其有效，岂不慎乎？程子曰："古之学者易，今之学者难。"诚哉！

尝见通学数人，群坐皆知名于时，吾偶举里数几何相质，无人能举丈尺相当者，况知律尺、工部民尺及累朝尺度之异哉？此无它故，幼学无书，故人才难成也。称有文学者，犹如是；乡曲之士，岂不难哉？后世学问不实，无以为用，在此。盖幼学无善书颁行天下故也。

朱子晚年编《小学》，分立教、明伦、修身三例，引古嘉言善事明之，所以养德性，立人伦，于先王立教之道，诚为近矣。但其所编，规模未善，不失于深，则失于杂，于先王蒙养之义，幼子切近之学，考以古《少仪》《弟子职》之意，未为当也。即如《立教》第一章，引《列女传·胎教》，义则高矣；第二章引《内则》，义则古矣。然《胎教》是妇学之嘉言，《内则》但古经之遗训，试问五十服官、七十致事，于童子何与耶？皆所讲不切近之陈言也。《学记》则为古立学之制，《命契》则为古立教之制。夔之典乐，孔子《诗》《礼》《乐》之制，四术之教，皆为古大学制。司徒三物，则为万民公共之教。凡引此于幼子之为学不切，于《内则》教饮食、教让、学幼仪之义，皆无关。余如《嘉言篇》，引濂溪希天之说，明道□佛之论，皆于幼学无与。惟《立敬篇》，《曲礼》"幼子常视无诳"，及《修身篇》引《曲礼》"无侧听无嚅应"，《少仪》"不窥密不旁狎"，《明伦篇》父子长幼，所引《曲礼》《孟子》《少仪》诸条，为童子切近之学，乃为古之小学。然条理不明，采摭未备。盖朱子之书，名虽《小学》，实为人谱，近于古"六德""六行"之书，不为幼学计也。至于《尔雅》之学，更所不及。朱子思虑精密，而忘为幼学计，亦其疏也。若朱子于幼学留意，为编一书，五百年人才必不止是也。

吕东莱曰："后生小儿学问，且须理会《曲礼》《少仪》《仪礼》等，学洒扫应对进退之事，及先理会《尔雅》训诂等文字，然后可以语下学而上达，自然有得。不如此，是躐等，终不可。"成公此论，深合《内则》之法也。

朱子曰："《曲礼》将上堂，声必扬；将入户，视必下。"皆韵语。按：古人教小儿之法，编成韵语，俾易记诵，此易得古人之遗法也。大抵古人之教务实，必亲切明著，条理极析，务为有用；后世之教务名，若为尊古，牵文拘义，务为无用。买椟还珠，不师其意而师其破坏之法，百学败坏。治教人才，皆远逊于古。职是之故，幼学，亦其一也。今用成公之法，分幼仪为一书，多为韵语，以便讽诵，庶几幼学有基，进而讲德行道艺，乃有序尔。

幼学之教，古今无一全书。《曲礼》至古，义亦周浃。然自"君天下曰天子"下，皆国礼。首则通论中，多士人通行之礼。其可取为幼仪者，自"凡为人子之礼"下十余章耳。《内则》《少仪》，更复无几。且饮食、席坐、登车之节，古制皆与今不同，亦不可用。如侍坐于长者，屦不上于堂，解屦不敢当阶，就屦跪而举之，屏于侧。乡长者而屦，跪而迁屦，俯而纳屦。主人延祭，祭食，祭所先进殽之序，遍祭之。如是诸条，既无可用，删之可也。

今修《幼仪》，拟分三十类：事亲、事长、处众、使下、见客、执业、读书、侍疾、居丧、祭祀、坐立、起居、行游、洒扫、应对、进退、问馈、衣服、饮食、舟车。各以古经冠首，次采后儒之说。其人事日新，前儒未及者，亦取今时礼节，附之隶条下。其于古者幼仪之法，当不尽失其意，而蒙士德性，庶有助焉。

幼雅之例尊，以通今为义。盖《尔雅》明周，《急就》称汉，取谕蒙僮，无取博古，酌采《尔雅》《广雅》《急就》《释名》之例，分天文、地理、人伦、王制、族姓、度量、权衡、干支时日、宫室、器用、艺业、鬼神、鸟兽、虫鱼、草木凡十五类。造之成句，以便诵读；画之成图，取易审谛；注古今之异，使知迁革；皆取实物，举目可识，凑耳易了。由今通古，由浅识深，进而讲"六艺"群书，通世事，当不复阂隔。岂犹有成学而不知里度之患哉？

《内则》诵《诗》，学《乐》，舞《勺》。《诗》本乐章，学《乐》自当诵之《诗》。且《诗》有章句，语皆成韵，便于童子之讽诵。又缘情体物，草木鸟兽足以资多识，人伦孝敬足以资观感。孔子曰："小子何莫学夫《诗》！"故《诗》亦幼学也。今自三百篇外，凡汉魏以下诗歌乐府，暨方今乐府，皆当选其厚人伦、美风化、养性情者，俾之讽诵，和以琴弦，以养其心，其于蒙养，亦不为无益也。（《万木草堂遗稿》）

## 公法会通

论讲求万身公法

凡讲求万身公法之人，身在某国，则行事即不得违犯某国之律例。

凡讲求万身公法之人，亦许其兼奉他教，即各教教堂，有欲兼传公法之学者，皆许之。然既欲讲求，则总以声气互通为主，俾不能借公法之名以营私，且得纪其功，以为后日修史之用。

论推行万身公法

公法最有益于人道，固不待言，然行事亦当有次序也。假如某国执政之人深知公法之美，甚欲变法，然其国现时所用之法，仅在比例之末，则转变之始，当变为彼例之首者，俟再变乃至直用公法，庶无骤变而多伤之患也。

公法将君主例于比例之稍后，似乎不便于人主之私，抑知大不然。盖公法最有益于人道，苟能用之，则国内之民日智一日，其兴盛必远胜他国之不能用公法者矣。

深明公法之人，其行事因循守旧，不能倡为更新之举，则虽不能有功，但未尝有过。惟他人既乐用新法，乃因其不便于我一己之私而阻之，则此等人必不容于公论矣。然人但能于公法中提倡一事，即有一事之功，虽其他吾未提倡，固自无过。然则身为君主者，苟能推行公法一二端，其功已不朽于天壤间矣。地球上各国之民，倘有多人将公法讲求既熟，欲联为一会，举公法一二端以行之者，倘其事绝不违该国之律，则公法许之。若夫身任议员，则举公法而议之，职能奏事，则取公法而陈之，此皆可钦尚者。至于各国之君，有能颁行公法者，则其国之民，尤为得所托命，凡此均纪其功，以为修史之用。惟公法之意，须令人讲求极熟，使其心深此理，自然乐行，直至反强其不行而不可，乃共行之，斯合"公法"二字之宏旨也，且如是方不愧为公法也。故有骤举公法以强人，至其事决裂而多伤者，则公论当转议其过。

总论万身公法

公法乃地球上古今众人各出其心思材力总合而成。世人尽用公法，公法不因此而荣；世人妄意以乱之，行比例之法，而舍弃公法，不因此而辱。（《万木草堂遗稿外编》上册）

## 论时务

人心不同如其面，然高下、刚柔、清浊不同，恕心而往，未能行也。故有诸己，当未能非诸人，不如忠更切矣。孟子曰：自反而仁，自反而礼，又自反于不忠，是忠尤为本。《春秋传》曰：上思利民，忠也。《论语》曰：言忠信。又曰：行之以忠。又曰：言思忠。又曰：忠告而善道之。又曰：

言忠信，虽蛮貊之邦行矣。曾子曰：三省吾身，为人谋而不忠。是忠自上至下行己之要，后世仅知事君，且以殉难为忠，隘矣。《记》又曰：忠信之人，可以学礼。

人道要在可行，其可行者道也，其不可行者非道也，故道因行而言者也。孔子曰：人而无信，不知其可也，大车无輗，小车无軏，其何以行之哉？子张问行，曰：言忠信，行笃敬，蛮貊之邦行矣。又曰：行之以忠。子贡问有一言而终身行之者乎？子曰：其恕乎？又曰：言之无文，行之不远。又曰：行己有耻。则道之为道可知已。然则所以为行者，曰信，曰忠，曰笃敬，曰文，曰恕，曰有耻而已。

欧洲之政艺，所以能致精者，为其有逆流也。逆流，从赤道海逆北而流者也。惟其有逆流，故复多变，一日之间，寒暑不同，气候多变，身心感之，肝肠亦多变焉。人道以变而愈精，故欧洲之才艺，亦水流为之也。日本依于中国，与南洋诸岛夷等者也，而国能自立，艺学、人才亦能杰出者，亦有逆流也，故亦多变焉。今日本蒸蒸向治，其变用泰西，不啻变本加厉焉，亦其逆流为之也。刘康公说：民受天地之中以生，君子勤礼，小人尽力。说得平实，三代之时，治国家者，办事而无有勤礼，谋生产者，无游手而能尽力，何不治之有？

人心日灵，器物日盛，自黄帝至尧、舜，中更少昊、颛顼、帝喾三百年耳。又中更洪水，下民昏□。而《禹贡》所定，兖州则有漆丝织文，青州则有盐绤海物、岱畎丝枲、莱夷𣗳丝，徐州则有羽畎夏翟、泗滨浮磬、淮夷蠙珠、元纤缟，扬州则有金三品瑶琨、篠荡齿韦、羽毛囗木及草服、织具、橘柚，荆州则有羽毛齿革、杶干、松柏、砺砥、砮丹惟箘簵、箘簬、菁茅、臙玑组、大龟，豫州则有漆枲、绤纻、纤纩、锡贡磬错。梁州则有元璆铁银镂、砮磬熊罴、狐狸织皮，睢州球淋琅玕、织皮玲诡，如此之多矣。物制既多，黄帝制之，三百年间，其盛如是，天运之急亦至矣。近欧洲算、化、光、电之学盛行，轮船、火车、电线，自嘉庆十六年迨至今数十年，其盛已至是，三百年后，其可量乎？《禹贡》所陈丝类为多，故丝为中国最古最盛之产物。唐虞之服，五采十三章，独为奇丽。故中国衣服于今犹为地球冠，故中国于丝学宜亟讲求之者也。

圣人于人情人欲，莫不顺而纵之，凡所为竭力于宫室、饮食、衣服、礼乐，皆是也。然虽爱极而纵之，势不可无所底止，故为之度量分界，或别之以等威，制以贵者也；或因其财力，制以富者也；或宜其物产，制其地者也，圣人之道，节之而已。《召诰》曰：节性惟日其迈。《孟子》曰：礼之实，节文斯二者。节而文之，礼之极也，故礼以义起。又曰：知礼乐之情者，能作。失其义，陈其数，祝史之事也。圣人之道，节之而已，因节而文，道斯极已。若如何而为民，如何而为文，而三代不沿，时异俗殊，不能合一者也，要于可行而已。若夫节文义，则地球行之，万古行之，不变易矣。

康熙四十五年，上谕武殿试读卷官曰：朕甲子南巡，由江宁登舟，下至黄天荡，江风大作，众皆危惧，朕独令冲风而行。朕立船头，射江豚，略不经意。后又南巡，乘船渡江，微觉心动。去岁见人渡江，即为心悸。由此观之，皆年为之也。大约年少血气强，年老血气衰，闻之宿将，年少力壮，故能登城陷险，今则怯矣。

四十六年，因通假达喇嘛一事，谕曰：西域四子及蒙古，今衰弱已极，欲取之甚易，但并其地不足以耕种，得其人不足以驱使。大哉王者！昔尝叹我朝盛时，不取西伯利及印度，今俄、英得据以自资，然即今得之，亦诚如圣祖之谕耳。

五十六年又谕曰：我朝驿递之设最善。西边五千余里，九日可到，荆州、西安五日可到，浙江四日可到。三藩叛逆，吴三桂轻朕年少，及闻驿报神速，机谋深远，乃仰天叹服曰：休矣，未可与争也。

四十四年谕曰：历观宋、明牧马，皆无善策。牧马无如口外者，朕口外厂马，今孳生已十万，牛六万，羊二十六万。若将驻近畿，虽日费万金不足也。因塞外水草肥美，是以毫不费刍，自然孳息。前巡行塞外，见马畜弥山，历行八日，犹络绎不绝也。

欧洲多为大会，通百国，陈万货，极诡异之大观。然中国亦有之。《隋书·音乐志》云，六年诸夷大献方物，突厥启民以下，皆国主亲来朝贺，乃于天津街盛陈百戏，自海内凡有奇技，无不总萃，崇饰器具，盛饰衣服，皆用金银珠翠绮绣，其营费巨亿万，关西安德之黄雄总之，东都以齐王□总之，金石匏革之声，闻十里外，弹弦撅管，以上一万八千人，木列炬火，充烛天地，百戏之盛，振古无比。光绪二年，华盛顿之大会，不过是矣。

然西人极陈百戏，备万货，民不疲劳而反欣悦，财不一遗竭而反殷阜者，以君民平等，通万国之物，以劝工艺而博物。物博则民智，工劝则民富，货售则财丰；推其所得，盖君民平等，通与民同故也。中国之君，恃势负尊，劳民力，竭民财，故一人乐而万姓忧，百戏备而天下叛。推其由所失，君道尊而不与同也。

中国之俗，绅士入局及集明伦堂，已有下采民言之意，近欧洲议院矣；其在朝廷，每有大事，下王公、九卿、翰詹科道议，此则欧洲所谓上议院者也。夫今之不设议院者，谓以中国而下仿西法，是用夏蛮夷也。不知昔无总督，今何有之？昔无海军，今何有之？昔无电线、铁路、轮车、火船，今何有之？穷则变通，势固有无可如何者也。诸法皆立，议院之美，何为不设乎？虽然，设亦有酌也。中朝素尚国体，若朝廷设议院，则国体不尊；中朝素壅民情，若郡县不设议院，则民情不达，此中国之所宜也。今令州县设二议院，其上院以待贵人，内自京朝七品官，外至州县者得入焉；其下院则令各选举人公举之，以性术公和、行宜任睦、学问明道者为中式。凡丁口万人者，举一人焉，其禄由选举人公举之。凡取选举人，以其身家不清及恶迹素著者不许举，家富巨万者为中式（田园产业生意，呈官注册，注册者金三百）。其及格而不报者，罚注册之金数，仍不准中式。其取中式者，榜之于县，匾之于其家，赐登仕郎阶，有司饮之酒而令举焉。其富加万者，又加此，比捐纳之途远矣。人慕其荣，略其罚，安有不趋者哉？

其省之上议院，则以京朝官五品及翰詹科道外官道府以上入焉。其选举人以家富十万者为中式，册金二千，赐七品阶，巡按饮之酒，榜之巡抚之署，匾之其家。凡丁口十万举一人焉，其科以性行公忠、才略明达、学问通博为中式。府不设可也。若立法院，则选家富五万者，注册千金，凡五万口举一人焉。

藩臬既除，巡抚专千里而居，岂不患其专权哉？既有议院，则上议院巨绅，遇有大事，准其据下议院之情，递都察院，代奏朝廷。遇有大事，令巡抚下议院，或将诏询议院，令交通巡抚转奏，如此则民情不致下壅，而巡抚不致专制，利可旋兴而害可立革矣。天下之有权力者，贵也，贤也，富也，三者用，则天下可运诸掌。举人以富者为之，则天下之富者为我用矣，富者用则捐需无不获意矣；被举人用贤者，则才能无不为我谋矣；上院用贵者，则士夫气得伸矣。故曰：三者用，天下可运诸掌。或曰：议院于今诚宜行矣，如于古无征何？诘之曰：《洪范》言"谋及卿士"者，上议院也；"谋及庶人"者，下议院也。盘庚进众于庭，吕却宁武入民而誓，大司徒之询国危、询国安、询国迁是也。且今之衣冠、礼乐、饮食、宫室，岂皆古者所有哉？何以反古而行之，谓其便于己也，何独于议院而疑之？凡举不称者，罚其选举人，有司得革退之。凡选举人、被举人皆得挂名于乡。凡已举充议员者，一年退出，不得再举；三年之后，乃得再举也。

诸国并立，则交邻之邻宜矣。交涉之经，在文辞、律例、礼俗，非游历不能知之。朝廷出重禄以待游历之士，不独费财，途亦隘矣。宜降一谕旨，令天下之士欲游历外国者，准其到总署注册领票，其已仕者作为游历官，未仕者作为总署游历生员，令所过使臣领事保护之。注册之日，面试论策，文字明通者，乃许注册给票，使其归国之日，赴总署挂号，总署大臣传见，考言询事，察看其人才，假之爵级，以备公使、领事、各学师之任。如此则不费国帑，而人才可不胜用矣。近者洪钧出使德国，风声稍布，递条求为随员者，一日数百人。其趋之如此，然皆未尝讲求之也，欲务荣进、图保举而已。言语文字，通之已少，又况外国之文辞、律例、礼政、教俗哉？不养而求之，不教而用之，求其有补于国事，不辱于君命，寡矣。若遣官游历，则国帑有限，安能供无限之游人哉？

中国欲举诸学校，亦宜明下诏书，由总督榜示，许天下不论已仕未仕人，自行游学外国，至总署注册，面试策论；明通者给票，令所在使臣领事照护，其已仕者作为游学官员，未仕者作为游学生员。来国时，请总署大臣派员面试学业，然后赐之出身，派充诸学师长。今遣学童，彼年既少，性质见识未定，易为西学所染，学即有成，徒为西人添奴隶耳，又缴帑不赀而学不成，非策也。或曰：西人者尚豪奢，安得人士输其财为游历游学之事哉？夫中国人士之慕荣利也至矣。乡里富人，费千万之金，以营科举诸生者，不胜数也。其费重资而不惜者何哉？下为荣于乡，上望进于朝也。今天下之讲洋学者盖亟矣，而人心尚未极趋者，以无科举之荣也。若姑以荣利诱之，近日洋学之盛，而出使之荣，人情慕之甚矣。中国滨海沿江富民及官子何限，其争趋之若鹜可决也。其游历人改作游学人，准其向该国使臣呈改。若用此策，十年之内，使才辈出，杂学之士，盖亦不胜用矣。

其游历人至总署注册者，先觅同乡官出保身家清白、文字清通、品行不劣字样，呈递然后面试注册。其论以《孝经》、四书、《诗》、《书》、《易》、三《礼》、三《传》、宋儒五子书为题，专以讲明义理、激励忠孝、发挥孔子之道为主，其策以中国相传治法及外国礼俗教治为问；其上等者曰优生，次曰增生，次曰附生。来国试而摈斥者，准以游历生员照郡县生员例，荣其终身。总署专设一游历司，派章京四人管之。其来注册者，面问而亲试之，其题不知出处，许给本书示之，务以文字明通为主。

泰西女学与男学等，自乡学、郡学院、师道院皆同，其富而多才者，且入仕学院、太学院者。故其妇人皆有礼貌才艺，足以自立。故其书馆有以妇人为师，市以妇人为贾，而书馆抄写、翻译、绘事，皆以妇人为之。

银币至无定也。元世祖时，富人刘德以银百万扑买天下赋税，世祖欲许之，耶律楚材不许乃止。至明万历五年，天下赋税银仅三百五十余万两（见张居正筹议）。及万历末年，普加天下税银四百万两，而民怨不可支矣。由今言之，国计虽乏，四百万金，亦易筹耳。故嘉靖时兵饷仅二钱，至万历时加至四钱，崇祯加至九钱。其厚极矣。本朝因之，今则勇饷必两余矣，此盖古今银币之用异也。

今沿边皆用洋银。余自壬午游京师，尚不用之，近则亦行用矣。夫洋银之边，皆有耶稣一千八百几年字样，是我沿边皆用耶稣正朔，而无光绪正朔矣。先王之礼，正月纪年，首重三正，今失正朔，与亡国同，此失名大矣。洋银皆杂铜、铅为之，银仅八成，以纯银太软，不能成块。而我纹银，皆是纯银，自道光十七年鸿胪卿黄爵滋已有请禁纹银漏出外洋之奏，至今殆无纪极，是谓失实。而纹银所以不行，而行用洋银者，以纹银整块不便于琐细之用，而洋银较便故也，是谓失用。名、实、用三者俱失，由于不铸银故。谨按《会典》，乾隆时命于西藏铸银钱，大者有一两，有五钱，有三钱，小者有一钱，幕用汉书乾隆通宝，背用清书。煌煌明诏，成法可循，今可奉行也。

日本崎岖岛夷耳，而近年岁所出金钱，自其明治三年至十四年已数千万，近更无算，流入中国，充牣沿边。而我不得用其正朔，反用东夷西戎之朔，此诚执政者之羞也。

《司马法》曰：入罪人之地，见其老弱，奉归无伤，虽遇壮者不较勿敌，敌若伤之，医药归之。此三代之至仁也，今欧洲用颇近是。（《万木草

堂遗稿外编》上册）

## 与潘文勤书

伯寅尚书大人执事：

□□生平乐游，好揽百盘山岳苍深雄伟之气，抚千寻巨木峻竦宏阔之文。顷于大人乃复遇之，盖李赞皇之俦也。公卿子弟，熟谙掌故，又身阅四朝，老于时事，加以光明俊伟之才，凌历奋迅之气，盘薄进止，揽于堂上，宜其宏远也。外望隆隆，如泰山洪河，况有心有口，而曾侍训诲如□□者哉。然以事权不属，托于闲散，深痛于清流败坏，谗慝高张，疑不见信，此盖公忠忧国，愤懑至极之所为也。嗟夫！此诚世臣之用心也！伏承明训，教以熟读律例，此自当官所宜然。窃谓成例者，承平之事耳，若欲起衰微，振废滞，造皇极，晖万象，非摧陷廓清，斟酌古今不能也。前日震于威严，未尽所言，罢罢隐忧，有不能自抑者，敢复陈于左右，惟长者降纳之。

方今海内之穷困，学术之荒略，人才之芜没，自古衰世，未尝有此也。近者俄人筑铁路至伊犁北之穆哈喇，二三年内可至珲春矣。从其彼德罗京城运兵来，九日可至，则我陪京国本，祸不旋踵。日本虽小，其君睦仁与其太政大臣岩仓具视，自改纪以来，日夜谋我。英得缅后，又窥滇、藏矣。法既在越南开铁路以通商，设会堂以诱众，渐得安南之人心矣。使其神父诱我滇、粤之民，今大半从天主教矣。（□□有从叔知广西西林县，有自县还者，问其何日到？南宁至西林八百里何待二十日？曰："此地沿途皆天主教民，无肯挑行李者。俟驿夫回站，故迟迟。"询其教民何为如是之多，曰："滇、粤之间，百里无一蒙学，决事于巫，为其能识字，云南尤甚。"呜呼！在上者既无以教之，而后外夷得而煽惑之，下无学，贼民兴，信矣。）又滇、越之间，有老挝及僳、苗诸种，法人皆遣神父煽诱之，比闻合为一国，尊神父为总统，它日驱安南及杂种之人，与我从教之民，内外并起，两路分入。彼如流丕之流，图我地险要已久，直入南宁，东下浔郁，而扼梧州，西犯蒙自，窥昆明，长驱桂林，而略湘汉，别以水师扰海疆以牵我，不审何以御之？甲申之役，法兵部花利实主兵事，为其仁会，人不与而降，近以得安南之功，复备总统之举，幸而不成，不然，即在岁月间矣。

夫列国并立，无日不训讨军实而虑敌之至也。昔楚庄怒宋，投袂而起，屦及于窒皇，剑及于寝门之外，车及于蒲胥之市，遂伐宋。迩者德法之役，以十三日失和，十七日德人以兵二十四万渡礼吴河而压法境矣。兵势之速如此，而我仍用旧法，徐召募以应之，不其慎乎？又美人逐我华人，英属奥大利亚随之，将来南洋诸岛，纷纷效尤，我民出洋者千数百万，还无以业，将遁为盗贼，金田之役将复起矣。内外之势蹙急至此，何啻累卵之危也？而我事无大小，无一能举，上下相望，拱手谈空。上则土木之工大起，下则赏花之晏盛开，绝无怵惕震厉之心。大厦将倾，而酣卧安处，置若罔闻，真所谓安其危而利其灾者。顷河决久不塞，而沿江淮间地多苦旱，京师大风拔木百余，迅雷震碎瀛台殿柱为数十段，甚至地震，水溢山崩，而奉天根本之地，亦被大水，皆从来未有之奇灾也。而未闻有忧惧哀悯之特诏，湖海之游且凌寒未厌焉。昔者谓中国之势如病痿然，卧不能起。以今观之，乃是咽痰之证，上下不通，而心窍皆迷，一日可毕命矣。宋之与金，十二月败盟，正月入汴，其前事也，岂不可畏哉？

夫以中国二万里之地，四万万之人，二帝、三王所传礼治之美，列祖、列宗缔构人心之固，君权之尊，四洲所未有也。使翻然图治，此真欧洲大国之所望而畏也。一失于同治，经大乱之后，再失于光绪甲申之时。及今为之，仅可及。失此不图，后虽欲为之，外夷之逼已极，岂能待十年教训乎？恐无及也。故国运之废兴存亡，未有迫于此时者也。

是故政不足与适，人不足与间，惟能感悟圣意，使翻然有欲治之心，此诚莫大之功也。感悟之法，在一二元老面对直陈国事之败坏已极，外夷之逼处已深，脱有变异不测，朝不及夕。苟非君臣忧勤惕厉，卧薪尝胆，相与图存，恐上下晏安，祖宗辛苦缔构之天下不能保。一旦有土崩瓦解之事，何以对列祖列宗乎？天下之人才未尝无也，不能以一人败坏之，而尽疑天下之才。且人各有能有不能，言治者未必解兵，不能以兵事有失而尽摈之。诚能圣断独奋，愤发图治，上下相戒，于是破成例，变敝法，用不次之才，辟未开之利，国势庶几可立也。今日上下拱手，忧在无才，莫不戚戚也。夫汉、唐来言国计者，尚有出入数可按也。今则铁路、铁舰、机器、巨炮动费千数百万，即使间架除陌之税俱举，亦何以给之。然且为鬻官之下策，岁月仅得百数十万，而虎狼遍天下矣。（土耳其行鬻官之令，英、法人犹合而禁之，夷狄犹不可，可以中国而行之乎？）宜其戚戚也。又况即有财矣，而犹无解用之乎。

夫中国先王之治，非不纤悉也，《周礼》曰：三农生九谷，园圃毓草木，虞衡作山泽之才薮，牧养蕃鸟兽。今有一政举乎？《左传》务材训农，通商惠工，敬教劝学，授材任能，为掩为司马画土田，度山林，鸠薮泽，辨京陵，表淳卤、数疆潦，规偃渚，町原防，牧隰皋，井邱衍。今有一事行乎？《记》曰：无旷夫，无游民。孟子以土地、人民、政事为三宝。又周人官师，皆世守之。宗祝、巫史、仓廪皆然。又有工训、诵训，以宣上德而通下情，草人、循人，以变地利。若少使更成法，斟酌古政而施行之，岂有以万里之国、四百兆之民而患贫弱哉？于以东问琉球，而南威越南不难也。反覆言之，牵裾痛哭，虽谗言离间，中乎隐微，以两宫之明，安知不转移于一旦乎？

大人忧国如家，又世臣也，与国为体。即明知未必遽听，与二三公忠同志大臣，涕泣陈之，甚且去就争之，似未可以也。天若祚清，必能感悟。以公大才运之，次第施行，中兴可复望也。上诚不悟，然后从容引身去位，光明俊伟，天下想望。上以报先帝，中以光祖德，下以塞人望。夫栋折榱坏，公将压焉。祖诒虽布衣，亦岂能免？此所以忘其疏贱僭越，而有恤纬之忧也。祖诒稍见今之卿士矣，窃伏下风，以为才气魄力，能运天下为非常之事、度外之言，丈人一人而已。故冒渎言之。若时运穆穆，天将以大任相待，非一处不能复出也。

辱丈人垂接颜色，且赐诲言，无以为报。即以义报公乎？穷巷下士，不识体裁，惟公权其时义而裁察之，不胜冒渎悚息之至。祖诒谨再拜上。（《万木草堂遗稿》卷四）


## 与曾劼刚书


劼刚君侯阁下：

承书被饰，何足当，何足当。仆之学原于性来，以心中不忍人为主。每出行游，见民之饥寒为流丐者，辄怵然恻之，而京师为尤多，长跪道

旁，拈香拂衣，而求一二钱不可得。嗟乎！使吾民至此，岂非司牧民者之
过耶？

顾亭林曰：过薄而称子路，之平陆而责距心，匹夫之心，天下万世之心
也。仆常愿有然。昔三代时，王者经理其民，若分身家以授子弟者，故每
夫授田百亩，水旱之灾，则非徒蠲赈，又补助之，其田远近不一，故父子
兄弟隔日月而相思，仁霜露而思见，既有衣食之饶，斗酒豚鸡，称寿为乐，
真所谓登民于仁寿也。其所以能授田，而又有少师坐于里塾以教化之者，
则以封建行故也。诸侯所治百数十里，其下有乡大夫、州长、党正、里胥、
族正之官，如此其细密，是故能知民间夫家、人民、六畜之数，州党邻里
以时读经，故耳目易染。故德行、道艺之秀无能自隐，其养易备，生教易
成。盖近民之官多，故纤悉足恃也。此外又有山虞、林衡、卟人、矿人之
官，上德能宣，而下利咸开，恃此道也。后世魏、齐、隋、唐，非无口分、
世业之田，然及太宗行之，至高宗先天而大坏，盖郡县之疏，以一守令不
能为纤密之治故也。

今泰西之言治道，可谓盛矣。其美处在下情能达。不知其乡邑之制如
何？无授田之制，得无亦有饥寒之人耶？其乡邑之里数大小有几？（无铁路
则不可过百里，有铁路似过百里亦得矣。）令长之下，属官几何？比我三代
之制必疏，然能实事理民，纤悉毕备，若知夫家、人民、六畜之数乎？诸
艺学能遍立乎？令长之权必大矣，不畏其虐民乎？得无有议院绅以制令长
耶？如此则事又难行。且一邑之中，人才有限，其议绅未必皆贤。仆观于
吾乡团练之局，推举各绅督董乡事，甚类泰西议院之制。然偏私不公，立
党相倾排者，比比皆是，则亦岂能为治耶？其令长之选，由君长选之，抑
由民举之？若由民举，得无有结党之弊耶？则亦非美才也。何若有学道惠
人之理乎？其令长之上有几重耶？抑能直达其君相也？若上有道府，则事
权阻挠甚矣。若能直达，则英、法之大，属地又多，奏折互繁，岂能尽览
而一一批行之？得无如汉制以郡领县，而更无他督、抚、藩、臬、司、道
耶？其令长以下之官几何？有如古诸侯下有六卿，抑如汉制诸曹也？选之
自君相，抑令长自辟之，抑由民举之耶？自令长及令长以下之官，俸之厚
薄，秩之尊卑若何？其府吏胥徒之法若何？英、法、德、俄之同异若何？
又其欲仕者有仕学院以教之，然则无论何官，必由此院出矣，其选举之法

若何？又英国之政不在君而在相，英国属地四十岛埠，如令人人能自达于议院，而英相揽其成，则一日之间，条陈奏议，岂可胜数，如何而览之决之？不览则下情塞，览之则日力、目力、精神俱有限也，岂能给本国之臣僚，属岛之政事，外国之交涉哉？

仆于此事瞢焉，深思之而不得其故。君侯久与之熟，必能讲办其法制所以然之故，望为详疏示之。生平所念西书，无言及此者，若君侯有书论此者，发来一读，尤幸。其制度各国不同，能有表列其官职俸选同异之事，则资于考镜损益为不少矣。若皆西字，可以译之，此亦今日之要也。采王事动身，绝无暇晷，幸恕其冒渎焉。敬问兴居。祖诒再拜。十一月朔日。（《万木草堂遗稿外编》下册）

## 上清帝第一书

奏为国势危蹙，祖陵奇变，请下诏罪己，及时图治，恭折仰祈圣鉴事。

臣闻言事有越职之禁者，所以定名分也；辟门有传言之典者，所以采刍荛也。定分以靖臣下之心，采言以通天下之气。臣猥荷天慈，蒙被荫典，入监读书，虽复疏贱，然自祖父世受国恩，区区之私，常怀报称。窃见方今外夷交迫，自琉球灭、安南失、缅甸亡，羽翼尽蔽，将及腹心。比者日谋高丽，而伺吉林于东；英启藏卫，而窥川、滇于西；俄筑铁路于北，而迫盛京；法煽乱民于南，以取滇、粤；教民、会党遍江楚河陇间，将乱于内。臣到京师来，见兵弱财穷，节颓俗败，纪纲散乱，人情偷惰，上兴土木之工，下习宴游之乐，晏安欢娱，若贺太平。顷河决久不塞，兖豫之民，荡析愁苦，沿江淮间，地多苦旱，广东大水，京师大风，拔木百余，甚至地震山倾，皆未有之大灾也。

而尤可骇痛者，奉天大水，山涌川溢，淹州县十余；甚至冲及永陵山谷，陵圮坍坼，凡十八山，形势全改，今上海新报馆绘图募赈，遍传各省。伏念永陵为我朝发祥之地，岸谷告变，震动非常，以为皇太后、皇上闻此奇变，必悚惶震悼，戒励群臣，痛哭戒誓。乃伏处下风，未闻有恐惧责躬求言恤民之特诏；亲臣重臣，卿贰台谏，受国厚恩，亦未闻有直言极谏痛哭入告之封章。内而侍臣，外而藩僚，不闻一言，下而部寺司员，亦不闻一言。上下内外，咸知天时人事，危乱将至，而畏惮忌讳，钳口结舌，坐视莫敢发，臣所为忧愤迫切，瞻望宫阙而惓惓痛哭也。

伏读世祖章皇帝圣训曰：近来条奏，多系细务，未见有规切朕躬者。朕一日万几，岂无未合天意、未顺人心之事？良由诸臣畏惮忌讳，不敢进谏耳。朕虽不德，于古帝王纳言容直，每怀欣慕，朕躬如有过失，诸臣须直谏无隐，言之过戆，亦不谴责，钦此。此真开国圣人省身求言之极则也。

伏惟皇太后、皇上聪听彝训，乐闻谠言，臣窃慕汉、宋时大学生刘陶、陈亮有上书之义；近咸、同时，监生周同毂、贡生黎庶昌递折言事，荷蒙列圣嘉纳，故敢不避斧钺之诛，披沥血诚，忘其僭越，为我皇太后、皇上陈之。

窃维国事蹙迫，在危急存亡之间，未有若今日之可忧也。方今中外晏然，上下熙熙，臣独以为忧危，必以为非狂则愚也。夫人有大疡恶疾不足为患，惟视若无病，而百脉俱败，病中骨髓，此扁鹊、秦缓所望而大惧也。自古为国患者，内则权臣女谒，外则强藩大盗而已。今皇太后、皇上端拱在上，政体清明，内无权臣女谒阉寺之弄柄，外无强藩大盗之发难，宫府一体，中外安肃，宋、明承平时所无也。臣独汲汲私忧者何哉？诚以自古立国，未有四邻皆强敌，不自强政治而能晏然保全者也。

近者洋人智学之兴，器艺之奇，地利之辟，日新月异。今海外略地已竟，合而伺我，真非常之变局也。日本虽小，然其君臣自改纪后，日夜谋我，内治兵饷，外购铁舰，大小已三十艘，将蹴朝鲜而窥我边。俄筑铁路，前岁十月已到浩罕，今三路分筑，二三年内可至珲春，从其彼德罗堡都城运兵炮来，九日可至，则我盛京国本，祸不旋踵。英之得缅甸，一日而举之，与我滇为界矣，滇五金之矿，垂涎久矣，其窥藏卫也，在道光十九年，已阴图其地，至今乃作衅焉。法既得越南，开铁路以通商，设教堂以诱众，渐得越南之人心，又多使神父煽诱我民，今遍滇、粤间，皆从天主教者，其地百里，无一蒙学，识字者寡，决事以巫，有司既不教民，法人因而诱之。又滇、越、暹罗间，有老挝、万象诸小国，及猓苗诸种，法人日煽之，比闻诸夷合尊法神父为总统焉。法与英仇，畏英属地之多也，近亦遍觅外府，攻马达加斯加而不得，取埃及而不能，乃专力越南以窥中国，数年之后，经营稍定，以诸夷数十万与我从教之民，内外并起，分两路以寇滇、粤，别以舟师扰我海疆，入我长江，江楚教民从焉，不审何以御之？

夫敌国并立，无日不训讨军实而虞敌之至也。迩者德法之争，十三日失和，十七日德以兵二十四万渡礼吴河而压法境矣。兵势之速如此，而我兵不素练，器不素备，急乃徐购募以应之，虽使廉颇、韩信为将，庸有幸乎？又美人逐我华工，英属澳大利亚随之，将来南洋诸岛纷纷效尤，我民出洋者千数百万，中国漏厄于洋货久矣，稍借此补其尾闾，若不保护，还无所业，必为盗贼，金田之役，将复起矣。

昔甲申之事，法仅以一二舟师惊我海疆，我沿海设防，内外震动，皇太后、皇上宵旰忧劳，召问诸臣，一无所措，乃旁皇募兵购炮，所费数千万计，而安南坐失矣。且是时犹有左宗棠、彭玉麟、杨岳斌、鲍超、冯子材、曾国荃、岑毓英、刘锦堂〔棠〕、王德榜等，皆知兵宿将，布列边外，其余偏裨亦多百战之余，然已兵威不振，人心畏怯如是。今则二三宿将重臣渐皆凋谢，其余旧将皆已耄老，数年后率已尽，即偏裨之曾列戎行者亦寡，而强邻四逼于外，教民蓄乱于内，一旦有变，其何以支？我既弱极，则德、奥、意、丹、葡、日诸国亦狡焉思启，累卵之危，岂有过此，臣所为日夜忧惧也。

窃观内外人情，皆醰嬉偷惰，苟安旦夕，上下拱手，游宴从容，事无大小，无一能举。有心者叹息而无所为计，无耻者嗜利而借以营私。大厦将倾而处堂为安，积火将然而寝薪为乐，所谓安其危而利其灾者。譬彼病痿，卧不能起，身手麻木，举动不属。非徒痿也，又感风痰，百窍迷塞，内溃外入，朝不保夕，此臣所谓百脉败溃，病中骨髓，却望而大忧者也。今兵则水陆不练，财则公私匮竭，官不择才而上且鬻官，学不教士而下患无学，此数者，人皆忧之痛恨焉，而未以为大忧者也。

夫先王之治，于理财至精也。《周礼》：三农生九谷，园圃毓草木，虞衡作山泽之材，薮牧养蕃鸟兽，又有草人、稻人化土宜焉。善乎！《礼记》之言曰：无旷土，无游民，食节事时，乐事劝功，尊君亲上。《管子》曰：慎民在举贤，慎富在务地。夫有土此有财，而以政事纬之。地利既辟，于是通商惠工，敬教劝学，授材任能，岂有以中国地方万里之大，人民四万万之众，物产二十六万种之多，而患贫弱哉？故臣皆不以为大忧也。臣所大忧者，患我皇太后、皇上无欲治之心而已。

伏惟皇太后、皇上敬天勤民，法祖宗，用耆旧，圣德之美逾越今古，臣敢以为无欲治之心何也？窃见与强夷和后，苟幸无事，朝廷晏安，言路闭塞，纪纲日隳。顷奇灾异变，大告警厉，天心之爱至矣，不闻有怵惕修省之事，上答天心。又古者灾异策免三公，枢臣实秉国钧，亦无战兢之意，未闻上疏引罪，请自免谢，泄泄如是。而徒见万寿山、昆明湖土木不息，凌寒戒旦，驰驱乐游，电灯、火车奇技淫巧，输入大内而已。天下将以为皇太后、皇上拂天变而不畏，蓄大乱而不知，忘祖宗艰大之托，国家神器之重矣。天命无常，而民穷难保，栋折榱坏，谁则能免，臣所为夙夜忧惧，不敢畏而自隐也。

伏惟皇太后、皇上恭俭忧勤，临政之日，不为浅矣，所以内修政事，外攘夷狄，雪列圣之仇耻，固万年之丕基，宜有在矣。乃事无寸效，而又境土日蹙，危乱将至者何哉？以为所任非其人欤？则以皇太后、皇上之明，岂敢谓尽非其人；以为所由非其道欤？则以皇太后、皇上之圣，岂敢谓尽非其道。而遂以致此者，得毋皇太后、皇上志向未坚，无欲治之心故耶？今天下所忧患者，曰兵则水陆不练，财则公私匮竭，官不择材而上且鬻官，学不教士而下皆无学。臣虽痛恨之，皆未以为大患，独患我皇太后、皇上无欲治之心而已。夫诸苑及三山暨圆明园行宫，皆列圣所经营也，自为英夷烧毁，础折瓦飞，化为砾石，不审乘舆临幸，目睹残破，圣心感动，有勃然奋怒，思报大仇者乎？若有此也，臣欲銮驭日临之也。然亦未闻有兴发耸动之政焉。天下则以为皇太后、皇上无欲治之心也。以皇太后聪明神武，临政二十年，用人如不及，从善如流水。当同治初年，励精图治，起翁心存、李棠阶相机务于内，用曾国藩、左宗棠治戎事于外，李鸿章、沈葆桢、郭嵩焘、韩超并由道员擢受巡抚，刘蓉且以诸生超授抚藩，开诚心，布大度，孜孜求治，用能芟夷大盗而至中兴。臣每伏读穆宗毅皇帝圣训，未尝不感极起舞而至于流涕也。

又光绪八九年，用人行政，赫然有兴作之意，臣窃谓皇太后、皇上有光明圣德，可与为尧、舜之治也。所以倦勤者，得无以励精已久，而致治无期耶？臣维同治初年，大乱甫定，上下肃雍，中外望治，譬大病新愈，补之自强，此中国图治第一机会也。然圣意勤勤，而未足振弱者，不变法故也。

光绪八九年，宫廷赫然求治，士风大变，譬久病稍起，非更加医药，不能骤瘳，此中兴第二机会也。不幸法夷入寇，于是复蹶。得无有谗慝之口，间于左右，以为臣下能言者不周于用乎？夫人各有能有不能，通治者未必知兵。夫天下多才，不能以一人偾事，而尽疑天下之才，岂圣意以为尝图治矣，而辅相无人，因而渐怠耶？生谓中遭事变，所以不竟厥施者，不慎选左右故也。如使皇太后、皇上忧危惕厉，震动人心，赫然愿治，但如同治、光绪初年之时，本已立则末自理，纲已举则目自张，风行草偃，臣下动色，治理之效，必随圣心之厚薄久暂而应之。臣所欲言者三，曰变成法、通下情、慎左右而已。

夫法者，皆祖宗之旧，敢轻言变者，非愚则妄。然今天下法弊极矣。六官，万务所集也，卿贰多而无所责成，司员繁而不分委任，每日到堂，拱立画诺，文书数尺，高可隐身，有薪炭数斤之微，银钱分厘之琐，遍行数部者，卿贰既非专官，又多兼差，未能视其事由，劳苦已甚，况欲整顿哉？故虽贤智，亦皆束手，以为周公为今冢宰，孔子为今司寇，亦无能为。法弊至此，求治得乎？

州县下民所待治也，兵、刑、赋、税、教、养合责于一人，一盗佚、一狱误、一钱用而被议矣。责之如是其重，而又选之极轻，以万余金而卖实缺焉。禄之极薄，以数百金而责养廉矣。其下既无周人虞、衡、牧、稻之官，又无汉人三老、啬夫之化，而求其教养吾民，何可得哉？以故外省奉行文书，皆欺饰以免罪，京朝委成胥吏，率借例以行奸。他若吏部以选贤才也，仍用签除；武举以为将帅也，乃试弓石；翰林以储公卿也，犹讲诗字；其他紊于法意，而迂于治道，舛乱舛决，难遍以疏举。是以皇太后、皇上虽有求治之心，而无致治之效也。

今论治者，皆知其弊，然以为祖宗之法，莫之敢言变，岂不诚恭顺哉？然未深思国家治败之故也。今之法例，虽云承列圣之旧，实皆六朝、唐、宋、元、明之弊政也。我先帝抚有天下，不用满洲之法典，而采前明之遗制，不过因其俗而已，然则世祖章皇帝已变太祖、太宗之法矣。夫治国之有法，犹治病之有方也，病变则方亦变。若病既变而仍用旧方，可以增疾。时既变而仍用旧法，可以危国。董子曰：为政不和，解而更张之，乃可以理。《吕览》曰：治国无法则乱，守而弗变则悖。《易》曰：穷则变，变则通。设今世祖章皇帝既定燕京，仍用八贝勒旧法，分领天下，则我朝岂能一统久安至今日乎？故当今世而主守旧法者，不独不通古今之治法，亦失列圣治世之意也。

今之时局，前朝所有也，则宜仍之，若知为前朝所无有，则宜易新法以治之。夫治平世，与治敌国并立之世固异矣。昔汉臣魏相专主奉行故事，宋臣李沆谓凡人士上利害，一切不行，此宜于治平之世也。若孙叔敖改纪，管仲制国，苏绰立法，此宜于敌国并立之世也。今但变六朝、唐、宋、元、明之弊政，而采周、汉之法意，即深得列圣之治术者也。皇太后、皇上知旧法之害，即知变法之利，于是酌古今之宜，求事理之实，变通尽利，裁制厥中，如欲采闻之，则农夫耕而君子食焉，臣愚愿尽言于后也。尤望妙选仁贤，及深通治术之士，与论治道，讲求变法之宜而次第行之，精神一变，岁月之间，纪纲已振，十年之内，富强可致，至二十年，久道化成，以恢属地而雪仇耻不难矣。

日本崎岖小岛，近者君臣变法兴治，十余年间，百废俱举，南灭琉球，北辟虾夷，欧洲大国，睨而莫敢伺。况以中国地方之大，物产之盛，人民之众，二帝、三王所传，礼治之美，列圣所缔构，人心之固，加以皇太后、皇上仁明之德，何弱不振哉！臣谓变法则治可立待也。今天下非不稍变旧法也，洋差、商局、学堂之设，开矿公司之事，电线、机器、轮船、铁舰之用，不睹其利，反以蔽奸。夫泰西行之而富强，中国行之而奸蠹，何哉？上体太尊而下情不达故也。君上之尊宜矣，然自督、抚、司、道、守、令乃下至民，如门堂十重，重重隔绝，浮图百级，级级难通。夫太尊则易蔽，易蔽则奸生，故办事不核实，以粉饰为工，疾苦不上闻，以摧抑为理。至于奸蠹丛生，则虽良法美意，反成巨害，不如不变之为愈矣。

今上下否塞极矣，譬患咽喉，饮食不下导，气血不上达，则身命可危。知其害而反之，在通之而已。古者君臣有坐论之礼，《大学》之美文王曰"与国人交"，《诗》曰：呦呦鹿鸣，食野之苹，我有嘉宾，鼓瑟吹笙。言悃诚发乎中，礼群臣若嘉宾，故群臣尽心，下情既亲，无不上达，则奸消弊缩，虽欲不治，何可得哉？通之之道，在霁威严之尊，去堂陛之隔，使臣下人人得尽其言于前，天下人人得献其才于上。周有土训、诵训之官，掌道地图、地慝、方志、方慝，汉有光禄大夫、太中大夫、议郎，专主言议。

今若增设训议之官，召置天下耆贤，以抒下情，则皇太后、皇上高坐法宫之中，远洞万里之外，何奸不照，何法不立哉？以皇太后、皇上明目达聪，宜通下情久矣。然今犹壅噎底滞者，得无左右皆宦官宫妾，壅塞聪明，而无学士大夫与论治耶？即有其人，亦皆谀谄面谀之人，而非骨鲠直亮之士耶？不然，以圣德之茂，何未能日缉熙于光明也？

古者师傅以傅德义，史官以记言动，侍御、仆从罔非正人，绳愆纠谬，格其非心，所以养之深而培之密者如此，故君德易成。暨于汉制，君臣犹亲，袁盎、汲黯入内燕见，而唾壶、虎子、执戟皆妙选良士，如东方朔、孔光、扬雄为之，犹有古义也。明年皇上大婚礼成，亲裁庶政，春秋鼎盛，宜慎声色之防；圣德日新，宜慎近习之选。所谓慎者，辨忠佞而已。伊尹曰：有言逆于心，必求诸道；有言逊于志，必求诸非道。故承颜顺意者，佞臣也，弼违责难者，忠臣也；逢上以土木声色者，佞臣也，格君以侧身修行者，忠臣也；欺上以承平无事者，佞臣也，告上以灾危可忧者，忠臣也。《书》称：毋以侧媚，其惟吉士。孔子称去谗贱货，所以修身。伏愿皇太后、皇上熟辨之，去谗慝而近忠良，妙选魁垒端方通知古今之士，日侍左右，兼预燕内以资启沃，则德不期修而自修矣。皇上正一身以正百官，正百官以正万民，士节自奋，风俗自美，余事何足为哉！

臣伏惟念祖宗辛苦经营，休养生息，有此天下，置之安危，在今日矣。今不筑金汤之业，而筑丹腹之宫，不游勋华之世，而游数圉之内，臣窃为皇太后、皇上惜之。故从臣之言，及今亟图，犹为可治，俾朝廷益尊，宗社益固，令德神功，播闻后嗣。否则恐数年后，四夷逼于外，乱民作于内，于时乃欲为治，岂能待我十年教训乎？恐无及也。今皇太后、皇上即不自为计，独不为天下计乎？即不为天下计，独不为列祖列宗计乎？即幸而天命眷顾，仅能图存，设令敌人割我尺土寸地，皇太后、皇上何以对列祖列宗乎？《易》曰：其亡其亡，系于苞桑。《孟子》曰：盘乐怠敖，是自求祸。伏愿皇太后、皇上念列圣付托之重，答天心警示之勤，无忘庚申之变，震悼祖陵之灾，特下明诏，引咎罪己，誓戒群下，恐惧修省，求言图治，则宗庙幸甚，天下幸甚。臣草野愚贱，罔识忌讳，竭露愚诚，干冒宸严，不胜战栗惶悚之至。伏惟皇太后、皇上圣鉴，谨禀。光绪十四年十一月初八日。(《南海先生遗稿》)

## 与洪右臣给谏论中西异学书

承示洒洒数千言，驳诘洋人政事制度，详斥洋学者之非，而发明先王及祖宗之大法，及中西强弱之故，远虑深识，佩服无已。然所驳诘者，于洋人情事利弊，似未甚得其綮肯，既未足以折西人，亦不能服讲洋学者之心，则虽有正论，彼亦将匿笑而不肯相从也。仆迩者涉猎于洋学，稍反复中西相异之故，及其所以强之效，亦似稍得一二。仆深山之人，幼奉儒师之说，长诵先圣之书，未尝识一洋人，未尝与一洋事，其无所偏袒，可不待言也。谨复于大君子之前，惟垂采而教正之。

窃见近人言洋学者，尊之如帝天，鄙洋事者，斥之为夷狄，仆以为皆未深求其故者也。夫中西之本末绝异有二焉；一曰势，一曰俗。二者既异，不能以中国之是非绳之也。

何谓势异？中国自从三代故为一统之国，地广邈，君亦日尊。以一君核万里之地，而又自私之，驾远驭，势有所限，其为法也守，其为治也疏，听民之自治。然亦幸赖其疏且守，若变而密，则百弊丛生矣。泰西自罗马之后，分为列国，争雄竞长，地小则精神易及，争雄则人有愤心，故其君虚己而下士，士尚气而竞功，下情近而易达，法变而日新。此势之绝异也。

中国义理，先立三纲，君尊臣卑，男尊女卑，积之久，而君与男子，纵欲无厌，故君尊有其国，男兼数女。泰西则异是。君既多，则师道大行，而教皇统焉，故其纪元用师而不用君；君既卑，于是君民有平等之俗；女既少，则女不贱，于是与男同业，而无有别之义。此俗之绝异也。

夫中国之教，所谓亲亲而尚仁，故如鲁之秉礼而日弱；泰西之教，所谓尊贤而尚功，故如齐之功利而能强。所以至此者，盖由所积之势然，各有本末，中国、泰西，异地皆然，然不可一二言断是非也。

公谓"中饱之说"诚是也，然所以然之故，公未详之也。夫其所以然之故，即在势与俗也。中国以一君而统万里，虑难统之也，于是繁其文法以制之，极其卑隘以习之，故一衙门而有数人，一人而兼数差。故仆尝谓使周公为吏部，孔子为刑部，亦必不能为。虽欲不粉饰，得乎？途杂而选极轻，官多而俸极薄，上尊而查之极难，虽欲不中饱，得乎？昔唐太宗行四分世业之田、府卫之兵，法至美矣，然甫至高宗先天、显庆，而法已大坏，何哉？三代分国，虽有闾里州党，以知夫家、人民、六畜之数，极其纤细，行之久而无弊者，有封建分之故。唐用兵制，乡成于县，县成于州，州成于户部，以一县令稽百里之乡民，势已不能，况以户部稽万里之户口乎？不久即弊，故弊在制地太大，小官太疏也。

泰西则不然，政事皆出于议院，选民之秀者与议，以为不可则变之，一切与民共之，任官无二人，不称职则去，故粉饰者少，无宗族之累，无姬妾之靡，无仪节之文，精考而厚禄之，故中饱者少。泰西非无贪伪之士，而势有所不行；中国非无圣君贤臣精核之政，然而一非其人，丛弊百出，盖所由异也。幸先圣之学，深入于人心，故时清议能维持之。不然，由今之法，不能一朝居矣。

然泰西之政，比于三代，犹不及也。三代有授田之制以养民，天下无贫民，泰西无之。三代有礼乐之教，其士日在揖让中，以养生送死，泰西则日思机智，惟强己而轧人，故其教养皆远逊于我先王也。

然今之中国既大变先圣之法，而返令外夷迫之。譬如故家子，蒙祖父之荫，而悖祖父之学行，则不如白屋邻人，反得以其学行挺起，虽其先世出身卑贱，反而为之屈矣。故仆所欲复者，三代、两汉之美政，以力遵祖考之彝训，而邻人之有专门之学、高异之行，合于吾祖者，吾亦不能不节取之也。

公谓西国之人专而巧，中国之人涣而钝，此则大不然也。我中人聪明为地球之冠，泰西人亦亟推之。自墨子已知光学、重学之法，张衡之为浑仪，祖暅之为机船，何敬容之为行城，顺席之为自鸣钟，凡西人所号奇技者，我中人千数百年皆已有之。泰西各艺皆起百余年来，其不及我中人明矣。然而泰西特以器艺震天下者，其所以鼓舞之异也。其设学以教之，其君、大夫相与鼓励之，其士相与聚谋之，器备费足，安得而不精？我聪明之士，则为诗文无用之学，以其愚下者为之，即有精巧者，又未尝鼓励也，则安能致巧？是盖政教之异，不得归咎于中人之涣且钝也。（《万木草堂遗稿》卷四）

# 2. 康有为的《新学伪经考》和《孔子改制考》

## 引　言

康有为的《新学伪经考》与《孔子改制考》是戊戌变法的重要理论之一。《新学伪经考》是康有为吸取廖平及嘉道以来今文经学的成果"而推阐之"的产物，完成于 1891 年。其要点有五：一、西汉经学，并无所谓古文，凡古文皆刘歆伪造；二、秦始皇焚书坑儒，并未危及六经，汉十四博士所传，皆孔门足本，并无残缺；三、孔子所使用的文字，即秦汉间的"篆书"，即以"文"论，亦绝无古文经与今文经之分；四、刘歆欲弥缝其作伪之迹，故在校中秘书时，有意将多数古书"羼乱"；五、刘歆所以要作伪经，目的是要帮助王莽篡权，因而预先淹没了孔子的"微言大义"。概言之，古文经是刘歆假借孔子的名义伪造出来的，是王莽建立的"新朝之学"，应称"新学"，东汉以来的经学多出自刘歆伪造，不是孔子真经，应称伪经。就辨伪的科学性而言，《新学伪经考》可商榷之处颇多。但它不是一部单纯辨伪的学术著作，而是"借经术"以宣传维新变法思想的理论著作，因此它的价值不在其学术方面而在其政治方面，在它所产生的巨大社会影响上。梁启超说《新学伪经考》的社会影响有二："第一，清学正统派之立脚点，根本摇动；第二，一切古书，皆须从新检查估价。此实思想界之一大飓风也。"（《清代学术概论》）康有为在书中宣称清朝所尊信的儒家古文经学不是孔子的真经，而是刘歆为邦助王莽篡权编造的"伪经"；清朝所服膺的"汉学"，也不是孔子的真传，而是刘歆替王莽统治辩护的"新学"。这就从理论上动摇了古文经学的"述而不作"的传统理念，打击了顽固守旧势力"恪守祖训"、泥守古法的主张，从而为维新变法制造了理论根据。康有为的这种论断虽然与史事不相符合，但它在沉寂的思想界无异掀起了一声惊雷，因为从来没有人敢如此大胆地向长期居于统治地位的古文经学发起挑战。所以此书于 1891 年 8 月刊行后，即有四种翻刻和石印本子流传，风行思想界。同时它也遭到了顽固守旧势力的攻击，清政府曾三次下令毁版。

　　《新学伪经考》刊行不久，康有为即着手撰写《孔子改制考》，1896 年定稿，翌年印行。如果说《新学伪经考》的作用在破，那么，《孔子改制考》的作用则在立，即正面阐发公羊学的"托古改制"说、"三世"说等理论。与前书比较，后书的政治色彩更强烈和鲜明一些，对当时社会尤其是思想界的震动也更大一些。梁启超就把《新学伪经考》比作"思想界之一大飓风"，把《孔子改制考》比作"火山大喷"和"大地震"。其震动性主要体现在以下方面：第一，推翻孔子"述而不作"的传统观点，认为"六经"都是为托古改制而写，其"微言大义"均在其中，从而把孔子打扮成托古改制的大师，主张革新，反对保守的"素王"。第二，反对"荣古虚今，贱近贵古"的守旧思想，主张因时变革，并通过今文经学与西学的结合，《周易》的阴阳之变、《公羊传》的"通三统"、"张三世"学说与西方进化论和自然科学知识的结合，宣传一种历史的进化观。第三，宣传西方的人权平等思想，批判封建专制制度。

## 康有为

**新学伪经考（存目）**
**孔子改制考（存目）**

# 3. 严复译《天演论》及按语

## 引　言

　　严复之所以成为晚清最著名的思想家之一，与其大量翻译输入的西方学术思想密不可分。《天演论》可以说是严复最早翻译的一部西方学术思想著作。而严复之所以能够输入西方的学术思想，缘于其留学英国的经历。1866年，严复考入福州船政学堂，1877年被派往英国留学，学习驾驶技术。但他到英国后，却对社会科学产生了浓厚的兴趣。当时英国正处于维多利亚时代，国势强盛，文化繁荣，思想界大师辈出，人文荟萃。严复留恋其间，比较中西文化异同，探寻西方富强原因，求索中国复兴之途。1895年中国在甲午战争中的惨败尤其是《马关条约》的签订，使他大受刺激。是年，他在天津《直报》上连续发表了四篇曾传诵一时的政论文章：《论世变之亟》《原强》《辟韩》和《救亡决论》，从进化论出发，反复宣传了古今形势不同、不变法不足以图存的道理，对两千多年的封建专制制度进行了批判，并以"鼓民力""开民智"和"新民德"为救亡图存之策。翌年初夏译英人赫胥黎的《天演论》，将进化论输入中国，严复因此成为晚清最著名的启蒙思想家之一，而《天演论》也成了戊戌变法的重要理论基础之一。

　　严译《天演论》在当时及后世产生了极大的影响。当康有为从梁启超处读到严译《天演论》后，眼界为之大开，自称此前"眼中未见此等人"，并盛赞严复"为中国西学第一者也"。梁启超、谭嗣同等人在读了《天演论》译稿后，也都"佩钦至不可言喻"。在《天演论》正式出版之前，梁启超就开始宣传"物竞天择"的思想，并用它作为自己文章的理论依据。《天演论》出版后，更很快风靡海内，对中国思想界产生了巨大而持久的影响力。鲁迅回忆他在江南水师学堂、矿物铁路学堂读书时，除看《时务报》外，"一有闲空，就照例地吃侉饼、花生米、辣椒，看《天演论》"。胡适在《四十自述》中也有同样的回忆："《天演论》出版之后，不上几年，便风行到全国，竟做了中学生的读物了。读这书的人，很少能了解赫胥黎在科学史和思想史上的贡献。他们能了解的只是那'优胜劣败'的公式在国际政治上的意义。……几年之中，这种思想像野火一样，延烧着许多少年人的心和血。'天演'、'物竞'、'淘汰'、'天择'等等术语，都渐渐成了报纸文章的熟语，渐渐成了一班爱国志士的口头禅。还有许多人爱用这种名词做自己或儿女的名字。"胡适自己也受其影响，改名为胡适，字适之，取"适者生存"之意。王国维对近化论在近代中国的巨大影响也做过描述："侯官严氏（严复是福建侯官人——引者）所译之赫胥黎《天演论》出，一新世人之耳目。……嗣是以后，达尔文、斯宾塞之名，腾于众人之口，物竞天择之语，见于通俗之文。"据此可见严复译《天演论》的思想魅力与影响力。

## 严　复

### 天演论·吴序

严子几道既译英人赫胥黎所著《天演论》，以示汝纶曰："为我序之。"天演者，西国格物家言也。其学以天择、物竞二义，综万汇之本原，考动植之蕃耗。言治者取焉。因物变递嬗，深研乎质力聚散之几，推极乎古今万国盛衰兴坏之由，而大归以任天为治。赫胥黎氏起而尽变故说，以为天不可独任，要贵以人持天。以人持天，必究极乎天赋之能，使人治日即乎新，而后其国永存，而种族赖以不坠，是之谓与天争胜。而人之争天而胜天者，又皆天事之所苞。是故天行人治，同归天演。其为书奥赜纵横，博涉乎希腊、竺乾、斯多噶、婆罗门、释迦诸学，审同析异，而取其衷，吾国之所创闻也。凡赫胥黎氏之道具如此，斯以信美矣。抑汝纶之深有取于是书，则又以严子之雄于文。以为赫胥黎氏之指趣，得严子乃益明。自吾国之译西书，未有能及严子者也。

凡吾圣贤之教，上者，道胜而文至；其次，道稍卑矣，而文犹足以久；独文之不足，斯其道不能以徒存。六艺尚已，晚周以来，诸子各自名家，其文多可喜，其大要有集录之书，有自著之言。集录者，篇各为义，不相统贯，原于《诗》《书》者也；自著者，建立一干，枝叶扶疏，原于《易》

《春秋》者也。汉之士争以撰著相高，其尤者，《太史公书》，继《春秋》而作，人治以著；扬子《太玄》，拟《易》为之，天行以阐。是皆所为一干而枝叶扶疏也。及唐中叶，而韩退之氏出，源本《诗》《书》，一变而为集录之体，宋以来宗之。是故汉氏多撰著之编，唐宋多集录之文，其大略也。集录既多，而向之所为撰著之体，不复多见，间一有之，其文采不足以自发，知言者摈焉弗列也。独近世所传西人书，率皆一干而众枝，有合于汉氏之撰著。又惜吾国之译言者，大抵弇陋不文，不足传载其义。夫撰著之与集录，其体虽变，其要于文之能工。一而已。今议者谓西人之学，多吾所未闻，欲沦民智，莫善于译书。吾则以谓今西书之流入吾国，适当吾文学靡敝之时，士大夫相矜尚以为学者，时文耳、公牍耳、说部耳。舍此三者，几无所为书。而是三者，固不足与文学之事。今西书虽多新学，顾吾之士以其时文、公牍、说部之词，译而传之，有识者方鄙夷而不知顾。民智之沦何由？此无他，文不足焉故也。文如几道，可与言译书矣。往者释氏之入中国，中学未衰也，能者笔受，前后相望，顾其文自为一类，不与中国同。今赫胥黎氏之道，未知于释氏何如？然欲侪其书于太史氏、扬氏之列，吾知其难也；即欲侪之唐宋作者，吾亦知其难也。严子一文之，而其书乃骎骎与晚周诸子相上下，然则文顾不重邪。

抑严子之译是书，不惟自传其文而已，盖谓赫胥黎氏以人持天，以人治之日新，卫其种族之说，其义富，其辞危，使读焉者怵焉知变，于国论殆有助乎？是怡也，予又惑焉。凡为书必与其时之学者相入，而后其效明。今学者方以时文、公牍、说部为学，而严子乃欲进之以可久之词，与晚周诸子相上下之书，吾惧其杰驰而不相入也。虽然，严子之意，盖将有待也。待而得其人，则吾民之智沦矣。是又赫胥黎氏以人治归天演之一义也欤！（《天演论》）

## 天演论·自序

英国名学家穆勒约翰有言："欲考一国之文字语言，而能见其理极，非谙晓数国之言语文字者不能也。"斯言也，吾始疑之，乃今深喻笃信，而叹其说之无以易也。岂徒言语文字之散者而已，即至大义微言，古之人殚毕生之精力，以从事于一学。当其有得，藏之一心则为理，动之口舌、著之简策则为词。固皆有其所以得此理之由，亦有其所以载焉以传之故。呜呼！岂偶然哉！

自后人读古人之书，而未尝为古人之学，则于古人所得以为理者，已有切肤精忱之异矣。又况历时久远，简牍沿讹，声音代变，则通段难明；风俗殊尚，则事意参差。夫如是，则虽有故训疏义之勤，而于古人诏示来学之旨，愈益晦矣。故曰：读古书难。虽然，彼所以托焉而传之理，固自若也。使其理诚精，其事诚信，则年代国俗，无以隔之。是故不传于兹，或见于彼，事不相谋而各有合。考道之士，以其所得于彼者，反以证诸吾古人之所传，乃澄湛精莹，如寐初觉。其亲切有味，较之觇毕为学者，万万有加焉。此真治异国语言文字者之至乐也。

今夫六艺之于中国也，所谓日月经天，江河行地者尔。而仲尼之于六艺也，《易》《春秋》最严。司马迁曰："《易》本隐而之显。《春秋》推见至隐。"此天下至精之言也。始吾以谓本隐之显者，观《象》《系辞》以定吉凶而已；推见至隐者，诛意褒贬而已。及观西人名学，则见其于格物致知之事，有内籀之术焉，有外籀之术焉。内籀云者，察其曲而知其全者也，执其微以会其通者也。外籀云者，据公理以断众事者也，设定数以逆未然者也。乃推卷起曰：有是哉，是固吾《易》《春秋》之学也。迁所谓本隐之显者，外籀也；所谓推见至隐者，内籀也。其言若诏之矣。二者即物穷理之最要涂术也。而后人不知广而用之者，未尝事其事，则亦未尝咨其术而已矣。

近二百年，欧洲学术之盛，远迈古初。其所得以为名理、公例者，在在见极，不可复摇。顾吾古人之所得，往往先之，此非傅会扬己之言也。吾将试举其灼然不诬者，以质天下。夫西学之最为切实，而执其例可以御蕃变者，名、数、质、力四者之学是已。而吾《易》则名、数以为经，质、力以为纬，而合而名之曰《易》。大宇之内，质力相推，非质无以见力，非力无以呈质。凡力皆乾也，凡质皆坤也。奈端动之例三，其一曰："静者不自动，动者不自止；动路必直，速率必均。"此所谓旷古之虑。自其例出，而后天学明，人事利者也。而《易》则曰："乾其静也专，其动也直。"后二百年，有斯宾塞尔者，以天演自然言化，著书造论，贯天地人而一理之。此亦晚近之绝作也。其为天演界说曰："翕以合质，辟以出力，始简易而终杂糅。"而《易》则曰："坤其静也翕，其动也辟。"至于全力不增减之说，则有自强不息为之先；凡动必复之说，则有消息之义居其始。而"易不可见，乾坤或几乎息"之旨，尤与"热力平均，天地乃毁"之言相发明也。此岂可悉谓之偶合也耶？虽然，由斯之说，必谓彼之所明，皆吾中土所前有，甚者或谓其学皆得于东来，则又不关事实适用自蔽之说也。夫古人发其端，而后人莫能竟其绪；古人拟其大，而后人未能议其精，则犹之不学无术未化之民而已。祖父虽圣，何救子孙之童昏也哉！

大抵古书难读，中国为尤。二千年来，士徇利禄，守阙残，无独辟之虑。是以生今日者，乃转于西学，得识古之用焉。此可为知者道，难与不知者言也。风气渐通，士知弇陋为耻。西学之事，问涂日多。然亦有一二巨子，訑然谓彼之所精，不外象、数、形下之末；彼之所务，不越功利之间。逞臆为谈，不咨其实。讨论国闻，审敌自镜之道，又断断乎不如是也。

赫胥黎氏此书之恉，本以救斯宾塞任天为治之末流，其中所论，与吾古人有甚合者。且于自强保种之事，反复三致意焉。夏日如年，聊为移译。有以多符空言，无裨实政相稽者，则固不佞所不恤也。(《天演论》)

## 天演论·译例言

一、译事三难：信、达、雅。求其信已大难矣，顾信矣不达，虽译犹不译也，则达尚焉。海通已来，象寄之才，随地多有，而任取一书，责其能与于斯二者，则已寡矣。其故在浅尝，一也；偏至，二也；辨之者少，三也。今是书所言，本五十年来西人新得之学，又为作者晚出之书。译文取明深义，故词句之间，时有所颠到附益，不斤斤于字比句次，而意义则不倍本文。题曰达恉，不云笔译，取便发挥，实非正法。什法师有云："学我者病。"来者方多，幸勿以是书为口实也。

一、西文句中名物字，多随举随释，如中文之旁支，后乃遥接前文，足意成句。故西文句法，少者二三字，多者数十百言。假令仿此为译，则恐必不可通，而删削取径，又恐意义有漏。此在译者将全文神理融会于心，则下笔抒词，自然互备。至原文词理本深，难于共喻，则当前后引衬，以显其意。凡此经营，皆以为达，为达即所以为信也。

一、《易》曰："修辞立诚。"子曰："辞达而已。"又曰："言之无文，行之不远。"三曰乃文章正轨，亦即为译事楷模。故信、达而外，求其尔雅，此不仅期以行远已耳。实则精理微言，用汉以前字法、句法，则为达易；用近世利俗文字，则求达难。往往抑义就词，毫厘千里。审择于斯二者之间，夫固有所不得已也，岂钓奇哉！不佞此译，颇贻艰深文陋之讥，实则刻意求显，不过如是。又原书论说，多本名数格致，及一切畴人之学，倘于之数者向未问津，虽作者同国之人，言语相通，仍多未喻，劲夫出以重译也耶！

一、新理踵出，名目纷繁，索之中文，渺不可得，即有牵合，终嫌参差，译者遇此，独有自具衡量，即义定名。顾其事有甚难者，即如此书上卷《导言》十余篇，乃因正论理深，先敷浅说。仆始翻"卮言"，而钱唐夏穗卿（曾佑）病其滥恶，谓内典原有此种，可名"悬谈"。及桐城吴丈挚父（汝纶）见之，又谓"卮言"既成滥词，"悬谈"亦沿释氏，均非能自树立者所为，不如用诸子旧例，随篇标目为佳。穗卿又谓，如此则篇自为文，于原书建立一本之义稍晦。而悬谈、悬疏诸名，悬者玄也，乃会撮精旨之言，与此不合，必不可用。于是乃依其原目，质译"导言"，而分注吴之篇目于下，取便阅者。此以见定名之难，虽欲避生吞活剥之诮，有不可得者矣。他如物竞、天择、储能、效实诸名，皆由我始。一名之立，旬月踟蹰。我罪我知，是存明哲。

一、原书多论希腊以来学派，凡所标举，皆当时名硕。流风绪论，泰西二千年之人心民智系焉，讲西学者所不可不知也。兹于篇末，略载诸公生世事业，粗备学者知人论世之资。

一、穷理与从政相同，皆贵集思广益。今遇原文所论，与他书有异同者，辄就谫陋所知，列入后案，以资参考。间亦附以己见，取《诗》称嘤求，《易》言丽泽之义。是非然否，以俟公论，不敢固也。如曰标高揭己，则失不佞怀铅握椠，辛苦移译之本心矣。

一、是编之译，本以理学西书，翻转不易，固取此书，日与同学诸子相课。迨书成，吴丈挚甫见而好之，斧落徵〔征〕引，匡益实多。顾惟探赜叩寂之学，非当务之所亟，不愿问世也。而稿经新会梁任公、沔阳卢木斋诸君借钞，皆劝早日付梓，木斋邮示介弟慎之于鄂，亦谓宜公海内，遂灾枣梨，犹非不佞意也。刻讫寄津覆斠，乃为发例言，并识缘起如是云。

光绪二十四年岁在戊戌四月二十二日　严复识于天津尊疑学塾（《天演论》）

## 天演论上

### 导言一·察变

赫胥黎独处一室之中，在英伦之南，背山而面野，槛外诸境，历历如在机下。乃悬想二千年前，当罗马大将恺彻未到时，此间有何景物。计唯有天造草昧，人功未施，其借征人境者，不过几处荒坟，散见坡陀起伏间，而灌木丛林，蒙茸山麓，未经删治如今日者，则无疑也。怒生之草，交加之藤，势如争长相雄。各据一抔壤土，夏与畏日争，冬与严霜争，四时之内，飘风怒吹，或西发西洋，或东起北海，旁午交扇，无时而息。上有鸟兽之践啄，下有蚁蝝之啮伤，憔悴孤虚，旋生旋灭，菀枯顷刻，莫可究详。是离离者亦各尽天能，以自存种族而已。数亩之内，战事炽然。强者后亡，弱者先绝。年年岁岁，偏有留遗。未知始自何年，更不知止于何代。苟人事不施于其间，则莽莽榛榛，长此互相吞并，混逐蔓延而已，而诘之者谁耶？

英之南野，黄芩之种为多，此自未有纪载以前，革衣石斧之民，所采撷践踏者。兹之所见，其苗裔耳。邃古之前，坤枢未转，英伦诸岛乃属冰天雪海之区，此物能寒，法当较今尤茂。此区区一小草耳，若迹其祖始，远及洪荒，则三古以还，年代方之，犹瀼渴之水，比诸大江，不啻小支而已。故事有决无可疑者，则天道变化，不主故常是已。

特自皇古迄今，为变盖渐，浅人不察，遂有天地不变之言。实则今兹所见，乃自不可穷诘之变动而来。京垓年岁之中，每每员舆，正不知几移几换，而成此最后之奇。且继今以往，陵谷变迁，又属可知之事，此地学不刊之说也。假其惊怖斯言，则索证正不在远。试向立足处所，掘地深逾寻丈，将逢螺灰。以是螺灰，知其地之古必为海。盖螺灰为物，乃赢蚌蜕壳积叠而成。若用显镜察之，其掩旋尚多完具者。使是地不前为海，此恒河沙数赢蚌者胡从来乎？沧海扬尘，非诞说矣！且地学之家，历验各种僵石，知动植庶品，率皆递有变迁，特为变至微，其迁极渐。即假吾人彭、聃之寿，而亦由暂观久，潜移弗知。是犹蟪蛄不识春秋，朝菌不知晦朔，遽以不变名之，真瞽说也。

故知不变一言，决非天运。而悠久成物之理，转在变动不居之中。是当前之所见，经廿年、卅年而革焉可也，更二万年、三万年而革亦可也。特据前事推将来，为变方长，未知所极而已。虽然，天运变矣，而有不变者行乎其中。不变惟何？是名"天演"。

以天演为体，而其用有二：曰物竞，曰天择。此万物莫不然，而于有生之类为尤著。物竞者，物争自存也。以一物以与物物争，或存或亡，而其效则归于天择。天择者，物争焉而独存。则其存也，必有其所以存，必其所得于天之分，自致一己之能，与其所遭值之时与地，及凡周身以外之物力，有其相谋相剂者焉。夫而后独免于亡，而足以自立也。而自其效观之，若是物特为天之所厚而择焉以存也者，夫是之谓天择。天择者，择于自然，虽择而莫之择，犹物竞之无所争，而实天下之至争也。斯宾塞尔曰："天择者，存其最宜者也。"夫物既争存矣，而天又从其争之后而择之，一争一择，而变化之事出矣。

复案：物竞、天择二义，发于英人达尔文。达著《物种由来》一书，以考论世间动植种类所以繁殖之故。先是言生理者，皆主异物分造之说。近今百年格物诸家，稍疑古说之不可通。如法人兰麻克、爵弗来，德人方拔、万俾尔，英人威里士、格兰特、斯宾塞尔、倭恩、赫胥黎，皆生学名家，先后间出，目治手营，穷探审论，知有生之物，始于同，终于异。造物立其一本，以大力运之，而万类之所以底于如是者，咸其自己而已，无所谓创造者也。然其说未大行也，至咸丰九年，达氏书出，众论翕然。自兹厥后，欧、美二洲治生学者，大抵宗达氏。而矿事日辟，掘地开山，多得古禽兽遗蜕，其种已灭，为今所无。于是虫鱼禽互兽人之间，衔接迤演之物，日以渐密，而达氏之言乃愈有征。

故赫胥黎谓，古者以大地为静居天中，而日月星辰，拱绕周流，以地为主。自歌白尼出，乃知地本行星，系日而运。古者以人类为首出庶物，肖天而生，与万物绝异。自达尔文出，知人为天演中一境，且演且进，来者方将，而教宗抟土之说，必不可信。盖自有歌白尼而后天学明，亦自有达尔文而后生理确也。

斯宾塞尔者，与达同时，亦本天演著《天人会通论》，举天、地、人、形气、心性、动植之事而一贯之，其说尤为精辟闳富。其第一书开宗明义，集格致之大成，以发明天演之旨。第二书以天演言生学。第三书以天演言性灵。第四书以天演言群理。最后第五书，乃考道德之本源，明政教之条贯，而以保种进化之公例要术终焉。呜乎！欧洲自有生民以来，无此作也。（不佞近翻《群谊》一书，即其第五书中之一编也。）斯宾氏迄今尚存，年七十有六矣。其全书于客岁始蒇事，所谓体大思精，殚毕生之力者也。达尔文生嘉庆十四年，卒于光绪八年壬午。赫胥黎于乙未夏化去，年七十也。

### 导言二·广义

自递嬗之变迁，而得当境之适遇，其来无始，其去无终，曼衍连延，层见迭代，此之谓世变，此之谓运会。运者以明其迁流，会者以指所遭值，此其理古人已发之矣。但古以谓天运循环，周而复始，今兹所见，于古为重规；后此复来，于今为叠矩，此则甚不然者也。

自吾党观之，物变所趋，皆由简入繁，由微生著。运常然也，会乃大异。假由当前一动物，远迹始初，将见逐代变体，虽至微眇，皆有可寻，迨至最初一形，乃莫定其为动为植。凡兹运行之理，乃化机所以不息之精。苟能静观，随在可察。小之极于跂行倒生，大之放乎日星天地；隐之则神思智识之所以圣狂，显之则政俗文章之所以沿革。言其要道，皆可一言蔽之，曰"天演"是已。此其说滥觞隆古，而大畅于近五十年。盖格致学精，时时可加实测故也。

且伊古以来，人持一说以言天，家宗一理以论化。如或谓开辟以前，世为混沌，溟涬胶葛，待剖判而后轻清上举，重浊下凝；又或言抟土为人，咒日作昼，降及一花一草，蠕动蠉飞，皆自元始之时，有真宰焉，发挥张皇，号召位置，从无生有，忽然而成；又或谓出王游衍，时时皆有鉴观，惠吉逆凶，冥冥实操赏罚。此其说甚美，而无如其言之虚实，断不可证而知也。故用天演之说，则竺乾、天方、犹太诸教宗，所谓神通创造之说皆不行。

夫拔地之木，长于一子之微；垂天之鹏，出于一卵之细。其推陈出新，逐层换体，皆衔接微分而来。又有一不易不离之理，行乎其内。有因无创，有常无奇。设宇宙必有真宰，则天演一事，即真宰之功能。惟其立之之时，后果前因，同时并具，不得于机缄已开，洪钧既转之后，而别有设施张主于其间也。是故天演之事，不独见于动植二品中也。实则一切民物之事，与大宇之内日局诸体，远至于不可计数之恒星，本之未始有始以前，极之莫终有终以往，乃无一焉非天之所演也。故其事至赜至繁，断非一书所能罄。姑就生理治功一事，樠略言之。先为导言十余篇，用以通其大义。虽然，隅一举而三反，善悟者诚于此而有得焉，则管秘机之扃钥者，其应用亦正无穷耳。

复案：斯宾塞尔之天演界说曰："天演者，翕以聚质，辟以散力。方其用事也，物由纯而之杂，由流而之凝，由浑而之画，质力杂糅，相剂为变者也。"又为论数十万言，以释此界之例。其文繁衍奥博，不可猝译，今就所忆者杂取而粗明之，不能细也。

其所消翕以聚质者，即如日局太始，乃为星气，名涅菩剌斯，布濩六合，其质点本热至大，其抵力亦多，过于吸力。继乃由通吸力收摄成珠，太阳居中，八纬外绕，各各聚质，如今是也。

所谓辟以散力者，质聚而为热、为光、为声、为动，未有不耗本力者也，此所以今日不如古日之热。地球则日缩，彗星则渐迟，八纬之周天皆日缓，久将进入而与太阳合体。又地入流星轨中，则见陨石。然则居今之时，日局不徒散力，即合质之事，亦方未艾也。余如动植之长，国种之成，虽为物悬殊，皆循此例矣。

所谓由纯之杂者，万化皆始于简易，终于错综。日局始乃一气，地球本为流质，动植类胚胎萌芽，分官最简；国种之始，无尊卑、上下、君子小人之分，亦无通力合作之事。其演弥浅，其质点弥纯。至于深演之秋，官物大备，则事莫有同，而互相为用焉。

所谓由流之凝者，盖流者非他，（此"流"字兼飞质而言。）由质点内力甚多，未散故耳。动植始皆柔滑，终乃坚强。草昧之民，类多游牧；城邑土著，文治乃兴，胥此理也。

所谓由浑之画者，浑者芜而不精之谓，画则有定体而界域分明。盖纯而流者未尝不浑，而杂而凝者，又未必皆画也。且专言由纯之杂，由流之凝，而不言由浑之画，则凡物之病且乱者，如刘、柳元气败为痈痔之说，将亦可名天演。此所以二者之外，必益以由浑之画而后义完也。物至于画，则由壮入老，进极而将退矣。人老则难以学新，治老则笃于守旧，皆此理也。

所谓质力杂糅，相剂为变者，亦天演最要之义，不可忽而漏之也。前者言辟以散力矣。虽然，力不可以尽散，散尽则物死，而天演不可见矣。是故方其演也，必有内涵之力，以与其质相剂。力既定质，而质亦范力，质日异而力亦从而不同焉。故物之少也，多质点之力。何谓质点之力？如化学所谓爱力是已。及其壮也，则多物体之力。凡可见之动，皆此力为之也。更取日局为喻，方为涅菩星气之时，全局所有，几皆点力。至于今则诸体之周天四游，绕轴自转，皆所谓体力之著者矣。人身之血，经肺而合养气；食物入胃成浆，经肝成血，皆点力之事也。官与物尘相接，由涅伏俗曰脑气筋以达脑成觉，即觉成思，因思起欲，由欲命动，自欲以前，亦皆点力之事。独至肺张心激，胃回胞转，以及拜舞歌呼手足之事，则体力耳。点、体二力，互为其根，而有隐见之异，此所谓相剂为变也。

天演之义，所苞如此，斯宾塞氏至推之农商工兵语言文学之间，皆可以天演明其消息所以然之故。苟善悟者深思而自得之，亦一乐也。

### 导言三·趋异

号物之数曰万，此无虑之言也，物固奚翅万哉！而人与居一焉。人，动物之灵者也，与不灵之禽兽、鱼鳖、昆虫对；动物者，生类之有知觉运动者也，与无知觉之植物对；生类者，有质之物而具支体官理者也，与无支体官理之金、石、水、土对。凡此皆有质可称量之物也，合之无质不可称量之声、热、光、电诸动力，而万物之品备矣。总而言之，气质而已。故人者，具气质之体，有支体、官理、知觉、运动，而形上之神，寓之以为灵，此其所以为生类之最贵也。虽然，人类贵矣，而其为气质之所因拘，阴阳之所张弛，排激动荡，为所使而不自知，则与有生之类莫不同也。

有生者生生，而天之命若曰：使生生者各肖其所生，而又代趋于微异。且周身之外，牵天系地，举凡与生相待之资，以爱恶拒受之不同，常若右其所宜，而左其所不相得者。夫生既趋于代异矣，而寒暑、燥湿、风水、土谷，洎夫一切动植之伦，所与其生相接相寇者，又常有所左右于其间。于是则相得者亨，不相得者困；相得者寿，不相得者殇。日计不觉，岁校有余，浸假不相得者将亡，而相得者生而独传种族矣，此天之所以为择也。

且其事不止此，今夫生之为事也，孳乳而浸多，相乘以蕃，诚不知其所底也。而地力有限，则资生之事，常有制而不能逾。是故常法牝牡合而生生，祖孙再传，食指三倍，以有涯之资生，奉无穷之传衍，物既各爱其生矣，不出于争，将胡获耶？不必争于事，固常争于形。借曰让之，效与争等。何则？得者只一，而失者终有徒也。此物竞争存之论，所以断断乎无以易也。

自其反而求之，使含生之伦，有类皆同，绝无少异，则天演之事，无从而兴。天演者，以变动不居为事者也。使与生相待之资于异者匪所左右，则天择之事，亦将泯焉。使奉生之物，恒与生相副于无穷，则物竞之论，亦无所施，争固起于不足也。然则天演既兴，三理不可偏废。无异、无择、无争，有一然者，非吾人今者所居世界也。

复案：学问格致之事，最患者人习于耳目之肤近，而常忘事理之真实。今如物竞之烈，士非抱深思独见之明，则不能窥其万一者也。英国计学家（即理财之学）马尔达有言：万类生生，各用几何级数。（几何级数者，级级皆用定数相乘也。谓设父生五子，则每子亦生五孙。）使灭亡之数，不远过于所存，则瞬息之间，地球乃无隙地。人类孳乳较迟，然使衣食裁足，则二十五年其数自倍，不及千年，一男女所生，当遍大陆也。生子最稀，莫逾于象。往者达尔文尝计其数矣，法以牝牡一双，三十岁而生子，至九十而止，中间经数，各生六子，寿各百年，如是以往，至七百四十许年，当得见象一千九百万也。

又赫胥黎云：大地出水之陆，约为方迷卢者五十一兆。今设其寒温相若，肥确又相若，而草木所资之地浆、日热、炭养、亚摩尼亚莫不相同。如是而设有一树，及年长成，年出五十子，此为植物出子甚少之数，但群子随风而扬，枚枚得活，各占地皮一方英尺，亦为不疏，如是计之，得九年之后，遍地皆此种树，而尚不足五百三十一万三千二百六十六垓方英尺。此非臆造之言，有名数可稽，综如上式者也。

夫草木之蕃滋，以数计之如此，而地上各种植物，以实事考之又如彼。

则此之所谓五十子者，至多不过百一二存而已。且其独存众亡之故，虽有圣者莫能知也。然必有其所以然之理，此达氏所谓物竞者也。

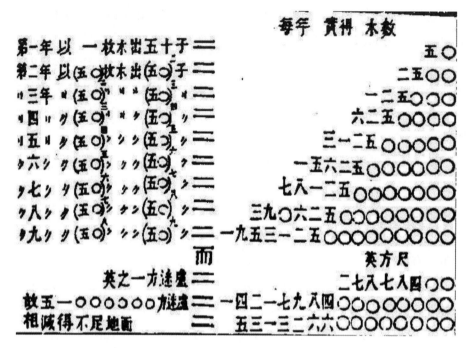

竞而独存，其故虽不可知，然可微拟而论之也。设当群子同入一区之时，其中有一焉，其抽乙独早，虽半日数时之顷，已足以尽收膏液，令余子不复长成，而此抽乙独早之故，或辞枝较先，或苞膜较薄，皆足致然。设以膜薄而早抽，则他日其子，将又有膜薄者，因以竞胜，如此则历久之余，此膜薄者传为种矣，此达氏所谓天择者也。

嗟夫！物类之生乳者至多，存者至寡，存亡之间，间不容发，其种愈下，其存弥难。此不仅物然而已，墨、澳二洲，其中土人日益萧瑟，此岂必虔刘脧削之而后然哉？资生之物所加多者有限，有术者既多取之而丰，无具者自少取焉而啬；丰者近昌，啬者邻灭。此洞识知微之士，所为惊心动魄，于保群进化之图，而知徒高睨大谈于夷夏轩轾之间者，为深无益于事实也。

### 导言四·人为

前之所言，率取譬于天然之物。天然非他，凡未经人力所修为施设者是已。乃今为之试拟一地焉，在深山广岛之中，或绝徼穷边而外，自元始来未经人迹，抑前经垦辟而荒弃多年，今者弥望蓬蒿，羌无蹊迳，荆榛稠密，不可爬梳。则人将曰：甚矣，此地之荒秽矣！然要知此蓬蒿荆榛者，既不假人力而自生，即是中种之最宜，而为天之所择也。

忽一旦有人焉，为之铲刈秽草，斩除恶木，缭以周垣，衡从十亩，更为之树嘉葩，栽美箭，滋兰九畹，种橘千头，举凡非其地所前有，而为主人所爱好者，悉移取培植乎其中。如是乃成十亩园林，凡垣以内之所有，与垣以外之自生，判然各别矣。此垣以内者，不独沟塍阑楯，皆见精思，即一草一花，亦经意匠。正不得谓草木为天功，而垣宇独称人事，即谓皆人为焉，无不可耳。

第斯园既假人力而落成，尤必待人力以持久，势必时加护葺，日事删除，夫而后种种美观，可期恒保。假其废而不治，则经时之后，外之峻然峙者，将圮而日卑；中之浏然清者，必淫而日塞。飞者啄之，走者躏之，虫豸为之蠹，莓苔速其枯。其与此地最宜之蔓草荒榛，或缘间隙而交萦，或因飞子而播殖，不一二百年，将见基址仅存，蓬科满目，旧主人手足之烈，渐不可见。是青青者又战胜独存，而遗其宜种矣。此则尽人耳目所及，其为事岂不然哉！此之取譬，欲明何者为人为，十亩园林，正是人为之一。

大抵天之生人也，其周一身者谓之力，谓之气；其宅一心者谓之智，谓之神。智力兼施，以之离合万物，于以成天之所不能自成者谓之业，谓之功，而通谓之曰人事。自古之土铏洼尊，以至今之电车、铁舰，精粗回殊，人事一也。故人事者，所以济天工之穷也。

虽然，苟揣其本以为言，则岂惟是莽莽荒荒，自生自灭者，乃出于天生；即此花木亭垣，凡吾人所辅相裁成者，亦何一不由帝力乎？夫曰人巧足夺天工，其说固非皆诞。顾此冒顶横目，手以攫足以行者，则亦彼苍所赋畀，且岂徒形体为然。所谓运智虑以为才，制行谊以为德，凡所异于草木禽兽者，一一皆秉彝物则，无所逃于天命而独尊。由斯而谈，则虽有出类拔萃之圣人，建生民未有之事业，而自受性降衷而论，固实与昆虫草木同科。贵贱不同，要为天演之所苞已耳，此穷理之家之公论也。

复案：本篇有云，物不假人力而自生，便为其地最宜之种，此说固也。然不知分别观之则误人，是不可以不论也。赫胥黎氏于此所指为最宜者，仅就本土所前有诸种中，标其最宜耳。如是而言，其说自不可易，何则？

非最宜不能独存独盛故也。然使是种与未经前有之新种角，则其胜负之数，其尚能为最宜与否，举不可知矣。大抵四达之地，接壤绵遥，则新种易通，其为物竞，历时较久，聚种亦多。至如岛国孤悬，或其国在内地，而有雪岭、流沙之限，则其中见种，物竞较狭，暂为最宜。外种阑入，新竞更起，往往年月以后，旧种渐湮，新种迭盛。此自舟车大通之后，所特见屡见不一见者也。

譬如美洲从古无马，自西班牙人载与俱入之后，今则不独家有是畜，且落荒山林，转成野种，聚族蕃生。澳洲及新西兰诸岛无鼠，自欧人到彼，船鼠入陆，至今遍地皆鼠，无异欧洲。俄罗斯蟋蟀旧种长大，自安息小蟋蟀入境，克灭旧种，今转难得。苏格兰旧有画眉最善鸣，后忽有斑画眉，不悉何来，不善鸣而蕃生，克善鸣者日以益希。澳洲土蜂无针，自窝蜂有针者入境，无针者不数年灭。

至如植物，则中国之蕃薯蓣来自吕宋，黄占来自占城，蒲桃、苜蓿来自西域，薏苡载自日南，此见诸史传者也。南美之番百合，西名哈敦，本地中海东岸物，一经移种，今南美拉百拉达，往往蔓生数十百里，弥望无他草木焉。余则由欧洲以入印度、澳斯地利，动植尚多，往往十年以外，遂遍其境，较之本土，繁盛有加。

夫物有迁地而良如此，谁谓必本土固有者，而后称最宜哉。嗟乎！岂惟是动植而已，使必土著最宜，则彼美洲之红人，澳洲之黑种，何由自交通以来，岁有耗减；而伯林海之甘穆斯噶加，前土民数十万，晚近乃仅数万，存者不及什一，此俄人亲为余言，且谓过是恐益少也。物竞既兴，负者日耗，区区人满，乌足恃也哉！乌足恃也哉！

### 导言五·互争

难者曰：信斯言也，人治天行，同为天演矣。夫名学之理，事不相反之谓同，功不相毁之谓同。前篇所论，二者相反相毁明矣。以矛陷盾，互相抵牾，是果僢驰而不可合也。如是岂名学之理，有时不足信欤？应之曰：以上所明，在在征诸事实，若名学必谓相反相毁，不出同原，人治天行，不得同为天演，则负者将在名学。理征于事，事实如此，不可诬也。

夫园林台榭，谓之人力之成可也，谓之天机之动，而诱衷假手于斯人之功力以成之，亦无不可。独是人力既施之后，是天行者，时时在在，欲毁其成功，务使复还旧观而后已。倘治园者不能常目存之，则历久之余，其成绩必归于乌有，此事所必至，无可如何者也。

今如河中铁桥，沿河石隄，二者皆天材人巧，交资成物者也。然而飘风朝过，则机牙暗损；潮头暮上，则基阯微摇；且凉热涨缩，则笋缄不得不松；雾淞潜滋，则锈涩不能不长，更无论开阖动荡之日有损伤者矣。是故桥须岁以勘修，隄须时以培筑，夫而后可得利用而久长也。

故假人力以成务者天，凭天资以建业者人。而务成业建之后，天人势不相能，若必使之归宗反始而后快者。不独前一二事为然，小之则树艺牧畜之微，大之则修齐治平之重，无所往而非天人互争之境。其本固一，其末乃歧。闻者疑吾言乎？则盍观张弓，张弓者之两手也，支左而屈右，力同出一人也，而左右相距。然则天行人治之相反也，其原何不可同乎？同原而相反，是所以成其变化者邪。

复案：于上二篇，斯宾塞、赫胥黎二家言治之殊，可以见矣。斯宾塞氏之言治也，大恉存于任天，而人事为之辅，犹黄老之明自然，而不忘在宥是已。赫胥黎氏他所著录，亦什九主任天之说者，独于此书，非之如此。盖为持前说而过者设也。斯宾塞之言曰，人当食之顷，则自然觉饥思食。今设去饥而思食之自然，有良医焉，深究饮食之理，为之程度，如学之有课，则虽有至精至当之程，吾知人以忘食死者必相藉也。物莫不慈其子姓，此种之所以传也。今设去其自然爱子之情，则虽深谕切戒，以保世存宗之重，吾知人之类其灭久矣，此其尤大彰明较著者也。

由是而推之，凡人生保身保种，合群进化之事，凡所当为，皆有其自然者，为之阴驱而潜率，其事弥重，其情弥殷。设弃此自然之机，而易之以学问理解，使知然后为之，则日用常行，已极纷纭繁赜，虽有圣者，不能一日行也。

于是难者曰：诚如是，则世之任情而过者，又比比焉何也？曰：任情而至于过，其始必为其违情。饥而食，食而饱，饱而犹食；渴而饮，饮而滋，滋而犹饮。至违久而成习，习之既成，日以益痼，斯生害矣。故子之所言，乃任习，非任情也。使其始也，如其情而止，则乌能过乎？学问之事，所以范情，使勿至于成习以害生也。斯宾塞任天之说，模略如此。

## 导言六·人择

天行人治，常相毁而不相成固矣。然人治之所以有功，即在反此天行之故。何以明之？天行者以物竞为功，而人治则以使物不竞为的。天行者倡其化物之机，设为已然之境，物各争存，宜者自立。且由是而立者强，强者昌；不立者弱，弱乃灭亡。皆悬至信之格，而听万类之自已。至于人治则不然，立其所祈向之物，尽吾力焉，为致所宜，以辅相匡翼之，俾克自存，以可久可大也。

请申前喻，夫种类之孳生无穷，常于寻尺之壤，其膏液雨露，仅资一本之生，乃杂投数十百本牙蘖其中，争求长养。又有旱涝风霜之虐，耘其弱而殖其强，洎夫一本独荣，此岂徒坚韧胜常而已，固必具与境推移之能，又或蒙天幸焉，夫而后翘尔后亡，由拱把而至婆娑之盛也。争存之难有如此者。至于人治独何如乎？彼天行之所存，固现有之最宜者。然此之最宜，自人观之，不必其至美而适用也。是故人治之兴，常兴于人之有所择。

譬诸草木，必择其所爱与利者而植之。既植矣，则必使地力宽饶有余，虫鸟勿蠹伤，牛羊勿践履；旱其溉之，霜其苫之，爱护保持，期于长成繁盛而后已。何则？彼固以是为美、利也。使其果实材荫，常有当夫主人之意，则爱护保持之事，自相引而弥长；又使天时地利人事，不大异其始初，则主人之庇，亦可为此树所长保，此人胜天之说也。

虽然，人之胜天亦仅耳，使所治之园，处大河之滨，一旦刍荛不属，虑殚为河，则主人于斯，救死不给，树乎何有？即它日河复，平沙无际，茅芦而外，无物能生；又设地枢渐转，其地化为冰虚，则此木亦末由得蓺，此天胜人之说也。

天人之际，其常为相胜也若此。所谓人治有功，在反天行者，盖虽辅相裁成，存其所善，而必赖天行之力，而后有以致其事，以获其所期。物种相刃相劘，又各肖其先，而代趋于微异，以其有异，人择以加。譬如树艺之家，果实花叶，有不尽如其意者，彼乃积摧其恶种，积择其善种。物竞自若也，特前之竞也，竞宜于天；后之竞也，竞宜于人。其存一也，而所以存异。夫如是积累而上之，恶日以消，善日以长，其得效有迥出所期之外者，此之谓人择。人择而有功，必能尽物之性而后可。嗟夫！此真生聚富强之秘术，慎勿为卤莽者道也。

复案：达尔文《物种由来》云：人择一术，其功用于树艺、牧畜，至为奇妙。用此术者，不仅能取其群而进退之，乃能悉变原种，至于不可复识。其事如按图而索，年月可期。往尝见撒孙尼人击羊，每月三次置羊于几，体段毛角，详悉校品，无异考金石者之玩古器也。其术要在识别微异，择所祈向，积累成著而已。顾行术最难，非独具手眼，觉察毫厘，不能得所欲也。具此能者，千牧之中，殆难得一。苟其能之，更益巧习，数稔之间，必致巨富。欧洲羊马二事，尤彰彰也。间亦用接构之法，故真佳种，索价不訾，然少得效，效者须牝牡种近，生乃真佳，无反种之弊。牧畜如此，树艺亦然，特其事差易，以进种略骤，易于决择耳。

**导言七·善败**

天演之说，若更以垦荒之事喻之，其理将愈明而易见。今设英伦有数十百民，以本国人满，谋生之艰，发愿前往新地开垦。满载一舟，到澳洲南岛达斯马尼亚所（澳土大利亚南有小岛）弃船登陆，耳目所触，水土动植，种种族类，寒燠燥湿，皆与英国大异，莫有同者。此数十百民者，筚路褴缕，辟草莱，烈山泽，驱其猛兽虫蛇，不使与人争土，百里之周，居然城邑矣。更为之播英之禾，艺英之果，致英之犬羊牛马，使之游且字于其中，于是百里之内与百里之外，不独民种回殊，动植之伦，亦以大异。凡此皆人之所为，而非天之所设也。

故其事与前喻之园林，虽大小相悬，而其理则一。顾人事立矣，而其土之天行自若也，物竞又自若也。以一朝之人事，闯然出于数千万年天行之中，以与之相抗，或小胜而仅存，或大胜而日辟，抑或负焉以泯而无遗，则一以此数十百民之人事何如为断。使其通力合作，而常以公利为期；养生送死之事备，而有以安其身；推选赏罚之约明，而有以平其气，则不数十百年，可以蔚然成国。而土著之种产民物，凡可以驯而服者，皆得渐化相安，转为吾用。

设此数十百民惰窳卤莽，愚暗不仁，相友相助之不能，转而糜精力于相伐，则客主之势既殊，彼旧种者，得因以为利，灭亡之祸，且暮间耳。即所偕来之禾稼、果蓏、牛羊，或以无所托芘而消亡，或入焉而与旧者俱化。不数十年，将徒见山高而水深，而垦荒之事废矣。此即谓不知自致于最宜，用不为天之所择可也。

复案：由来垦荒之利不利，最觇民种之高下。泰西自明以来，如荷兰，如日斯巴尼亚，如蒲陀牙，如丹麦，皆能浮海得新地。而最后英伦之民，于垦荒乃独著，前数国方之，瞠乎后矣。西有米利坚，东有身毒，南有好望新洲，计其幅员，几与欧亚埒。此不仅习海擅商，狡黠坚毅为之也，亦其民能自制治，知合群之道胜耳。故霸者之民，知受治而不知自治，则虽与之地，不能久居。而霸天下之世，其君有辟疆，其民无垦土。法兰西、普鲁士、澳地利、俄罗斯之旧无垦地，正坐此耳。法于乾、嘉以前，真霸权不制之国也。中国廿余口之租界，英人处其中者，多不逾千，少不及百，而制度厘然，隐若敌国矣。吾闽粤民走南洋美洲者，所在以亿计，然终不免为人臧获，被驱斥也。悲夫！

### 导言八·乌托邦

又设此数十百民之内，而有首出庶物之一人，其聪明智虑之出于人人，犹常人之出于牛羊犬马，幸而为众所推服，立之以为君，以期人治之必申，不为天行之所胜。是为君者，其措施之事当如何？无亦法园夫之治园已耳。园夫欲其草木之植，凡可以害其草木者，匪不芟夷之，剿绝之。圣人欲其治之隆，凡不利其民者，亦必有以灭绝之，禁制之，使不克与其民有竞立争存之势。故其为草昧之君也，其于草莱、猛兽、戎狄，必有其烈之、驱之、膺之之事。其所尊显选举以辅治者，将惟其贤，亦犹园夫之于果实花叶，其所长养，必其适口与悦目者。且既欲其民和其智力以与其外争矣，则其民必不可互争以自弱也。于是求而得其所以争之端，以谓争常起于不足，乃为之制其恒产，使民各遂其生，勿凛凛然常惧为强与黠者之所兼并；取一国之公是公非，以制其刑与礼，使民各识其封疆畛畔，毋相侵夺，而太平之治以基。

夫以人事抗天行，其势固常有所屈也。屈则治化不进，而民生以凋，是必为致所宜以辅之，而后其业乃可以久大。是故民屈于寒暑雨旸，则为致衣服宫室之宜；民屈于旱干水溢，则为致潴渠畎浍之宜；民屈于山川道路之阻深，而艰于转运也，则有道涂、桥梁、漕挽、舟车。致之汽电诸机，所以增倍人畜之功力也；致之医疗药物，所以救民之厉疾夭死也；为之刑狱禁制，所以防强弱愚智之相欺夺也；为之陆海诸军，所以御异族强邻之相侵侮也。凡如是之张设，皆以民力之有所屈，而为致其宜，务使民之待于天者，日以益寡；而于人自足恃者，日以益多。

且圣人知治人之人，固赋于治于人者也。凶狡之民，不得廉公之吏；偷懦之众，不兴神武之君。故欲郅治之隆，必于民力、民智、民德三者之中，求其本也。故又为之学校庠序焉。学校庠序之制善，而后智仁勇之民兴。智仁勇之民兴，而有以为群力群策之资，夫而后其国乃一富而不可贫，一强而不可弱也。嗟夫！治国至于如是，是亦足矣。

然观其所以为术，则与吾园夫所以长养草木者，其为道岂异也哉！假使员舆之中，而有如是之一国，则其民熙熙皞皞，凡其国之所有，皆足以养其欲而给其求，所谓天行物竞之虐，于其国皆不见，而唯人治为独尊，在在有以自恃而无畏。降以至一草木一禽兽之微，皆所以娱情适用之资，有其利而无其害。又以学校之兴，刑罚之中，举错之公也，故其民莠者日以少，良者日以多。驯至于各知职分之所当为，性分之所固有，通功合作，互相保持，以进于治化无疆之休。夫如是之群，古今之世所未有也，故称之曰乌托邦。乌托邦者，犹言无是国也，仅为涉想所存而已。然使后世果其有之，其致之也，将非由任天行之自然，而由尽力于人治，则断然可识者也。

复案：此篇所论，如"圣人知治人之人，赋于治于人者也"以下十余语最精辟。盖泰西言治之家，皆谓善治如草木，而民智如土田。民智既开，则下令如流水之源，善政不期举而自举，且一举而莫能废。不然，则虽有善政，迁地弗良，淮橘成枳，一也；人存政举，人亡政息，极其能事，不过成一治一乱之局，二也。此皆各国所历试历验者。

西班牙民最信教，而智识卑下，故当明嘉、隆间，得斐立白第二为之主而大强，通美洲，据南美，而欧洲亦几为所混一。南洋吕宋一岛，名斐立宾者，即以其名，名其所得地也。至万历末年，而斐立白第二死，继体之人，庸暗选耎，国乃大弱，尽失欧洲所已得地，贫削饥馑，民不聊生。直至乾隆初年，查理第三当国，精勤二十余年，而国势复振，然而民智未开，终弗善也。故至乾隆五十三年，查理第三亡，而国又大弱。虽道、咸以还，泰西诸国，治化宏开，西班牙立国其中，不能无所淬厉，然至今尚不足为第二等权也。

至立政之际，民智污隆，难易尤判。如英国平税一事，明计学者持之盖久，然卒莫能行，坐其理太深，而国民抵死不悟故也。后议者以理财启蒙诸书，颁令乡塾习之，至道光间，遂阻力去，而其令大行，通国蒙其利矣。夫言治而不自教民始，徒曰"百姓可与乐成，难与虑始"；又曰"非常之原，黎民所惧"，皆苟且之治，不足存其国于物竞之后者也。

### 导言九·汰蕃

虽然，假真有如是之一日，而必谓其盛可长保，则又不然之说也。盖天地之大德曰生，而含生之伦，莫不孳乳，乐牝牡之合，而保爱所出者，此无化与有化之民所同。方其治之未进也，则死于水旱者有之，死于饥寒者有之。且兵刑疾疫，无化之国，其死民也尤深。大乱之后，景物萧寥，无异新造之国者，其流徙而转于沟壑者众矣。

洎新治出，物竞平，民获息肩之所，休养生聚，各长子孙。卅年以往，小邑自倍。以有限之地产，供无穷之孳生，不足则争，干戈又动，周而复始，循若无端，此天下之生所以一治而一乱也。故治愈隆则民愈休，民愈休则其蕃愈速。且德智并高，天行之害既有以防而胜之。如是经十数传、数十传以后，必神通如景尊，能以二馒头哺四千众而后可。不然，人道既各争存，不出于争，将安出耶？争则物竞兴、天行用，所谓郅治之隆，乃儵然不终日矣。故人治者，所以平物竞也，而物竞乃即伏于人治之大成，此诚人道、物理之必然，昭然如日月之必出入，不得以美言饰说，苟用自欺者也。设前所谓首出庶物之圣人，于彼新造乌托邦之中，而有如是之一境，此其为所前知，固何待论。

然吾侪小人，试为揣其所以挽回之术，则就理所可知言之，无亦二涂已耳：一则听其蕃息，至过庶食不足之时，徐谋所以处置之者；一则量食为生，立嫁娶收养之程限，使无有过庶之一时。由前而言其术，即今英伦、法、德诸邦之所用。然不过移密就疏，挹兹注彼，以邻为壑，会有穷时，穷则大争仍起。由后而言，则微论程限之至难定也，就令微积之术，格致之学，日以益精，而程限较然可立，而行法之方，将安出耶？此又事有至难者也。

于是议者曰：是不难，天下有骤视若不仁，而其实则至仁也者。夫过庶既必至争矣，争则必有所灭，灭又未必皆不善也。则何莫于此之时，先去其不善而存其善。圣人治民，同于园夫之治草木。园夫之于草木也，过盛则芟夷之而已矣，拳曲臃肿则拔除之而已矣。夫惟如是，故其所养者，皆嘉葩珍果，而种日进也。去不材而育其材，治何为而不若是。罢癃、愚痫、残疾、颠丑、盲聋、狂暴之子，不必尽取而杀之也，鳏之、寡之，俾无遗育，不亦可乎？使居吾土而衍者，必强佼、圣智、聪明、才桀之子孙，此真至治之所期，又何忧乎过庶？主人曰：唯唯，愿与客更详之。

复案：此篇客说，与希腊亚利大各所持论略相仿。又嫁娶程限之政，瑞典旧行之；民欲婚嫁者，须报官验明家产及格者，始为胖合。然此令虽行，而俗转淫佚，天生之子满街，育婴堂充塞不复收，故其令寻废也。

**导言十·择难**

天演家用择种留良之术于树艺牧畜间，而繁硕苗壮之效，若执左契致也。于是以谓人者生物之一宗，虽灵蠢攸殊，而血气之躯，传衍种类，所谓生肖其先，代趋微异者，与动植诸品无或殊焉。今吾术既用之草木禽兽而大验矣，行之人类，何不可以有功乎？此其说虽若骇人，然执其事而责其效，则确然有必然者。顾唯是此择与留之事，将谁任乎？

前于垦荒立国，设为主治之一人，所以云其前识独知，必出人人，犹人人之出牛羊犬马者，盖必如是而后乃可独行而独断也。果能如是，则无论如亚洲诸国，亶聪明作元后，天下无敢越志之至尊；或如欧洲，天听民听，天视民视，公举公治之议院，为独为聚，圣智同优，夫而后托之主治也可，托之择种留良也亦可。而不幸横览此五洲六十余国之间，为上下其六千余年之纪载，此独知前识，迈类逾种如前比者，尚断断乎未尝有人也。且择种留良之术，用诸树艺牧畜而大有功者，以所择者草木禽兽，而择之者人也。

今乃以人择人，此何异上林之羊，欲自为卜式；汧、渭之马，欲自为其伯翳，多见其不知量也已。（案：原文用白鸽欲自为施白来。施，英人最善畜鸽者也，易用中事。）

且欲由此术，是操选政者，不特其前识如神明，抑必极刚戾忍决之姿而后可。夫刚戾忍决诚无难，雄主酷吏皆优为之。独是先觉之事，则分限于天，必不可以人力勉也。且此才不仅求之一人之为难，即合一群之心思才力为之，亦将不可得。久矣，合群愚不能成一智，聚群不肖不能成一贤也！且从来人种难分，比诸飞走下生，奚翅相伯。每有孩提之子，性情品格，父母视之为庸儿，戚党目之为劣子，温温未试，不比于人。逮磨礲世故，变动光明，事业声施，赫然惊俗，国蒙其利，民戴其功。

吾知聚百十儿童于此，使天演家凭其能事，恣为抉择，判某也为贤为智，某也为不肖为愚，某也可室可家，某也当鳏当寡，应机断决，无或差讹，用以择种留良，事均树畜。来者不可知，若今日之能事，尚未足以企此也。

### 导言十一·蜂群

故首出庶物之神人，既已杳不可得，则所谓择种之术不可行。由是知以人代天，其事必有所底，此无可如何者也。且斯人相系相资之故，其理至为微渺难思。使未得其人，而欲冒行其术，将不仅于治理无以复加，且恐其术果行，则其群将涣。盖人之所以为人者，以其能群也。第深思其所以能群，则其理见矣。

虽然，天之生物，以群立者不独斯人已也。试略举之，则禽之有群者，如雁如乌；兽之有群者，如鹿如象，如米利坚之犎，阿非利加之猕，其尤著者也；昆虫之有群者，如蚁如蜂。凡此皆因其有群，以自完于物竞之际者也。今吾将即蜂之群而论之，其与人之有群，同欤？异欤？意其皆可深思，因以明夫天演之理欤？夫蜂之为群也，审而观之，乃真有合于古井田经国之规，而为近世以均富言治者之极则也。（复案：古之井田与今之均富，以天演之理及计学公例论之，乃古无此事，今不可行之制。故赫氏于此，意含滑稽。）

以均富言治者曰：财之不均，乱之本也。一群之民，宜通力而合作。然必事各视其所胜，养各给其所欲，平均齐一，无有分殊。为上者职在察贰廉空，使各得分愿，而莫或并兼焉，则太平见矣。此其道蜂道也。

夫蜂有后（蜂王雌故曰后），其民雄者惰，而操作者半雌。（采花酿蜜者皆雌而不交不孕，其雄不事事，俗误为雌，呼曰蜂姐。）一壶之内，计口而禀，各致其职。昧旦而起，吸胶戴黄，制为甘芗，用相保其群之生，而与凡物为竞。其为群也，动于天机之自然，各趣其功，于以相养，各有其职分之所当为，而未尝争其权利之所应享。是辑辑者，为有思乎？有情乎？吾不得而知之也。自其可知者言之，无亦最粗之知觉运动已耳。设是群之中，有劳心者焉，则必其雄而不事之惰蜂。为其暇也，此其神识智计，必天之所纵，而皆生而知之，而非由学而来，抑由悟而入也。设其中有劳力者焉，则必其半雌，盻盻然终其身为酿蓄之事，而所禀之食，特倮然仅足以自存。是细腰者，必皆安而行之，而非由墨之道以为人，抑由扬之道以自为也。之二者自裂房苗羽而来，其能事已各具矣。

然则蜂之为群，其非为物之所设，而为天之所成明矣。天之所以成此群者奈何？曰：与之以含生之欲，辅之以自动之机，而后冶之以物竞，锤之以天择，使肖而代迁之种，自范于最宜，以存延其种族。此自无始来，累其渐变之功，以底于如是者。

### 导言十二·人群

人之有群，其始亦动于天机之自然乎？其亦天之所设，而非人之所为乎？群肇于家，其始不过夫妇父子之合，合久而系联益固，生齿日蕃，则其相为生养保持之事，乃愈益备。故宗法者群之所由昉也。夫如是之群，合以与其外争，或人或非人，将皆可以无畏，而有以自存。盖唯泯其争于内，而后有以为强，而胜其争于外也，此所与飞走蠕泳之群同焉者也。

然则人虫之间，卒无以异乎？曰：有。鸟兽昆虫之于群也，因生而受形，爪翼牙角，各守其能，可一而不可二，如彼蜂然。雌者雄者，一受其成形，则器与体俱，嬹嬹然趋为一职，以毕其生，以效能于其群而已矣，又乌知其余？假有知识，则知识此一而已矣；假有嗜欲，亦嗜欲此一而已矣。何则？形定故也。至于人则不然，其受形虽有大小强弱之不同，其赋性虽有愚智巧拙之相绝，然天固未尝限之以定分，使划然为其一而不得企其余。曰此可为士，必不可以为农；曰此终为小人，必不足以为君子也。此其异于鸟兽昆虫者一也。

且与生俱生者有大同焉，曰好甘而恶苦，曰先己而后人。夫曰先天下为忧，后天下为乐者，世容有是人，而无如其非本性也。人之先远矣，其始禽兽也。不知更几何世，而为山都木客；又不知更几何年，而为毛民猺獠；由毛民猺獠经数万年之天演，而渐有今日，此不必深讳者也。自禽兽以至为人，其间物竞天择之用，无时而或休，而所以与万物争存、战胜而种盛者，中有最宜者在也。是最宜云何？曰独善自营而已。夫自营为私，然私之一言，乃无始来。斯人种子，由禽兽得此，渐以为人，直至今日而根株仍在者也。古人有言，人之性恶。又曰人为孽种，自有生来，便含罪恶。其言岂尽妄哉！是故凡属生人，莫不有欲，莫不求遂其欲，其始能战胜万物，而为天之所择以此。其后用以相贼，而为天之所诛亦以此。何则？自营大行，群道将息，而人种灭矣。此人所与鸟兽昆虫异者又其一也。

复案：西人有言，十八期民智大进步，以知地为行星，而非居中恒静，与天为配之大物，如古所云云者。十九期民智大进步，以知人道为生类中天演之一境，而非笃生特造，中天地为三才，如古所云云者。二说初立，皆为世人所大骇，竺旧者，至不惜杀人以杜其说。卒之证据厘然，弥攻弥固，乃知如如之说，其不可撼如此也。达尔文《原人篇》，希克罗（德国人）《人天演》，赫胥黎《化中人位论》，三书皆明人先为猿之理。而现在诸种猿中，则亚洲之吉贲（音奔）、倭兰两种，非洲之戈票拉、青明子两种为尤近。何以明之？以官骸功用，去人之度少，而去诸兽与他猿之度多也。自兹厥后，生学分类，皆人猿为一宗，号布拉默特。布拉默特者，秦言第一类也。

### 导言十三·制私

自营甚者必侈于自由，自由侈则侵，侵则争，争则群涣，群涣则人道所恃以为存者去。故曰自营大行，群道息而人种灭也。然而天地之性，物之最能为群者，又莫人若。如是，则其所受于天必有以制此自营者，夫而后有群之效也。（复案：人道始群之际，其理至为要妙。群学家言之最晰者，有斯宾塞氏之《群谊篇》、拍捷特《格致治平相关论》二书，皆余所已译者。）

夫物莫不爱其苗裔，否则其种早绝而无遗，自然之理也。独爱子之情，人为独挚，其种最贵，故其生有待于父母之保持，方诸物为最久。久，故其用爱也尤深，继乃推类扩充，缘所爱而及所不爱。是故慈幼者，仁之本也。而慈幼之事，又若从自营之私而起。由私生慈，由慈生仁，由仁胜私，此道之所以不测也。

又有异者，惟人道善以己效物，凡仪形肖貌之事，独人为能。（案：昆虫禽兽亦能肖物，如南洋木叶虫之类，所在多有，又传载，寡女丝一事，则尤异者，然此不足以破此公例也。）

故禽兽不能画，不能像，而人则于他人之事，他人之情，皆不能漠然相值，无概于中。即至隐微意念之间，皆感而遂通，绝不闻矫然离群，使人自人而我自我。故里语曰：一人向隅，满堂为之不乐；孩稚调笑，鳌夫为之破颜。涉乐方畅，言哀已嘻。动乎所不自知，发乎其不自已。

或谓古有人焉，举世誉之而不加劝，举世毁之而不加沮，此诚极之若反，不可以常法论也。但设今者有高明深识之士，其意气若尘垢秕糠一世也者，猝于途中，遇一童子，显然傲侮轻贱之，谓彼其中毫不一动然者，则吾窃疑而未敢信也。李将军必取霸陵尉而杀之，可谓过矣。然以飞将威名，二千石之重，尉何物，乃以等闲视之，其憾之者，犹人情也。（案：原文如下——埃及之哈猛，必取摩德开而枭之高竿之上，亦已过矣。然彼以亚哈木鲁经略之重，何物犹大，乃漠然视之，门焉再出入，傲不为礼，其则恨之者尚人情耳。今以与李广霸陵尉事相类，故易之如此。）

不见夫怖畏清议者乎？刑章国宪，未必惧也，而斤斤然以乡里月旦为怀。美恶毁誉，至无定也，而礼俗既成之后，则通国不敢畔其范围。人宁受饥寒之苦，不忍舍生，而愧情中兴，则计短者至于自杀。凡此皆感通之机，人所甚异于禽兽者也。感通之机神，斯群之道立矣。大抵人居群中，自有识知以来，他人所为，常衡以我之好恶；我所为作，亦考之他人之毁誉。凡人与己之一言一行，皆与好恶毁誉相附而不可离。及其久也，乃不能作一念焉，而无好恶毁誉之别。由是而有是非，亦由是而有羞恶。人心常德，皆本之能相感通而后有。于是是心之中，常有物焉以为之宰，字曰天良。天良者，保群之主，所以制自营之私，不使过用以败群者也。

复案：赫胥黎保群之论，可谓辨矣。然其谓群道由人心善相感而立，则有倒果为因之病，又不可不知也。盖人之由散入群，原为安利，其始正与禽兽下生等耳，初非由感通而立也。夫既以群为安利，则天演之事，将使能群者存，不群者灭；善群者存，不善群者灭。善群者何？善相感通者是。然则善相感通之德，乃天择以后之事，非其始之即如是也。其始岂无不善相感通者？经物竞之烈，亡矣，不可见矣。赫胥黎执其末以齐其本，此其言群理，所以不若斯宾塞氏之密也。且以感通为人道之本，其说发于计学家亚丹斯密，亦非赫胥黎氏所独标之新理也。

又案：班孟坚曰："不能爱则不能群，不能群则不胜物，不胜物则养不足。群而不足，争心将作。"吾窃谓此语，必古先哲人所已发，孟坚之识，尚未足以与此也。

### 导言十四·恕败

群之所以不涣，由人心之有天良。天良生于善相感，其端孕于至微，而效终于极巨，此之谓治化。治化者，天演之事也。其用在厚人类之生，大其与物为竞之能，以自全于天行酷烈之际。故治化虽原出于天，而不得谓其不与天行相反也。自礼刑之用，皆所释憾而平争。故治化进而天行消，即治化进而自营减。顾自营减之至尽，则人与物为竞之权力，又未尝不因之俱衰，此又不可不知者也。

故比而论之，合群者所以平群以内之物竞，即以敌群以外之天行。人始以自营能独伸于庶物，而自营独用，则其群以漓。由合群而有治化，治化进而自营减，克己廉让之风兴。然自其群又不能与外物无争，故克己太深，自营尽泯者，其群又未尝不败也。无平不陂，无往不复，理诚如是，无所逃也。今天下之言道德者皆曰：终身可行莫如恕，平天下莫如絜矩矣。泰东者曰：己所不欲，勿施于人。所求于朋友，先施之。泰西者曰：施人如己所欲受。又曰：设身处地，待人如己之期人。凡斯之言，皆所谓金科玉条，贯澈上下者矣。自常人行之，有必不能悉如其量者。

虽然，学问之事，贵审其真，而无容心于其言之美恶。苟审其实，则恕道之与自存，固尚有其不尽比附也者。盖天下之为恶者，莫不务逃其诛。今有盗吾财者，使吾处盗之地，则莫若勿捕与勿罚。今有批吾颊者，使吾设批者之身，则左受批而右不再焉，已厚幸矣。持是道以与物为竞，则其所以自存者几何？故曰：不相比附也。且其道可用之民与民，而不可用之国与国。何则？民尚有国法焉，为之持其平而与之直也。至于国，则持其平而与之直者谁乎？

复案：赫胥黎氏之为此言，意欲明保群自存之道，不宜尽去自营也。然而其义隘矣。且其所举泰东西建言，皆非群学太平最大公例也。太平公例曰："人得自由，而以他人之自由为界"。用此则无前弊矣。斯宾塞《群谊》一篇，为释此例而作也。晚近欧洲富强之效，识者皆归功于计学，计学者首于亚丹斯密氏者也。其中亦有最大公例焉，曰："大利所存，必其两益：损人利己，非也，损己利人亦非；损下益上，非也，损上益下亦非。"其书五卷数十篇，大抵反覆明此义耳。故道、咸以来，蠲保商之法，平进出之税，而商务大兴，国民俱富。嗟乎！今然后知道若大路然，斤斤于彼己盈绌之间者之真无当也。

### 导言十五·最旨

右十四篇，皆诠天演之义，得一一覆按之。第一篇，明天道之常变，其用在物竞与天择。第二篇，标其大义，见其为万化之宗。第三篇，专就人道言之，以异、择、争三者，明治化之所以进。第四篇，取譬园夫之治园，明天行人治之必相反。第五篇，言二者虽反，而同出一原，特天行则恣物之争而存其宜，人治则致物之宜，以求得其所祈向者。第六篇，天行既泯，物竞斯平，然物具肖先而异之性，故人治可以范物，使日进善而不知，此治化所以大足恃也。第七篇，更以垦土建国之事，明人治之正术。第八篇，设其民日滋，而有神圣为之主治，其道固可以法园夫。第九篇，见其术之终穷，穷则天行复兴，人治中废。第十篇，论所以救庶之术，独有耘莠存苗，而以人耘人，其术必不可用。第十一篇，言群出于天演之自然，有能群之天倪，而物竞为炉锤。人之始群，不异昆虫禽兽也。第十二篇，言人与物之不同，一曰才无不同，一曰自营无艺。二者皆争之器，而败群之凶德也，然其始则未尝不用是以自存。第十三篇，论能群之吉德，感通为始，天良为终；人有天良，群道乃固。第十四篇，明自营虽凶，亦在所用；而克己至尽，未或无伤。

今者统十四篇之所论而观之，知人择之术，可行诸草木禽兽之中，断不可用诸人群之内。姑无论智之不足恃也，就令足恃，亦将使恻隐仁爱之风衰，而其群以涣。且充其类而言，凡恤罢癃、养残疾之政，皆与其治相舛而不行，直至医药治疗之学可废，而男女之合，亦将如会聚犉牝之为，而隳夫妇之伦而后可。狭隘酷烈之治深，而慈惠哀怜之意少。数传之后，风俗遂成，斯群之善否不可知，而所恃以相维相保之天良，其有存者不可寡欤？

故曰：以人择求强，而其效适以得弱。盖过庶之患，难图如此。虽然，今者天下非一家也，五洲之民非一种也。物竞之水深火烈，时平则隐于通商厎工之中，世变则发于战伐从衡之际。是中天择之效，所眷而存者云何？群道所因以进退者奚若？国家将安所恃而有立于物竞之余？虽其理诚奥博，非区区导言所能尽，意者深察世变之士，可思而得其大致于言外矣夫！

复案：赫胥黎氏是书大指，以物竞为乱源，而人治终穷于过庶。此其持论，所以与斯宾塞氏大有径庭，而谓太平为无是物也。斯宾塞则谓事迟速不可知，而人道必成于郅治。

其言曰（《生学天演》第十三篇《论人类究竟》）："今若据前事以推将来，则知一群治化将开，其民必庶。始也以猛兽毒虫为患，庶则此患先祛。然而种分壤据，民之相残，不啻毒虫猛兽也。至合种成国，则此患又减，而转患孳乳之浸多。群而不足，大争起矣。使当此之时，民之性情知能，一如其朔，则其死率，当与民数作正比例；其不为正比例者，必其食裕也；而食之所以裕者，又必其相为生养之事进而后能。于此见天演之所以陶钧民生，与民生之自为体合。（物自变其形能，以合所遇之境，天演家谓之体合。）体合者，进化之秘机也。虽然，此过庶之压力，可以裕食而减；而过庶之压力，又终以孳生而增。民之欲得者，常过其所已有。汲汲以求，若有阴驱潜率之者，亘古民欲，固未尝有见足之一时。故过庶压力，终无可免，即天演之用，终有所施。其间转徙垦屯，举不外一时挹注之事。循是以往，地球将实，实则过庶压力之量，与俱盈矣。故生齿日繁，过于其食者，所以使其民巧力才智，与自治之能，不容不进之因也。惟其不能不用，故不能不进，亦惟常用，故常进也。举凡水火工虞之事，要皆民智之见端，必智进而后事进也。事既进者，非智进者莫能用也。格致之家，孜孜焉以尽物之性为事。农工商之民，据其理以善术，而物产之出也，以之益多。非民智日开，能为是乎？十顷之田，今之所获，倍于往岁，其农必通化植之学，知水利，谙新机，而已与佣之巧力，皆臻至巧而后可。制造之工，朝出货而夕售者，其制造之器，其工匠之巧，皆不可以不若人明矣。通商之场日广，业是者，于物情必审，于计利必精，不然，败矣。商战烈，则子钱薄，故用机必最省费者，造舟必最合法者，御舟必最巧习者，而后倍称之息收焉。诸如此伦，苟求其原，皆一群过庶之压力致之耳。盖恶劳好逸，民之所同。使非争存，则耳目心思之力皆不用。不用则体合无由，而人之能事不进。是故天演之秘，可一言而尽也。天惟赋物以孳乳而贪生，则其种自以日上。万物莫不如是，人其一耳。进者存而传焉，不进者病而亡焉，此九地之下，古兽残骨之所以多也。一家一国之中，食指徒繁，而智力如故者，则其去无噍类不远矣，夫固有与争存而夺之食者也。不见前之爱尔兰乎？生息之夥，均诸圈牢。然其究也，徒以供沟壑之一饱。饥馑疾疫，刀兵水旱，有不忍卒言者。凡此皆人事之不臧，非天运也。然以经数言之，则去者必其不善自存者也。其有孑遗而长育种嗣者，必其能力最大，抑遭遇最优，而为天之所择者也。故宇宙妨生之物至多，不仅过庶一端而已。人欲图存，必用其才力心思，以与是妨生者为斗。负者日退，而胜者日昌。胜者非他，智德力三者皆大是耳。三者大而后与境相副之能恢，而生理乃大备。且由此而观之，则过庶者非人道究竟大患也。吾是书前篇，于生理进则种贵，而挛乳用稀之理，已反覆辨证之矣。盖种贵则其取精也，所以为当躬之用者日奢，以为嗣育之用者日啬。一人之身，其情感论思，皆脑所主，群治进，民脑形愈大，襞积愈繁，通感愈速。故其自存保种之能力，与脑形之大小有比例。而察物穷理，自治治人，与夫保种诒谋之事，则与脑中襞积繁简为比例。然极治之世，人脑重大繁密固矣，而情感思虑，又至赜至变，至广至玄。其体既大，其用斯宏，故脑之消耗，又与其用情用思之多寡、深浅、远近、精粗为比例。三比例者合，故人当此时，其取物之精，所以资辅益填补此脑者最费。脑之事费，则生生之事廉矣，物固莫能两大也。今日欧民之脑，方之野蛮，已此十而彼七；即其中襞积复叠，亦野蛮少而浅，而欧民多且深。则继今以往，脑之为变如何，可前知也。此其消长盈虚之故，其以物竞天择之用而脑大者存乎？抑体合之为，必得脑之益繁且灵者，以与蕃变广玄之事理相副乎？此吾所不知也。知者用奢于此，则必啬于彼。而郅治之世，用脑之奢，又无疑也。吾前书证脑进者成丁迟（谓牝牡为合之时）又证男女情欲当极炽时，则思力必逊。而当思力大耗，如初学人攻苦思索算学难题之类，则生育能事，往往沮抑不行。统此观之，则可知群治进极，宇内人满之秋，过庶不足为患。而斯人挛生迟速，与其国治化浅深，常有反比例也。

斯宾塞之言如此。自其说出，论化之士十八九宗之，计学家柏捷特著《格致治平相关论》，多取其说。夫种下者多子而子夭，种贵者少子而子寿，此天演公例。自草木虫鱼，以至人类，所随地可察者，斯宾氏之说，岂不然哉！

### 导言十六·进微

前论谓治化进则物竞不行固矣，然此特天行之物竞耳。天行物竞者，救死不给，民争食也，而人治之物竞犹自若也。人治物竞者，趋于荣利，求上人也。惟物竞长存，而后主治者可以操砥砺之权，以砻琢天下。夫所谓主治者，或独具全权之君主；或数贤监国，如古之共和；或合通国民权，如今日之民主。其制虽异，其权实均，亦各有推行之利弊。（案：今泰西如英、德各邦，多三合用之，以兼收其益，此国主而外所以有爵民二议院也。）

要之其群之治乱强弱，则视民品之隆污，主治者抑其次矣。然既曰主治，斯皆有导进其群之能。课其为术，乃不出道齐举错，与夫刑赏之间已耳。主治者悬一格以求人，曰：必如是，吾乃尊显爵禄之，使所享之权与利，优于常伦焉，则天下皆奋其才力心思，以求合于其格，此必然之数也。其始焉为竞，其究也成习。习之既成，则虽主治有不能与其群相胜者。后之衰者驯至于亡，前之利者适成其弊。导民取舍之间，其机如此。

是故天演之事，其端恒赜于至微，而为常智之所忽。及蒸为国俗，沦浃性情之后，悟其为弊，乃谋反之。操一苇以障狂澜，酾杯水以救燎原，此亡国乱群，所以相随属也。不知一群既涣，人治已失其权，即使圣人当之，亦仅能集散扶衰，勉企最宜，以听天事之抉择。何则？天演之效，非一朝夕所能为也。是故人治天演，其事与动植不同，事功之转移易，民之性情气质变化难。持今日之英伦，以与图德之朝相较，（自显理第七至女主额勒查白，是为图德之代，起明成化二十一年至万历三十一年。）则贫富强弱，相殊远矣。而民之官骸性情，若无少异于其初。词人狭斯丕尔之所写生，（狭，万历间英国词曲家，其传作大为各国所传译宝贵也。）方今之人，不仅声音笑貌同也，凡相攻相感不相得之情，又无以异。

苟谓民品之进，必待治化既上，天行尽泯，而后有功，则自额勒查白以至维多利亚，此两女主三百余年之间，英国之兵争盖寡，无炽然用事之天行。择种留良之术，虽不尽用，间有行者。刑罚非不中也，害群之民，或流之，或杀之，或锢之终身焉。又以游惰呰窳者之种下也，振贫之令曰：凡无业仰给县官者，男女不同居。凡此之为，皆意欲绝不肖者传衍种裔，累此群也。

然而其事卒未尝验者，则何居？盖如是之事，合通国而计之，所及者隘，一也；民之犯法失业，事常见诸中年以后，刑政未加乎其身，此凶民惰民者，已婚嫁而育子矣，又其一也。且其术之穷不止此，世之不幸罹文网，与无操持而惰游者，其气质种类，不必皆不肖也。死囚贫乏，其受病虽恒在夫性情，而大半则缘乎所处之地势。英谚有之曰："粪在田则为肥，在衣则为不洁。"然则不洁者，乃肥而失其所也。故豪家土苴金帛，所以扬其惠声；而中产之家，则坐是以冻馁。猛毅致果之性，所以成大将之威名；仰机射利之奸，所以致驵商之厚实。而用之一不当，则刀锯囹圄从其后矣。由此而观之，彼被刑无赖之人，不必由天德之不肖，而恒由人事之不详也审矣。今而后知绝其种嗣俾无遗育者之真无当也。

今者即英伦一国而言之，挽近三百年治功所进，几于绝景而驰，至其民之气质性情，尚无可指之进步。而欧墨物竞炎炎，天演为炉，天择为冶，所驱驱日进者，乃在政治、学术、工商、兵战之间。呜呼，可谓奇观也已！

复案：天演之学，肇端于地学之僵石、古兽。故其计数，动逾亿年，区区数千年数百年之间，固不足以见其用事也。曩拿破仑第一入麦西时，法人治生学者，多挟其数千年骨董归而验之，觉古今人物，无异可指，造化模范物形，极渐至微，斯可见矣。

虽然，物形之变，要皆与外境为对待。使外境未尝变，则宇内诸形，至今如其朔焉可也。惟外境既迁，形处其中，受其逼拶，乃不能不去故以即新。故变之疾徐，常视逼拶者之缓急。不可谓古之变率极渐，后之变率遂常如此而不能速也。即如以欧洲政教、学术、农工、商战数者而论，合前数千年之变，殆不如挽近之数百年。至最后数十年，其变弥厉。故其言曰：耶苏降生二千年时，世界如何，虽至武断人不敢率道也。顾其事有可逆知者，世变无论如何，终当背苦而向乐。此如动植之变，必利其身事者而后存也。至于种胤之事，其理至为奥博难穷，诚有如赫胥氏之说者。即如反种一事，生物累传之后，忽有极似远祖者，出于其间，此虽无数传无由以绝。如至今马种，尚有忽出遍体虎斑，肖其最初芝不拉野种者。（或谓此即《汉书》所云天马。）驴种亦然，此二物同原证也。芝不拉之为驴马，则京垓年代事矣。达尔文畜鸽，亦往往数十传后，忽出石鸽野种也。又每有一种受性偏胜，至胖合得宜，有以相剂，则生子胜于二亲，此生学之理，亦古人所谓"男女同姓，其生不蕃"理也。惟胖合有宜不宜，而后瞽瞍生舜，尧生丹朱，而汉高、吕后之悍鸷，乃生孝惠之柔良，可得而微论也。此理所关至巨，非遍读西国生学家书，身考其事数十年，不足以与其秘耳。

### 导言十七·善群

今之竞于人群者，非争所谓富贵优厚也耶？战而胜者在上位，持粱啮肥，驱坚策骄，而役使夫其群之众；不胜者居下流，其尤病者，乃无以为生，而或陷于刑网。试合英伦通国之民计之，其战而如是胜者，百人之内，几几得二人焉；其赤贫犯法者，亦不过百二焉。恐议者或以为少也，吾乃以谓百得五焉可乎？然则前所谓天行之虐，所见于此群之中，统而核之，不外二十得一而已。是二十而一者，溷然在泥涂之中，日有寒饥之色，周其一身者，率猥陋不蠲，不足以遂生致养，嫁娶无节，蕃息之易，与圈牢均。故其儿女，虽以贫露多不育者，然其生率常过于死率也。虽然，彼贫贱者，固自为一类也。此二十而一者，固不能于二十而十九者，有选择举错之权也。则群之不进，非其罪也。

设今有牧焉，于其千羊之内，简其最下之五十羊，驱而置之硗确不毛之野，任其弱者自死，强者自存，夫而后驱此后亡者还入其群，以并畜同牧之，是之牧为何如牧乎？此非过事之喻也，不及事之喻也。何则？今吾群之中，是饥寒罹文网者，尚未为最弱极愚之种，如所谓五十羊者也。且今之竞于富贵优厚者，当何如而后胜乎？以经道言之，必其精神强固者也，必勤足赴功者也，必智足以周事，忍足济事者也；又必其人之非甚不仁，而后有外物之感孚，而恒有徒党之己助，此其所以为胜之常理也。

然而世有如是之民，竞于其群之中，而又不必胜者则又何也？曰世治之最不幸，不在贤者之在下位而不能升，而在不贤者之在上位而无由降。门第、亲戚、援与、财贿、例故，与夫主治者之不明而自私，之数者皆其沮降之力也。譬诸重浊之物，傅以气胇、木皮；又如不能游者，挟救生之环，此其所以为浮，而非其物之能溯洄凫没以自举而上也。使一日者，取所傅而去之，则本地亲下，必终归于其所。

而物竞天择之用，将使一国之众，如一壶之水然，熨之以火，而其中无数莫破质点，暖者自升，冷者旋降，回转周流，至于同温等热而后已。是故任天演之自然，而去其牵沮之力，则一群之众，其战胜而亨，而为斯群之大分者，固不必最宜，将皆各有所宜，以与其群相结。其为数也既多，其合力也自厚，其孳生也自蕃。夫以多数胜少数者，天之道也，而又何虑于前所指二十而一之莠民也哉！此善群进种之至术也。

今夫一国之治，自外言之，则有邦交；自内言之，则有民政。邦交、民政之事，必操之聪明强固、勤智刚毅而仁之人，夫而后国强而民富者，常智所与知也。由吾之术，不肖自降，贤者自升，邦交、民政之事，必得其宜者为之主，且与时偕行，流而不滞，将不止富强而已，抑将有进种之效焉。此固人事之足恃，而有功者矣。夫何必择种留良，如园夫之治草木哉！

复案：赫胥黎氏是篇，所谓去其所傅者，最为有国者所难能。能则其国无不强，其群无不进者。此质家亲亲，必不能也；文家尊尊，亦不能也；惟尚贤课名实者能之。尚贤则近墨，课名实则近于申、商。故其为术，在中国中古以来，罕有用者，而用者乃在今日之西国。英伦民气最伸，故其术最先用，用之亦最有功。如广立民报，而守直言不禁之盟。（宋宁宗嘉定七年，英王约翰与其民所立约，名《马格那吒达》，华言大典。）保、公二党，递主国成，以互相稽察。凡此之为，皆惟恐所傅者不去故也。

斯宾塞群学保种公例二，曰：凡物欲种传而盛者，必未成丁以前，所得利益，与其功能作反比例；既成丁之后，所得利益，与功能作正比例。反是者衰灭。其《群谊篇》立进种大例三：一曰民既成丁，功食相准；二曰民各有畔，不相侵欺；三曰两害相权，己轻群重。此其言乃集希腊、罗马与二百年来格致诸学之大成，而施诸邦国理平之际。有国者安危利菑则亦已耳，诚欲自存，赫、斯二氏之言，殆无以易也。赫所谓去其所傅，与斯所谓功食相准者，言有正负之殊，而其理则一而已矣。

### 导言十八・新反

前言园夫之治园也，有二事焉：一曰设其宜境，以遂群生；二曰芸其恶种，使善者传。自人治而言之，则前者为保民养民之事，后者为善群进化之事。善群进化，园夫之术，必不可行，故不可以力致。独主持公道，行尚贤之实，则其治自臻。然古今为治，不过保民养民而已。善群进化，则期诸教民之中，取民同具之明德，固有之知能，而日新扩充之，以为公享之乐利。

古之为学也，形气、道德，歧而为二，今则合而为一。所讲者虽为道德治化形上之言，而其所由径术，则格物家所用以推证形下者也。撮其大要，可以三言尽焉：始于实测，继以会通，而终于试验。三者阙一，不名学也。

而三者之中，则试验为尤重。古学之逊于今，大抵坐阙是耳。凡政教之所施，皆用此术以考核扬摧之，由是知其事之窒通，与能得所祈向否也。

天行物竞，既无由绝于两间。诚使五洲有大一统之一日，书车同其文轨，刑赏出于一门，人群大和，而人外之争，尚自若也；过庶之祸，莫可逃也。人种之先，既以自营不仁，而独伸于万物矣。绵传虽远，恶本仍存，呱呱坠地之时，早含无穷为己之性。故私一日不去，争一日不除。争之未除，天行犹用，如日之照，夫何疑焉。假使后来之民，得纯公理而无私欲，此去私者，天为之乎？抑人为之乎？吾今日之智，诚不足以知之。然而一事分明，则今日之民，既相合群而不散处于独矣，苟私过用，则不独必害于其群，亦且终伤其一己。何者？托于群而为群所不容故也。是故成己成人之道，必在惩忿窒欲，屈私为群，此其事诚非可乐，而行之其效之美，乃不止于可乐。

夫人类自其天秉而观之，则自致智力，加之教化道齐，可日进于无疆之休，无疑义也。然而自夫人之用智用仁，虽圣哲不能无过；自天行终与人治相反，而时时欲毁其成功；自人情之不能无怨怼，而尚觊觎其所必不可几；自夫人终囿于形气之中，其知识无以窥天事之至奥。夫如是而曰人道有极美备之一境，有善而无恶，有乐而无忧，特需时以待之，而其境必自至者，此殆理之所必无，而人道之所以足闵叹也。窃尝谓此境如割锥术中，双曲线之远切线，可日趋于至近，而终不可交。

虽然，既生而为人矣，则及今可为之事亦众矣。邃古以来，凡人类之事功，皆所以补天辅民者也。已至者无隳其成功，未至者无怠于精进，则人治与日月俱新，有非前人所梦见者，前事具在，岂不然哉！夫如是以保之，夫如是以将之。然而形气内事，皆抛物线也。至于其极，不得不反。反则大宇之间，又为大行之事。人治以渐，退归无权，我曹何必取京垓世劫以外事，忧海水之少，而以泪益之也哉！

复案：有叩于复者曰："人道以苦乐为究竟乎？以善恶为究竟乎？"应之曰："以苦乐为究竟，而善恶则以苦乐之广狭为分。乐者为善，苦者为恶，苦乐者所视以定善恶者也。使苦乐同体，则善恶之界混矣，又乌所谓究竟者乎？"曰："然则禹、墨之胼胝非，而桀跖之横恣是矣！"曰："论人道务通其全而观之，不得以一曲论也。"人度量相越远，所谓苦乐，至为不齐。

故人或终身汲汲于封殖，或早夜遑遑于利济。当其得之，皆足自乐，此其一也。且夫为人之士，摩顶放踵以利天下，亦谓苦者吾身，而天下缘此而乐者众也。使无乐者，则摩放之为，无谓甚矣。慈母之于子也，劬劳顾恤，若忘其身，母苦而子乐也。至得其所求，母且即苦以为乐，不见苦也。即如婆罗旧教苦行薰修，亦谓大苦之余，偿我极乐，而后从之。然则人道所为，皆背苦而趋乐。必有所乐，始名为善，彰彰明矣。故曰善恶以苦乐之广狭分也。然宜知一群之中，必彼苦而后此乐，抑己苦而后人乐者，皆非极盛之世。极盛之世，人量各足，无取掊注。于斯之时，乐即为善，苦即为恶。故曰善恶视苦乐也。前吾谓西国计学为亘古精义、人理极则者，亦以其明两利为真利耳。由此观之，则赫胥氏是篇所称屈己为群为无可乐，而其效之美，不止可乐之语，于理荒矣。且吾不知可乐之外，所谓美者果何状也。然其谓郅治如远切线，可近不可交，则至精之譬。又谓世间不能有善无恶，有乐无忧，二语亦无以易。盖善乐皆对待意境，以有恶忧而后见。使无后二，则前二亦不可见。生而瞽者不知有明暗之殊，长处寒者不知寒，久处富者不欣富，无所异则即境相忘也。曰："然则郅治极休，如斯宾塞所云云者，固无有乎？"曰："难言也。大抵宇宙究竟与其元始，同于不可思议。不可思议云者，谓不可以名理论证也。吾党生于今日，所可知者，世道必进，后胜于今而已。至极盛之秋，当见何象，千世之后，有能言者，犹旦暮遇之也。"（《天演论》）

## 天演论下

### 论一·能实

道每下而愈况，虽在至微，尽其性而万物之性尽，穷其理而万物之理穷，在善用吾知而已矣，安用骛远穷高，然后为大乎。（柏庚首为此言。其言曰：格致之事，凡为真宰之所笃生，斯为吾人之所应讲。天之生物，本无贵贱轩轾之心，故以人意轩轾贵贱之者，其去道固已远矣。尚何能为格致之事乎？）

今夫策两缄以为郛，一房而数子，督然不盈匊之物也。然使蓺者不违其性，雨足以润之，日足以暄之，则无几何，其力之内蕴者敷施，其质之外附者禽受；始而萌芽，继乃引达，俄而布蔓，俄而坚熟，时时蜕其旧而为新，人弗之觉也，觉亦弗之异也。睹非常则惊，见所习则以为不足察，此终身由之而不知其道者之所以众也。

夫以一子之微，忽而有根荄、支干、花叶、果实，非一曙之事也。其积功累勤，与人事之经营裁斫异，而实未尝异也。一鄂一柎，极之微尘质点，其形法模式，苟谛而视之，其结构勾联，离娄历鹿，穷精极工矣，又皆有不易之天则，此所谓至赜而不可乱者也。一本之植也，析其体则为分官，合其官则为具体。根干以吸土膏也，支叶以收炭气也；色非虚设也，形不徒然也，（草木有绿精，而后得日光能分炭于炭养。）禽然通力合作，凡以遂是物之生而已。是天工也，特无为而成，有真宰而不得其朕耳。今者一物之生，其形制之巧密既如彼，其功用之美备又如此，顾天乃若不甚惜焉者，蔚然茂者，浸假而凋矣；荧然晖者，浸假而瘁矣。夷伤黄落，荡然无存。存者仅如他日所收之实，复以函生机于无穷，至哉神乎，其生物不测有若是者。

今夫易道周流，耗息迭用，所谓万物一圈者，无往而不遇也。不见小儿抛堵者乎？过空成道，势若垂弓，是名抛物曲线。（此线乃极狭椭圆两端。假如物不为地体所隔，则将行绕地心，复还所由，抛本处成一椭圆。其二脐点，一即地心，一在地平以上，与相应也。）从其渊而平分之，前半扬而上行，后半陁而下趋。此以象生理之从虚而息，由息乃盈，从盈得消，由消反虚。故天演者如网如簠。又如江流然，始滥觞于昆仑，出梁益，下荆扬，洋洋浩浩，趋而归海，而兴云致雨，则又反宗。始以易简，伏变化之机，命之曰储能；后渐繁殊，极变化之致，命之曰效实。储能也，效实也，合而言之天演也。此二仪之内，仰观俯察，远取诸物，近取诸身，所莫能外也。

希腊理家额拉吉来图有言：世无今也，有过去有未来，而无现在。譬诸濯足长流，抽足再入，已非前水，是混混者未尝待也。方云一事为今，其今已古。且精而核之，岂仅言之之时已哉！当其涉思，所谓今者，固已逝矣。（赫胥黎他日亦言：人命如水中漩洑，虽其形暂留，而漩中一切水质刻刻变易。一时推为名言。仲尼川上之叹又曰：回也见新，交臂已故。东西微言，其同若此。）

今然后知静者未觉之动也，平者不喧之争也。群力交推，屈申相报，众流汇激，胜负迭乘，广宇悠宙之间，长此摩荡运行而已矣。天有和音，地有成器，显之为气为力，幽之为虑为神。物乌乎凭而有色相？心乌乎主而有觉知？将果有物焉，不可名，不可道，以为是变者根耶？抑各本自然，而不相系耶？自麦西、希腊以来，民智之开，四千年于兹矣。而此事则长夜漫漫，不知何时旦也。

复案：此篇言植物由实成树，树复结实，相为生死，如环无端，固矣！而晚近生学家，谓有生者如人禽虫鱼草木之属，为有官之物，是名官品；而金石水土无官曰非官品。无官则不死，以未尝有生也。而官品一体之中，有其死者焉，有其不死者焉；而不死者，又非精灵魂魄之谓也。可死者甲，不可死者乙，判然两物。如一草木，根荄支干，果实花叶，甲之事也；而乙则离母而转附于子，绵绵延延，代可微变，而不可死。或分其少分以死，而不可尽死，动植皆然。故一人之身，常有物焉，乃祖父之所有，而托生于其身。盖自受生得形以来，递嬗迤转，以至于今，未尝死也。

### 论二·忧患

大地抟抟，诸教杂糅。自顶蛙拜蛇，迎尸范偶，以至于一宰无神；贤圣之所诏垂，帝王之所制立，司徒之有典，司寇之有刑，虽恉类各殊，何一不因畏天坊民而后起事乎！疾痛惨怛，莫知所由。然爱恶相攻，致憾于同种。神道王法，要终本始，其事固尽从忧患生也。

然则忧患果何物乎？其物为两间所无可逃，其事为天演所不可离，可逃可离，非忧患也。是故忧患者，天行之用，施于有情，而与知虑并著者也。今夫万物之灵，人当之矣。然自非能群，则天秉末由张皇，而最灵之能事不著。人非能为群也，而不能不为群；有人斯有群矣，有群斯有忧患矣。故忧患之浅深，视能群之量为消长。方其混沌僿野，与鹿豕同，谓之未尝有忧患焉，蔑不可也；进而穴居巢处，有忧患矣，而未撄也；更进而为射猎，为游牧，为猛獠，为蛮夷，撄矣而犹未至也；独至伦纪明，文物兴，宫室而耕稼，丧祭而冠昏，如是之民，夫而后劳心铢心，计深虑远，若天之胥靡而不可弛耳。

咸其自至，而虐之者谁欤！夫转移世运，非圣人之所能为也。圣人亦世运中之一物也，世运至而后圣人生。世运铸圣人，非圣人铸世运也。使圣人而能为世运，则无所谓天演者矣。民之初生，固禽兽也。无爪牙以资攫拿，无毛羽以御寒暑；比之鸟则以手易翼而无与于飞，方之兽则减四为二而不足于走。夫如是之生，而与草木禽兽樊然杂居，乃岿尔独存于物竞最烈之后，且不仅自存，直褒然有以首出于庶物，则人于万类之中，独具最宜而有以制胜也审矣。岂徒灵性有足恃哉！亦由自营之私奋耳。

　　然则不仁者，今之所谓凶德，而夷考其始，乃人类之所恃以得生。深于私，果于害，夺焉而无所与让，执焉而无所于舍，此皆所恃以为胜也。是故浑荒之民，合狙与虎之德而兼之，形便机诈，好事效尤，附之以合群之材，重之以贪戾、很鸷、好胜、无所于屈之风。少一焉，其能免于阴阳之患，而不为外物所吞噬残灭者寡矣。而孰知此所恃以胜物者，浸假乃转以自伐耶！何以言之？人之性不能不为群，群之治又不能不日进；群之治日进，则彼不仁者之自伐亦日深。人之始与禽兽杂居者，不知其几千万岁也。取于物以自养，习为攘夺不仁者，又不知其几千百世也。其习之于事也既久，其染之于性也自深。气质鍪成，流为种智，其治化虽进，其萌柢仍存。嗟夫！此世之所以不善人多，而善人少也。

　　夫自营之德，宜为散，不宜为群；宜于乱，不宜于治，人之所深知也。

　　昔之所谓狙与虎者，彼非不欲其尽死，而化为麟凤、驺虞也。而无如是狒狒、眈眈者卒不可以尽伏。向也，资二者之德而乐利之矣，乃今试尝用之，则乐也每不胜其忧，利也常不如其害。凶德之为虐，较之阴阳外物之患，不啻过之。由是悉取其类，揭其名而僇之，曰过、曰恶、曰罪、曰孽。又不服，则鞭笞之、放流之、刀锯之、铁钺之。甚矣哉！群之治既兴，是狙与虎之无益于人，而适用以自伐也，而孰谓其始之固赖是以存乎！是故忧患之来，其本诸阴阳者犹之浅也，而缘诸人事者乃至深。六合之内，天演昭回，其奥衍美丽，可谓极矣，而忧患乃与之相尽。治化之兴，果有以祛是忧者乎？将人之所为，与天之所演者，果有合而可奉时不违乎？抑天人互殊，二者之事，固不可以终合也。

### 论三·教源

　　大抵未有文字之先，草昧敦庞，多为游猎之世。游，故散而无大群；猎，则戕杀而鲜食，凡此皆无化之民也。迨文字既兴，斯为文明之世。文者言其条理也，明者异于草昧也。出草昧，入条理，非有化者不能。然化有久暂之分，而治亦有偏赅之异。自营不仁之气质，变化綦难，而仁让乐群之风，渐摩日浅，势不能以数千年之磨洗，去数十百万年之沿习。故自有文字泊今，皆为嬗蜕之世，此言治者所要知也。

考天演之学，发于商周之间，欧亚之际，而大盛于今日之泰西。此由人心之灵，莫不有知，而死生荣悴，昼夜相代夫前，妙道之行，昭昭然若揭日月。所以先觉之俦，玄契同符，不期自合，分涂异唱，殊致同归。凡此二千五百余载中，泰东西前识大心之所得，微言具在，不可诬也。虽然，其事有浅深焉。昔者姬周之初，额里思、身毒诸邦，抢攘昏垫，种相攻灭。迨东迁以还，二土治化，稍稍出矣。盖由来礼乐之兴，必在去杀胜残之后。民唯安生乐业，乃有以自奋于学问思索之中，而不忍于芸芸以生，昧昧以死。前之争也，争夫其所以生；后之争也，争夫其不虚生；其更进也，则争有以充天秉之能事，而无与生俱尽焉。

善夫柏庚之言曰："学者何？所以求理道之真；教者何？所以求言行之是。然世未有理道不真，而言行能是者。东洲有民，见蛇而拜，曰：'是吾祖也。'使真其祖，则拜之是矣，而无如其误也。是故教与学相衡，学急于教。而格致不精之国，其政令多乖，而民之天秉郁矣。"由柏氏之语而观之，吾人日讨物理之所以然，以为人道之所当然，所孜孜于天人之际者，为事至重，而岂游心冥漠，勤其无补也哉！顾争生已大难，此微论蹄迹交午之秋，击鲜艰食之世也。即在今日，彼持肥曳轻，而不以生事为累者，什一什百而外，有几人哉？至于过是所争，则其愿弥奢，其道弥远；其识弥上，其事弥勤。凡为此者，乃贤豪圣哲之徒，国有之而荣，种得之而贵，人之所赖以日远禽兽者也，可多得哉！可多得哉！

然而意识所及，既随格致之业，日以无穷，而吾生有涯，又不能不远瞩高瞻，要识始之从何来，终之于何往。欲通死生之故，欲知鬼神之情状，则形气限之。而人海茫茫，弥天忧患，欲求自度于缺陷之中，又常苦于无术。观摩羯提标教于苦海，爱阿尼诠旨于逝川，则知忧与生俱，古之人不谋而合。而疾痛劳苦之事，乃有生对待，而非世事之倘来也。是故合群为治，犹之蓺果莳花；而声明、文物之末流，则如唐花之暖室。何则？文胜则饰伪世滋，声色味意之可欣日侈，而聋盲爽发狂之患亦以日增。其聪明既出于颛愚，其感概于性情之隐者，亦微渺而深挚。

是以乐生之事，虽酖郁闲都，雍容多术，非僿野者所与知，而哀情中生，其中之之深，亦较朴鄙者为尤酷。于前事多无补之悔吝，于来境深不测之忧虞。空想之中，别生幻结，虽谓之地狱生心，不为过也。且高明荣华之事，有大贼焉，名曰"倦厌"。烦忧郁其中，气力耗于外。"倦厌"之情，起而乘之。则向之所欣，俯仰之间，皆成糟粕。前愈酖至，后愈不堪。及其终也，但觉吾生幻妄，一切无可控揣。而尚犹恋恋为者，特以死之不可知故耳。呜呼！此释、景、犹、回诸教所由兴也。

复案：世运之说，岂不然哉！合全地而论之，民智之开，莫盛于春秋战国之际。中土则孔、墨、老、庄、孟、荀以及战国诸子，尚论者或谓其皆有圣人之才。而泰西则有希腊诸智者，印度则有佛。佛生卒年月，迄今无定说。摩腾对汉明帝云，生周昭王廿四年甲寅，卒穆王五十二年壬申。隋翻经学士费长房撰《开皇三宝录》云，生鲁庄公七年甲午，以春秋恒星不见，夜明星陨如雨为瑞应，周匡王五年癸丑示灭。《什法师年纪》及石柱铭云，生周桓王五年乙丑，周襄王十五年甲申灭度。此外有云佛生夏桀时、商武乙时、周平王时者，莫衷一是。独唐贞观三年，刑部尚书刘德威等，与法琳奉诏详核，定佛生周昭丙寅，周穆壬申示灭。然周昭在位十九年，无丙寅岁，而汉摩腾所云廿四年亦误，当是二人皆指十四年甲寅而传写误也。今年太岁在丁酉，去之二千八百六十五年，佛先耶苏生九百六十八年也。挽近西士于内典极讨论，然于佛生卒，终莫指实，独云先耶苏生约六百年耳，依此则费说近之。佛成道当在定、哀间，与宣圣为并世，岂夜明诸异，与佛书所谓六种震动，光照十方国土者同物欤？鲁与摩竭提东西里差，仅三十余度，相去一时许，同时睹异，容或有之。至于希腊理家，德黎称首生鲁釐二十四年，德首定黄赤大距、逆策日食者也。亚诺芝曼德生鲁文十七年。毕达哥拉斯生鲁宣间，毕，天算鼻祖，以律吕言天运者也。芝诺芬尼生鲁文七年，创名学。巴弥匿智生鲁昭六年。般剌密谛生鲁定十年。额拉吉来图生鲁定十三年，首言物性者。安那萨哥拉安息人，生鲁定十年。德摩颉利图生周定王九年，倡莫破质点之说。苏格拉第生周元王八年，专言性理道德者也。亚里大各一名柏拉图，生周考王十四年，理家最著号。亚里斯大德生周安王十八年，新学未出以前，其为西人所崇信，无异中国之孔子。（苏格拉第、柏拉图、亚里斯大德者，三世师弟子，各推师说，标新异为进，不墨守也。）此外则伊壁鸠鲁生周显廿七年。芝诺生周显三年，倡斯多噶学。而以阿塞西烈生周赧初年，卒始皇六年者终焉。盖至是希学支流亦稍涸矣。尝谓西人之于学也，贵独获创知，而述古循辙者不甚重。独有周上下三百八十年之间，创知作者，迭出相雄长，其持论思理，范围后世，至于今二千年不衰。而当其时一经两海，崇山大漠，舟车不通，则又不可以寻常风气论也。呜呼，岂偶然哉！世有能言其故者，虽在万里，不佞将裹粮挟赟从之矣。

### 论四·严意

欲知神道设教之所由兴，必自知刑赏施报之公始。使世之刑赏施报，未尝不公，则教之兴不兴未可定也。今夫治术所不可一日无，而由来最尚者，其刑赏乎？刑赏者天下之平也，而为治之大器也。自群事既兴，人与人相与之际，必有其所共守而不畔者，其群始立。其守弥固，其群弥坚；畔之或多，其群乃涣。攻窃、强弱之间，胥视此所共守者以为断，凡此之谓公道。泰西法律之家，其溯刑赏之原也，曰：民既合群，必有群约。且约以驭群，岂唯民哉！彼狼之合从以逐鹿也，飙逝霆击，可谓暴矣。然必其不互相吞噬而后行，是亦约也，岂必载之简书，悬之象魏哉？隤然默喻，深信其为公利而共守而已矣。

民之初群，其为约也大类此。心之相喻为先，而文字言说，皆其后也。其约既立，有背者则合一群共诛之；其不背约而利群者，亦合一群共庆之。诛、庆各以其群，初未尝有君公焉，临之以贵势尊位，制为法令，而强之使从也。故其为约也，实自立而自守之，自诺而自责之，此约之所以为公也。

夫刑赏皆以其群，而本众民之好恶为予夺，故虽不必尽善，而亦无由奋其私。私之奋也，必自刑赏之权统于一尊始矣。尊者之约，非约也，令也。约行于平等，而令行于上下之间。群之不约而有令也，由民之各私势力，而小役大、弱役强也。无宁惟是，群日以益大矣，民日以益蕃矣，智愚贤不肖之至不齐。政令之所以行，刑罚之所以施，势不得家平而户论也，则其权之日由多而趋寡，由分而入专者，势也。且治化日进，而通功易事之局成，治人治于人，不能求之一身而备也。

矧文法日繁，国闻日富，非以为专业者不暇给也。于是则有业为治人之人，号曰士君子。而是群者亦以其约托之，使之专其事而行之，而公出赋焉，酬其庸以为之养，此古今化国之通义也。后有霸者，乘便篡之，易一己奉群之义，为一国奉己之名，久假而不归，乌知非其有乎？挽近数百年，欧罗巴君民之争，大率坐此。幸今者民权日伸，公治日出，此欧洲政治所以非余洲之所及也。虽然，亦复其本所宜然而已。

且刑赏者，固皆制治之大权也。而及其用之也，则刑严于赏。刑罚世重世轻，制治者，有因时扶世之用焉。顾古之与今，有大不相同者存，是不可以不察也。草昧初民，其用刑也，匪所谓诛意者也。课夫其迹，未尝于隐微之地，加诛求也。然刑者期无刑，而明刑皆以弼教，是故刑罚者，群治所不得已，非于刑者有所深怒痛恨，必欲推之于死亡也。亦若曰：子之所为不宜吾群，而为群所不容云尔。

凡以为将然未然者，谋其已然者，固不足与治，虽治之犹无益也。夫为将然未然者谋，则不得不取其意而深论之矣。使但取其迹而诛之，则慈母之折葼，固可或死其子；涂人之抛堁，亦可或杀其邻。今悉取以入"杀人者死"之条，民固将逮于不幸而无辞，此于用刑之道，简则简矣，而求其民日迁善，不亦难哉！何则？过失不幸者，非民之所能自主也。故欲治之克蒸，非严于怙故过眚之分必不可。刑必当其自作之孽，赏必如其好善之真，夫而后惩劝行，而有移风易俗之效。杀人固必死也，而无心之杀，情有可论，则不与谋故者同科。论其意而略其迹，务其当而不严其比，此不独刑罚一事然也，朝廷里党之间，所以予夺毁誉，尽如此矣。

### 论五 · 天刑

今夫刑当罪而赏当功者，王者所称天而行者也。建言有之天道福善而祸淫，"惠迪吉，从逆凶，惟影响"。吉凶祸福者，其天之刑赏欤？自所称而言之，宜刑赏之当，莫天若也。顾僭滥过差，若无可逃于人责者，又何说耶？请循其本，今夫安乐危苦者，不徒人而有是也，彼飞走游泳，固皆同之。诚使安乐为福，危苦为祸；祸者有罪，福者有功，则是飞走游泳者何所功罪，而天祸福之耶？应者曰：否否。飞走游泳之伦，固天所不恤也。此不独言天之不广也，且何所证而云天之独厚于人乎？就如所言，而天之于人也又何如？今夫为善者之不必福，为恶者之不必祸，无文字前尚矣，不可稽矣；有文字来，则真不知凡几也。贪狼暴虐者之兴，如孟夏之草木，而谨愿慈爱，非中正不发愤者，生丁槁饿，死罹刑罚，接踵比肩焉。且祖父之余恶，何为降受之以子孙？愚无知之蒙殃，何为不异于怙贼？一二人狂瞽偾事，而无辜善良，因之得祸者，动以国计，刑赏之公，固如此乎？

　　呜乎！彼苍之愦愦，印度、额里思、斯迈特三土之民，知之审矣。乔答摩《悉昙》之章，《旧约·约伯之记》，与鄂谟（或作贺麻，希腊古诗人）之所哀歌，其言天之不吊，何相类也。大水溢，火山流，饥馑疠疫之时行，计其所戕，虽桀纣所为，方之蔑尔。是岂尽恶而祸之所应加者哉？人为帝王，动云天命矣。而青吉斯凶贼不仁，杀人如剃，而得国幅员之广，两海一经。伊惕卜思，义人也，乃事不自由，至手刃其父而妻其母。罕木勒特，孝子也，乃以父仇之故，不得不杀其季父，辱其亲母，而自劓刃于胸。此皆历生人之至痛极酷，而非其罪者也，而谁则尸之？夫如是尚得谓冥冥之中，高高在上，有与人道同其好恶，而操是奖善瘅恶者衡耶？

　　有为动物之学者，得鹿，剖而验之，韧肋而便体，远闻而长胫，喟然曰：伟哉夫造化！是赋之以善警捷足，以远害自完也。他日又得狼，又剖而验之，深喙而大肺，强项而不疲，忾然曰：伟哉夫造化！是赋之以猛鸷有力，以求食自养也。夫苟自格致之事而观之，则狼与鹿二者之间，皆有以觇造物之至巧，而无所容心于其间。自人之意行，则狼之为害，与鹿之受害，厘然异矣。方将谓鹿为善为良，以狼为恶为虐，凡利安是鹿者，为仁之事；助养是狼者，为暴之事。然而是二者，皆造化之所为也。

　　譬诸有人焉，其右手操兵以杀人，其左能起死而肉骨之，此其人，仁耶暴耶？善耶恶耶？自我观之，非仁非暴，无善无恶，彼方超夫二者之间，而吾乃规规然执二者而功罪之，去之远矣。是故用古德之说，而谓理原于天，则吾将使理坐堂上而听断，将见是天行者，已自为其戎首罪魁，而无以自解于万物，尚何能执刑赏之柄，猥曰：作善降之百祥，作不善降之百殃也哉！（伊惕卜思事见希腊旧史，盖幼为父弃，他人收养，长不相知者也。）

　　复案：此篇之理，与《易传》所谓乾坤之道鼓万物，而不与圣人同忧。《老子》所谓天地不仁，同一理解。《老子》所谓不仁，非不仁也，出乎仁不仁之数，而不可以仁论也。斯宾塞尔著《天演公例》，谓教、学二宗，皆以不可思议为起点，即竺乾所谓不二法门者也。其言至为奥博，可与前论参观。

### 论六·佛释

天道难知既如此矣。而伊古以来，本天立教之家，意存夫救世，于是推人意以为天意，以为天者万物之祖，必不如是其梦梦也，则有为天讼直者焉。夫享之以郊祀，讯之以蓍龟，则天固无往而不在也。故言灾异者多家，有君子，有小人，而谓天行所昭，必与人事相表里者，则靡不同焉。顾其言多傅会回穴，使人失据。及其敝也，则各主一说，果敢酷烈，相屠戮而乱天下，甚矣，诬天之不可为也。

宋、元以来，西国物理日辟，教祸日销。深识之士，辨物穷微，明揭天道必不可知之说，以戒世人之笃于信古、勇于自信者。远如希腊之波尔仑尼，近如洛克、休蒙、汗德诸家，反覆推明，皆此志也。而天竺之圣人曰佛陀者，则以是为不足驾说竖义，必从而为之辞，于是有轮回因果之说焉。夫轮回因果之说何？一言蔽之，持可言之理，引不可知之事，以解天道之难知已耳。

今夫世固无所逃于忧患，而忧患之及于人人，犹雨露之加于草木。自其可见者而言之，则天固未尝微别善恶，而因以予夺、损益于其间也。佛者曰：此其事有因果焉。是因果者，人所自为，谓曰天未尝与焉，蔑不可也。生有过去，有现在，有未来，三者首尾相衔，如银铛之环，如鱼网之目。祸福之至，实合前后而统计之。人徒取其当前之所遇，课其盈绌焉，固不可也。故身世苦乐之端，人皆食其所自播殖者。无无果之因，亦无无因之果。今之所享受者，不因于今，必因于昔；今之所为作者，不果于现在，必果于未来。当其所值，如代数之积，乃合正负诸数而得其通和也。必其正负相抵，通和为无，不数数之事也。过此则有正余焉，有负余焉。

所谓因果者，不必现在而尽也。负之未偿，将终有其偿之之一日。仅以所值而可见者言之，则宜祸者或反以福，宜吉者或反以凶，而不知其通核相抵之余，其身之尚有大负也。其伸缩盈朒之数，岂凡夫所与知者哉！自婆罗门以至乔答摩，其为天讼直者如此。此微论决无由审其说之真妄也，就令如是，而天固何如是之不惮烦，又何所为而为此，则亦终不可知而已。虽然，此所谓持之有故，言之成理者欤！遽斥其妄，而以卤莽之意观之，殆不可也。且轮回之说，固亦本之可见之人事、物理以为推，即求之日用常行之间，亦实有其相似，此考道穷神之士，所为乐反覆其说，而求其义之所底也。

### 论七·种业

理有发自古初，而历久弥明者，其种姓之说乎？先民有云：子孙者，祖父之分身也。人声容气体之间，或本诸父，或禀诸母。凡荟萃此一身之中，或远或近，实皆有其由来。且岂唯是声容气体而已，至于性情为尤甚。处若是境，际若是时，行若是事，其进退取舍，人而不同者，唯其性情异耳，此非偶然而然也。其各受于先，与声容气体无以异也。方孩稚之生，其性情隐，此所谓储能者也。浸假是储能者，乃著而为效实焉。为明为暗，为刚为柔，将见之于言行，而皆可实指矣。又过是则有牝牡之合，苟具一德，将又有他德者与之汇，以深浅、酝酿之。凡其性情与声容气体者，皆经杂糅以转致诸其胤。盖种姓之说，由来旧矣。

顾竺乾之说，与此微有不同者。则吾人谓父母子孙，代为相传，如前所指。而彼则谓人有后身，不必孙子。声容气体，粗者固不必传，而性情德行，凡所前积者，则合揉剂和，成为一物，名曰喀尔摩，又曰羯磨，译云种业。种业者不必专言罪恶，乃功罪之通名，善恶之公号。人唯入泥洹灭度者，可免轮回，永离苦趣。否则善恶虽殊，要皆由此无明，转成业识，造一切业，薰为种子；种必有果，果复生子，轮转生死，无有穷期，而苦趣亦与俱永。生之与否，固不可离而二也。盖彼欲明生类舒惨之所以不齐，而现前之因果，又不足以尽其所由然，用是不得已而有轮回之说。然轮回矣，使甲转为乙，而甲自为甲，乙自为乙，无一物焉以相受于其间，则又不足以伸因果之说也，于是而羯磨种业之说生焉。

所谓业种自然，如恶叉聚者，即此义也，曰恶叉聚者，与前合揉剂和之语同意。盖羯磨世以微殊，因夫过去矣。而现在所为，又可使之进退，此彼学所以重薰修之事也。薰修证果之说，竺乾以此为教宗，而其理则尚为近世天演家所聚讼。夫以受生不同，与修行之得失，其人性之美恶，将由此而有扩充消长之功，此诚不诬之说。顾云是必足以变化气质，则尚有难言者。世固有毕生刻厉，而育子不必贤于其亲；抑或终身愊淫，而生孙乃远胜于厥祖。身则善矣恶矣，而气质之本然，或未尝变也；薰修勤矣，而果则不必证也。

由是知竺乾之教，独谓薰修为必足证果者，盖使居养修行之事，期于变化气质，乃在或然或否之间，则不徒因果之说，将无所施，而吾生所恃以自性自度者，亦从此而尽废。而彼所谓超生死出轮回者，又乌从以致其力乎？故竺乾新旧二教，皆有薰修证果之言，而推其根源，则亦起于不得已也。

复案：三世因果之说，起于印度，而希腊论性诸家，惟柏拉图与之最为相似。柏拉图之言曰：人之本初，与天同体，所见皆理，而无气质之私。以有违误，谪遣人间。既被形气，遂迷本来。然以堕落方新，故有触便悟，易于迷复，此有凤根人所以参理易契也。因其因悟加功，幸而明心见性，洞识本来，则一世之后，可复初位，仍享极乐。使其因迷增迷，则由贤转愚，去天滋远。人道既尽，乃入下生。下生之中，亦有差等。大抵善则上升，恶则下降，去初弥远，复天愈难矣。其说如此，复意希、印两土相近，柏氏当有沿袭而来。如宋代诸儒言性，其所云明善复初诸说，多根佛书。顾欧洲学者，辄谓柏氏所言，为标己见，与竺乾诸教，绝不相谋。二者均无确证，姑存其说，以俟贤达取材焉。

**论八·冥往**

考竺乾初法，与挽近斐洛苏非（译言爱智）所明，不相悬异。其言物理也，皆有其不变者为之根，谓之曰真、曰净。真、净云者，精湛常然，不随物转者也。净不可以色、声、味触接。可以色、声、味触接者，附净发现，谓之曰应、曰名。应、名云者，诸有为法，变动不居，不主故常者也。

宇宙有大净曰婆罗门，而即为旧教之号，其分赋人人之净曰阿德门。二者本为同物，特在人者，每为气禀所拘，官骸为囿，而嗜欲哀乐之感，又丛而为其一生之幻妄，于是乎本然之体，有不可复识者矣。幻妄既指以为真，故阿德门缠缚沉沦，回转生死，而末由自拔。明哲悟其然也，曰：身世既皆幻妄，而凡困苦、僇辱之事，又皆生于自为之私，则何如断绝由缘，破其初地之为得乎？于是则绝圣弃智，惩忿窒欲，求所谓超生死而出轮回者，此其道无他，自吾党观之，直不游于天演之中，不从事于物竞之纷纭已耳。

夫羯摩种业，既借薰修锄治而进退之矣，凡粗浊贪欲之事，又可由是而渐消，则所谓自营为己之深私，与夫恶死薪生之大惑，胥可由此道焉而脱其梏也。然则世之幻影，将有时而销；生之梦泡，将有时而破。既破既销之后，吾阿德门之本体见，而与明通公溥之婆罗门合而为一。此旧教之上旨，而佛法未出之前，前识之士，所用以自度之术也。

顾其为术也，坚苦刻厉，肥遯陆沉。及其道之既成，则冥然罔觉，顽尔无知。自不知者观之，则与无明失心者无以异也。虽然，其道则自智以生，又必赖智焉以运之。譬诸炉火之家，不独于黄白铅汞之性，深知晓然；又必具审度之能，化合之巧，而后有以期于成而不败也。且其事一主于人，而于天焉无所与。运如是智，施如是力，证如是果，其权其效，皆薰修者所独操，天无所任其功过，此正后人所谓自性自度者也。

由今观昔，乃知彼之冥心孤往，刻意修行，诚以谓生世无所逃忧患；且苦海舟流，匪知所届。然则冯生保世，徒为弱丧而不知归，而捐生薪死，其惑未必不滋甚也。幸今者大患虽缘于有身，而是境胥由于心造，于是有娇心之术焉。凡吾所系恋于一世、而为是心之纠缠者，若田宅、若亲爱、若礼法、若人群，将悉取而捐之。甚至生事之必需，亦裁制抑啬，使之仅足以存而后已。破坏穷乞，佯狂冥痴，夫如是乃超凡离群，与天为徒也。婆罗门之道，如是而已。

### 论九·真幻

迨乔答摩肇兴天竺，（乔答摩或作骄昙弥，或作俱谭，或作瞿昙，一音之转。乃佛姓也。《西域记》本星名，从星立称。代为贵姓，后乃改为释迦。）誓拯群生。其宗旨所存，与旧教初不甚远。独至缮性反宗，所谓修阿德门以入婆罗门者，乃若与之回别。旧教以婆罗门为究竟，其无形体，无方相，冥灭灰槁，可谓至矣。而自乔答摩观之，则以为伪道魔宗，人人其中，如投罗网。盖婆罗门虽为元同止境，然但使有物尚存，便可堕入轮转。举一切人天苦趣，将又炽然而兴。必当并此无之，方不授权于物。此释迦氏所为回绝恒蹊，都忘言议者也。

往者希腊智者，与挽近西儒之言性也，曰：一切世法，无真非幻，幻还有真。何言乎无真非幻也？山河大地，及一切形气思虑中物，不能自有，赖觉知而后有。见尽色绝，闻塞声亡。且既赖觉而存，则将缘官为变，目劳则看朱成碧，耳病则蚁斗疑牛。相固在我，非着物也，此所谓无真非幻也。何谓幻还有真？今夫与我接者，虽起灭无常，然必有其不变者以为之根，乃得所附而着，特舍相求实，舍名求净，则又不得见耳。然有实因，乃生相果。故无论粗为形体，精为心神，皆有其真且实者不变长存，而为是幻且虚者之所主。是知造化必有真宰，字曰上帝，吾人必有真性，称曰灵魂，此所谓幻还有真也。

前哲之说，可谓精矣！然须知人为形气中物，以官接象，即意成知，所了然者，无法非幻已耳。至于幻还有真与否，则断断乎不可得而明也。前人已云：舍相求实，不可得见矣。可知所谓真实，所谓不变长存之主，若舍其接时生心者以为言，则亦无从以指实。夫所谓迹者履之所出，不当以迹为履，固也，而如履之卒不可见何？所云见果知因者，以他日尝见是因，从以是果故也。今使从元始以来，徒见有果，未尝见因，则因之存亡，又乌从察？且即谓事止于果，未尝有因，如挽近比圭黎所主之说者，又何所据以排其说乎？

名学家穆勒氏喻之曰：今有一物于此，视之泽然而黄，臭之郁然而香，抚之挛然而员，食之滋然而甘者，吾知其为橘也。设今去其泽然黄者，而无施以他色；夺其郁然香者，而无界以他臭；毁其挛然员者，而无赋以他形；绝其滋然甘者，而无予以他味，举凡可以根尘接者，皆褫之而无被以其他，则是橘所余留为何物耶？名相固皆妄矣，而去妄以求其真，其真又不可见，则安用此茫昧不可见者，独宝贵之以为性真为哉？

故曰幻之有真与否，断断乎不可知也。虽然，人之生也，形气限之，物之无对待而不可以根尘接者，本为思议所不可及。是故物之本体，既不敢言其有，亦不得遽言其无。故前者之说，未尝固也，悬揣微议，而默于所不可知。独至释迦，乃高唱大呼，不独三界四生，人天魔龙，有识无识，凡法轮之所转，皆取而名之曰幻。其究也，至法尚应舍，何况非法。此自有说理以来，了尽空无，未有如佛者也。

复案：此篇及前篇所诠观物之理，最为精微。初学于名理未熟，每苦难于猝喻。顾其论所关甚巨。自希腊倡说以来，至有明嘉靖、隆、万之间，其说始定。定而后新学兴，此西学绝大关键也。鄙人谫陋，才不副识，恐前后所翻，不足达作者深恉，转贻理障之讥。然兹事体大，所愿好学深思之士，反覆勤求，期于必明而后措，则继今观理，将有庖丁解牛之乐，不敢惮烦，谨为更敷其旨。

法人特嘉尔者，生于一千五百九十六年。少羸弱，而绝颖悟。从耶苏会神父学，声入心通，长老惊异。每设疑问，其师辄穷置对。目睹世道晦盲，民智僿野，而束教囿习之士，动以古义相劫持，不察事理之真实。于是倡尊疑之学，著《道术新论》，以剽击旧教。曰："吾所自任者无他，不妄语而已。理之未明，虽刑威当前，不能讳疑而言信也。学如建大屋然，务先立不可撼之基。客土浮虚，不可任也。掘之穿之，必求实地。有实地乎，事基于此；无实地乎，亦期了然。今者吾生百观，随在皆妄；古训成说，弥多失真，虽证据纷纶，滋偏蔽耳。借思求理，而诐谬之累，即起于思；即识寻真，而逃罔之端，乃由于识。事迹固显然也，而观相乃互乖；耳目固最切也，而所告或非实。梦妄也，方其未觉，即同真觉；真矣，安知非梦妄名觉？举毕生所涉之涂，一若有大魅焉，常以荧惑人为快者。然则吾生之中，果何事焉，必无可疑，而可据为实乎？原始要终，是实非幻者，惟'意'而已。何言乎唯'意'为实乎？盖'意'有是非，而无真妄。疑'意'为妄者，疑复是'意'，若曰无'意'，则亦无疑。故曰惟'意'无幻，无幻故常住。吾生终始，一'意'境耳。积'意'成我，'意'自在，故我自在。非我可妄，我不可妄，此所谓真我者也。"特嘉尔之说如此。

后二百余年，赫胥黎讲其义曰："世间两物，曰我、非我。非我名物，我者此心。心物之接，由官觉相，而所觉相，是'意'非物。'意'物之际，常隔一尘。物因'意'果，不得径同。故此一生，纯为意境。特氏此语，既非奇创，亦非艰深。人倘凝思，随在自见。设有圆赤石子一枚于此，持示众人，皆云见其赤色，与其员形，其质甚坚，其数只一。赤、员、坚、一，合成此物，备具四德，不可暂离。假如今云：此四德者，在汝意中，初不关物，众当大怪，以为妄言。虽然，试思此赤色者，从何而觉？乃由太阳，于最清气名伊脱者，照成光浪，速率不同，射及石子，余浪皆入，独一浪者不入，反射而入眼中，如水晶盂，摄取射浪，导向眼帘。眼帘之中，脑络所会，受此激荡，如电报机，引达入脑，脑中感变，而知赤色。假使于今石子不变，而是诸缘，如光浪速率，目晶眼帘，有一异者，斯人所见，不成为赤，将见他色。（人有生而病眼，谓之色盲，不能辨色。人谓红者，彼皆谓绿。又用干酒调盐，燃之暗室，则一切红物皆成灰色，常人之面，皆若死灰。）每有一物当前，一人谓红，一人谓碧。红碧二色，不能同时而出一物，以是而知色从觉变，谓属物者，无有是处。所谓员形，亦不属物，乃人所见，名为如是。何以知之？假使人眼外晶，变其珠形，而为员柱，则诸员物，皆当变形。至于坚脆之差，乃由筋力。假使人身筋力，增一百倍，今所谓坚，将皆成脆。而此石子，无异馒首。可知坚性，亦在所觉。赤、员与坚，是三德者，皆由我起。所谓一数，似当属物，乃细审之，则亦由觉。何以言之？是名一者，起于二事：一由目见，一由触知，见、触会同，定其为一。今手石子，努力作对眼观之，则在触为一，在见成二。又以常法观之，而将中指交于食指，置石交指之间，则又在见为独，在触成双。今若以官接物，见、触同重，前后互殊，孰为当信？可知此名一者，纯意所为，于物无与。即至物质，能隔阂者，久推属物，非凭人意。然隔阂之知，亦由见、触，既由见、触，亦本人心。由是总之，则石子本体，必不可知。吾所知者，不逾意识，断断然矣。惟‘意’可知，故惟‘意’非幻。此特嘉尔积‘意’成我之说所由生也。非不知必有外因，始生内果。然因同果否，必不可知。所见之影，即与本物相似可也。抑因果互异，犹鼓声之与击鼓人，亦无不可。是以人之知识，止于意验相符。如是所为，已足生事。（此庄子所以云心止于符也。）更骛高远，真无当也。夫只此意验之符，则形气之学贵矣。此所以自特嘉尔以来，格物致知之事兴，而古所云心性之学微也。（然今人自有心性之学，特与古人异耳。）

**论十·佛法**

夫云一切世间，人天地狱，所有神魔人畜，皆在法轮中转，生死起灭，无有穷期，此固婆罗门之旧说。自乔答摩出，而后取群实而皆虚之。一切有为，胥由心造。譬如逝水，或回旋成齐，或跳荡为汩，倏忽变现，因尽果销。人生一世间，循业发现，正如絷犬于株，围绕踯躅，不离本处。总而言之，无论为形为神，一切无实无常。不特存一己之见，为缠着可悲，而即身以外，所可把玩者，果何物耶？

今试问方是之时，前所谓业种羯摩，则又何若？应之曰：羯摩固无恙也。盖羯摩可方慈气，其始在慈石也，俄而可移之入钢，由钢又可移之入镉，展转相过，而皆有吸铁之用。当其寓于一物之时，其气力之醇醨厚薄，得以术而增损聚散之，亦各视其所遭逢，以为所受浅深已耳。是以羯摩果业，随境自修，彼是转移，绵延无已。

顾世尊一大事因缘，正为超出生死，所谓廓然空寂，无有圣人，而后为幻梦之大觉。大觉非他，涅槃是已。然涅槃究义云何？学者至今，莫为定论。不可思议，而后成不二门也。若取其粗者诠之，则以无欲、无为、无识、无相，湛然寂静，而又能仁为归。必入无余涅槃而灭度之，而后羯摩不受轮转，而爱河苦海，永息迷波，此释道究竟也。此与婆罗门所证圣果，初若相似，而实则复乎不同。

至于薰修自度之方，则旧教以刻厉为真修，以嗜欲为稂莠。佛则又不谓然，目为揠苗助长，非徒无益，抑且害之。彼以为为道务澄其原，苟不揣其本，而惟末之齐，即断毁支体，摩顶放踵，为益几何？故欲绝恶根，须培善本；善本既立，恶根自除。道在悲智兼大，以利济群生，名相两忘，而净修三业。质而言之，要不外塞物竞之流，绝自营之私，而明通公溥，物我一体而已矣。自营未尝不争，争则物竞兴，而轮回无以自免矣。婆罗门之道为我，而佛反之以兼爱。此佛道径涂，与旧教虽同，其坚苦卓厉，而用意又回不相侔者也。

此其一人作则而万类从风，越三千岁而长存，通九重译而弥远。自生民神道设教以来，其流传广远，莫如佛者，有由然矣。恒河沙界，惟我独尊，则不知造物之有宰；本性圆融，周遍法界，则不信人身之有魂；超度四流，大患永灭，则长生久视之薪，不仅大愚，且为罪业。祷颂无所用也，祭祀匪所歆也，舍自性自度而外，无它术焉。无所服从，无所净竞，无所求助于道外众生，寂旷虚寥，冥然孤往。其教之行也，合五洲之民计之，望风承流，居其少半。虽今日源远流杂，渐失清净本来，然较而论之，尚为地球中最大教会也。呜乎！斯已奇尔。

复案："不可思议"四字，乃佛书最为精微之语。中经稗贩妄人，滥用率称，为日已久，致渐失本意，斯可痛也。夫"不可思议"之云，与云"不可名言""不可言喻"者回别，亦与云"不能思议"者大异。假如人言见奇境怪物，此谓"不可名言"；又如深喜极悲，如当身所觉，如得心应手之巧，此谓"不可言喻"；又如居热地人，生未见冰，忽闻水上可行，如不知通吸力理人，初闻地员对足底之说，茫然而疑，翻谓世间无此理实，告者妄言，此谓"不能思议"。至于"不可思议"之物，则如云世间有圆形之方，有无生而死，有不质之力，一物同时能在两地诸语，方为"不可思议"。此在日用常语中，与所谓谬妄违反者，殆无别也。

然而谈理见极时，乃必至"不可思议"之一境，既不可谓谬，而理又难知，此则真佛书所谓"不可思议"。而"不可思议"一言，专为此设者也。佛所称涅槃，即其不可思议之一。他如理学中不可思议之理，亦多有之。如天地元始，造化真宰，万物本体是已。至于物理之不可思议，则如宇如宙。宇者，太虚也；（庄子谓之有实而无夫处。处，界域也。谓其有物而无界域，有内而无外者也。）宙者，时也。（庄子谓之有长而无本剽。剽，末也。谓其有物而无起讫也。二皆甚精界说。）他如万物质点，动静真殊，力之本始，神思起讫之伦，虽在圣智，皆不能言，此皆真实不可思议者。

今欲敷其旨，则过于奥博冗长，姑举其凡，为涅槃起例而已。涅槃者，盖佛以谓三界诸有为相，无论自创创他，皆暂时讷合成观，终于消亡。而人身之有，则以想爱同结，聚幻成身。世界如空华，羯摩如空果，世世生生，相续不绝，人天地狱，各随所修。是以贪欲一捐，诸幻都灭。无生既证，则与生俱生者，随之而尽，此涅槃最浅义谛也。

然自世尊宣扬正教以来，其中圣贤，于泥洹皆不著文字言说，以为不二法门，超诸理解。岂曰无辨？辨所不能言也。然而津逮之功，非言不显，苟不得已而有云，则其体用固可得以微指也。一是涅槃为物，无形体，无方相，无一切有为法。举其大意言之，固与寂灭真无者，无以异也。二是涅槃寂不真寂，灭不真灭。假其真无，则无上正偏知之名，乌从起乎？此释迦牟尼所以译为空寂而兼能仁也。三是涅槃湛然妙明，永脱苦趣，福慧两足，万累都捐，断非未证斯果者所及知、所得喻，正如方劳苦人，终无由悉息肩时情况。故世人不知，以谓佛道若究竟灭绝空无，则亦有何足慕。而智者则知，由无常以入长存，由烦恼而归极乐，所得至为不可言喻。故如渴马奔泉，久客思返，真人之慕，诚非凡夫所与知也。涅槃可指之义如此。

第其所以称"不可思议"者，非必谓其理之幽渺难知也。其不可思议，即在"寂不真寂，灭不真灭"二语。世果何物乃为非有、非非有耶？譬之有人，真死矣，而不可谓死，此非天下之违反而至难着思者耶！故曰"不可思议"也。

此不徒佛道为然，理见极时，莫不如是。盖天下事理，如木之分条，水之分派，求解则追溯本源。故理之可解者，在通众异为一同，更进则此所谓同，又成为异，而与他异通于大同。当其可通，皆为可解。如是渐进，至于诸理会归最上之一理，孤立无对，既无不冒，自无与通。无与通则不可解，不可解者，不可思议也。此所以毗耶一会，文殊师利菩萨，唱不二法门之旨，一时三十二说皆非。独净名居士不答一言，斯为真喻。何以故？不二法门与思议解说二义相灭，不可同称也。此为"不可思议"真实理解，而浅者乃视为幽复迷罔之词，去之远矣。

**论十一·学派**

今若舍印度而渐迤以西，则有希腊、犹大、义大利诸国，当姬汉之际，迭为声明文物之邦。说者谓彼都学术，与亚南诸教，判然各行，不相祖述。或则谓西海所传，尽属东来旧法，引绪分支。二者皆一偏之论，而未尝深考其实者也。为之平情而论，乃在折中二说之间。盖欧洲学术之兴，亦如其民之种族，其始皆自伊兰旧壤而来。迨源远支交，新知踵出，则冰寒于水，自然度越前知。今观天演学一端，即可思而得其理矣。

希腊文教，最为昌明。其密理图学者，皆识斯义，而伊匪苏之额拉吉来图为之魁。额拉生年，与身毒释迦之时，实为相接。潭思著论，精旨微言，号为难读。晚近学者，乃取其残缺，熟考而精思之，乃悟今兹所言，虽诚益密益精，然大体所存，固已为古人所先获。即如此论首篇，所引濯足长流诸喻，皆额拉氏之绪言。但其学苞六合，阐造化，为数千年格致先声，不断断于民生日用之间，修己治人之事。洎夫数传之后，理学虑涂，辐辏雅典。一时明哲，咸殚思于人道治理之中，而以额拉氏为穷高骛远矣。此虽若近思切问，有鞭辟向里之功，而额拉氏之体大思精，所谓检押大宇，櫽栝万类者，亦随之而不可见矣。

盖中古理家苏格拉第与柏拉图师弟二人，最为超特。顾彼于额拉氏之绪论遗文，知之转不若吾后人之亲切者。学术之门庭各异，则虽年代相接，未必能相知也。苏格氏之大旨，以为天地六合之大，事极广远，理复繁赜，决非生人智虑之所能周。即使穷神竭精，事亦何裨于日用。所以存而不论，反以求诸人事交际之间，用以期其学之翔实。独不悟理无间于小大，苟有脊仑对待，则皆为学问所可资。方其可言，不必天难而人易也。至于无对，虽在近习，而亦有难窥者矣。是以格致实功，恒在名理气数之间，而绝口不言神化。彼苏格氏之学，未尝讳神化也，而转病有仑脊可推之物理为高远而置之。名为崇实黜虚，实则舍全而事偏，求近而遗远。此所以不能引额拉氏未竟之绪，而大有所明也。夫薄格致气质之学，以为无关人事，而专以修己治人之业，为切要之图者，苏格氏之宗旨也。

此其道，后之什匿克宗用之。厌恶世风，刻苦励行，有安得臣，知阿真尼为眉目。再传之后，有雅里大德勒崛起马基顿之南。察其神识之所周，与其解悟之所入，殆所谓超凡入圣，凌铄古今者矣。然尚不知物化迁流、宇宙悠久之论，为前识所已言。故额拉氏为天演学宗。其滴髓真传，前不属于苏格拉第，后不属之雅里大德勒。二者虽皆当代硕师，而皆无与于此学。传衣所托，乃在德谟吉利图也。顾其时民智尚未宏开，阿伯智拉所倡高言，未为众心之止。

直至斯多噶之徒出，乃大阐径涂，上接额拉氏之学。天演之说，诚当以此为中兴，条理始终，厘然具备矣。独是学经传授，无论见知、私淑，皆能渐失本来。缘学者各奋其私，移传失实，不独夺其所本有，而且羼以所本无。如斯多噶所持造物真宰之说，则其尤彰明较著者也。原夫额拉之论，彼以火化为宇宙万物根本，皆出于火，皆入于火；由火生成，由火毁灭。递劫盈虚，周而复始，又常有定理大法焉以运行之。故世界起灭，成败循还，初不必有物焉，以纲维张弛之也。自斯多噶之徒兴，于是宇宙冥顽，乃有真宰，其德力无穷，其悲智兼大，无所不在，无所不能。不仁而至仁，无为而体物；孕太极而无对，睿然居万化之先，而永为之主。此则额拉氏所未言，而纯为后起之说也。

复案：密理图旧地，在安息（今名小亚细亚）西界。当春秋昭、定之世，希腊全盛之时，跨有二洲。其地为一大都会，商贾辐辏，文教休明。中为波斯所侵，至战国时，罗马渐盛，希腊稍微，而其地亦废，在今斯没尔拿地南。

伊匪苏旧壤，亦在安息之西。商辛、周文之时，希腊建邑于此，有祠宇祀先农神知安那最著号。周显王十三年，马基顿名王亚烈山大生日，伊匪苏灾，四方布施，云集山积，随复建造，壮丽过前，为南怀仁所称宇内七大工之一。后属罗马，耶苏之徒波罗宣景教于此。曹魏景元、咸熙间，先农之祠又毁。自兹厥后，其地寝废。突厥兴，尚取其材以营君士但丁焉。

额拉吉来图，生于周景五十年，为欧洲格物初祖。其所持论，前人不知重也。今乃愈明，而为之表章者日众。按额拉氏以常变言化，故谓万物皆在已与将之间，而无可指之今。以火化为天地秘机，与神同体，其说与化学家合。又谓人生而神死，人死而神生，则与漆园彼是方生之言若符节矣。

苏格拉第，希腊之雅典人。生周末元、定之交，为柏拉图师。其学以事天、修己、忠国、爱人为务，精辟肫挚，感人至深，有欧洲圣人之目。以不信旧教，独守真学，于威烈王二十二年，为雅典王坐以非圣无法杀之，天下以为冤。其教人无类，无著作。死之后，柏拉图为之追述言论，纪事迹也。

柏拉图，一名雅里大各，希腊雅典人。生于周考五十四年，寿八十岁，仪形魁硕。希腊旧俗，庠序间极重武事，如超距、搏跃之属，而雅里大各称最能，故其师字之曰柏拉图。柏拉图，汉言骈胁也。折节为学，善歌诗，一见苏格拉第，闻其言，尽弃旧学，从之十年。苏以非罪死，柏拉图为讼其冤。党人仇之，乃弃乡里，往游埃及，求师访道十三年。走义大利，尽交罗马贤豪长者。论议触其王讳，为所卖为奴，主者心知柏拉图大儒，释之。归雅典，讲学于亚克特美园。学者裹粮挟贽，走数千里，从之问道。今泰西太学，称亚克特美，自柏拉图始。其著作多称师说，杂出己意。其文体皆主客设难，至今人讲诵弗衰。精深微眇，善天人之际。为人制行纯懿，不愧其师。故西国言古学者称苏、柏。

什匿克者，希腊学派名，以所居射圃而著号。倡其学者，乃苏格拉第弟子名安得臣者。什匿克宗旨，以绝欲遗世，克己励行为归。盖类中土之关学，而质确之余，杂以任达，故其流极，乃贫贱骄人，穷丐狂保，溪刻自处，礼法荡然。相传安得臣常以一木器自随，坐卧居起，皆在其中。又好对人露秽，白昼持烛，遍走雅典，人询其故，曰："吾觅遍此城，不能得一男子也。"

斯多噶者，亦希腊学派名，昉于周末考、显间。而芝诺称祭酒，以市楼为讲学处。雅典人呼城阓为斯多亚，遂以是名其学。始于希腊，成于罗马，而大盛于西汉时。罗马著名豪杰，皆出此派，流风广远，至今弗衰。欧洲风尚之成，此学其星宿海也，以格致为修身之本。其教人也，尚任果，重犯难，设然诺，贵守义相死，有不苟荣、不幸生之风。西人称节烈不屈男子曰"斯多噶"，盖所从来旧矣。

雅里大德勒（此名多与雅里大各相混，雅里大各乃其师名耳。）者，柏拉图高足弟子，而马基顿名王亚烈山大师也。生周安王十八年，寿六十二岁。其学自天算格物，以至心性、政理、文学之事，靡所不赅。虽导源师说，而有出蓝之美。其言理也，分四大部：曰理、曰性、曰气，而最后曰命，推此以言天人之故。盖自西人言理以来，其立论树义，与中土儒者所明最为相近者，雅里氏一家而已。元、明以前，新学未出，泰西言物性、人事、天道者，皆折中于雅里氏。其为学者崇奉笃信，殆与中国孔子侔矣。洎有明中叶，柏庚起英，特嘉尔起法，倡为实测内籀之学，而奈端、加理列倭、哈尔维诸子，踵用其术，因之大有所明，而古学之失日著。激者引绳排根，矫枉过直，而雅里氏二千年之焰，几乎熄矣。百年以来，物理益明，平陂往复，学者乃澄识平虑，取雅里旧籍考而论之，别其芜类，载其菁英，其真乃出，而雅里氏之精旨微言，卒以不废。嗟乎！居今思古，如雅里大德勒者，不可谓非聪颖特达，命世之才也。

德谟吉利图者，希腊之亚伯地拉人，生春秋鲁哀间。德谟善笑，而额拉吉来图好哭，故西人号额拉为哭智者，而德谟为笑智者，犹中土之阮嗣宗、陆士龙也。家雄于财，波斯名王绰克西斯至亚伯地拉时，其家款王及从者甚隆谨。绰克西斯去，留其傅马支（古神巫号）教主人子，即德谟也。德谟幼颖敏，尽得其学，复从之游埃及、安息、犹大诸大邦，所见闻广。及归，大为国人所尊信，号"前知"。野史稗官，多言德谟神异，难信。其学以觉意无妄，而见尘非真为旨，盖已为特嘉尔嚆矢矣。又黜四大之说，以莫破质点言物，此则质学种子，近人达尔敦演之，而为化学始基云。

### 论十二·天难

自来学术相承，每有发端甚微，而经历数传，事效遂巨者，如斯多噶创为上帝宰物之言是已。夫茫茫天壤，既有一至仁极义，无所不知、无所不能、无所不往、无所不在之真宰，以弥纶施设于其间，则谓宇宙有真恶，业已不可；谓世界有不可弥之缺陷，愈不可也。然而吾人内审诸身心之中，外察诸物我之际，觉覆载徒宽，乃无所往而可离苦趣。今必谓世界皆妄非真，则苦乐固同为幻相。假世间尚存真物，则忧患而外，何者为真？大地抟抟，不徒恶业炽然，而且缺陷分明，弥缝无术。孰居无事而推行是？质而叩之，有无可解免者矣。虽然，彼斯多噶之徒不谓尔也。吉里须布曰：

一教既行，无论其宗风谓何，苟自其功分趣数而观之，皆可言之成理。故斯多噶之为天讼直也，一则曰天行无过；二则曰祸福倚伏，患难玉成；三则曰威怒虽甚，归于好生。此三说也，不独深信于当年，实且张皇于后叶，胪诸简策，布在风谣，振古如兹，垂为教要。

往者朴伯（英国诗人）以韵语赋《人道篇》数万言，其警句云："元宰有秘机，斯人特未悟。世事岂偶然，彼苍审措注。乍疑乐律乖，庸知各得所。虽有偏沴灾，终则其利溥。寄语敖慢徒，慎勿轻毁诅。一理今分明，造化原无过。"如前数公言，则从来无不是上帝是已。上帝固超乎是不是而外，即庸有是不是之可论，亦必非人类所能知。但即朴柏之言而核之，觉前六语诚为精理名言，而后六语则考之理实，反之吾心，有蹇蹇乎不相比附者。虽用此得罪天下，吾诚不能已于言也。

盖谓恶根常含善果，福地乃伏祸胎，而人常生于忧患，死于安乐，夫宁不然。但忧患之所以生，为能动心忍性，增益不能故也；为操危虑深者，能获德慧、术知故也。而吾所不解者，世间有人非人，无数下生，虽空乏其身，拂乱所为，其能事决无由增益；虽极茹苦困殆，而安危利菑，智慧亦无从以进。而高高在上者，必取而空乏、拂乱、茹苦、困殆之者，则又何也？若谓此下愚虫豸，本彼苍所不爱惜云者，则又如前者至仁之说何？且上帝既无不能矣，则创世成物之时，何不取一无灾、无害、无恶业、无缺陷之世界而为之，乃必取一忧患从横、水深火烈如此者，而又造一切有知觉、能别苦乐之生类，使之备尝险阻于其间，是何为者？

嗟嗟！是苍苍然穹尔而高者，果不可问耶？不然，使致憾者明目张胆，而询其所以然，吾恐芝诺、朴柏之论，自号为天讼直者，亦将穷于置对也。事自有其实，理自有其平，若徒以贵位尊势，钳制人言，虽帝天之尊，未足以厌其意也。且径谓造物无过，其为语病尤深。盖既名造物，则两间所有，何一非造物之所为。今使世界已诚美备，无可复加，则安事斯人毕生胼胝，举世勤劬，以求更进之一境？计唯有式饮庶几。式食庶几，芸芸以生，泯泯以死。今日之世事，已无足与治；明日之世事，又莫可谁何。是故用斯多噶、朴柏之道，势必愿望都灰，修为尽绝，使一世溃然萎然，成一伊壁鸠鲁之豕圈而后可。生于其心，害于其政，势有必至，理有固然者也。

复案：伊壁鸠鲁，亦额里思人。柏拉图死七年，而伊生于阿底加。其学以惩忿窒欲，遂生行乐为宗，而仁智为之辅。所讲名理治化诸学，多所发明，补前人所未逮。后人谓其学专主乐生，病其恣肆，因而有豕圈之诮。犹中土之讥杨、墨，以为无父无君，等诸禽兽。门户相非，非其实也。实则其教清净节适，安遇乐天，故能为古学一大宗，而其说至今不坠也。

### 论十三·论性

吾尝取斯多噶之教与乔答摩之教，较而论之，则乔答摩悲天闵人，不见世间之真美；而斯多噶乐天任运，不睹人世之足悲。二教虽均有所偏，而使二者必取一焉，则斯多噶似为差乐。但不幸生人之事，欲忘世间之真美易，欲不睹人世之足悲难。祸患之叩吾阍，与娱乐之踵吾门，二者之声孰厉？削艰虞之陈迹，与去欢忻之旧影，二者之事孰难？黠者纵善自宽，而至剥肤之伤，断不能破涕以为笑，徒矜作达，何补真忧。斯多噶以此为第一美备世界。美备则诚美备矣，而无如居者之甚不便何也。又为斯多噶之学者曰："率性以为生。"斯言也，意若谓人道以天行为极则，宜以人学天也。此其言据地甚高，后之用其说者，遂有偃然不顾一切之概，然其道又未必能无弊也。前者吾为导言十余篇，于此尝反复而觏缕之矣。诚如斯多噶之徒言，则人道固当扶强而抑弱，重少而轻老，且使五洲殊种之民，至今犹巢居鲜食而后可。何则？天行者，固无在而不与人治相反者也。

然而以斯多噶之言为妄，则又不可也。言各有攸当，而斯多噶设为斯言之本旨，恐又非后世用之者所尽知也。夫性之为言，义训非一。约而言之，凡自然者谓之性，与生俱生者谓之性。故有曰万物之性，火炎、水流、鸢飞、鱼跃是已；有曰生人之性，心知、血气、嗜欲、情感是已。然而生人之性，有其粗且贱者，如饮食男女，所与含生之伦同具者也；有其精且贵者，如哀乐羞恶，所与禽兽异然者也。（按哀乐羞恶，禽兽亦有之，特始见端而微眇难见耳。）而是精且贵者，其赋诸人人，尚有等差之殊；其用之也，亦常有当否之别。是故果敢辩慧贵矣，而小人或以济其奸；喜怒哀乐精矣，而常人或以伤其德。然则吾人性分之中，贵之中尚有贵者，精之中尚有精者。有物浑成，字曰清净之理。人唯具有是性而后有以超万有而独尊，而一切治功教化之事以出。有道之士，能以志帅气矣，又能以理定志，而一切云为动作，胥于此听命焉，此则斯多噶所率为生之性也。

自人有是性，乃能与物为与，与民为胞，相养相生，以有天下一家之量。然则是性也，不独生之所恃以为灵，实则群之所恃以为合；教化风俗，视其民率是性之力不力以为分。故斯多噶又名此性曰群性。盖唯一群之中，人人以损己益群，为性分中最要之一事，夫而后其群有以合而不散，而日以强大也。

复案：此篇之说，与宋儒之言性同。宋儒言天，当分理气为两物。程子有所谓气质之性。气质之性，即告子所谓生之谓性，荀子所谓恶之性也。大抵儒先言性，专指气而言则恶之，专指理而言则善之，合理气而言者则相近之，善恶混之，三品之，其不同如此。然唯天降衷有恒矣，而亦生民有欲，二者皆天之所为。古"性"之义通"生"，三家之说，均非无所明之论也。朱子主理居气先之说，然无气又何从见理？赫胥黎氏以理属人治，以气属天行，此亦自显诸用者言之。若自本体而言，亦不能外天而言理也，与宋儒言性诸说参观可耳。

### 论十四·矫性

天演之学，发端于额拉吉来图，而中兴于斯多噶。然而其立教也，则未尝以天演为之基。自古言天之家，不出二涂：或曰是有始焉，如景教《旧约》所载创世之言是已。有曰是常如是，而未尝有始终也。二者虽斯多噶言理者所弗言，而代以天演之说。独至立教，则与前二家未尝异焉。盖天本难言，况当日格物学浅，斯多噶之徒，意谓天者，人道之标准，所贵乎称天者，将体之以为道德之极隆，如前篇所谓率性为生者。至于天体之实，二仪之所以位，混沌之所由开，虽好事者所乐知，然亦何关人事乎？故极其委心任运之意，其蔽也，乃徒见化工之美备，而不睹天运之疾威，且不悟天行人治之常相反。

今夫天行之与人治异趣，触目皆然，虽欲美言粉饰无益也。自吾所身受者观之，则天行之用，固常假手于粗且贱之人心，而未尝诱衷于精且贵之明德。常使微者愈微，危者愈危。故彼教至人，亦知欲证贤关，其功行存乎矫拂，必绝情塞私，直至形若槁木，心若死灰而后可。当斯之时，情固存也，而必不可以摇其性。云为动作，必以理为之依。如是绵绵若存，至于解脱形气之一日，吾之灵明，乃与太虚明通公溥之神，合而为一。

是故自其后而观之，则天竺、希腊两教宗，乃若不谋而合。特精而审之，则斯多噶与旧教之婆罗门为近。而亦微有不同者，婆罗门以苦行穷乞，为自度梯阶，而斯多噶未尝以是为不可少之功行。然则是二土之教，其始本同，其继乃异，而风俗人心之变，即出于中，要之其终，又未尝不合。

读印度四韦陀之诗，与希腊鄂谟尔之什，皆豪壮轻侠，目险巇为夷涂，视战斗为乐境。故其诗曰："风雷晴美日，欣受一例看。"当其气之方盛壮也，势若与鬼神天地争一旦之命也者。不数百年后，文治既兴，粗豪渐泯，藐彼后贤，乃忽然尽丧其故。跳脱飞扬之气，转以为忧深虑远之风。悲来悼往之意多，而乐生自憙之情减。其沉毅用壮，百折不回之操，或有加乎前，而群知趋营前猛之可悼。于是敛就新懦，谓天下非胜物之为难，其难胜者，即在于一己。精锐英雄，回向折节，寤寐诚求，专归大道。提婆、殑伽两水之旁，先觉之畴，如出一辙，咸晓然于天行之太劲，非脱屣世务，抖擞精修，将历劫沉沦，莫知所届也。悲夫！

复案：此篇所论，虽专言印度、希腊古初风教之同异，而其理则与国种盛衰强弱之所以然，相为表里。盖生民之事，其始皆敦庞僿野，如土番猺獠，名为野蛮。洎治教粗开，则武健侠烈、敢斗轻死之风竞。如是而至变质尚文，化深俗易，则良懦俭啬、计深虑远之民多。然而前之民也，内虽不足于治，而种常以强；其后之民，则卷娄濡需，黠诈惰窳，易于驯伏矣。然而无耻尚利，贪生守雌，不幸而遇外仇，驱而縻之，犹羊豕耳。

不观之《诗》乎？有《小戎》《驷驖》之风，而秦卒以并天下。《蟋蟀》《葛屦》《伐檀》《硕鼠》之诗作，则唐、魏卒底于亡。周秦以降，与戎狄角者，西汉为最，唐之盛时次之，南宋最下。论古之士，察其时风俗政教之何如，可以得其所以然之故矣。至于今日，若仅以教化而论，则欧洲中国优劣尚未易言。然彼其民，好然诺，贵信果，重少轻老，喜壮健无所屈服之风；即东海之倭，亦轻生尚勇，死党好名，与震旦之民大有异。呜呼！隐忧之大，可胜言哉！

### 论十五·演恶

意者四千余年之人心不相远乎？学术如废河然，方其废也，介然两厓之间，浩浩平沙，蓰蓰黄芦而止耳。迨一日河复故道，则依然曲折委蛇，以达于海。天演之学犹是也。不知者以为新学，究切言之，则大抵引前人所已废也。

今夫明天人之际，而标为教宗者，古有两家焉：一曰闵世之教，婆罗门、乔答摩、什匿克三者是已。如是者彼皆以国土为危脆，以身世为梦泡；道在苦行真修，以期自度于尘劫。虽今之时，不乏如此人也。国家禁令严，而人重于违俗，不然，则桑门坏色之衣，比邱乞食之钵，什匿克之蓬累带索，木器自随，其忍为此态者，独无徒哉？又其一曰乐天之教，如斯多噶是已。彼则以世界为天园，以造物为慈母；种物皆日蒸于无疆，人道终有时而极乐；虎狼可化为羊也，烦恼究观皆福也。道在率性而行，听民自由，而不加以夭阏。虽今之时，愈不乏如此人也。前去四十余年，主此说以言治者最众，今则稍稍衰矣。

合前二家之论而折中之，则世固未尝皆足闵，而天又未必皆可乐也。夫生人所历之程，哀乐亦相半耳。彼毕生不遇可忻之境，与由来不识何事为可悲者，皆居生人至少之数，不足据以为程者也。（复案：赫胥黎氏此语，最蹈谈理肤泽之弊，不类智学家言，而于前二氏之学去之远矣。试思所谓哀乐相半诸语，二氏岂有不知，而终不尔云者，以道眼观一切法，自与俗见不同。赫氏此语，取媚浅学人，非极挚之论也。）

善夫先民之言曰：天分虽诚有限，而人事亦足有功；善固可以日增，而恶亦可以代减。天既予人以自辅之权能，则练心缮性，不徒可以自致于最宜，且右挈左提，嘉与宇内共跻美善之徒，使天行之威日杀，而人人有以乐业安生者，固斯民最急之事也。格物致知之业，无论气质名物、修齐治平，凡为此而后有事耳。

至于天演之理，凡属两间之物，固无往而弗存，不得谓其显于彼而微于此。是故近世治群学者，知造化之功，出于一本；学无大小，术不互殊。本之降衷固有之良，演之致治雍和之极，根荄华实，厘然备具，又皆有条理之可寻，诚犁然有当于人心，不可以旦莫之言废也。虽然，民有秉彝矣，而亦天生有欲。以天演言之，则善固演也，恶亦未尝非演。若本天而言，则尧、桀、夷、跖，虽义利悬殊，固同为率性而行、任天而动也，亦其所以致此者异耳。

用天演之说，明殃庆之各有由，使制治者知操何道焉而民日趋善；动何机焉而民日竞恶，则有之矣。必谓随其自至，则民群之内，恶必自然而消，善必自然而长，吾窃未之敢信也。且苟自心学之公例言之，则人心之分别，见用于好丑者为先，而用于善恶者为后。好丑者其善恶之萌乎？善恶者其好丑之演乎？是故好善恶恶，容有未实；而好好色、恶恶臭之意，则未尝不诚也。学者先明吾心忻好、厌丑之所以然，而后言任自然之道，而民群善恶之机，孰消孰长可耳。

复案：通观前后论十七篇，此为最下。盖意求胜斯宾塞，遂未尝深考斯宾氏之所据耳。夫斯宾塞所谓民群任天演之自然，则必日进善，不日趋恶，而郅治必有时而臻者，其竖义至坚，殆难破也。何以言之？一则自生理而推群理，群者生之聚也。今者合地体、植物、动物三学观之，天演之事，皆使生品日进。动物自孑孓蠖蠕，至成人身，皆有绳迹可以追溯，此非一二人之言也。学之始起，不及百年，达尔文论出，众虽訾然，攻者亦至众也。顾乃每经一攻，其说弥固，其理弥明。后人考索日繁，其证佐亦日实。至今外天演而言前三学者，殆无人也。

夫群者生之聚也，合生以为群，犹合阿弥巴（极小虫，生水藻中，与血中白轮同物，为生之起点）而成体。斯宾塞氏得之，故用生学之理以谈群学，造端比事，粲若列眉矣。然于物竞、天择二义之外，最重体合。体合者，物自致于宜也。彼以为生既以天演而进，则群亦当以天演而进无疑，而所谓物竞、天择、体合三者，其在群亦与在生无以异。故曰任天演自然，则郅治自至也。

虽然，曰任自然者，非无所事事之谓也。道在无扰而持公道。其为公之界说曰："各得自由，而以他人之自由为域。"其立保种三大例曰：一，民未成丁，功食为反比例率；二，民已成丁，功食为正比例率；三，群己并重，则舍己为群。用三例者群昌，反三例者群灭。今赫胥氏但以随其自至当之，可谓语焉不详者矣。至谓善恶皆由演成，斯宾塞固亦谓尔。然民既成群之后，苟能无扰而公，行其三例，则恶将无从而演；恶无从演，善自日臻。此亦犹庄生去害马以善群，释氏以除翳为明目之喻已。

又斯宾氏之立群学也，其开宗明义，曰：吾之群学如几何，以人民为线面，以刑政为方圆，所取者皆有法之形，其不整无法者，无由论也。今天下人民国是，尚多无法之品，故以吾说例之，往往若不甚合者。然论道之言，不资诸有法固不可（按：此指其废君臣、均土田之类而言）。学者别白观之，幸勿讶也云云。而赫氏亦每略其起例而攻之，读者不可不察也。

### 论十六·群治

本天演言治者，知人心之有善种，而忘其有恶根，如前论矣，然其蔽不止此，请更论之。晚近天演之学，倡于达尔文。其《物种由来》一作，理解新创，而精确详审，为格致家不可不读之书。顾专以明世间生类之所以繁殊，与动植之所以盛灭，曰物竞、曰天择。据理施术，树畜之事，日以有功。言治者遂谓牧民进种之道，固亦如是，然而其蔽甚矣。所谓择种留良，前导言中已反覆矣。今所谓蔽，盖其术虽无所窒用者，亦未能即得所期也。盖宜之为事，本无定程，物之强弱善恶，各有所宜，亦视所遭之境以为断耳。人处今日之时与境，以如是身，入如是群，是固有其最宜者，此今日之最宜，所以为今日之最善也。

然情随事迁，浸假而今之所善，又未必他日之所宜也。请即动植之事明之，假今北半球温带之地，转而为积寒之墟，则今之楩、楠、豫章皆不宜，而宜者乃蒿蓬耳，乃苔藓耳。更进则不毛穷发，童然无有能生者可也。又设数千万年后，此为赤道极热之区，则最宜者深菁长藤，巨蜂元蚁，兽蹄鸟迹，交于中国而已，抑岂吾人今日所祈向之最善者哉！故曰宜者不必善，事无定程，各视所遭以为断。彼言治者，以他日之最宜，为即今日之最善，夫宁非蔽欤！

人既相聚以为群，虽有伦纪法制行夫其中，然终无所逃于天行之虐。盖人理虽异于禽兽，而孳乳浸多。则同生之事无涯，而奉生之事有涯，其未至于争者，特早晚耳。争则天行司令，而人治衰，或亡或存，而存者必其强大，此其所谓最宜者也。当是之时，凡脆弱而不善变者，不能自致于最宜，而日为天行所耘，以日少日灭。故善保群者，常利于存；不善保群者，常邻于灭，此真无可如何之势也。治化愈浅，则天行之威愈烈；惟治化进，而后天行之威损。理平之极，治功独用，而天行无权。当此之时，其宜而存者，不在宜于天行之强大与众也。德贤仁义，其生最优，故在彼则万物相攻相感而不相得，在此则黎民于变而时雍；在彼则役物广己者强，在此则黜私存爱者附。排挤蹂躏之风，化而为立达保持之隐。斯时之存，不仅最宜者已也。

凡人力之所能保而存者，将皆为致所宜，而使之各存焉。故天行任物之竞，以致其所为择；治道则以争为逆节，而以平争济众为极功。前圣人既竭耳目之力，胼手胝足，合群制治，使之相养相生，而不被天行之虐矣。则凡游其宇而蒙被麻嘉，当思屈己为人，以为酬恩报德之具。凡所云为动作，其有隳交际，干名义，而可以乱群害治者，皆以为不义而禁之。设刑宪，广教条，大抵皆沮任性之行，而劝以人职之所当守。盖以谓群治既兴，人人享乐业安生之福。夫既有所取之以为利，斯必有所与之以为偿。不得仍初民旧贯，使群道坠地，而溃然复返于狉榛也。

复案：自营一言，古今所讳，诚哉其足讳也。虽然，世变不同，自营亦异。大抵东西古人之说，皆以功利为与道义相反，若薰莸之必不可同器。而今人则谓生学之理，舍自营无以为存。但民智既开之后，则知非明道则无以计功，非正谊则无以谋利。功利何足病，问所以致之之道何如耳，故西人谓此为开明自营。开明自营，于道义必不背也。复所以谓理财计学，为近世最有功生民之学者，以其明两利为利，独利必不利故耳。

又案：前篇皆以尚力为天行，尚德为人治。争且乱则天胜，安且治则人胜。此其说与唐刘、柳诸家天论之言合，而与宋以来儒者，以理属天，以欲属人者，致相反矣。大抵中外古今，言理者不出二家，一出于教，一出于学。教则以公理属天，私欲属人；学则以尚力为天行，尚德为人治。言学者期于征实，故其言天不能舍形气；言教者期于维世，故其言理不能外化神。赫胥黎尝云：天有理而无善，此与周子所谓"诚无为"，陆子所称"性无善无恶"同意。荀子"性恶而善伪"之语，诚为过当，不知其善，安知其恶耶？至以善为伪，彼非真伪之伪，盖谓人为以别于性者而已，后儒攻之，失荀恉矣。

### 论十七·进化

今夫以公义断私恩者，古今之通法也；民赋其力以供国者，帝王制治之同符也；犯一群之常典者，群之人得共诛之，此又有众者之公约也。乃今以天演言治者，一一疑之。谓天行无过，任物竞天择之事，则世将自至于太平。其道在人人自由，而无强以损己为群之公职，立为应有权利之说，以饰其自营为己之深私。又谓民上之所宜为，在持刑宪以督天下之平，过斯以往，皆当听民自为，而无劳为大匠斫。唱者其言如纶，和者其言如綍。此其蔽无他，坐不知人治、天行二者之绝非同物而已。前论反覆，不惮冗烦。假吾言有可信者存，则此任天之治为何等治乎？

嗟乎！今者欲治道之有功，非与天争胜焉，固不可也。法天行者非也，而避天行者亦非。夫曰与天争胜云者，非谓逆天拂性，而为不祥不顺者也。道在尽物之性，而知所以转害而为功。夫自不知者言之，则以藐尔之人，乃欲与造物争胜，欲取两间之所有，驯扰驾御之以为吾利，其不自量力而可闵叹，孰逾此者。然溯太古以迄今兹，人治进程，皆以此所胜之多寡为殿最。百年来欧洲所以富强称最者，其故非他，其所胜天行，而控制万物，前民用者，方之五洲，与夫前古各国最多故耳。以已事测将来，吾胜天为治之说，殆无以易也。是故善观化者，见大块之内，人力皆有可通之方；通之愈宏，吾治愈进，而人类乃愈亨。彼佛以国土为危脆，以身世为浮沤，此诚不自欺之说也。然法士巴斯噶尔不云乎："吾诚弱草，妙能通灵，通灵非他，能思而已。"以蕞尔之一茎，蕴无穷之神力。其为物也，与无声无臭、明通公溥之精为类，故能取天所行，而弥纶燮理之。犹佛所谓居一芥子，转大法轮也。

凡一部落、一国邑之为聚也，将必皆有法制礼俗系夫其中，以约束其任性而行之暴慢；必有罔罟、牧畜、耕稼、陶渔之事，取天地之所有，被以人巧焉，以为养生送死之资。其治弥深，其术之所加弥广。直至今日，所牢笼弹压、驯伏驱除，若执古人而讯之，彼将谓是鬼神所为，非人力也。此无他，亦格致思索之功胜耳。此二百年中之讨索，可谓辟四千年未有之奇。然自其大而言之，尚不外日之初生，泉之始达，来者方多，有愿力者任自为之，吾又乌测其所至耶？是故居今而言学，则名、数、质、力为最精。纲举目张，可以操顺溯逆推之左券，而身心、性命、道德、治平之业，尚不过略窥大意，而未足以拨云雾睹青天也。然而格致程途，始模略而后精深，疑似参差，皆学中应历之境，以前之多所抵牾，遂谓无贯通融会之一日者，则又不然之论也。迨此数学者明，则人事庶有大中至正之准矣。然此必非笃古贱今之士之所能也。

天演之学，将为言治者不祧之宗，达尔文真伟人哉！然须知万化周流，有其隆升，则亦有其污降。宇宙一大年也，自京垓亿载以还，世运方趋上行之轨，日中则昃，终当造其极而下迤。然则言化者，谓世运必日亨，人道必止至善，亦有不必尽然者矣。自其切近者言之，则当前世局，夫岂偶

然。经数百万年火烈水深之物竞，洪钧范物，陶炼砻磨，成其如是。彼以理气互推。此乃善恶参半。其来也既深且远如此，

乃今者欲以数百年区区之人治，将有以大易乎其初。立达绥动之功虽神，而气质终不能如是之速化，此其为难偿虚愿，不待智者而后明也。然而人道必以是自沮焉，又不可也。不见夫叩气而吠之狗乎？其始狼也。虽卧氍毹之上，必数四回旋转踏，而后即安者，沿其鼻祖山中跆藉之习，而犹有存也。然而积其驯伏，乃可使牧羊，可使救溺，可使守藏，矫然为义兽之尤。民之从教而善变也，易于狗。诚使继今以往，用其智力，奋其志愿，由于真实之途，行以和同之力，不数千年，虽臻郅治可也。况彼后人，其所以自谋者，将出于今人万万也哉。居今之日，借真学实理之日优，而思有以施于济世之业者，亦唯去畏难苟安之心，而勿以宴安媮乐为的者，乃能得耳。

欧洲世变，约而论之，可分三际为言：其始如侠少年，跳荡粗豪，于生人安危苦乐之殊，不甚了了。继则欲制天行之虐而不能，侘傺灰心。转而求出世之法，此无异填然鼓之之后，而弃甲曳兵者也。吾辈生当今日，固不当如鄂谟所歌侠少之轻剽，亦不当如瞿昙黄面，哀生悼世，脱屣人寰，徒用示弱而无益来叶也。固将沉毅用壮，见大丈夫之锋颖，强立不反，可争可取而不可降。所遇善，固将宝而维之；所遇不善，亦无憪焉。早夜孜孜，合同志之力，谋所以转祸为福，因害为利而已矣。丁尼孙之诗曰："挂帆沧海，风波茫茫。或沦无底，或达仙乡。二者何择，将然未然。时乎时乎，吾奋吾力。不竦不戁，丈夫之必。"吾愿与普天下有心人，共矢斯志也。（《天演论》）

# 十、 维新派的变法思想与主张

## 导 论

  中国在甲午战争中的失败及战败后签订的《马关条约》，给国人以极大的震动，痛定思痛，时人达成了一个基本的共识：只有变法，才能挽救危局。在此背景之下，酝酿已久的维新思潮由隐而显，一个主张变法的维新群体也渐趋活跃。他们的变法主张不同于那些曾经主导过洋务运动的洋务官僚，具有鲜明的时代特色。

  康门师徒就是这个群体中的重要成员，在戊戌维新中发挥了不可或缺的重要作用。这里的康门师徒除了包括康有为及其万木草堂的入室弟子外，还包括谭嗣同。原因在于谭嗣同虽非康门入室弟子，但却一度私淑康有为，而且，他的思想与康门有着很多相似之处，故而收入其中。之所以将康门师徒的变法思想单独列出，是因为他们的思想既与其他维新思想家有共性，也有康门特有的个性。其共性集中体现在：他们不仅都主张变法，强调变法的急迫性、必要性，而且都主张兴民权、开议院，实行君主立宪；鼓吹自由平等思想，抨击封建纲常明教；主张富国养民，发展资本主义工商业和文化教育事业。在变法途径上，他们都主张学习西方，兴学堂、办报刊、办学会，通过学堂、报刊、学会以"开民智"。这方面的内容在本卷中都有体现。但康门师徒又有不同于其他维新思想家的地方，这种不同反映出康门师徒特有的思想与理论，主要体现在：其一，康门师徒的变法是以由"公羊"学演化而来的"孔子改制"论、"三世"说等为理论基础的，他们在变法思想的阐发中都紧紧围绕此一理论展开，时人称之为"康学"。在其他维新思想家中，虽然也有人在阐发变法思想时用到"孔子改制"说、"三世"说等理论，但数量很少，而且不像康门师徒那样有着系统的理论阐发。其二，康门师徒有着创建孔教的终极关怀，时人称之为"康教"。在他们的思想中"保国"与"创教"是互为因果的。因此，他们大量的论著都在阐发创教的必要性、创教的途径、创教的手段等，而且他们创办的学会、学堂都渗透着强烈的创教关怀，报刊则成为他们创教思想宣传的重要阵地。这一点则是多数维新思想家所没有的，而且也是不被其他维新思想家接受的。这正体现出康门师徒变法思想的特色。

康门师徒之外的其他维新思想家有严复、宋恕、唐才常、何启、胡礼垣、汪康年、章太炎、皮锡瑞等人。与康门师徒相比，这些维新思想家的学术背景不同，其主张变法的路数也比较多元。但是，就其变法思想的共性来说，这些思想家的思想在不同程度上受到了传统思想与西方思想的双重影响，具体而言，儒学思想中的变易观与"公羊"学中的"孔子改制"论、"三世"说无疑是他们阐发变法思想的重要资源；严复翻译的达尔文的进化论特别是斯宾塞的庸俗社会进化论，对当时的维新思想家产生了很大的影响。因此，在这些维新思想家的变法思想中，我们都可以看到上述思想的影响。当然，不同的人对上述两种思想的接受程度也有所不同，其中唐才常、皮锡瑞等人受"公羊"学理论的影响较大，严复、何启则受西方进化论思想影响颇巨，而传统思想中的变易观则是他们变法论说展开的思想底色。就变法内容而言，他们的思想主要集中在以下几个方面：一、主张变法，反对守旧；主张从制度上进行变革，反对洋务派的变器、变事。强调变法的必要性与迫切性，以传统思想中的"三世"说与西方思想中达尔文的生物进化论及斯宾塞的庸俗进化论为理论依据，论证变法的合理性；他们将变法与救亡图存联系起来，强调只有变法才能挽救危局，免于被列强瓜分的噩运。在如何变法的问题上，维新派主张制度变革，批判洋务派的变法流于表面、枝节，认为洋务新政仅停留在变器、变事的层面，根本无法挽救中国被瓜分的命运。因此必须从根本上变法。二、兴民权，开议院，实行君主立宪。维新思想家从西方富强、中国贫弱的现实出发，认真探寻其背后的原因。认为根本在于西方实行民主制度，人人有自主之权；中国则实行专制制度，君权日尊，民权日衰。因此，兴民权乃是中国由贫弱至富强的不二法门。而欲兴民权，必须限制君权。维新思想家们根据西方的民主政治学说重新阐释了君主与国家的起源，否定了君权神授论，并对中国两千多年的君主专制制度给予抨击。在如何"兴民权"的问题上，维新思想家一致认为欲"兴民权"，须先"开民智"。而欲"开民智"，第一，要变科举；第二，要兴学校；第三，要办报刊，译西书。在维新思想家的思想中，开民智、兴民权的最终目的是要实行君主立宪。要实行君主立宪，就必须设议院，议院是实行君主立宪的根本。三、宣传自由平等思想，抨击封建纲常名教。维新思想家们从"天赋人权"的思想出发，积极宣传资产阶级自由、平等思想，论述实现自由、平等的天然合理性。与此同时，维新思想家对封建纲常名教给予激烈抨击。因为只有变封建君主专制制度为资产阶级的君主立宪制度，才能达到变法的目的，因此必须批判封建纲常名教。四、"富国养民"，发展资本主义工商业和文化教育事业。为了发展资本主义工商业，维新思想家们提出了许多具体主张，如废除严重阻碍商品经济发展的厘金制度，切实开垦荒地，保护专利，奖励工艺创新。在文化教育事业中，维新思想家们则主张大力引进西方文明，并以西方文化为参照系，对中国传统文化进行反省和检讨。他们强烈要求改科举，废八股，兴学校，倡女学。同时他们重视风俗改革，大声疾呼禁缠足。

# 1. 康有为的变法思想和主张

## 引　言

　　甲午战败后康有为的变法思想与主张，集中体现在他的一系列上书、奏折及代人草拟的奏折和少量报刊文章中。1895 年春，康有为偕弟子梁启超等进京参加会试，正值甲午战败和《马关条约》签订，于是他乘机起草和发动"公车上书"，这即是康党所谓的"上清帝第二书"。其中提出的"变法"主张，是他维新变法思想的逻辑体现。之后，康有为又先后完成了"上清帝第三书""第四书""第五书""第六书""第七书"。与此同时，康有为通过张荫桓、翁同龢等人的举荐和个人的努力进入到光绪帝的视线，并成为"百日维新"的参与者，通过一系列奏折影响光绪帝的决策。这些上书连同他的其他奏折都在陈述着一个主题，即——变法，包括变法的急迫性、重要性及变法的方案等。传统的变易观和"三世"说为康有为的变法论说提供了重要的思想资源，当然西方的进化论思想对康有为也是有所影响的。

　　由于康有为不同时期的上书、奏折针对的时局和自身所处的位置不同，其所设计的变法方案也不尽相同，康有为议院思想的变化，即体现了其变法思想的前后差异。在"上清帝第二书""第三书"中，康有为提出的设置"议郎"，即形似西方的议员，"议郎"由"士民公举"产生，"十万户而举一人"；其职权为"准其随时请对……三占从二，下施部行"。在"上清帝第四书"中，他明确提出"设议院以通下情"，并有"令天下郡邑十万户而推一人，凡有政事，皇上御门，令之会议，三占从二，立即施行，其省、府、州、县咸令开设，并许受条陈，以通下情"。之后随着康有为进入决策层的视野，康有为对议院的设计也有所不同，到"上清帝第六书"时，便成了"制度局"，"征天下通才二十人为参与，将一切政事、制度重新商定"。这与民选"议郎"已大相径庭。待到《答人论议院书》刊出，康有为更是直言"仆窃以为中国不可行也"。可见，随着康有为成为光绪帝身边的近臣，其变法思想也经历了一个主张"由下而上"推行变法到"由上而下"依靠君权推行变法的演变。但这种变化从康有为戊戌政变后伪作的《戊戌奏稿》中是看不出来的。为了便于研究康有为变法中与政变后思想的差异，本专题还将《戊戌奏稿》伪作的各奏内容附录于后。

康有为变法思想中对日、俄特别是日本明治维新的师法，可谓是他此期变法思想的重要内容。这在其“上清帝第五书”及“第六书”“第七书”中都有着清楚的体现。在“上清帝第五书”中，康有为提出变法三策，其中第一策即“采法俄、日以定国是。愿皇上以俄国大彼得之心为心法，以日本明治之政为政法而已”，而且表示“能行其上，则可以强”。也正因如此，康有为先后向光绪帝进呈了《俄彼得变政记》及《日本变政考》。

## 变则通通则久论

天不能有阳而无阴，地不能有刚而无柔，人不能有常而无变。昔孔子之作“六经”，终以《易》《春秋》。《春秋》发明改制，《易》取其变易，天人之道备矣。若知守常而不知变，是天有阳而可无阴，地有刚而可无柔也。孔子改制，损益三代之法，立三正之义，明三统之道，以待后王。犹虑三不足以穷万变，恐后王之泥之也，乃作为《易》，而专明变易之义，故参伍错综，进退消息，观其会通，以行其典礼。圣人盖深观天道以着为人事，垂法后王，思患而豫防之。孔子之道至此而极矣！

夫天，不变者也，然朝夕之晷，无刻不变矣。况昼夜之显有明晦，冬夏之显有寒暑乎？如使天有昼而无夜，有夏而无冬，万物何从而生？故天惟能变通而后万物成焉。且如极星，所谓不动者也，然唐、虞时在二十四度，今则二十三度二十九分耳。日至，所谓定时也，然高冲卑冲，终无实测焉。若夫风云虹霓珥朓蚀流，日月星辰无刻不变，故至变者莫如天。夫天久而不弊者，为能变也。

地，不变者也，然沧海可以成田，平陆可以为湖，火山忽流，川水忽涸，故至变者莫如地。夫地久而不弊者，为能变也。

夫以天地，不变且不能久，而况于人乎？且人欲不变，安可得哉？自少至老，颜貌万变。自不学而学，心智万变。积微成智，闷若无端，而流变之微，无须臾之停也。

伊尹曰：用其新，去其陈，病乃不存。此道家养生之术。治身如此，治国何独不然？故千年一大变，百年一中变，十年一小变。三代之文明不得不变太古，秦、汉之郡县不得不变三代，此千年之大变者也。盖春秋之世，陆浑、莱、戎、潞、狄尚杂沓中夏，不数百年而至汉武，则已开通西域矣。唐时羁縻州仅北漠，元世则西平印度，破波斯，直至钦察，俱兰马八之境，当今之意大利亚矣。其地变则其治亦变矣。魏文口分世业，府兵之制，至唐之中叶，不能不变为两税、彍骑，两税之后不能不变为一条鞭，彍骑之后不能不变为禁军。汉试士，诸生家法，文吏笺奏，隋、唐不能不变为诗赋，宋不能不变为经义。肉刑之制，汉文不能不变为杖笞，隋文不能不变为徒流。此百年之变也。若夫时有不宜，地有不合，则累朝律例典礼，未有数十年不修改者，此十年之变也。

若泥守不变，非独久而生弊，亦且滞而难行。董仲舒曰：为政不能善治，更张乃可为理，譬病症既变而仍用旧方，陆行既尽而不舍车徒，盛暑而仍用重裘，祁寒而仍用缔绤，非惟不适，必为大害。故能变则秦用商鞅而亦强，不能变则建文用方孝孺而亦败。当变不变，鲜不为害。法《易》之变通，观《春秋》之改制，百王之变法，日日为新，治道其在是矣。（《南海先生四上书记》）

## 上清帝第二书

具呈举人康祖诒等，为安危大计，乞下明诏，行大赏罚，迁都练兵，变通新法，以塞和款而拒外夷，保疆土而延国命，呈请代奏事：

窃闻与日本议和，有割奉天沿边及台湾一省，补兵饷二万万两，及通商苏杭，听机器、洋货流行内地，免其厘税等款，此外尚有缴械、献俘、迁民之说。阅《上海新报》，天下震动。举国廷净，都人惶骇。又闻台湾臣民不敢奉诏，思戴本朝。人心之固，斯诚列祖列宗及我皇上深仁厚泽，涵濡煦覆，数百年而得此。然伏下风数日，换约期迫矣，犹未闻明诏赫然峻拒日夷之求，严正议臣之罪。甘忍大辱，委弃其民，以列圣艰难缔构而得之，一旦从容误听而弃之，如列祖列宗何？如天下臣民何？然推皇上孝治天下之心，岂忍上负宗庙，下弃其民哉！良由误于议臣之言，以谓京师为重，边省为轻，割地则都畿能保，不割则都畿震动，故苟从权宜，忍于割弃也。又以群义纷纭，虽力挽和议，而保全大局，终无把握，不若隐忍求和，犹苟延旦夕也。又以为和议成后，可十数年无事，如庚申以后也。左右贵近，论率如此。故盈廷之言，虽切而不入；议臣之说，虽辱而易行，所以甘于割地、弃民而不顾也。

窃以为弃台民之事小，散天下民之事大；割地之事小，亡国之事大；社稷安危，在此一举，举人等栋折榱坏，同受倾压，故不避斧钺之诛，犯冒越之罪，统筹大局，为我皇上陈之。

何以谓弃台民即散天下也？天下以为吾戴朝廷，而朝廷可弃台民，即可弃我，一旦有事，次第割弃，终难保为大清国之民矣。民心先离，将有见土崩瓦解之患。《春秋》书"梁亡"者，梁未亡也，谓自弃其民，同于亡也。故谓弃台民之事小，散天下民之事大。日本之于台湾，未加一矢，大言恫喝，全岛已割。诸夷以中国之易欺也，法人将问滇、桂，英人将问藏、粤，俄人将问新疆，德、奥、意、日、葡、荷皆狡焉思启。有一不与，皆日本也，都畿必惊；若皆应所求，则自啖其肉，手足腹心，应时尽矣，仅存元首，岂能生存？且行省已尽，何以为都畿也？故谓割地之事小，亡国之事大。此理至浅。童愚可知，而以议臣老成，乃谓割地以保都畿，此敢于欺皇上、愚天下也，此中国所痛哭，日本所阴喜，而诸夷所窃笑者也。

诸夷知吾专以保都畿为事，皆将阳为恐吓都畿，而阴窥边省，其来必速。日本所为日日扬言攻都城，而卒无一炮震于大沽者，盖深得吾情也。恐诸国之速以日本为师也，是我以割地而鼓舞其来也。皇上试召主割地议和之臣，以此诘之，度诸臣必不敢保他夷之不来，而都畿之不震也。则今之议割地、弃民何为乎？皇上亦可以翻然独断矣。或以为庚申和后二十年，乃有甲申之役，二十年中可图自强，今虽割弃，徐图补救。此又敢以美言欺皇上、卖天下者也。

夫治天下者势也，可静而不可动，如箭之在栝，如马之在埒，如决堰陂之水，如运高山之石，稍有发动，不可禁压，当其无事，相视莫敢发难；当其更变，朽株尽可为患。昔者辛巳以前，吾属国无恙也，自日本灭琉球，吾不敢问。于是，法取越南，英灭缅甸，朝鲜通商，而暹罗半翦，不过三四年间，而吾属国尽矣。甲午以前，吾内地无恙也，今东边及台湾一割，法规滇、桂，英规滇、粤及西藏，俄规新疆及吉林、黑龙江，必接踵而来，岂肯迟迟以礼让为国哉？况数十国之逐逐于后乎？譬大病后，元气既弱，外邪易侵，变症百作，岂与同治之时，吾国势犹盛，外夷窥伺情形未洽比哉？且民心既解，散勇无归，外患内讧，祸在旦夕。而欲苟借和款，求安目前，亡无日矣，今乃始基耳。症脉俱见，不待卢扁，此举人等所为日夜忧惧，不惮僭越，而谋及大计也。

夫言战者，固结民心，力筹大局，可以图存；言和者，解散民体，鼓舞夷心，更速其亡。以皇上圣明，反复讲辩，孰利孰害，孰得孰失，必当独断圣衷，翻然变计者。不揣狂愚，统筹大计，近之为可和可战，而必不致割地、弃民之策；远之为可富可强，而断无敌国外患之来。伏乞皇上下诏鼓天下之气，迁都定天下之本，练兵强天下之势，变法成天下之治而已。

何谓鼓天下之气也？天下之为物，譬犹器也，用其新而弃其陈，病乃不存。水积为淤，流则不腐；户闭必坏，枢则不蠹；炮烧则晶莹，久置则生锈；体动则强健，久卧则委弱。况天下大器日摩洗振刮，犹恐尘垢；置而不用，坏废放失；日趋于弊而已。今中国人民咸怀忠义之心，非不可用也。而将吏贪懦，兵士怯弱，乃至闻风哗溃，驯至辱国请和者，得无皇上未有以鼓其气耶？是有四万万之民，而不善用之也。

伏念世祖章皇帝手定天下，开创之圣人也，而顺治十八年中，责躬之诏屡下。穆宗毅皇帝手定艰难，中兴之盛功也，而同治元、二年开罪己之诏至切。天下臣民，伏读感泣，踊跃奋发，然后知列圣创定之功所由来也。《传》谓：禹、汤罪己，兴也勃焉。唐臣陆贽谓：以言感人，所感已浅，言犹不善，人谁肯怀？今日本内犯，震我盛京，执事不力，丧师失地，几惊陵寝，列圣怨恫。皇上为人子孙，岂无有震动厥心者乎？然于今经年，未闻有罪己之诏，责躬咎厉，此枢臣辅导之罪，宜天下之有望于皇上也。

伏乞皇上近法列圣，远法禹、汤，特下明诏，责躬罪己，深痛切至，激厉天下，同雪国耻。使忠臣义士读之而流涕愤发，骄将懦卒读之而感愧忸怩，士气耸动，慷慨效死，人怀怒心，如报私仇。然后皇上用其方新之气，奔走驰驱，可使赴汤蹈火，而岂有闻风哗溃者哉？此列圣善用其民之成效也，故罪己之诏宜下也。

皇上既赫然罪己，则凡辅佐不职、养成溃痈、蔽惑圣聪、主和辱国之枢臣，战阵不力、闻风逃溃、克扣军饷、丧师失地之将帅，与夫擅许割地、辱国通款之使臣，调度非人、守御无备之疆吏，或明正典刑，以寒其胆，或轻予褫革，以蔽其辜，诏告天下，暴扬罪状。其余大僚尸位、无补时艰者，咸令自陈，无妨贤路。庶几朝廷肃然，海内吐气，忭颂圣明，愿报国耻，此明罚之诏宜下也。

大奸既黜，典刑既正，然后悬赏功之格，为不次之擢。将帅若宋庆、依克唐阿，疆吏若张之洞、李秉衡，琼山旧功若冯子材，皆有天下之望，宜有以旌之。或内综枢柄，或外典畿疆，以鼓舞天下。夫循资格者，可以得庸谨，不可以得异材；用耆老者，可以为守常，不可以为济变。不敢言远者，请以近事言之。当同治初年，沈葆桢、李鸿章、韩超皆以道员擢为巡抚，阎敬铭则由臬司擢抚山东，左宗棠则以举人部员赏三品卿，督办军务，刘蓉且以诸生擢四川藩司，逾月授陕西巡抚，用能各展材能，克佐中兴。若汉武帝之用才，明太祖之任吏，皆用不次之拔擢，不测之刑威，用能奔走人才，克成功业。伏读《世祖章皇帝圣训》，屡诏举天下之才，下至山林隐逸，举贡生监，佐贰杂职，皆引见擢用，此诚圣主鼓舞天下之盛心也。今日变甚急，天下未为乏才，而未闻明诏有求才之举，似非所以应非常之变也。夫有非常之事变，即有非常之才应之，同治中兴之臣，率多草泽之士。宋臣苏轼谓：智名勇功之人，必有以养之。伏乞诏下九卿、翰詹、科道、督抚、两司，各举所知，不论已仕未仕，引见擢用，随才器使。昔汉高之于樊哙，每胜增其爵级；其于韩信，一见即拜大将。凡有高材，不次拔擢。天下之士，既怀国耻，又感知遇，必咸致死力，以报皇上，故求才之诏宜下也。

夫人主所以驾驭天下者，爵赏、刑罚也。赏罚不行，则无以作士气；赏罚颠倒，则必至离民心。今闻日本要我以释丧师之将，是欲以散众志而激民变也。苟三诏既下，赏罚得当，士气咸伸，天下必距跃鼓舞，奔走动容，以赴国家之急，所谓下诏鼓天下之气者，此也。

何谓定天下之本也？自古都畿皆凭险阻。自非周公盛德，不敢以洛邑为都，故娄敬挽辂，汉祖移驾，宋汴梁无险，致敌长驱，徽、钦之辱，非独失德使然也。方今旅顺已失，威海既瘝，险阻无有，京师孤立。近自北塘、芦台、神堂、涧河，远自山海、抚宁、昌黎、乐亭、清河、蚕沙，处处可入，无以为防守之计。此次和议即成，而诸夷窥伺，皆可扬帆而达津、沽。《易》曰：王公设险，以守其国。险既失矣，国何可守？故今日大计，必在迁都。

请以前事言之。我朝当道光之时，天下全盛，林则徐督粤，邓廷桢督闽，叠败英酋朴鼎查、额尔金之兵。而移师天津，即开五口，而偿二千万矣。其后道光二十九年，咸丰六年，咸丰八年，皆始战终和，借京师以为要挟，诸口益开，巨款累偿。暨庚申之变，我文宗显皇帝至为热河之狩，焚烧御园，震惊宗庙。至今万寿山营缮虽新，余烬尚在。由是洋人掉臂都畿，知吾虚实。此事非远，皆诸臣所目击，前车易鉴者也。寻五十年来，吾大臣用事及清流进议者，不深维终始，高谈战事。及震动津、沽，宫廷惶骇，则必以战无把握，输款求和。于是尸位无耻之流累借和议以容身。朝廷虽深知主战之直，必不见从；亦明知议和之非，俯徇所请。盖实患既至，非复空言所能抵塞。故外夷所累借以胁制者，皆以吾京师近海之故。彼虽小魳，无求不得；吾虽大胜，终必请和，亦既彰明较著矣。用事者既不早为自强之谋，又不预作迁都之计，夷衅既开，虚憍空谈，相与言战，及稍败魳，震动畏缩，苟幸得和，乃至割根本之地、弃千万之民而亦为之，其不智而失计亦甚矣。

以今事言之，吾所以忍割地、弃民者，为保都畿，安乘舆也。微论将来外夷继轨，都畿终不能保，乘舆终必致惊，而以区区十里之城，弃千里之地、十兆之民以易之，甚非策也。以后事料之，诸夷知我之专保都畿也，咸借端开衅，阳攻都畿以索边省，我必将尽割沿边十余省，以保都畿，是弃天下万里之地、数万万之民，以易区区之都城也。

夫王者有都以治天下耳，岂有割天下以保都城而恃为至计哉！以五十年来前后今事考之，吾之款和输割，皆为都畿边海之故，其事易征，其理易明。昔者苟能自强，虽不迁都，犹可立国；今日虽欲自强，而外夷连轨，计不及待。故非迁都，智者无所骋其谋，勇者无所竭其力，必将坐困胁割尽而后已。夫以一都城之故而亡其国，岂不痛哉！故今日犹言不迁都者，非至愚病狂，则甘心鬻国。大臣既不能预鉴于前，而至辱国，又不补救于后，必至丧邦。皇上圣明，试以诘难诸臣，当无从置喙，或下群臣集议，当亦从同，而后宸衷独断，定议迁都，以安宗庙而保疆土，无逾于此。

或谓我能往，寇亦能往，我迁都以避，寇深入以争，自古迁都之谋，皆遂为偏安之计，此明臣于谦所以力争，而庚申所以止议也。不知古今异形，今昔殊势，外夷政由议院，爱惜民命，用兵甚慎，不敢深入，与古不同，今日本用兵已可概见。我即迁都，可以力战，虽沿边糜烂，而朝廷深固，不为震慑，即无所胁制，主和者无所容其身，主战者得以激其气。岂不鉴于五十年事，而尚以为孤注哉！独不畏徽、钦之辱乎？

或谓国君有死社稷之义，此尤不达经义之瞽也。夫国君者，诸侯之谓，以社稷受之天子，当死守之，犹今地方有司，有城池之责比耳。若天子以天下为家，四方皆可建都立社，何一城之为？明庄烈帝既为迂儒所误，明社遂屋。岂可复以此误我国家哉！且一朝而有数都，自古为然，商凡七迁，周营三邑，汉室二京，唐世两都，及明祖定鼎金陵，永乐乃迁燕蓟，以太子留守南京，宫殿官僚，悉仍旧制，择有司扈从行在，庙社官署，随时增修，永分两京，可以为法。若夫建都之地，北出热河、辽沈，则更迫强敌；南入汴梁、金陵，则非控天险；入蜀则太深；都晋则太近。天府之腴，崤函之固，莫如秦中，近虽水利不开，漕运难至，然都畿既建，百货自归，若借机器、督散军，亦何水利之不开哉？

夫京都建自辽、金，大于元、明，迄今千年，精华殆尽。近岁西山崩裂，屡年大水，城垣隳圮，闾阎房屋，倾坏无数。甚者太和正门、祈年法殿无故而灾，疑其地气当已泄尽。王者顺天，革故鼎新，当应天命，谓宜舍燕蓟之旧京，宅长安为行在。然人情乐于守常，难于移动，以盘庚迁殷，诚谕至烦"三诰"，以魏文迁洛，世臣犹有违言。盖世臣大家，辎重繁多，迁徙不易，听其恋旧，庶免阻挠，自非大有为之君，不易破寻常之论。魏文南征，永乐北伐，皆借巡幸留而作都。皇上既讲明利害，远之防诸夷之联镳，近之距日本之胁制，急断乃成，亟法汉高，即日移驾，奉皇太后巡于陕西，六龙西幸，万人欢庆。幸当讲和之时，民心稍静，择亲藩之望重者留守旧京，车驾从容西狩，择百司扈从，以重兵拥卫，必不虑宵小生心。日人虽欲轻兵相袭，数日乃抵津、沽，而我大兵云集都畿，犹可一战，彼岂敢深入内地，飞越四天门、潼关之险哉？然后扼守函、潼，奠定丰、镐，建为行在，权宜营置，激厉天下，妙选将才，总屯重兵，以二万万之费改充军饷，示之以虽百战百败，沿海糜烂，必不为和。日本既失胁制之术，即破旧京，不足轻重，必不来攻，都城可保。或俯就驾驭，不必割地，和议亦成。即使不成，可以言战矣。故谓迁都以定天下之本者，此也。

何谓强天下之势也？凡两物相交，必有外患，兽有爪牙之卫，人有甲胄之蔽，列国并立，兵者，国之甲胄也。昔战国之世，魏有武卒，齐有轻骑，秦有武士。楚庄投袂，屦及剑及，即日伐宋。盖诸国并骋，无日不训讨军实，国乃可立。今环地球五十余国，而泰西争雄，皆以民为兵，大国练兵至百余万。选兵先以医生视其强弱，乃入学堂学习布阵、骑击、测量、绘图。其阵法、营垒、器械、枪炮，日夕讲求，确有程度。操练如真战，平居如临敌，所由雄视海内也。日本步武其后，遂来侮我。而我犹守大一统之旧制以待之，不训兵备，至有割地款和之事。今日氛未已，不及精练，然能将卒相知，共其甘苦，器械精利，壮其胆气，亦可自用，选将购械，犹可成军。

夫用兵者，用其气也。老将富贵已足，无所愿望，或声色销铄，精气竭衰，暮气已深，万不能战。即或效忠，一死而已，丧师辱国，不可救矣。近者杨芳失律于粤城，鲍超骄蹇于西蜀，令彼再如为兵时跳身坐炮眼上，岂可得哉？此赵惠王所以致疑于廉颇，光武所以不用马援也。伏读《圣祖仁皇帝圣训》，亦以老将气衰不能用，此真圣人之远谟也。惟少年强力，贱卒怀赏，故敢万死以求一生。故选将之道，贵新不贵陈，用贱不用贵。且外夷战备日新，老将多恃旧效，昧于改图，故致无功。今请更练重兵，以待敌变。都畿根本至重，必有忠勇谋略下士爱民之督抚，如李秉衡之流者，专督畿辅之军，假令便宜，令其密选将才十人，不拘资格，各练十营，日夜训练，厉以忠义，激以国耻，择其精悍，优其饷糈，以为选锋。既有李克用之义儿，李成梁之家丁，缓急可恃，得此五万，都畿可守。再有将才，可以续练。前敌之宋庆、魏光焘、李光久，宿将之冯子材，并一时人望，可咨以将才，假以便宜，悉用选锋，厉以仇耻，沿边疆臣，亦宜选振作有为之人，不宜用衰老资格之旧，各选将才，各练精兵万人。并饬绅士各自团练，遇有警迫，坚壁清野，并请敕下群臣，外至守令，传谕绅士，有忠义沉毅慷慨知兵之士，不拘资格，悉令荐举，引见拔用，或交关内外军差遣。各县草泽中，皆有魁梧任气忠义谋略之士，责令州县各荐一人，拔十得一，才不可胜用，必有干城之选，足应国家之急者。是谓选将。

《管子》谓：器械不精，以卒予敌。外夷讲求枪炮，制作日新。枪则德有得来斯枪、毛瑟枪，法有沙士钵枪，英有亨利马梯尼枪，美有哈乞开司枪、林明敦枪、秘薄马地尼枪，俄有俾尔达奴枪，而近者英之黎姆斯枪为尤精。炮自克虏伯炮、嘉立炮外，近有毒烟开花炮、空气黄药大炮，以及暗炮台、水底自行船、机器飞车、御敌戎衣、测量炮子表，巧制日新。日本步武泰西，亦能自制新器，曰苗也理枪。而我中国未能创制，只购旧式，经办委员不解制造，于坚轻远准速无所谙晓，或以旧枪改充毛瑟，贪其价廉，乃不可用，其中饱者益无论。闻近来所购者，多暹罗废枪，香港以二两八钱购得，而中国以十二两购之。查同治十三年，德之攻法，每分时枪十余响。光绪三年，俄之攻土，枪三十余响。至日之犯我，枪乃六十余响。我师溃败，虽将士不力，亦器械不精，故胆气不壮，有以致之。故吾非悬重赏，以厉新制，不足取胜。今不及办，宜选精于制造操守廉洁之士，专购英黎姆斯枪十数万，以备前敌，并广购毒烟空气之炮、御敌之衣，庶器械精利，有恃无恐，是谓购械。

又我南洋诸岛民四百万，虽久商异域，咸戴本朝。以丧师割地为外夷姗笑，其怀愤怒过于内地之民，其人富实，巨万之资以数千计，通达外情，咸思内归中国，团成一军，以雪国耻。特去天万里，无路自通。若派殷商，密令举办，派公忠智略通达商情之大臣领之，或防都畿，或攻前敌，并令联通外国，助攻日本，或有奇功。所谓练兵以强天下之本者，此也。

然凡上所陈，皆权宜应敌之谋，非立国自强之策也。伏念国朝法度，因沿明制，数百年矣。物久则废，器久则坏，法久则弊。官制则冗散万数，甚且鬶及监司，教之无本，选之无择，故营私交赂，欺饰成风，而少忠信之吏。学校则教及词章诗字，寡能讲求圣道，用非所学，学非所用，故空疏愚陋，谬种相传，而少才智之人。兵则绿营老弱，而募勇皆乌合之徒。农则地利未开，而工商无制造之业。其他凡百积弊，难以遍举。而外国奇技淫巧，流行内地，民日穷匮，乞丐遍地，群盗满山，即无外衅，精华已竭，将有他变。方今当数十国之觊觎，值四千年之变局，盛暑已至，而不释重裘，病症已变，而犹用旧方，未有不暍死而重危者也。

窃以为今之为治，当以开创之势治天下，不当以守成之势治天下；当以列国并立之势治天下，不当以一统垂裳之势治天下。盖开创则更新百度，守成则率由旧章。列国并立则争雄角智，一统垂裳则拱手无为。言率由则外变相迫，必至不守不成；言无为而诸国交争，必至四分五裂。《易》曰：穷则变，变则通。董仲舒曰：为政不调，甚者更张，乃可谓理。若谓祖宗之法不可变，则我世祖章皇帝何尝不变太宗文皇帝之法哉？若使仍以八贝勒旧法为治，则我圣清岂能久安长治乎？不变法而割祖宗之疆土，驯至于亡，与变法而光宗庙之威灵，可以大强，孰轻孰重，孰得孰失，必能辨之者。

不揣狂愚，窃为皇上筹自强之策，计万世之安，非变通旧法，无以为治。变之之法，富国为先。户部岁入银七千万，常岁亦已患贫，大农仰屋，罗掘无术，鬻官税赌，亦忍耻为之，而所得无几。然且旱潦河灾，船炮巨帑，皆不能举。闻日本索偿二万万，是使我臣民上下三岁不食乃能给之。若借洋债，合以利息扣折，百年亦无偿理，是自毙之道也。与其以二万万偿日本，何如以二万万以修战备，内变法度哉！

夫富国之法有六：曰钞法，曰铁路，曰机器轮舟，曰开矿，曰铸银，曰邮政。

今奇穷之余，急筹巨款，而可以聚举国之财，收举国之利，莫如钞法。今天下银号报明资本，皆存现银于户部及各省藩库，户部用精工制钞，自一至百，量其多少，皆给现银之数，而加其半，许供赋税禄饷。其大者户部皆助资本，其亏者户部皆代摊偿，助其流通，昭彰大信。巨商乐借国力，富户不患倒亏。以十八行省计之，可得万万。既有官银行，上下相通，若有铁路、船厂大工，可以代筹，军务、赈务要需，可以立办。国家借款，不须重息中饱，外国汇款，无须关票作押。公款寄存，可有入息，钞票通行，可扩商务。今各省皆有银票钱票，而作伪万种，利不归公，何如官中为之，骤可富国哉？此钞票宜行一。

可缩万里为咫尺，合旬月于昼夜，便于运兵，便于运械，便于赈荒，便于漕运，便于百司走集，便于庶士通学，便于商贾运货，便于负担谋生，便于通言语，一风俗。有此数便，不费国帑而可更得数千万者，莫如铁路。夫铁路之利，天下皆知。山海关外，久已兴筑，今方运兵，其效已见，所未推行直省者，以费巨难筹耳。若一付于民，出费给牌，听其分筑，官选通于铁路工程者，画定行省郡县官路，明定章程，为之弹压保护，凡军务、运兵、运械、赈荒，皆归官用，酌道里远近，人数繁寡，收其牌费。吾民集款力自能举，无使外国收我利权。天下铁路牌费，西人计之，以为可得七千万，且可移民出于边塞，而荒地辟为腴壤，商货溢于境外，而穷闾化为富民。俄人珲春铁路将成，边患更迫，但为防边已当亟筑，况可得巨款哉？且可裁漕运，而省千万之需，去驿铺，而溢三百万之项。此铁路宜行二。

机器厂可兴作业，小轮舟可便利通达。今各省皆为厉禁，致吾技艺不能日新，制作不能日富，机器不能日精，用器兵器，皆多窳败，徒使洋货流行，而禁吾民制造，是自蹙其国也。官中作厂，率多偷减，敷衍欺饰，难望致精，则吾军械安有起色。德之克虏伯，英之黎姆斯，著于海内，为国大用，皆民厂也。宜纵民为之，并加保护。凡作机器厂者，出费领牌，听其创造，轮舟之利，与铁路同，官民商贾，交收其益，亦宜纵民行之，出费领牌，听其拖驶，可得巨款。此机器、轮舟宜行三。

《周官》"丱人"，汉代铁官，开矿之法久矣。美人以开金银之矿富甲四海，英人以开煤铁之矿雄视五洲，其余各国开矿，均富十倍。而藏富于地，中国为最，如云南铜、锡，山西、贵州煤、铁，湖、广、江西铜、铁、铅、锡、煤，山东、湖北铅，四川铜、铅、煤、铁，其最著者，亘古封禁，留待今日。方今国计日蹙，虽极节俭，岂能济此艰难哉？家有重宝，而仰屋嗟贫，无策甚矣。山西煤、铁尤甚，星罗棋布，有百三十万方里，苗皆平衍，品亦上上，德人以为甲于五洲，地球用之千年不尽。又外蒙古，阿尔泰山即金山也，长袤数千里，金产最著，苗亦平衍，有整块数斤者，俄人并为察验绘图。至滇、粤之矿，尤为英、法所窥伺，我若不开，他人入室。今云南已专设矿务大臣，热河、开平亦设官局，并著成效。而未见大利者，皆由矿学之未开，采办之非人也。矿学以比国为最，自山色、石纹、草木、苗脉、子色，皆有专书。宜开矿学，专延比人教之，且为踏勘。购机器以省人工，筑铁路以省转运，二十取一而无定额税，选才督办而无滥私人，则吾金、银、煤、铁之富，可甲地球。此矿务宜开四。

钱币三品以通有无，其制最古。自濠镜通商，洋银流入中国，渐遍内地，及于京师。观其正朔，则耶稣之年号，而非吾之纪元也，是谓无正朔。

考其漏卮，则每岁运入约数百万，进口无说，八成夹铅，而换我足银，市价涨落七钱二分之重，或有涨至八钱者，多方折耗，是谓大漏卮。名实俱亡，吾政之失，孰大于是！而吾元宝及锭，形体既难握携，分两又无一定，有加耗、减水、折色、贴费之殊，有库平、规平、湘平、漕平之异，轻重难定，亏耗滋多。而彼重率有定，体圆易握，人情所便，其易流通固也。查泰西皆用本国之银，如俄用卢布，德用马克，奥用福禄林，英用喜林，外国银钱不许通用。我宜自铸银钱，以收利权。今广东已开局铸银，但患经费不敷，未能扩充以铸大圆耳。夫金银质软，只用九成。查美国铸银，每刻可成大圆一千二百，而每圆之利，三分移作制造之费，犹有余饶，利亦厚矣。请饬下户部，预筹巨款，并令行省皆开铸银局，其花纹年号，式样成色，皆照广东铸造，增置大圆。由督抚选廉吏精明专司此局，厚其薪水，严其刑罚，督抚以时月抽提，户部以化学核验。他日矿产既盛，增铸金钱，抵禁洋圆，改铸钱两，令严而民信，可以塞漏卮，而存正朔矣。此铸银宜行者五。

我朝公牍文移，谕旨奏折，皆由塘驿汛铺传递，而军务加紧，又有驿马遍布天下。设官数百，养夫数万，岁费帑三百万两，而民间书札不得过问。资费厚重，犹复远寄艰难，消息浮沉，不便甚矣！查英国有邮政局寄带公私文书，境内之信费钱二十，马车急递，应时无失，民咸便之，而岁入一千六百余万。我中国人四万万，书信更多，若设邮政局以官领之，递及私书，给以凭样，与铁路相辅而行，消息易通，见闻易广，而进坐收千余万之款，退可省三百万之驿，上之利国，下之便民。此邮政宜行六。

行之六者，国不患贫矣。然百姓匮乏，国无以为富也。中国生齿，自道光时已四万万，今经数十年休养生息，不止此数。而工商不兴，生计困蹙，或散之他国，为人奴隶，或啸聚草泽，蠹害乡邑，虽无外患，内忧已亟。夫国以民为本，不思养之，是自拔其本也。

养民之法：一曰务农，二曰劝工，三曰惠商，四曰恤穷。

天下百物皆出于农，我皇上躬耕，皇后亲蚕，董劝至矣。而田畯之官未立，土化之学不进。北方则苦水利不辟，物产无多；南方则患生齿日繁，地势有限。遇水旱不时，流离沟壑，尤可哀痛，亟宜思良法以救之。外国讲求树畜，城邑聚落，皆有农学会，察土质，辨物宜。入会则自百谷、花木、果蔬、牛羊牲畜，皆比其优劣，而旌其异等，田样各等，机车各式，农夫人人可以讲求。鸟粪可以肥培壅，电气可以速长成，沸汤可以暖地脉，玻罩可以御寒气，刈禾则一人可兼数百工，播种则一日可以三百亩。择种一粒，可收一万八百粒，千粒可食人一岁，二亩可养人一家。瘠壤可变为腴壤，小种变为大种，一熟可为数熟。吾地大物博，但讲之未至，宜命使者择其农书，遍于城镇，设为农会，督以农官。农人力薄，国家助之。比较则弃楛而从良，鼓舞则用新而去旧，农业自盛。若丝、茶为中国独擅，恃为大利。而近年意大利、法兰西、日本皆讲蚕桑，印度、锡兰茶叶与吾敌，夺我之利，致吾衰减至千余万。而吾养蚕未善，种茶未广，再不讲求，中国之利源塞矣。宜设丝茶局，开丝茶学会，力求振兴，推行各省。其余东南种棉蔗，西北讲牧畜。棉以纺织，蔗以为糖，牛毛之毳，可以织呢绒毡毯，以及沙漠可以开河种树，海滨可以渔网取鱼。种树之利，俄在西伯利部岁入数百万，渔人之计，美之沿海可得千余万。今林木之运，罐头之鱼，中国销流甚盛，宜有以抵拒之。又美国养蜂，西人以为能尽其利，所入等于旧金山之金矿，宜有以鼓励之。此务农宜行一也。

《周官》"考工"，《中庸》"劝工"。诸葛治蜀，工械技巧，物究其极；管仲治齐，三服女工，衣被天下。木牛之制，指南之车，富强之效也。尝考欧洲所以骤强之由，自嘉庆十二年英人始制轮船，道光十二年即犯我广州，遂辟诸洲属地四万里。自道光二十五年后铁路创成，俄人以光绪二年筑铁路于黑海、里海，开辟基洼、河尔霸等国六千里，其余电线、显微镜、德律风、留声筒、轻气球、电气灯、农务机器，虽小技奇器，而皆与民生国计相关。若铁舰、炮械之精，更有国者所不能乏。前大学士曾国藩手定大难，考知西人自强之由，创议开机器之局。近者各直省渐为增设，而只守旧式，绝无精思，创为新制，盖国家未尝教之也。宜令各州县咸设考工院，译外国制造之书，选通测算学童，分门肄习，入制造厂阅历数年。工院既多，图器渐广，见闻日辟，制造日精。凡有新制绘图贴说，呈之有司，验其有用，给以执照，旌以功牌，许其专利。工人自为身名，必殚精竭虑，以求新制。枪炮之利，器用之精，必有以应国家之用者。彼克虏伯炮、毛瑟枪，为万国所必需，皆民造也。查美国岁给新器功牌一万三千余，英国三千余，法国千余，德国八百，奥国六百，意国四百，比利时、嗹国、瑞士皆二百余，俄国仅百余，故美之富，冠绝五洲，劝工之法，莫善于此。此劝工宜行二也。

凡一统之世，必以农立国，可靖民心；并争之世，必以商立国，可侔敌利，易之则困敝矣。故管仲以轻重强齐国，马希范以工商立湖南。且夫古之灭国以兵，人皆知之；今之灭国以商，人皆忽之。以兵灭人，国亡而民犹存；以商贾灭人，民亡而国随之。中国之受毙，盖在此也。今外国鸦片之耗我，岁凡三千三百万，此则人尽痛恨之，岂知洋纱、洋布岁耗凡五千三百万。洋布之外，用物如洋绸、洋缎、洋呢、漳绒、羽纱、毡毯、毛巾、花边、钮扣、针、线、伞、灯、颜料、箱箧、磁器、牙刷、牙粉、肥皂、火油，食物若咖啡、吕宋烟、夏湾拿烟、纸卷烟、鼻烟、洋酒、火腿、洋肉脯、洋饼、洋糖、洋盐、药水、丸粉、洋干果、洋水果，及煤、铁、铅、铜、马口铁、材料、木器、钟表、日规、寒暑针、风雨针、电气灯、自来水、玻璃镜、照相片、玩好淫巧之具，家置户有，人多好之，乃至新疆、西藏亦皆销流，耗我以万万计。而我自丝、茶减色，不敌鸦片，其余自草帽辫、驼毛、羊皮、大黄、麝香、药料、绸缎、磁器、杂货不值三千万，值得其洋布之半数。而吾民内地则有厘捐，出口则有重税，彼皆无之。吾物产虽盛，而岁出万万，合五十年计之，已耗万兆，吾商安得不穷！今日本且欲通及苏、杭、重庆、梧州，又加二万万之偿款。吾民精华已竭，膏血俱尽，坐而垂毙，弱者转于沟壑，强者流为盗贼，即无外患，必有不可言者。似宜特设通商院，派廉洁大臣长于理财者，经营其事。今各直省设立商会、商学、比较厂，而以商务大臣统之，上下通气，通同商办，庶几振兴。商学者何？地球各国贸易条理繁多，商人愚陋，不能周识，宜译外国商学之书，选人学习，遍教直省，知识乃开，然后可收外国之利。商会者何？一人之识未周，不若合众议；一人之力有限，不若合公股；故有大会、大公司。国家助之，力量易厚，商务乃可远及四洲。明时葡萄牙之通澳门，荷兰之收南洋，英人乾隆时之取印度，道光时之犯广州，非其政府之力，乃其公司之权。盖民力既合，有国助之，不独可以富强，且可以辟地，商会所关，亦不少矣。比较厂者何？泰西赛会，非骋游乐，所以广见闻，发心思，辨良楛。凡物有比较，优劣易见，则劣者滞消，而优者必行。彼之货物流行中土，良由此法。今我并宜设立此厂，于是广纺织以敌洋布，造用物以敌洋货。上海造纸，关东卷烟，景德制窑，苏、杭织造，北地开葡萄园以酿酒，山东制野蚕茧以成丝，江北改土棉而纺纱，南方广蔗园而制糖，皆与洋货比较，精妙华彩，务溢其上。又令吾领事探其所好，投其所欲，更出新制，且以夺其利，敌其货而已。然后蠲厘金之害以慰民心，减出口之税以扩商务。此外发金、银、煤、铁之利，足以夺五洲；制台舰枪炮之精，可以横四海。故惠商宜行三也。

我生齿既繁，铁路未开，运货为难。即以北口之皮，京师之煤，天津之货，作货者人四百，而运货者人六百，生之者少，食之者多。其余穷困无业，游散无赖，所在皆是。京师四方观望，而乞丐遍地，其他孤老残疾，无人收恤，废死道路，日日而有。公卿士夫，车声隆隆，接轸不问，直省亦然。此皆皇上赤子也，皇上不忍匹夫之失所，但九重深居，清道乃出，不知之耳。若亲见其呼号无诉，脓疡卧道，岂忍目睹乎！以一人而养天下，势所不给，宜设法收恤之。恤之之法：一曰移民垦荒。西北诸省，土旷人稀，东三省、蒙古、新疆疏旷益甚，人迹既少，地利益以不开，早谋移徙，可以辟利源，可以实边防，非止养贫民而已。移有三：曰罪遣，今俄国徙希利尼党于西伯利部，而西伯利部以开；曰认耕，英之喀拿大、新疆般鸟各岛，美之密士失必河东南各省，巴西全国是也；曰贸迁，荷兰南洋诸岛，皆商留者也。英自移民之后，辟地过本国七十倍，民益繁盛，岂有苦其生齿之繁而弃之。今我民穷困，游散最多，为美人佣奴，然犹不许，且以见逐，澳洲南洋各岛效之，数百倍之民失业来归，何以安置？不及早图，或为盗贼，或为间谍，不可收拾。今铁路未成，迁民未易，若铁路成后，专派大臣以任此事，予以谋生之路，共有乐土之安，百姓乐生，边境丰实，一举数善，莫美于是。二曰教工。《周礼》有"里布"以罚不毛，"圜土"以警游惰。游民无赖，小之作奸，大之为盗。宜令州县设立警惰院，选善堂绅董司之。凡无业游民，皆入其中，择其所能，教以艺业。绅董以其工业鬻给其食，十一取之，以充经费，限禁出入，皆有程度。其有大工大役，以军法部署，俾充役作。其能改过，取保乃放，再犯不赦。其小过犯人，皆附入之，等其轻重，以为岁月。其乞丐之非老弱残疾，咸收于外院，工作如之。穷民得食，而良民赖安，仁政之施，似难缓此。三曰养穷。鳏寡孤独，疲癃残疾，盲聋喑哑，断者侏儒，民之无告，先王最矜，皆常饩焉。

宜令各州县市镇聚落，并设诸院，咸为收养，皆令有司会同善堂，劝筹巨款，妥为经理司其事。经理有效，穷民乐之，联名请奖，许照军功劳绩奖励，则无一夫之失所，其于皇仁岂为小补？民心固结，国势系于苞桑矣。故恤穷宜行四也。

然富而不教，非为善经；愚而不学，无以广才。是在教民。学校之设，选举之科，先王之法盛矣。然汉、魏以经学举孝廉，唐、宋以词赋重进士，明以八股取士，我朝因之，诵法朱子，讲明义理，亦可谓法良意美矣。然功令禁用后世书，则空疏可以成俗；选举皆限之名额，则高才多老名场。况得之则词馆而躐公卿，偕于且夕；失之则耆硕不闻征聘，终老茅菅。题难，故少困于搭截，知作法而忘义理；额隘，故老逐于科第，求富贵而废学业。标之甚高，束之甚窄。甚至鉴于明末，因噎废食，上以讲学为禁，下以道学为笑，故任道之儒既少，才智之士无多，乃至嗜利无耻，荡成风俗，而国家缓急，无以为用。法弊至此，亦不得不少变矣。若夫小民识字已寡，或有一省而无礼律之书，一县而无童蒙之馆，其为不教，甚矣。

夫天下民多而士少，小民不学，则农工商贾无才。产物成器，利用厚生，既不能精；化民成俗，迁善改过，亦难为治，非覆帱群生之意也。故教育及于士，有逮于民，有明其理，有广其智。能教民，则士愈美；能广志，则理愈明。今地球既辟，轮路四通，外侮交侵，闭关未得，则万国所学，皆宜讲求。宋臣姚燮谓：我之所为，彼皆知之；彼之所为，我独不闻，安得不为所制乎？尝考泰西之所富强，不在炮械军兵，而在穷理劝学。彼自七八岁人皆入学，有不学者责其父母，故乡塾甚多。其各国读书识字者，百人中率有七十人。其学塾经费，美国乃至八千万。其大学生徒，英国乃至一万余。其每岁著书，美国乃至一万余种。其属郡县，各有书藏，英国乃至百余万册。所以开民之智者亦广矣。而我中国文物之邦，读书识字仅百之二十，学塾经费少于兵饷数十倍，士人能通古今达中外者，郡县乃或无人焉。

夫才智之民多则国强，才智之士少则国弱。土耳其天下陆师第一而见削，印度崇道无为而见亡，此其明效也。故今日之教，宜先开其智。武科弓刀步石无用甚矣。《王制》谓：裸股肱，决射御，出乡不与士齿。此武后之谬制，岂可仍用哉？同治元年，前督臣沈葆桢请废武科，近年词臣潘衍桐请开艺学。今宜改武科为艺学，令各省、州、县遍开艺学书院。凡天文、地矿、医律、光重、化电、机器、武备、驾驶，分立学堂，而测量、图绘、语言、文字皆学之。选学童十五岁以上入堂学习，仍专一经，以为根本；延师教习，各有专门。学政有司，会同院师，试之以经题一论及专门之业，通半中选，不限名额，得荐于省学，谓之秀才，比之诸生。五年不成者出学。省学书器益多，见闻益广，学政督抚会同其院师，每岁试其专门之业，增以经，一论史，一考掌故，一策，通半中选，不限名额，贡于京师，谓之举人。五年不成者出学。京师广延各学教习，图器尤盛，每岁总裁，礼部会同大教习试之，其法与省学同，不限名次，及半中选，谓之进士。三年不成者出学。其进士得还为艺学州、县总教习，其举人得为分教习，并听人聘用。其诸生得还教其乡学塾及充作各厂。其文科童试，即以经古场为正场，自古经解一，专门之学一。二场试"四书"文一，中外策一，诗一，亦及格即取，不限名额。每场考试，人数不得过三百。增设学政，每道一人，可从容尽力矣。其乡会试，头场"四书"义一，"五经"解一，诗一，纵其才力，不限格法，听其引用，但在讲明义理，宗尚孔子。二场掌故、策五道。三场问外国考五道，及格者中，不限名额。殿试策问，不论楷法，但取直言极谏，条对剀切者入翰林。其文科、艺科愿互应者听。其有创著一书，发明新义，确实有用者，皆入翰林，进士授以检讨，举人授以庶吉士，诸生授以待诏。如是则天下之士才智大开，奔走鼓舞，以待皇上之用。其余州、县、乡、镇，皆设书藏，以广见闻。若能厚筹经费，广加劝募，令乡落咸设学塾，小民童子，人人皆得入学，通训诂名物，习绘图算法，识中外地理、古今史事，则人才皆可胜用矣。

《周官》"诵方""训方"，皆考四方之慝，《诗》之《国风》《小雅》，欲知民俗之情。近开报馆，名曰新闻，政俗备存，文学兼存，小之可观物价，琐之可见土风。清议时存，等于乡校，见闻日辟，可通时务。外国农业、商学、天文、地质、教会、政律、格致、武备，各有专门，以为新报，尤足以开拓心思，发越聪明，与铁路开通，实相表里，宜纵民开设，并加奖励，庶裨政教。

然近日风俗人心之坏，更宜讲求挽救之方。盖风俗弊坏，由于无教。士人不励廉耻，而欺诈巧滑之风成；大臣托于畏谨，而苟且废弛之弊作。而

"六经"为有用之书，孔子为经世之学，鲜有负荷宣扬，于是外夷邪教，得起而煽惑吾民。直省之间，拜堂棋布，而吾每县仅有孔子一庙，岂不可痛哉！今宜亟立道学一科，其有讲学大儒，发明孔子之道者，不论资格，并加征礼，量授国子之官，或备学政之选。其举人愿入道学科者，得为州、县教官。其诸生愿入道学科者，为讲学生，皆分到乡落，讲明孔子之道，厚筹经费，且令各善堂助之。并令乡落淫祠，悉改为孔子庙，其各善堂、会馆俱令独祀孔子，庶以化导愚民，扶圣教而塞异端。其道学科有高才硕学，欲传孔子之道于外国者，明诏奖励，赏给国子监、翰林院官衔，助以经费，令所在使臣领事保护，予以凭照，令资游历。若在外国建有学堂，聚徒千人，确有明效，给以世爵。余皆投牒学政，以通语言、文字、测绘、算法为及格，悉给前例。若南洋一带，吾民数百万，久隔圣化，徒为异教诱惑，将沦左衽，皆宜每岛派设教官，立孔子庙，多领讲学生分为教化。将来圣教施于蛮貊，用夏变夷，在此一举。且借传教为游历，可洞夷情，可扬国声，莫不尊亲，尤为大义矣。

夫教养之事，皆由国政。而今官制太冗，俸禄太薄，外之则使才未养，内之则民情不达，若不变通，则无以为养之本也。天下之治，必由乡始。而今知县选之既不择人望，任之兼责以六曹，下则巡检、典史一二人，皆出杂流，岂任民牧？上则藩臬、道府，徒增冗员，何关吏治？若京官则自枢垣、台谏以外，皆为闲散。各部则自掌印主稿以外，徒縻廪禄。堂官每署数四，而兼差反多。文书则每日数尺，而例案繁琐。至于鬻及监司，而吏治坏滥极矣！今请首停捐纳，乃改官制，因汉世太守领令长之制，唐代节度兼观察之条。每道设一巡抚，上通章奏，下领知县，以四五品京堂及藩臬之才望者充之。其知县升为四品，以给御、编检、郎员及道府之爱民者授之。其巡抚之下，增置参议、参军、支判，凡道府同通改授此官。其知县之下，分设功曹、决曹、贼曹、金曹，以州、县进士分补其缺。其余诸吏皆听诸生考充，渐拔曹长，行取郎官。其上总督，皆由巡抚兼管，各因都会，以为重镇。使吏胥之积弊，化为士人；三老之乡官，各由民举。整顿疏通，乃可为治。其京官则太常、光禄、鸿胪可统于礼部，大理可并于刑部，太仆可并于兵部，通政可并于察院，其余额外冗官，皆可裁汰，各营一职，不得兼官。章京领天下之事，宜分以诸曹；翰林为近侍之臣，宜轮班顾问。部吏皆听举贡学习，以升郎曹；通政准百僚奏事，以开言路。骈枝既去，宦途甚清，以彼冗糜，增此廪禄。令其达官有以为舆马仆从之费，而后可望以任事；其小吏有以为仰事俯畜之用，而后可责以守廉。若用魏、隋之制，予以世禄之田，既体群臣，庶多廉吏。

内弊既除，则外交宜讲。春秋子羽能知四国之为，汉武下诏，求通绝域之使，苏武不辱，富弼能争。列国交争，其任重矣。而今使才未养，不谙外务，重辱国体，为夷姗笑。今宜立使才馆，选举贡生监之明敏辨才者，入馆学习，其翰林院曹愿入者听。各国语言、文字、政教、律法、风俗、约章，皆令学习。学成或为游历，或充随员，出为领事，擢为公使，庶几通晓外务，可以折冲。考俄、日之强也，由遣宗室大臣游历各国，又遣英俊子弟诣彼读书。俄主彼得，乃至易作工人，躬习其业，归而变政，故能骤强。我亲藩世爵大臣，与国休戚，启沃圣聪者，而不出都城，寡能学问，非特不通外国之故，抑且未知直省之为。一旦执政，岂能有补？大臣固守旧法，习为因循。虽利国便民，力阻罢议，一误再误，国日以替。宜选令游历三年，讲求诸学，归能著书，始授政事。其余分遣品官，激厉士庶，出洋学习，或资游历，并给凭照，能著新书，皆为优奖，归授教习，庶开新学。则上之可以赞圣聪，下之可以开风气矣。

夫中国大病，首在壅塞，气郁生疾，咽塞致死。欲进补剂，宜除噎疾，使血通脉畅，体气自强。今天下事皆文具而无实，吏皆奸诈而营私。上有德意而不宣，下有呼号而莫达。同此兴作，并为至法，外夷行之而致效，中国行之而益弊者，皆上下隔塞，民情不通所致也。夫以一省千里之地，而唯督抚一二人仅通章奏，以百僚士庶之众，而唯枢轴三五人日见天颜。然且堂廉回隔，大臣畏谨而不敢尽言。州、县专城，小民冤抑而末由呼吁。故君与臣隔绝，官与民隔绝，大臣小臣又相隔绝，如浮屠百级，级级难通，广厦千间，重重并隔。夫天下万物之繁，封圻千里之广，使督抚枢轴皆是大贤，然是数人者，心思耳目所及，必有未周，才力精神之运，必有不逮，以之运骤〔筹〕四海，措置百务，已狭隘不广矣。况知人之哲，自古为难，唐帝失之于共兜，诸葛失之于马谡，任用偶误，一切乖方，而欲倚之以扶危定倾，经营八表，岂不难乎？天下人民四万万，庶士亿万，情伪百端，才智甚广，皇上仅寄耳目于数人，而数人者又畏懦保禄，不敢竭尽，甚且炀灶蔽贤，壅塞圣聪，皇上虽欲通中外之故，达小民之厄，其道无由。名虽尊矣，实则独立于上，遂致有割地弃民之举。皇上亦何乐此独尊为哉？

夫先王之治天下，与民共之，《洪范》之大疑大事，谋及庶人为大同。《孟子》称进贤，杀人，待于国人之皆可。盘庚则命众至庭，文王则与国人交。《尚书》之四目四聪，皆由辟门。《周礼》之询谋询迁，皆合大众。当推先王之意，非徒集思广益，通达民情，实以通忧共患，结合民志。昔汉有征辟有道之制，宋有给事封驳之条。伏乞特诏颁行海内，令士民公举博古今，通中外，明政体，方正直言之士，略分府、县约十万户，而举一人，不论已仕未仕，皆得充选，因用汉制，名曰议郎。皇上开武英殿，广悬图书，俾轮班入直，以备顾问。并准其随时请对，上驳诏书，下达民词。凡内外兴革大政，筹饷事宜，皆令会议于太和门，三占从二，下施部行。所有人员，岁一更换，若民心推服，留者领班。着为定制，宣示天下。上广皇上之圣聪，可坐一室而知四海；下合天下之心志，可同忧乐而忘公私。皇上举此经义，行此旷典，天下奔走鼓舞，能者竭力，富者纾财，共赞富强，君民同体，情谊交孚，中国一家，休戚与共。以之筹饷，何饷不筹？以之练兵，何兵不练？合四万万人之心以为心，天下莫强焉！然后用府兵之法，而民皆知兵，讲铁舰之精，而海可以战。于以恢复琉球，扫荡日本，大雪国耻，耀我威棱。

昔德国相臣毕士麻克，尝以中国之大冠绝四洲，他日恐为欧罗之患，思与诸国分之。后以中国因循不足畏，议遂中止。今若百度更新，以二万里之地，四万万之人，二十六万种之物产，力图自强，此真日本之所大患，毕士麻克之所深忌，而欧罗巴洲诸国所窃忧也。以之西挞俄、英，南收海岛而有余，何至含诟忍耻，割地请款于小夷哉？及今为之，犹可补牢。苟徘徊迟疑，苟且度日，因循守旧，坐失事机，则诸夷环伺，间不容发，迟之期月，事变必来。后欲悔而改作，大势既坏，不可收拾，虽有圣者，无以善其后矣。

且夫天下大器也，难成而易毁；兆民大众也，难静而易动。故先王懔朽索之驭马，虑天命之无常，战战业业，若履渊冰。楚庄王之立国也，无日不训讨军实，虑祸至之无日，戒惧之不可怠；诸葛亮之佐蜀也，工械究极，用兵不戢，屡耀其武。率皆君臣上下，振刮摩厉，乃能自立。稍有因循，即怀、愍蒙尘，徽、钦见虏矣。近日土耳其为回教大国，不变旧法，遂为六大国割地、废君而柄其政。日本一小岛夷耳，能变旧法，乃敢灭我琉球，侵我大国。前车之辙，可以为鉴。

自古非常之事，必待大有为之君。自强为天行之健，志刚为大君之德。《洪范》以弱为六极，大《易》以顺为阴德。《诗》曰：天之方懠，无为夸毗。说者谓夸毗，体柔之人也。伏唯皇上英明天亶，下武膺运，历鉴覆辙，独奋乾纲，勿摇于左右之言，勿惑于流俗之说，破除旧习，更新大政，宗庙幸甚！天下幸甚！

夫无事之时，虽勋旧之言不能入；有事之世，虽匹夫之言或可采。举人等草茅疏逖，何敢妄陈大计，自取罪戾；但同处一家，深虞胥溺。譬犹父有重病，庶孽知医，虽不得汤药亲尝，亦欲将验方钞进。《公羊》之义，臣子一例。用敢竭尽其愚，唯皇上采择焉，不胜冒昧陨越之至，伏唯代奏皇上圣鉴。谨呈。（《公车上书记》）

◎附：公车上书记序

中日和约十一款，全权大臣既画押，电至京师，举国哗然，内之郎曹，外之疆吏，咸有争论，而声势最盛、言论最激者，莫如公车上书一事。初者，广东举人梁启超联名百余，湖南举人任锡纯、文俊铎、谭绍棠各联名数十，首诣察院，呈请代奏。既而福建、四川、江西、贵州诸省继之，既而江苏、湖北、陕、甘、广西诸省继之，又既而直隶、山东、山西、河南、云南诸省继之。盖自三月二十八、三十、四月初二、初四、初六等日（都察院双日堂期）察院门外车马阗溢，冠衽杂沓，言论滂积者，殆无虚晷焉。

书上数日不报，各公车再联十八省同上一书。广东举人康长素者，素有时名，尝以著书被谤议于时，主其事，草疏万八千余字，集众千三百余人，力言目前战守之方，他日自强之道。文既脱稿，乃在宣武城松筠庵之谏草堂传观会议，庵者，前明杨椒山先生故宅也。和款本定于四月十四日在烟台换约，故公呈亦拟定于初十日在察院投递。而七、八、九三日为会议之期，乃一时订和之使，主和之臣，恐人心汹涌，局将有变，遽于初八日请将和款盖用御宝，发使赍行。

是日天本晴丽，风日暄爽；忽以晌午后大雨震电，风雹交作，逾刻而止，即其时也。是时松筠庵坐中议者尚数十百人，咸未谂用宝之举，但觉气象愁惨，相对欷歔，愤悒不得语，盖气机之感召然耶？是夕议者既散归，则闻局已大定，不复可救，于是群议涣散，有谓仍当力争以图万一者，亦有谓成事不说无为蛇足者。盖各省坐是取回知单者又数百人，而初九日松筠之足音已跫然矣，议遂中寝，惜哉！惜哉！此事若先数日为之，则必能上达圣听，虽未必见用，亦庶几以见我中国人心之固，士气之昌。其主持和局者不过数人，而攘臂扼腕，望阙感愤，怀郁国耻如报私仇者，尚千数百辈，未始非国家数百年养士之报也。

试事既毕，计偕者南下及沪，为述此事甚悉，且有录得副本并姓名单见示者。为读一过，虽不免有言之过激，及陈义太高，骤难施行者，然煌煌之文，惊天地泣鬼神矣。因为记其始末，刻其文及其姓氏以告天下，其各省分上之稿尚当汇搜续刻，以存一朝未有之公案焉。

光绪二十一年五月朔，沪上哀的老人未还氏记。（《戊戌奏稿》）

## 上清帝第三书

具呈进士康有为为安危大计，乞及时变法，富国养民，教士治兵，求人材而慎左右，通下情而图自强，以雪国耻，而保疆圉，呈请代奏事：

窃近者朝鲜之衅，日人内犯，致割地赔饷，此圣清二百余年未有之大辱，天下臣民所发愤痛心者也。然辱国之事小，外国皆启觊觎，则瓜分之患大。割地之事小，边民皆不自保，则瓦解之患大。社稷之危未有若今日者。然殷忧所以启圣，外患所以兴邦，为安为危，仍视皇上之措置而已。皇上受祖宗托付之重，孝治天下，所以俯从和议者，岂不欲隐忍一时之耻辱，更图异日之自强哉？天下臣民，皆知皇上之苦衷，亦知皇上之必变计也。

窃谓经此创巨痛深之祸，必当为卧薪尝胆之谋。朝野上下，震动感愤。齐桓不忘在莒，勾践不忘会稽，庶励人心以祈天命。今议成将弥月矣，进士从礼官来，窃见上下熙熙，苟幸无事，具文粉饰，复庆太平。又闻贵近之论，以为和议成后，可十数年无患，保持禄位，从容如故。窃意诸臣必未有以忧危大议，自强大计，日启圣心者。不然，何弥月以来，未闻有非常之诏震动天下？此进士所闻而忧惧，夙夜罔措者也。

曩者开诸口，破都畿，亡越南，失琉球，累经败创矣。诸臣苟安目前，不预筹自强，遂至有今日之事。然向者之败，不过偿金币，失属国而已，虽复苟安，可延旦夕。今则割及内地，渐剶腹心，其势疾瘵。且夫治天下者势也，可静而不可动，如箭之在栝，马之在坂，当其无事，相视莫敢发难。当其更变，朽株尽可为患。昔者吾辛巳以前，属国无恙也，自日本灭琉球，吾不敢问，于是法取越南，英灭缅甸，朝鲜通商，而暹罗半剶，不过三四年间，而吾属国尽矣。甲午以前，吾内地无恙也，今台湾一割，三垂皆界强邻，狡焉思启，岂能以礼让为国哉？况数十国之逐逐于后乎？譬大病后，元气既弱，外邪易侵，变证百作，岂与同治之时，吾国势犹盛，外夷窥伺情形未洽比哉？且民心既解，散勇无归，外患内讧，祸在旦夕，而苟借和款求安目前，亡无日矣，今乃始基耳。

近诸臣纷纷多有告归者。进士登第之始，亦复何心？然恭应殿试，则有"与海内贤能力矢自强"之制策，恭应朝考，则有"变则通、通则久"之御题，伏读感激，发愤流涕。窃以为皇上有变法之盛心，自强之精意，而恳恳求言，真尧、舜之君，可与为中兴之治者也。幸躬逢之，岂可上负圣明？而限于篇幅，未尽所怀。用敢不避斧钺之诛，竭尽其愚，妄筹大计，以副我皇上求言之意。农夫耕而君子食，惟我皇上宽其罪而垂察焉。

夫以中国二万里之地，四万万之民，比于日本，过之十倍，而为小夷慢侮，侵削若刲羊缚豕，坐受剥割，耻既甚矣，理亦难解。皇上试召大小臣工，课诘其故，反覆辨难，必有得其所以然者。若知吾病之所在，所以治病之方，必有得矣。昔武王之用太公，桓公之于管仲，先主之于诸葛亮，太宗之于李靖，讲求治乱得失之故，问答诘难皆数万言，皇上与诸臣讲求自强之法，有是事否？诸臣有通古今，达中外，能应明问，如太公、管仲、诸葛亮之伦否？若有之也，其未行也，何以见辱于小夷哉？若无之也，则文具废弛，安卧于薪火之上，何以立于四夷交侵之世乎？

夫中国二千年来，以法治天下，而今国势贫弱，至于危迫者，盖法弊致然也。夫祖宗法度治天下数百年矣，岂敢谓法之不可行哉？以国朝法度，皆因沿明制故也。物久则废，器久则坏，法久则弊。官制则冗散漫万数，教之无本，选之无择，故营私交贿，欺饰成风，而少忠信之吏。学校则教词章诗字，用非所学，学非所用，故空疏愚陋，谬种相传，而少才智之人。

兵则绿营老弱，而募勇皆乌合之徒。农则地利未开，而工商无制造之业。京官则自枢垣台谏而外，皆为闲散。各部则自掌印主稿以外，徒糜廪禄。堂官则每署数四，而兼差反多，乃无一官之能办。文书则每日数尺，而例案烦琐，遂无事之能行。督责则藩、臬、道员皆为赘旒，亲民则典、史、巡检皆为杂职。至于鬻及监司，而官方不可问矣。其他凡百积弊，难以遍举。而外国奇技淫巧，流行内地，民日穷匮，乞丐遍地，群盗满山，即无外衅，精华已竭，将有他变。方今当数十国之觊觎，值四千年之变局，盛暑已至，而不释重裘，病症已变，而犹用旧方，未有不暍死而重危者也。

窃以为今之为治，当以开创之势治天下，不当以守成之势治天下。当以列国并立之势治天下，不当以一统垂裳之势治天下。盖开创则更新百度，守成则率由旧章。列国并立，则争雄角智。一统垂裳，则拱手无为。言率由则外变相迫，必至不守不成。言无为而诸夷产争，必至四分五裂。《易》曰：穷则变，变则通。董仲舒曰：为政不调，甚者更张，乃可谓理。若谓祖宗之法不可变，则我世祖章皇帝何尝不变太宗文皇帝之法哉？若使仍以八贝勒旧法为治，则我圣清岂能久安长治乎？不变法而割祖宗之疆土，驯至于亡，与变法而光庙之威灵，可以立强，孰轻孰重，孰得孰失，必能辨之者。

不揣狂愚，窃为皇上筹自强之策，计万世之安，非变通旧法，无以为治。变之之法，富国为先，户部岁入银七千万，常岁亦已患贫，大农仰屋，罗掘无术，鬻官税赌，亦忍耻为之，而所得无几。然且旱潦遍灾，船炮巨帑，皆不能举，加日本索偿二万万，是使我臣民上下，三岁不食，乃能给之，若借洋债，合以利息，扣折百年，亦无偿理。若非大变讲求，是坐待自毙也。

夫富国之法有六：曰钞法，曰铁路，曰机器轮舟，曰开矿，曰铸银，曰邮政。

今奇穷之余，急筹巨款，而可以聚举国之财，收举国之利，莫如钞法。令天下银号报明资本，皆存现银于户部及各省藩库，户部用精工制钞，自一至百，量其多少，皆给现银之数，而加其半，许供赋税禄饷。其大者户部皆助资本，其亏者户部皆代摊偿，助其流通，昭彰大信。巨商乐借国力，富户不患倒亏。以十八行省计之，可得万万。既有官银行，上下相通，若有铁路、船厂、大工，可以代筹，军务账务要需，可以立办。国家借款，不须重息中饱，外国汇款，无须关票作押。公款寄存，可有入息，钞票通行，可扩商务。今各省皆有银票钱票，而作伪万种，利不归公，何如官中为之，骤可富国哉？此钞票宜行者一。

可以缩万里为咫尺，合旬月于昼夜，便于运兵，便于运械，便于赈荒，便于漕运，便于百司走集，便于庶士通学，便于商贾运货，便于负担谋生，便于通言语，一风俗。有此数便，不费国帑而可更得数千万者，莫如铁路。夫铁路之利，天下皆知。山海关外，久已兴筑，今方运兵，其效已见。所未推行直省者，以费巨难筹耳。若一付于民，出费给牌，听其分筑，官选通于铁路工程者，画定行省郡县官路，明定章程，为之弹压保护，凡军务、运兵、运械、赈荒，皆归官用，酌道里远近，人数繁寡，收其牌费。西人计之，以为可得七千万，且可移民出于边塞，而荒地辟为腴壤，商货溢于境外，而穷黎化作富民。俄人珲春铁路将成，边患更迫。但为防边已当急筑，况可得巨款哉？且折漕运，而省千万之需，去驿铺，而溢三百万之项。此铁路宜行者二。

机器厂可兴作业，小轮舟可便通达。今各省皆为厉禁，致吾技艺不能日新，制作不能日富，机器不能日精，用器兵器，皆多窳败，徒使洋货流行，而禁吾民制造，是自蹙其国也。官中作厂，率多偷减，敷衍欺饰，难望致精，则吾军械安有起色？德之克虏伯，英之黎姆斯，著于海内，为国大用，皆民厂也，宜纵民为之，并加保护。凡作机器厂者，出费领牌，听其创造。轮舟之利，与铁路同，官民商贾，交收其益，亦宜纵民行之，出费领牌，听其拖驶，可得巨款。此机器轮舟宜行者三。

《周官》"卝人"，汉代铁官，开矿之法久矣。美人以开金银之矿富甲五洲，英人以开煤铁之矿雄视四海，其余各国开矿，皆富十倍。而藏富于地，中国为最。如云南铜、锡，山西、贵州煤、铁，湖、广、江西铜、铁、铅、锡、煤，山东、湖北铅，四川铜、铅、煤、铁，其最著者。亘古封禁，留待今日。方今国计日蹙，虽极节俭，岂能济此艰难哉？家有重宝，而仰屋嗟贫，无策甚矣！山西煤、铁尤盛，星罗棋布，有百三十万方里，苗皆平衍，品亦上上，德人以为甲于五洲，地球用之千年不尽。又外蒙古阿尔泰山即金山也，长袤数千里，金产最着，苗亦平衍，有整块数斤者，俄人并为察验绘图。至滇、粤之矿，尤为英、法所窥伺。我若不开，他人入室。今云南已专设矿务大臣，热河开平亦设官局，并著成效。而未见大利者，皆由矿学之未开，采办之非人也。矿学以比国为最，自山色、石纹、草木、苗脉、子色，皆有专书。宜开矿学，专延比人教之，且为踏勘。购机器以省人工，筑铁路以省转运，二十取一而无定额税，选才督办而无滥私人，则吾金、银、煤、铁之富，可甲地球。此矿务宜开者四。

钱币三品以通有无，其制最古。自濠镜通商，洋银流入中国，渐遍内地，及于京师。观其正朔，则耶稣之纪年，而非吾之纪元也，是谓无正朔。考其漏卮，则每岁运入约数百万，进口无税，八成夹铅，而换我足银，市价涨落七钱二分之重，或有涨至八钱者，多方折耗，是谓大漏卮。名实俱亡，吾政之失，孰大于是？而吾元宝及锭，形体既难握携，分两又无一定，有加耗、减水、折色、贴费之殊，有库平、规平、湘平、漕平之异，轻重难定，亏耗滋多。而彼重率有定，体圆易握，人情所便，其易流通固也。查泰西皆用本国之银，如俄用卢布，德用马克，奥用福禄林，英用喜林，外国银钱不许通用。我宜自铸银钱，以收利权。今广东已开局铸银，但患经费不敷，不能扩充，以铸大圆耳。夫金银质软，止用九成。查美国铸银，每刻可成大圆一千二百，而每圆之利，三分移作制造之费，犹有余饶，利亦厚矣。请饬下户部，预筹巨款，并令各直省皆开铸银局，其花纹年号，式样成色，皆照广东铸造，增置大圆。由督抚选精明廉吏专司此局，厚其薪水，严其刑罚，督抚以时月抽提，户部以化学核验。他日矿产既盛，增铸金钱，抵禁洋圆，改铸钱两，令严而民信，可以塞漏卮，而存正朔矣。此铸银宜行者五。

我朝公牍文移，谕旨奏折，皆由塘驿汛铺传递，而军务加紧，又有驿马遍布天下。设官数百，养夫数万，岁费帑三百万两，而民间书札不得过问。资费厚重，犹复远寄艰难，消息浮沉，不便甚矣！查英国有邮政局寄带公私文书，境内之信费钱二十，马车急递，应时无失，民咸便之，而岁入一千六百余万。我中国人四万万，书信更多，若设邮政局以官领之，递及私书，给以凭样，与铁路相辅而行，消息易通，见闻易广，而进坐收千余万之款，退可省三百万之驿，上之利国，下之便民。此邮政宜行者六。

有此六者，国不患贫矣。然百姓匮乏，国无以为富也。中国生齿，自道光时已四万万，今经数十年休养生息，不止此数。而工商不兴，生计困蹙，或散之他国为人奴隶，或啸聚草泽，蠹害乡邑，虽无外患，内变已亟。夫国以民为本，不思养之，是自拔其本也。

养民之法：一曰务农，二曰劝工，三曰惠商，四曰恤穷。

天下百物皆出于农，我皇上躬耕，皇后亲蚕，董劝至矣。而田畯之官未立，土化之学不进。北方则苦水利不辟，物产无多；南方则患生齿日繁，地势有限。遇水旱不时，流离沟壑，尤可哀痛，亟宜思良法以救之。外国讲求树畜，城邑聚落，皆有农学会，察土质，辨物宜。入会则自百谷、花木、果蔬、牛羊牧畜，皆比其优劣，而旌其异等，田样各等，机车各式，农夫人人可以讲求。鸟粪可以肥培壅，电气可以速长成，沸汤可以暖地脉，玻罩可以御寒气，刈禾则一人可兼数百工，播种则一日可及三百亩。择种一粒，可收一万八百粒，千粒可食人一岁，二亩可养人一家。瘠壤可变为腴壤，小种变为大种，一熟可为数熟。吾地大物博，但讲之未至，宜命使者择其农书，遍于城镇设为农会，督以农官。农人力薄，国家助之。比较则叶楛而从良，鼓舞则用新而去旧，农业自盛。若丝、茶为中国大利，而近年意大利、法兰西、日本皆讲蚕桑，印度、锡兰茶叶与吾敌，夺我之利，至吾衰减至千余万。而吾养蚕未善，种茶未广，再不讲求，中国之利源塞矣。宜设丝茶局，开丝茶学会，力求振兴，推行各省。其余东南种棉、蔗，西北讲牧畜。棉以纺织，蔗以为糖，牛毛之毳，可以织呢绒毡毯，以及沙漠可以开河种树，海滨可以渔网取鱼。种树之利，俄在西伯利部岁入数百万；渔人之计，美之沿海可得千余万。今材木之运，罐头之鱼，中国销流甚盛，宜有以抵拒之。又美国养蜂，西人以为能尽其利，所入等于旧金山之金矿，宜有以鼓劝之。此务农宜行一也。

《周官》"考工"，《中庸》"劝工"。诸葛治蜀，工械技巧，物究其极。管仲治齐，三服女工，衣被天下。木牛之运，指南之车，富强之效也。尝考欧洲所以骤强之由，自嘉庆十二年英人始制轮船，而道光十二年即犯我广州，遂辟诸洲属地四万里。自道光二十五年后铁路创成，俄人以光绪二年筑铁路于黑海、里海，开辟基洼、阿尔霸等国六千里，其余电线、显微镜、德律风、传声筒、留声筒、轻气球、电气灯、农务机器，虽小技奇器，而皆与民生国计相关。若铁舰、炮械之精，更有国者所不能乏。前大学士曾国藩手定大难，考知西人自强之由，创议开机器之局。近者各直省渐为增设，而只守旧式，绝无精思，创为新制，盖国家未尝教之也。宜令各州县咸设考工院，译外国制造之书，选通测算学童，分门肄习，入制造厂阅历数年。工院既多，图器自广，见闻日辟，制造日精。凡有新制绘图贴说，呈之有司，验其有用，给以执照，旌以功牌，许其专利。工人自为身名，必殚精竭虑，以求新制。枪炮之利，器用之精，必有以应国家之用者。彼克虏伯炮、毛瑟枪，为万国所必需，皆民造也。查美国岁给新器功牌一万三千余，英国三千余，法国千余，德国八百，奥国六百，意国四百，比利时、嗹国、瑞士皆二百余，俄国仅百余，故美之富冠绝五洲。劝工之法，莫善于此，此劝工宜行二也。

　　凡一统之世，必以农立国，可靖民心。并争之世，必以商立国，可侔敌利，易之则困敝矣。故管仲以轻重强齐国，马希范以工商立湖南。且夫古之灭国以兵，人皆知之；今之灭国以商，人皆忽之。以兵灭人，国亡而民犹存；以商贾灭人，民亡而国随之。中国之受弊，盖在此也。今外国鸦片之耗我，岁凡三千三百万，此则人尽痛恨之，岂知洋纱、洋布岁耗凡五千三百万。洋布之外，用物如洋绸、洋缎、洋呢、漳绒、羽纱、毡毯、手巾、花边、钮扣、针、线、伞、灯、颜料、箱箧、磁器、牙刷、牙粉、胰皂、火油，食物若咖啡、吕宋烟、夏湾拿烟、纸卷烟、鼻烟、洋酒、火腿、洋肉脯、洋饼、洋糖、洋盐、药水、丸粉、洋干果、洋水果，及煤、铁、铅、铜、马口铁、材料、木器、钟表、日规、寒暑针、风雨针、电气灯、自来水、玻璃镜、照相片、玩好淫巧之具，家置户有，人多好之，乃至新疆、西藏亦皆销流，耗我以万万计。而我自丝、茶减色，不敌鸦片，其余自草帽辫、驼毛、羊皮、大黄、麝香、药料、绸缎、磁器、杂货不值三千万，值得其洋布之半数。而吾民内地则有厘捐，出口则有重税，彼皆无之。吾物产虽盛，而岁出万万，合五十年计之，已耗万兆，吾商安得不穷？今日本且欲通及苏、杭，又加二万万之偿款。吾民精华已竭，膏血俱尽，坐而垂毙，弱者转于沟壑，强者流为盗贼，即无外患，已有不可言者。宜特设通商院，派廉洁大臣长于理财者，经营其事。今各直省设立商会、商学、比较厂，而以商务大臣统之，上下通气，通同商办，庶几振兴。商学者何？地球各国贸易条理繁多，商人愚陋，不能周识，宜译外国商学之书，选人学习，遍教直省，知识乃开，然后可收外国之利。商会者何？一人之识未周，不若合众议，一人之力有限，不若合公股；故有大会、大公司。国家助之，力量易厚，商务乃可远及四洲。明时葡萄牙之通澳门，荷兰之收南洋，英人乾隆时之取印度，道光时之犯广州，非其政府之力，乃其公司之权。民力既合，有国助之，不独可以富国，且可以辟地，商会所关，亦不小矣。比较厂者何？泰西赛会，非骋游乐，所以广见闻，发心思，辨良楛。凡物有比较，优劣易见，则劣者滞消，而优者必行。彼之货物流行中土，良由此法。今我并宜设立此厂，于是广纺织以敌洋布，造用物以敌洋货。上海造纸，关东卷烟，景德制窑，苏、杭织造，北地开葡萄园以酿酒，山东制野蚕茧以成丝，江北改土棉而纺纱，南方广蔗园而制糖，比较洋货，务溢其上。又令吾领事探其所好，投其所欲，更出新制，且夺其利，非止敌其货而已。然后蠲厘金之害，减出口之税，发金、银、煤、铁之利，足以夺五洲，制台舰，枪炮之精，可以横四海。故惠商宜行三也。

我生齿既繁，铁路未开，运货为难。即以北口之皮，京师之煤，天津之货，作货之人四百，而运货之人六百，生之者少，食之者多。其余穷困无业，游散无赖，所在皆是。京师四方观望，而乞丐遍地，其他孤老残疾，无人收恤，废死道路，日日而有。公卿士夫，车声隆隆，接轸不问，直省亦然。此皆皇上赤子也，皇上不忍匹夫之失所，但九重深居，清道乃出，不知之耳，若亲见其呼号无诉，脓疡卧道，岂忍目睹乎？以一人而养天下，势所不给，宜设法收恤之。恤之之法：一曰移民垦荒。西北诸省，土旷人稀，东三省、蒙古、新疆疏旷益甚，人迹既少，地利益以不开，早谋移徙，可以辟利源，可以实边防，非止养贫民而已。移之有三：曰罪遣，今俄国徙希利尼党于西伯利部，而西伯利部以开；曰认耕，英之喀拿大、新疆般鸟各岛，美之密士失必河东南各省，巴西全国是也。曰贸迁，荷兰南洋诸岛，皆商留者也。英自移民之后，辟地过本国七十倍，民益繁盛，岂有苦其生齿之繁而弃之。今我民穷困，游散最多，为美人佣奴，然且不许，且以见逐，澳洲、南洋各岛效之，数百万之民失业来归，何以安置？不及早图，或为盗贼，或为间谍，不可收拾。今铁路未成，迁民未易，若铁路成后，专派大臣以任此事，予以谋生之路，共有乐土之安，百姓乐生，边境丰实，一举数善，莫美于是。二曰教工。《周礼》有里布以罚不毛，廛土以警游惰。游民无赖，小之作奸，大之为盗。宜令州县设立警惰院，选善堂绅董司之。凡无业游民，皆入其中，择其所能，教以艺业。绅董以其工业鬻给其食，十一取之，以充经费，限禁出入，皆有程度。其有大工大役，以军法部署，俾充役作。其能改过，取保乃放，再犯不赦。其小过犯人，皆附入之，等其轻重，以为岁月。其乞丐之非老弱残疾者，咸收于外院，工作如之。穷民得食，而良民赖安，仁政之施，似难缓此。三曰养穷。鳏寡孤独，疲癃残疾，盲聋喑哑，断者侏儒，民之无告，先王最矜，皆有常饩焉。宜令各州县市镇聚落，并设诸院，咸为收养，皆令有司会同善堂，劝筹巨款，妥为经理司其事。经理有效，穷民乐之，联名请奖，许照军功劳绩奖励，则无一夫之失所，其于皇仁岂为小补？民心固结，国势系于苞桑矣。故恤穷宜行四也。

然富而不教，非为善经，愚而不学，无以广才。是在教民。学校之设，选举之科，先王之法盛矣。然汉、魏以经学举孝廉，唐宋以词赋重进士，明以八股取士，我朝因之，诵法朱子，讲明义理，亦可谓法良意美矣。然功令禁用后世书，则空疏可以成学。选举皆限之名额，则高才多老名场。况得之则词馆而躐公卿，偕于旦夕。失之则耆硕不闻征聘，终老茅营。题难，故少困于搭截，知作法而忘义理。额隘，故老逐于科第，求富贵而废学业。标之甚高，束之甚窄。甚至鉴于明末，因噎废食，上以讲学为禁，下以道学为笑，故任道之儒既少，才智之士无多，乃至嗜利无耻，荡成风俗，而国家缓急无以为用。法弊至此，亦不得不少变矣。若夫小民识字已寡，或有一省而无礼律之书，一县而无童蒙之馆，其为不教甚矣。

夫天下民多而士少，小民不学，则农工商贾无才。产物成器，利用厚生，既不能精，化民成俗，迁善改过，亦难为治，非覆帱群生之意也。故教有及于士，有逮于民，有明其理，有广其智。能教民，则士愈美。能广志，则理愈明。今地球既辟，轮路四通，外侮交侵，闭关未得，则万国所学，皆宜讲求。宋臣姚燮谓：我之所为，彼皆知之，彼之所为，我独不闻，安得不为所制乎？尝考泰西之所以富强，不在炮械军兵，而在穷理劝学。彼自七八岁人皆入学，有不学者责其父母，故乡塾甚多。其各国读书识字者，百人中率有七十人。其学塾经费，美国乃至八千万。其大学生徒，英国乃至一万余。其每岁著书，美国乃至万余种。其为郡县，各有书藏，英国乃至百余万册。所以开民之智者亦广矣。而我中国文物之邦，读书识字仅百之二十，学塾经费少于兵饷数十倍，士人能通古今、达中外者，郡县乃或无人焉。

夫才智之民多则国强，才智之士少则国弱。土耳其天下陆师第一而见削，印度崇道无为而见亡，此其明效也。故今日之教，宜先开其智。武科弓、刀、步、石无用甚矣。《王制》谓：裸股肱，决射御，出乡不与士齿。此武后之谬制也，岂可仍用哉？同治元年，前督臣沈葆桢请废武科，近年词臣潘衍桐请开艺学。今宜改武科为艺学，令各省、州、县遍开艺学书院。凡天文、地、矿、医、律、光、重、化、电、机器、武备、驾驶，分立学堂，而测量图绘、语言、文字皆学之。选学童十五岁以上入堂学习，仍专一经，以为根本，延师教习，各有专门。学政有司，会同院师，试之以经题策论及专门之学，通半中选，不限名额，得荐于省学，谓之秀才，比之诸生。五年不成者出学。省学书器益多，见闻益广，学政督抚会同其院师，每岁试其专门之业，增以经一、论史一、考掌故策一，通半中选，不限名额，贡于京师，谓之举人。五年不成者出学。京师广延各学教习，图器尤盛，每岁总裁、礼部会同大教习试之，其法与省学同，不限名额，及半中选，谓之进士。三年不成者出学。其进士可还为州、县艺学总教习，其举人得为分教习，并听人聘用。其诸生得还教其乡学塾及充作各厂。其乡会试，纵其才力，不限格法，听其引用，但在讲明义理，宗尚孔子。三场宜增问四裔掌故及天文、地理，及格者中，不限名额。殿试策问，不论楷法，但取直言极谏，条对剀切者入翰林，其文科、艺科愿互应者听。其有创著一书，发明新义，切实有用者，皆量授编检庶常。如是则天下之士才智大开，奔走鼓舞，以待皇上之用。其余州、县、乡、镇，皆设书藏，以广见闻，若能厚筹经费，广加劝募，令乡落咸设学塾，小民童子，人人皆得入学，通训诂名物，习绘图算法，识中外地理、古今史事，则人才不可胜用矣。

《周官》"诵方""训方"，皆考四方之慝，《诗》之《国风》《小雅》，欲知民俗之情。近开报馆，名曰新闻，政俗备存，文学兼述，小之可观物价，琐之可见土风。清议时存，等于乡校，见闻日辟，可通时务。外国农业、商学、天文、地质、教会、政律、格致、武备，各有专门，以为新报，尤足以开拓心思，发越聪明，与铁路开通，实相表里，宜纵民开设，并加奖励，庶裨政教。

然近日风俗人心之坏，更宜讲求挽回之方。盖风俗弊坏，由于无教。士人不励廉耻，而欺诈巧滑之风成。大臣托于畏谨，而苟且废弛之弊作。而"六经"为有用之书，孔子为经世之学，鲜有负荷宣扬，于是外国异教，得起而煽诱吾民。直省之间，教堂棋布，而吾每县仅有孔子一庙，岂不痛哉？

今宜亟立道学一科，其有讲学大儒，发明孔子之道者，不论资格，并加征礼，量授以国子之官，或备学政之选。其举人愿入道学科者，得为州、县教官。其诸生愿入道学科者，为讲学生，皆分到乡落，讲明孔子之道，皆厚筹经费，且令各善堂助之。并令乡落淫祠，悉改为孔子庙，其各善堂、会馆，俱令独祀孔子，庶以化导愚民，扶圣教而塞异端。其道学科有高才硕学，愿传孔子之道于外国者，明诏奖励，赏给国子监、翰林院官衔，助以经费，令所在使臣领事保护，予以凭照，令资游历。若在外国建有学堂，聚徒千人，确有明效，给以世爵。余皆投牒学政，以通语言、文字、测绘、算法为及格，悉给前例。若南洋一带，吾民数百万，久隔圣化，徒为异教诱惑，将沦左衽，皆宜每岛派设教官，立孔子庙，领讲学生分为教化。将来圣教施于蛮貊，用夏变夷，在此一举。且借传教为游历，可通夷情，可扬国声，莫不尊亲，尤为大义矣。

内弊既除，则外交宜讲。春秋子羽能知四国之为，汉武下诏，求通绝域之使，苏武不辱，富弼能争。列国交争，其任重矣。而今使才未养，不谙外务，重辱国体，为夷姗笑。今宜立使才馆，选举、贡、生、监之明敏辨才者入馆学习，其翰林部曹愿入者听。各国语言、文字、政教、律法、风俗、约章，皆令学习。学成或为游历，或充随员，出为领事，擢为公使，庶几通晓外务，可以折冲。考俄国之强也，由遣宗室大臣游历各国，又遣英俊子弟诣彼读书。俄主彼得，乃至易作工人，躬习其业，归而变政，故能骤强。我亲藩世爵大臣，与国休戚，启沃圣聪者也，而不出都城，寡能学问，非特不通外国之故，抑且未知直省之为。一旦执政，岂能有补？大臣执守旧法，习为因循。宜选令游历三年，讲明诸学，归能著书，始授政事。其余分遣品官，激励士庶，出洋学习，或资游历，并给凭照，能著新书，皆予优奖，归授教习，庶开新学，上之可以赞圣聪，下之可以开风气矣。

治体既举，则兵备宜修，然近之言事者莫不知言器械军兵矣，然兵无一能练，器无一能用，则以有末而无本故也。昔战国之士，魏有苍头，齐有武骑，秦有百金死士，楚能投袂伐宋。近者德、法之役，十三日失和，十七日即移兵二十四万，度礼吴河而压法境矣。盖列国并争，无日不训讨军实，戒惧不怠，国乃可立。

今诸夷交伺，辽、台有变，治兵之法，益与古异。自德人作内政，寄军令而胜法，民尽为兵，各国畏之，莫不更变。俄兵三百余万，德、奥亦百余万。选兵先以医生视其强弱，乃入学堂，学习布阵骑击，测量绘画，其阵法营垒、船械枪炮、海岛口港、波涛沙线，日夕讲求，确有程度。操练如真战，平居如临敌，所由争雄海上，职此之由。日本步武泰西，敢来侮犯，我仍以大一统之旧视之，不训兵备，八旗三十余万，绿营六十余万，皆老弱无可用。于是同治中兴之际，乃以募勇成功。今募勇三十余万，非克扣虚名，则乞丐充数。孔子所谓以不教民战，是谓弃之。却缺论将在说礼乐而敦诗书。今外国将才，皆从学堂，天文、地图、阵法、方略考授，虽以王子充伍偏裨，考选有功，然后拔用，而我诸将多有不识字者。其于中外之故，天文地理，益复茫然，即能勇敢，已不能当此世变矣。《管子》谓：器械不精，以卒予敌。外夷讲求枪炮，制作日新。枪则德有得来斯枪、毛瑟枪，法有格拉枪、克洛拔尺枪、沙士钵枪，英有亨利马梯尼枪，美有哈乞开司枪、林明敦枪、秘薄马地尼枪，俄有俾尔达奴枪，奥有韦恩斯枪，意有韦脱里枪，近者英之黎姆斯枪为尤精。炮自克虏伯、嘉立嘎尔、提约尔、哪登飞尔、孟尼炮外，近有毒烟开花炮、空气黄药大炮、暗炮台，其余水底自行船、机器飞车、御敌戎衣、测量炮子表，巧制日新。日本亦能自制新器，曰苗也理枪。而我中国不能自制，皆须购自远夷。兵衅一开，皆守局外，例不出售。即以重价诱估，而弹子既尽，枪亦废弃，何以为国哉？即承平购办，经办委员不解制造，于坚轻远准速无所谙晓，或以旧枪改充毛瑟，贪其价廉，乃不可用，其中饱者盖无论矣。查同治九年，德之攻法也，每分时枪十余响。光绪三年，俄之攻土，枪三十余响。至日本来犯，枪乃六十余响。二十年间，后来居上，精进乃倍。然则我师之败，虽将士不力，以器械不精，故胆气不壮，有以致之。若夫海军不增，徒为敌虏，益无可言。以智利、马达加斯加、东南小夷，铁船犹有三十余艘，而我乃逊之，安得不为人擒哉？

今者败坏，皆宜一变。变之之法：一曰汰冗兵而合营勇，二曰起民兵而立团练，三曰练旗兵而振满、蒙，四曰募新制以精器械，五曰广学堂而练将才，六曰厚海军以威海外。

今绿营六十万，既皆老弱，可以全汰。汰之之道，有缓有急。缺额不补，并饷精兵，是谓缓汰。先为裁革，别行募练，是谓立汰。缓汰无弊，而迫不及待；立汰虑患，而壁垒一新。然今营兵饷薄，并营他业，兼事农工，不知兵事，虽行裁汰，决不生变。其营勇亦一律沙汰，去弱留强。营兵汰者，即可报营候选。请派廉明勋望如冯子材、宋庆、魏光焘之比者，分赴各省，沙汰弁兵，带同医生，拣选健锐精敏，年二十至三十者入营，教以识字、地图、枪法、阵法、口号、炮兵、马兵、步兵各分其事，轻骑、铁骑、精骑各致其长，明攻守，习转运。厚其饷糈，必五金乃足赡身家。其有死伤，加恩恤而养其孤子。训练三年乃许授室，五年之后，退充民兵。日月精操，期年大阅，码药备带，如临大敌，则举国皆为勇士，召募亦为精兵矣。其创制器械，建造炮台，造筑铁路桥梁，料理兵食，医治疾病，皆妙选人才，专司其事。每直省皆选万人，练成一军，禁其克扣虚冒，并从重戮，沿边倍之，辅以铁路，则指臂之使，呼应灵通，兵威已振矣。是谓汰冗兵而合营勇。

三代仁政，寓兵于农，唐代盛强，府兵之力。近者发逆之难，各省团练，咸能保卫桑梓，以报国家。今环球数十国，皆以民为兵，我当此时，亦宜复古。请令各行省二十丁而抽一，除官人及士人外，年自十八至四十，皆列尺籍，以为团兵，以五年选为战兵，余皆留团。有事则调遣，无事则归耕。岁月之暇，随营训练，统以绅士，给以军械，每月三操，终岁大校，命中者，赏以功牌。中国民籍四万万，可以得二千万有勇知方之民团，退可以守，进可以战，声威之盛，冠于四海。是谓起民兵而立团练。

我朝开国，以满蒙八旗兵定天下，今内自京营至各省驻防，外自内外蒙古各盟，皆偷衣靡食，并已委顿，徒糜廪禄，非所以固根本而励爪牙也。应派严明大臣，汰选八旗，并饷立额，与绿营兵勇一律训练，以为京营。

我朝索伦马队，尤有奇功，宜令东三省练精骑、铁骑各三万，辅以铁路，星夜训练，可以雄视沿边矣。其蒙古各盟，并派知兵大臣，如依克唐阿之流，会同各盟王公、贝勒、贝子、台吉，讲求兵械马队，严为训练，或调直省诸营，观摩讲求，必有策凌、僧格林沁之才，出宣忠勤者。非特兴安岭万里边防资以防卫，内之二十行省亦振其声威。是谓练旗兵而振满蒙。

吾机器巧钝，皆由官厂制造，不募民工之故。若既立艺学，募制机器，纵民为之。更悬重赏，有能制新械者，酌其用之大小，制之精否，与银币外，给以旗匾，俾荣于乡，则天下巧工，各竭其心思智虑，以应国家之用矣。虑不及事，先选出洋学徒，入各国工厂学习讲求，归教吾民。中国民心思灵敏，树之高标，必有精器利械，日出不穷，足与西人争胜者。是谓募新制以精器械。

吾将才不足，宜令各州、县皆立武备学堂，选士肄业，天文、地理、布阵、绘图、测量、算法，选其高等，乃授兵官。其近支王公少年英迈者，宜皆令入堂学习，以备统帅。自余旧弁，不通文义韬略者，除勋望大臣及剽悍劲将外，皆予沙汰。规模既变，精神一新，既无贱武之风，自收干城之用。是谓广学堂以练将才。

若富强既效，宜复海军。轮舟之制，近以铁甲过重，行驶难速，多用蚊子快碰船：船小而轻，动灵而行速，快船则头装巨刃，以碰敌舟，蚊子则旁护铁甲，可以守险。其费十余万金，办之甚易，辅以鱼雷，依以炮台，无事则出巡诸洋，有事则还守海疆。南北洋及闽、广分为三枝，每枝铁甲三艘、快船六艘，自后吾能自制，逐年增置，十年之后，海军可横于地球矣。令学生在兵船上测量考订，凡岛屿口岸、礁石沙土、水程风色，皆绘图立说，存于海军衙门，参互考订，其有所疑，派船细测，其沙礁变迁，随时注明，并发出售卖，听人士考求。其学生讲求既精，即留为驾驶，庶几海道既熟，驾驶不误。水营之于海军，犹城垒之于陆师。且暴风大雾，进退更难，船坞陆台，接济须备，皆当履精勘实，否则一炬投人。若夫海战之阵法，驾驶之将才，尤宜鼓励讲求，预储人才，上者为佐领偏裨，下者为兵丁匠役。近者邓士昌捐躯报国，若加激励，岂乏忠人哉？是谓厚海军以威海外。

中国地大物博，若水陆并练，则饮马南洋，秣兵欧土而有余，何日本之有哉？然凡此富国、养民、教士、练兵之策，所以审端致力者，则在乎求人才而擢不次，慎左右而广其选，通下情而合其力，三者而已。

夫循常守旧，苟且偷安，奉行文书，按循资格，诚无事于人才。若欲举非常之功，则必待不次之擢。昔汉武修废举坠，东征西讨，文吏若朱买臣、严助、主父偃，将帅若卫青、霍去病、金日磾，或拔自布衣，或起自奴仆，惟才是用，故能感激图功。明太祖行不测之刑威，用不次之赏擢，一言合而授卿贰，一事败而加诛夷，故能奋起功名，佐成开国。不敢言远者，请以近事征之。当同治初年，沈葆桢、李鸿章、韩超皆以道员擢为巡抚，阎敬铭则由署臬擢抚山东，左宗棠则以举人赏三品卿，督办军务，刘蓉且以诸生擢四川藩司，逾月授陕西巡抚，用能各展才力，克佐中兴。伏读世宗宪皇帝圣训，累下诏书，令举山林隐逸之士，下及举、贡、生、监、县丞、巡检，皆不次擢用。故治效冠绝前古，此真大圣人用人之良法也。盖循资格者，可以得庸谨，不可以得异才，用耆老者，可以守常，不可以应变。汉高之于樊哙，克城乃增爵级，其于韩信，一见即授大将。同治中兴诸臣，多出草泽，其明效也。盖用人者，用其气而已。凡任事之人，必其怀抱热血，故能图立功名。若高谈安静，貌托谨厚者，热血必少，才具必庸，虽能束身寡过，亦已暗堕纪纲，况当此时势艰难，安用此具臣为哉？

昔李沆谓不用少年喜事之人，此乃平世之言，施于今日，药病相反。苏轼谓能用智名勇功之人，则治在人主驱策驾驭之，无冷其热，如牧者之于羊，视鞭所指，惟意所注，稍加轻重，皆将奔走趋赴，驰驱效死。大贾操奇滞居，犹能奔走一市，况人主挟赏罚之大权，鼓舞天下之士，何求不得？何欲不行？岂有缓急之际，无才可用者哉？夫古亦天下，今亦天下，神州灵淑，士庶万数，未为乏才，皆皇上抚而有之者也。今东事之起，发愤忘身，以为国者无几，固臣下之不忠，得无皇上鼓舞拔擢之道有未尽耶？

夫下僚庶士，怀才效忠者甚众，皇上所深知简任者有几人？所不次拔擢者有几人？所议论咨询者有几人？所日夜钩访者有几人？前代有梦而得之者，有猎而得之者，有问而得之者，有书屏而次第用之者。皇上深居法宫，用人求才，固非疏逖所能知，然未闻有进贤退不肖之大举，仍是循资格，录科举，否则，大臣进其私人而已。窃意皇上尚未讲求及之也。夫平流而进者，富贵其所自有，感激之意必少。特拔而上者，知遇出于格外，图报之意必深。亚夫鞅鞅，非少主之臣，霍光骖乘，有拔扈之意。孟子谓齐王无亲臣。谓之亲臣者，上有特达之知，故下有非常之报，则亲臣之意，固孟子所特立以告后王者也。昔田横有死士，李克用有义儿，李成梁、戚继光有家丁，将帅驭卒，犹能以之赴汤蹈火，成其功名。皇上有天下士庶而不善用之，以毗圣治而扬天威，乃致大辱于小夷，故谓皇上鼓舞拔擢有未尽也。

《诗》云：周王寿考，遐不作人。人主不仅恃人天资之忠义，恃有道作而致之。豫让在范氏为贰臣，在智氏为忠臣。韩信在项羽为庸臣，在汉高为才臣。封德彝在隋为佞臣，在唐为良臣。故在作之而已。方今若发愤自强，兴举百度，非才不任，若仍以资格治天下，犹以参苓治奇病，必不可得矣。伏惟皇上垂意旁求，日夜钩访，某某有才，某某未用，孔子谓尽知天下之名士，尽知其数，尽知其所在。悉令引见，询以时势，破除常格，不次擢用，或令翰林诸曹轮班顾问，或见下僚末秩，温颜咨询，或令九卿、翰詹、科道、督抚、司道荐举，专求草泽，禁见显僚，天下之士必踊跃奋发，冀酬知遇，必有豪杰出济艰难者。所谓求人才而擢不次者，此也。

夫天下虽大，人才虽多，人主所日见者，左右之臣而已。《书》曰：侍御仆从，罔非正人，用旦夕承弼厥辟。又曰：惟其吉士，勿用憸人，用劢相我国家。盖资启沃，广见闻，虽以亶聪之主，未有不用左右之助。若有憸人间厕其间，则炀灶蔽贤，壅塞言路，营私树党，弄权作威，祸有不堪言者。其正人吉士，匡君忧国，引进贤士，开广言路，其裨益亦岂可量哉！

今之左右诸臣，皇上所日见者，其为正人、憸人，皇上自辨之而已。伊尹曰：有言逆于心，必求诸道。孟子曰：责难于君，谓之忠。刘向曰：魁垒耆硕，忧国如家，议论通古今，喟然动人心。而《大学》亟称《秦誓》之一介臣。人之彦圣，其心好之，以能保子孙黎民；人之有技，媚疾恶之，不能保子孙黎民。孰好彦圣，孰媚有技，皇上亦自辨之而已。《周礼》有"土训""诵训""匡人""撢人"之官，皆诵四方之政以广耳目。汉世郎官，若东方朔、扬雄，阶下执戟，袁盎入内移席，孔光执唾壶、虎子，皆妙选名儒为之。程子言日亲学士大夫则治。今翰林百数，郎曹千数，皆人才所聚，潦倒冗散，若用周、汉之例，或增广南书房员数，或调入侍卫，其于辅圣德而广圣聪，必有裨益。所谓慎左右而广其选者，此也。

人才得，左右贤，而下情不达，百弊未已。夫中国大病，首在壅塞，气郁生疾，咽塞致死，欲进补剂，宜除噎疾，必血脉通畅，体气乃强。今天下事皆文具而无实，吏皆奸诈而营私。上有德意而不宣，下有呼号而莫达。同此兴作，并为良法，外夷行之而致效，中国行之而益弊者，皆上下隔塞所致也。夫一省千里之地，而惟督抚一二人仅通章奏，以百僚庶士之众，而惟枢轴三五人日见天颜。然且堂廉回隔，大臣畏谨而不敢尽言。州、县专城，小民冤抑而末由呼吁。故君与臣隔绝，大臣、小臣又相隔绝，如浮屠十级，级级难通，广厦千间，重重并隔。夫天下万物之繁，封圻千里之广，使督抚、枢轴皆为大贤，然是数人者，心思耳目之所及，必有未周，才力精神之所运，必有未逮，以之运棹四海，措置百务，已狭隘不广矣。况知人之哲，自古为难，唐帝失之于共兜，诸葛失之于马谡，任用偶误，一切乖方，而欲倚以扶危定倾，经营八表，岂不难乎？天下人民四万万，士庶亿万，情伪百端，才智甚广，皇上仅寄耳目于数人，而数人者，或畏谨而不敢竭尽，或且炀灶蔽贤、雍塞圣听，皇上虽欲通中外之故，达小民之厄，其道无由。名虽尊矣，实则独立于上，故致有割地弃民之举。皇上亦何乐此独尊为哉？

夫先王之治天下，无不与民共之，《洪范》之大疑大事，谋及庶人为大同。《孟子》称进贤杀人，待于国人之皆可。盘庚则命众至庭，文王则与国人交。《尚书》之四目四聪，皆由辟门，《周礼》之询谋询迁，皆合大众。尝推先王之意，非独集思广益，通达民情，实以同忧共患，洽合民志。昔汉有征辟有道之制，宋有给事封驳之条。伏乞特诏颁行海内，令士民公举博古今、通中外、明政体、方正直言之士，略分府、县，约十万户而举一人，不论已仕未仕，皆得充选，因用汉制，名曰议郎。皇上开武英殿，广悬图书，俾轮班入直，以备顾问。并准其随时请对，上驳诏书，下达民辞。凡内外兴革大政，筹饷事宜，皆令会议，三占从二，下部施行。所有人员，岁一更换，若民心推服，留者领班，着为定例，宣示天下。上广皇上之圣聪，可坐一室而知四海。下合天下之民志，可同忧乐而忘公私。皇上乃举此经义，行此旷典，天下奔走鼓舞，能者竭力，富者纾财，共赞富强，君民同体，情谊交孚，中国一家，休戚与共。以之筹饷，何饷不筹？以之练兵，何兵不练哉？四万万人之心，合以为心，天下莫强焉！所谓通下而合其力者，此也。

举是数者，于以恢复琉球，扫荡日本，大雪国耻，耀我威棱者。昔德相毕士马克破法之后，谓地球诸国莫有如中国之势者，恐为欧洲患，欲合诸国分之，既知吾孱弱不振，遂罢置不理。夫中国以二万里之地，四万万之民，二十六万之物产，二帝三王四千年之忠义，列圣之培养，地球列国所无也。若修政自强，虽西挞欧洲，南收海岛而有余，诚诸大国之所畏也，何至有割地、偿款于小夷之事哉？及今为之，犹可补牢，若再徘徊迟疑，苟且度日，因循守旧，坐失事机，则外患内讧，间不容发，迟之期月，事变或来，后欲悔而改作，大势已坏，不可收拾，虽有圣者，无以善其后矣。故社稷安危，决在今日。

凡上所陈，其行之者，仍在皇上自强之一心，畏敬之一念而已。盖天下大器也，难成而易毁。兆民大众也，难静而易动。故先王懔朽索之驭马，虑天命之无常，日慎一日，如履渊冰，振刮摩厉，仅能自立。近者土耳其为回教大国，陆兵甲天下，不变旧法，遂为六大国割地、废君，而柄其政。属地布加利牙、罗马尼亚、塞尔维亚，并裂土自王。俄、日能变法，遂威行东方。是皆前车，可为近鉴。

自古非常之事，必待大有为之君。自强为天行之健，武人乃大君之德。《洪范》以弱为六极，大《易》以顺为阴德。《诗》曰：天之方懠，无为夸毗。说者以夸毗为体柔之人，是以为戒。皇上若历鉴覆辙，深畏天命，思祖宗之托付，虑社稷之凌夷，夙夜震动，念兹在兹，早朝晏罢，讲求自强，某事未举，某事未除，某才未用，某法未善，邦交未固，国本未坚，刻日程功，义在必办，必有赫然奋发，不能自已者。伏乞皇上远鉴《诗》《易》之所戒，近鉴俄、土之兴衰，独揽乾纲，破除旧习，勿摇于左右之言，勿惑于流俗之说。立事必有利弊，权其轻重。听言必有是非，察其迂切。断自圣衷，变更大政，宗庙幸甚！天下幸甚！

夫无事之时，虽勋旧之言不能入；有事之世，虽刍荛之言或可采。进士草茅疏逖，何敢妄陈大计，变乱旧章。但上感圣主之旁求，下惧一家之胥溺，譬犹父有重病，庶孽知医，虽不得汤药亲尝，亦欲将验方钞进。《公羊》

之义，臣子一例。故忘其僭越，竭其愚昧，惟皇上采择焉，不胜冒昧陨越之至，伏惟代奏皇上圣鉴，谨呈。（《南海先生四上书记》）

## 上清帝第四书

具呈，工部主事康有为为变通善后，讲求体要，乞速行乾断，以图自强，呈请代奏事。

窃职前月不揣狂愚，妄陈大计，自以僭越，干犯重诛。待罪弥月，惶恐战栗，乃蒙皇上天地包容，不责其僭妄之罪，岂非广刍荛之听，立韬铎之鼗，以开言路而广聪明耶？职上感圣明之纳言如此，下愤国事之抢攘如彼，前书仅言通变之方，未发体要及先后缓急之宜，用敢冒犯斧钺，再竭愚诚，为我皇上陈之。

窃惟为治之道，在审理、势。势本无强弱，大小对较而后分；理难定美恶，是非随时而易义。昔孔子既作《春秋》以明三统，又作《易》以言变通，黑白子丑相反而皆可行，进退消息变通而后可久，所以法后王而为圣师也。不穷经义而酌古今，考势变而通中外，是刻舟求剑之愚，非阖辟乾坤之治也。今通商既开，外国环逼，既已彼我对立，则如两军相当，不能谍其军法兵谋，无以为用兵应敌。小敌而不知情，则震而张皇，大敌而不知情，则轻而致败，必然之理也。

夫泰西诸国之相逼，中国数千年来未有之变局也。曩代四夷之交侵，以强兵相陵而已，未有治法文学之事也；今泰西诸国以治法相竞，以智学相上，此诚从古诸夷之所无也。尝考泰西所以致强之由，一在千年来诸国并立也。若政稍不振，则灭亡随之，故上下励精，日夜戒惧，尊贤而尚功，保民而亲下。其君相之于一士一民，皆思用之，故护养之意多，而防制之意少。其士民之于其君其国，皆能亲之，故有情而必通，有才而必用。其国人之精神议论，咸注意于邻封，有良法新制，必思步武而争胜之，有外交内攻，必思离散而窥伺之。盖事事有相忌相畏之心，故时时有相牵相胜之意，所以讲法立政，精益求精，而后仅能相持也。

一在立科以励智学也。泰西当宋元之时，大为教王所愚，累为回国所破，贫弱甚矣。英人倍根当明永乐时创为新义，以为聪明凿而愈出，事物踔而增华，主启新不主仍旧，主宜今不主泥古，请于国家立科鼓励。其士人著有新书，发从古未创之说者，赏以清秩高弟。其工人制有新器，发从古未有之巧者，予以厚币功牌，皆许其专利，宽其岁年。其有寻得新地，为人迹所未辟，身任大工，为生民所利赖者，予以世爵。于是国人踊跃，各竭心思，争求新法，以取富贵。各国从之，数十年间，科仑布寻得美洲万里之地，辟金山以致富，每年得银巨万，而银钱流入中国矣。墨领遍绕大地，知地如球，而荷兰、葡萄牙大收南洋，据台湾而占濠镜矣。哥白尼发现地之绕日，于是利玛窦、熊三拔、艾儒略、南怀仁、汤若望挟技来游，其入贡有浑天地球之仪，量天缩地之尺，而改中国历宪矣。至近百年来，新法益盛。道光初年，始创轮舟，而十二年英人犯我广州，且遍收四洲为属地，辟土四万里矣。道光末年，始有电线、铁路。美人铁路如织网丝，五里十里，纵横午贯，而富甲大地。俄人筑之，辟地万里。近者英之得印度、缅甸，俄之得西伯利至珲春，法之得越，皆筑铁路以逼我三陲矣。合十余国人士所观摩，君相所激励，师友所讲求，事无大小，皆求新便。近以船械横行四海，故以薄技粗器之微，而为天下政教之大。人皆惊洋人气象之强，制造之奇，而推所自来，皆由立爵赏以劝智学为之。

一在设议院以通下情也。筹饷为最难之事，民信上则巨款可筹。赋税无一定之规，费出公则每岁摊派。人皆来自四方，故疾苦无不上闻。政皆由出于一堂，故德意无不下达。事皆本于众议，故权奸无所容其私。动皆溢于众听，故中饱无所容其弊。有是三者，故百度并举，以致富强。然孟子云：国家闲暇，明其政刑，尊贤使能，大国必畏。《易》称：开物成务，利用前民，作成器以为天下利。《洪范》称：大同逢吉，决从于卿士、庶人。孟子称：进贤杀人，待于国人大夫。则彼族实暗合经义之精，非能为新创之治也。

中国自古一统，环列皆小蛮夷，故于外无争雄竞长之心，但于下有防乱弭患之意。至于明世，治法尤密。以八股取士，以年劳累官，务困智名勇功之士，不能尽其学。一职而有数人，一人而兼数职，务为分权掣肘之法，不能尽其才。道路极塞，而散则易治。上下极隔，而尊则易威。国朝因用明制，故数百年来大臣重镇，不闻他变。天下虽大，戢戢奉法，而文纲颇疏，取民极薄，小民不知不识，乐业嬉生，此其治效中古所无也。若使地球未辟，泰西不来，虽后此千年率由不变可也。无如大地忽通，强敌环逼，士知诗文而不通中外，故锢聪塞明而才不足用，官求安谨而畏言兴作。故苟且粉饰而事不能兴。民多而利源不开，则穷而为盗，官多而事权不属，则冗而无耻。至于上下隔绝，故百弊丛生，一统相安，故敌情不识。但内而防患，未尝外而争强。以此闭关之俗，忽当竞长之时。绤绤宜于夏日，雨雪忽至，不能不易重裘；车马宜于陆行，大河前横，不能不觅舟楫。外之感触既异，内之备御因之，故大《易》贵乎时义，《管子》贵乎观邻。《管子》曰：国之存也，邻国有焉，国之亡也，邻国有焉。举而不当，此邻敌所以得志也。天下皆理，己独乱，国非其国也。诸侯皆合，己独孤，国非其国也。大而不为者复小，众而不理者复寡。盖列国并争，如孤军转战于长围，苟精神、方略、兵械、士马少有不逮，败绩立见。大朝一统，如一人偃卧于斗室，但谨户牖，去蚊虻，虽稍高枕，可以无事。今略如春秋、战国之并争，非复汉、唐、宋、明之专统，所谓数千年未有之变也。若引旧法以治近世，是执旧方以医变症，药既不对，病必加危。五十年来讲求国是者，既审证之未真，故言战言和，亦施药之未当，否则笃守不药，坐待弱亡，用致割地、偿款，病日危重，至此伤寒存里，病入厥阴。昔患水肿痿痹，犹尚庞然，今且枯干瘦羸，渐无精气。如不讲明病证，尽易旧方，垂危之人，岂堪再误？但审病之轻重常变不同，则用方之君臣佐使亦异，故今审端致力之始，尤以讲明国是为先。

伏闻圣意所注垂，下及群臣所论说，咸欲变法自强，可谓通知情势矣。曩言今当以开创治天下，不当以守成治天下，当以列国并争治天下，不当以一统无为治天下。诚以积习既深，时势大异，非尽弃旧习，再立堂构，无以涤除旧弊，维新气象。若仅补苴罅漏，弥缝缺失，则千疮百孔，顾此失彼，连类并败，必至无功。

夫夏屋坏于短杬，金堤败于蚁穴，况欲饰粪墙，雕朽木，而当雷电风雨之交加，焉有不倾覆者哉？他日不知其弥补之非，或归咎于变改之谬。近者设立海军、使馆、招商局、同文馆、制造局、水师堂洋操、船厂，而根本不净，百事皆非。故有海军而不知驾驶，有使馆而未储使才，有水师堂洋操而兵无精卒，有制造局船厂而器无新制，有总署而不通外国掌故，有商局而不能外国驰驱。若其徇私丛弊，更不必论。故徒糜巨款，无救危败，反为攻者借口，以明更张无益而已。

职窃料今者廷议变法，积习难忘，仍是补漏缝缺之谋，非再立堂构之规。风雨既至，终必倾坠。国事有几，岂可频误哉？职伏愿皇上召问群臣，讲明国是，反覆辨难，显露事势，确知旧习之宜尽弃，补漏之无成功。大体既立，而后措施不失，议论着定，而后耳目不惊。先后缓急，乃可徐图，摧毁廓清，乃可用力。若果能涤除积习，别立堂基，窃为皇上计之，三年则规模已成，十年则治化大定。然后恢复旧壤，大雪仇耻，南收海岛以迫波斯、印度，北收西伯利以临回部、强俄，于以鞭笞四夷，为政地球而有余矣。

夫以不更化则危亡之急如此，能更化则强盛之效如彼，言之岂不易哉？请以土耳其、日本言之。

土耳其为回教大国，襟带两洲，地五千里，非洲二十余国皆其属藩，陆师天下第一，水师天下第三。以不更化之故，两辱于俄，其属地布加利牙、罗马尼亚、门的内哥、塞尔维亚皆叛而自立。于是俄割其黑海，波斯割其科托，奥割其波森利牙、赫次戈、伟也纳，英割其毛鲁塌，希腊割其白海。六大国废其君而柄其政，为之开议院，筑铁路，于是土不国矣。其他守旧之国，扫灭已尽，惟余我及波斯、暹罗耳。以缅甸之大，我累用兵而不得者，英人旬日而举之，其得失可以鉴矣。日本蕞尔三岛，土地、人民不能当中国之十一。近者其皇睦仁与其相三条实美改纪其政，国日富强，乃能灭我琉球，割我辽、台。

以土之大，不更化则削弱如此，以日之小，能更化则骤强如彼，岂非明效大验哉？况中国地方二万里之大，人民四万万之多，物产二十六万种之富，加以先圣义理入人之深，祖宗德泽在人之厚，下知忠义而无异心，上有全权而无掣肘，此地球各国之所无，而泰西诸国之所羡慕者也。以皇上之明，居莫强之势，有独揽之权，不欲自强则已耳，若皇上真欲自强，则孔子所谓欲仁仁至，孟子所谓王犹反手，盖惟中国之势为然。然数千年之旧说，易为所牵，数百年之积习，易为所滞。非常之原，黎民所惧，吐下之方，庸医不投。苟非有雷霆霹雳之气，不能成造立天地之功，故非天下之至强，不能扫除也。后有猛虎，则懦夫可以跳涧溪；室遭大火，则吝夫不复惜什器。惟知之极明者，行之自极勇。然非天下之至明，不能洞见也。

皇上真有发强刚毅之心，真知灼见之学，扫除更张，再立堂构，自有不能已者。故愿皇上先讲明之，则余事不足为也。若犹更化不力，必是讲明未至，以为旧习可安，不必更张太甚，是虽有起死之方，无救庸医之误矣。

窃观今日经此创巨痛深之后，未闻卧薪尝胆之谋，有兵事则惶恐纷纭，既议和则因循敷衍。皇上有自强求治之心，而未闻求言求才之事。上下隔绝，未闻纡尊降贵以通下情；泄沓苟安，未闻震动激励以易风俗；大小上下，未闻日夜会合谋议自强之举；大臣宰执，复徇簿书期会往来饮食之文。割地未定，借款未得，仇耻已忘，愤心已释，过此益可知矣。麻木不仁，饮迷熟睡，刺之不知痛，药之不能入，诚扁鹊所望而却走也。若谓待辽、台事毕乃议改图，则今日割地之举，皆由昔者泄沓之为，不亟图内治而待命他人。天下甚大，事变日生，撤兵既难，教案旋起，土司未画，回乱继生，何日是从容为政时哉？方今求治，虽救火追亡，犹虑不及，而佩玉鸣珂，雅步于覆室危墙之下，岂有当乎？庸医模棱，足以杀人，庸人因循，足以误国。故敢谓廷议变法，积习难忘，风雨既至，终必倾坠者，此也。

夫斟酌补苴，岂不甚善？而职必谓非扫除更张，终无补益者，何哉？试以一二事言之：如今日所大患者，贫、弱也。救贫莫如开矿、制造、通商，救弱莫如练兵、选将、购械，人所共知也。而科举不改，积重如故，人孰肯舍所荣而趋所贱哉？著书、制器、办工、寻地之荣途不开，则智学不出。故欲开矿，则通矿学者无其人，募制造，则创新制者无其器，讲通商，则通商学者无其业，有所欲作，必拱手以待外夷。故有地宝而不能取，有人巧而不能用，以此求富，安可致哉？

乡塾童学读史、识字、测算、绘图、天文、地理、光电、化重、声汽之学校不设，则根柢不立。驱垂老乞丐者为兵，而欲其识字、绘图、测表、燃炮，必不可得，则兵不如人。选悍夫勇士者为将，而欲其读史、知兵、测天、绘地，必不可得，则将不如人。购外夷开官厂以为船炮枪械，而欲其新式巧制，必不可得，则船炮枪械必不如人。故凡有战衅，必败绩以摇国家，有兵而不可用，有械而不可恃，以此求强，安可致哉？假如知开矿、制造、通商、练兵、选将、购械之不能骤求矣，于是稍改科举，而以荣途励著书、制器、寻地、办工之人，大增学校，而令乡塾通读史、识字、测算、绘图、天文、地理、光电、化重、声汽之学，亦可谓能变通矣。

　　然外国凡讲一学，必集众力以成之，固为集思广益，观善相摩，亦以购书、购器，动费巨万，非众擎则不举。故考天文则有天文之会，凡言天文者皆聚焉，筑观象之台，购浑天之器。美人贺旦购天文镜费七十万金，此岂一人能为哉？考地理则有地理之会，凡言地理者皆聚焉。英国阿侯为亚洲地理会首，醵金派人游历我亚洲，自东土耳其、波斯、回部、西伯利部及我国蒙古、西藏，测量绘图，穷幽极险。我云南细图，英人道光二十五年已绘之，西藏细图，光绪二年已绘之。我蒙古、漠河金矿之山，前年俄人已绘有细图到天津。他如法人派流丕探滇、越之地，而即收越南，派特耳试游暹罗考湄江之源，而即割暹罗湄江东岸。近俄、英之强入漠河、青海、川、藏测绘者不可胜数，既屡见疆臣奏报，以为大患，岂知皆其地理会中人为之，非国家所派者也。特国家为之保护，遂收辟地万里之殊功。其他言矿学有矿学之会，言农学有农学之会，言商学有商学之会，言史学有史学之会。即今教案迭见，天下苦之，亦皆其教会所派之人，并非出于国命，不过为之保护耳。而教民诇察敌情，即以大赖其力。故泰西国势之强，皆借民会之故，盖政府之精神有限，不能事事研精，民会则专门讲求，故能事事新辟，其入会之人，自后妃、太子、亲王、大臣咸预焉。前者俄后亲入医会，比者日本之后入救人会，皆降至尊而讲末业，如中国天子躬耕、后夫人亲蚕之义，以资鼓励，故举国风从。学业之精，制造之新，实由于此。

　　孔子曰：百工居肆以成其事，君子居学以致其道。又曰：以文会友。孔子养徒三千，孟子后车数十，唐太学生万人，宋朱子、陆九渊讲学数千人，明徐阶讲学，会者八千，皆治化极盛，绝无流弊。至汉、明之季，主持清议，此乃权奸之不利，而国家之大利也。明季贰臣，入仕国朝，畏人议之，故严其禁。今非其时，岂可复缘其误？然上不为倡，下不敢作，会若不开，则学亦不成。然学会虽开矣，而学至精微，事至繁重，谁为考授？谁为兴举？乡里纤悉，势必责成于县令。而县令上有层累之督抚、司道、本府以临之，则控制殊甚，下惟杂流之典史、巡检、胥差以佐之，则辅理无人。任之极轻，捐纳军功亦可得，待之极贱，抱道怀德不肯为。甚至冗员千数，望差如岁，廉耻衰丧，才识庸鄙。以此而欲其遍开新学，鼓舞人士，大劝农工，兴启利源，岂可得哉？

故周则百里封侯，直达天子，汉以太守领令，下逮小民。层级既寡，宣治较易。近者日本之变制也，以县直隶国主，而亲王出为知县，故下情无不达，而举事无不行。吾土地辽阔，知县太多，纵不能如日本直隶国家，亦当如汉制领以巡抚，崇其品秩，任以从臣，上汰藩臬、道府之冗员，下增六曹、三老之乡秩，计月选不过数人，简拔何劳签部，清流向上，易于自爱，奏报直达，乃可举事。若明知冗员而不能更革，是虽有良法而无自推行。其余文书繁密之当删，卿寺冗闲之宜汰，堂官数人之当并，兼差数四之宜专，吏胥之宜易用士人，百官之宜终身专职，必使尽去具文，乃可施行实政。若犹用明代牵制之法，必致贻政事丛脞之忧。然一旦而尽革官制，职有以知朝议之未能也。

然令改易庶官，遍立诸学矣，而上下不交，宿弊不去，蠹在根本，终难自强。今之知县，品秩甚卑，所谓亲民者也，而书吏千数人，盘隔于内，山野数百里，辽隔于外，小民有冤，呼号莫达，书差讹索，堂署威严，长跪问讯，刑狱惨酷，乃至有人命沉冤，鬻子待质，而经年不讯者。若夫督抚之尊，去民益远，百县之地，为事更繁，积弊如山，疾苦如海，既已漫无省识，安能发之奏章？况一省一人，一月数折，闭塞甚矣，何以为治？枢臣位重事繁，又复远嫌谢客，皇上九重深邃，堂远廉高，自外之枢臣、内之奄寺外，无得亲近，况能议论？小臣引见，仅望清光；大僚召见，乃问数语，天威俨穆于上，匍匐拳跪于下，屏气战栗，心颜震播，何以得人才而尽下情哉？每日办事，召见枢臣，限以数刻，皆须了决，伏跪屏气，敬候颜色，未闻反覆辨难，甚少穷日集思。天下甚大，事变其微，皇上虽圣，岂无缺失？而限时以言事，拳跪以陈辞，虽有才贤，不能竭尽。当此时变，岂能宏济艰难哉！

夫以无益之虚文，使人不能尽其才，甚非计也。古者三公坐而论道，从容燕坐，讲求经国，故能措施晏如，用成上治。夫行以知为本，高以下为基。不讲论则有行而无知，不燕坐则有高而无下。冥行必蹶，太高必危，尊严既甚，忌讳遂多。上虽有好言之诚，臣善为行意之媚，乐作太平颂圣之词，畏言危败乱贼之事，故人才隔绝而不举，积弊日深而不发。至中国败坏之由，外夷强盛之故，非不深知，实不敢言。昔黎庶昌奉使日本，有所条陈，但请亲王出游，总署不敢代递，其他关切皇上之事，皆知之而不言，言之而不达，达之而不动，动之而不行。皇上虽天亶聪明，皆为壅塞，欲坐一室而知四海，较中外而求自强，其道无由。夫天子所以为尊者，威棱远慑，四夷宾服，德泽流溢，海内乂安，上播祖宗之灵，下庇生民之命，盛德成功，传于后世，乃可尊耳。若徒隔绝才贤，威临臣下，以不见不动为尊，以忌讳壅塞为乐，则近之有土地不守、人民不保之患，远之有徽钦蒙尘、二世瓦解之祸。人情安于所习，蔽于所见，而祸败一来，悔无可及。职曩言皇上尊则尊矣，实则独立于上，皇上何乐此独尊？良为此也。

夫使内示尊于奴隶，而外受辱于强邻，与内交泰于臣民，而外扬威于四海，孰得孰失，不待皇上之明，无不能辨之者。夫天地交则泰，天地不交则否，自然之理也。历观自古开国之君，皆与民相亲，挽辂可以移驾，止辇可以受言，所以成一代之治也。自古危败之君，并与其臣相隔绝，隋炀之畏闻盗贼，万历之久不视朝，所以致国祚之倾也。伏读太宗文皇帝圣训，谓明主自视如天，臣下隔绝，是以致败。我国上下相亲，是以能强。呜呼！明室之所以亡，我朝之所以兴者，尽在此矣。

孟子谓：如耻之，莫如师文王。师文王，大国五年，小国七年，必为政于天下。盖文王之圣，与国人交。《鹿鸣》，文王之诗也。笙簧饮食，以臣为宾，故能成郅治，流美至于今。夫太宗文皇帝，我朝之文王也。窃愿皇上师之，纡尊降贵，与臣民相亲，而以明季太尊为戒。天地既交，万物萌动，根本既净，堂构自立，百度昭举，自强可致矣。皇上若深观时变，稍降尊严，职所欲言者有五焉：

一曰下诏求言。破除壅蔽，罢去忌讳，许天下言事之人到午门递折，令御史轮值监收，谓之"上书处"。如汉公车之例，皆不必由堂官呈递，亦不得以违碍阻格，永以为例。若言有可采，温旨褒嘉，或令召对，霁颜询问，庶辟门明目，洞见万里。

二曰开门集议。令天下郡邑十万户而推一人，凡有政事，皇上御门，令之会议，三占从二，立即施行，其省、府、州、县咸令开设，并许受条陈，以通下情。

三曰辟馆顾问。请皇上大开便殿，广陈图书，每日办事之暇，以一时亲临燕坐，顾问之员，轮二十员分班侍值。皇上翻阅图书，随宜咨问，访以中外之故，古今之宜，经义之精，民间之苦，吏治之弊，地方之情。或霄威赐坐，或茶果颁食，令尽所知能，无有讳避。上以启圣聪，既广所未闻，下以观人才，即励其未学。令天下人才皆在左右，宰县奉使皆在特简，问其方略，责以成功。许其言事，严其赏罚。则人皆踊跃发愤，仰酬知遇，治天下可运之掌矣。其顾问之员，一取于翰林，文学侍从，人才较多，闲散日甚，宜令轮值。一取于荐举，用世宗宪皇帝之法，令大臣翰詹科道，下及州、县，各荐人才，凡有艺能，皆得荐举。贵搜草泽，禁荐显僚，或分十科，俾无遗贤，虽或滥竽，必有异才，宜令轮值，其不称旨者，随时罢去，其荒谬者，罚其举主。一取于上书，其条陈可采，召对称旨者，与荐举人并称待诏，亦令轮值。一取于公推，众议之员，郡具分举，各熟情势，自多通才，亦令轮值。

四曰设报达聪。《周官》"训方""诵方"，掌诵方慝、方志，庶周知天下，意美法良，宜令直省要郡各开报馆，州、县、乡、镇亦令续开，日月进呈，并备数十副本发各衙门公览。虽乡校或非，宵旰寡暇，而民隐咸达，官慝皆知。中国百弊，皆由蔽隔，解蔽之方，莫良于是。至外国新报，能言国政，今日要事，在知敌情，通知各国著名佳报咸宜购取，其最著而有用者，莫如英之《太晤士》、美之《滴森》，令总署派人每日译其政艺，以备乙览，并多印副本，随邸报同发，俾百寮咸通悉敌情，皇上可周知四海。

五曰开府辟士。宰相之职，在于进贤。汉世三公，皆有曹掾，妙辟英贤，以为毗佐，故汉之公府，得人最盛。今之枢臣，乃畏谨避人。与天下之才贤不接，岂能为拨乱之任哉！宜复汉制，令开幕府，略置官级，听其辟士，督抚、县令，皆仿此制。其有事效，同升之公，庶几宰府多才，可助谋议。然后分遣亲近王公、大臣游历，以资谙练；罢去官吏僮从阍役繁重，以示亲民；免严刑、长跪，以恤民艰；厚俸禄养廉，以劝吏耻。如是，则顺天下之人心，发天下之民气，合天下之知以为知，取天下之才以为才，天下臣庶，欣喜舞蹈，奔走动色，乐事劝功，尊君亲上，然后兴举新法。经营百度，昭明融洽，天下一家。无几微之弊而不去，无几微之利而不举，惟皇上意之所欲为，无不如志矣。

皇上果讲明不惑，断然施行，则致力之先后，成功之期效，皆可为皇上次第言之。先引咎罪己，以收天下之心。次赏功罚罪，以伸天下之气。然后举逸起废，求言广听，广顾问以尽人才，置议郎以通下情。数诏一下，天下雷动，想望太平，外国变色，敛手受约矣。三月之内，怀才抱艺之士云集都中，强国救时之策并伏阙下，皇上与二三大臣聚精会神，延引讲问。撮群言之要，次第推施，择群士之英，随器拔用。赏擢不次，以鼓士气，沙汰庸冗，以澄官方。于是简傔从，厚俸禄，增幕府，革官制，政皆疏通。立道学，开艺科，创译书，遣游学，教亦具举。征议郎则易于筹饷，而借民行钞皆可图，荣智学则各竭心思，而巧制精工可日出。然后铁路与邮政并举，开矿与铸银兼行，农学与商学俱开，使才与将才并蓄，皆于期岁之内，可以大起宏规。中土海禁久开，颇有艺学之士分为教习，各赴荣途。至于三年，铁路之大段有成，矿产之察苗有绪，书藏遍设，报馆遍开，游学多归，新制纷出，诸学明备，人才并起，道路大辟，知识俱开，荒地渐垦，工院渐众，游民渐少，乞丐渐稀。童塾皆识字知算之人，农工有新制巧思之法。织布制造，渐可收内地之利，商务轮舶，渐可驰域外之观。然后练兵选将，测海制械，次第可讲矣。迟以十年，诸学如林，成才如麻，铁路罗织，矿产洋溢，百度举而风俗成，制造极精，创作极众，农业精新，商货四达，地无余利，人有余饶，枪炮船械之俱巧，训练驾驶之俱精，富教既举，武备亦修。

　　夫以欧洲十六国，合其人数，仅二万万，我乃倍之。以二千万之练兵，加数百艘之铁舰，扬威海外，谁能御之？凡此成功，可以克期而计效者也。然今左右贵近，率以资格致大位，多以安静为良图。或年已耆耄，精神渐短，畏言兴革，多事阻挠，必谓天泽当严，官制难改，求言求才，徒增干进之士，开院集议，有损君上之权。夫君贵下施，天宜交泰，冗官宜革，掣权非时，既已言之，若夫大考以诗赋超擢，馆选以楷法例授，同为干进，抑何取焉？况进言荐举之士，必多倜傥之才；遗大投艰之时，贵有非常之举。我圣祖仁皇帝开鸿博之科，正当滇乱之日。乃知圣人之宏谟，固非常人所识度也，岂可以一二滥竽而阻非常之盛举哉？

　　至会议之士，仍取上裁，不过达聪明目，集思广益，稍输下情，以便筹饷。用人之权，本不属是。及使上德之宣，何有上权之损哉？若谓皇上万几殷繁，宵旰勤劳，上书既众，报纸益多，既费顾问之时，安有披览之暇？岂知上书虽多，提纲先见，其无关政要，派人阅读，其指陈切要，即于顾问之处，可以集众讲求，其有燕暇，随意阅报，但使得备乙览，已可风化肃然，吏不怀奸，人皆自励矣。若狃于俗说，不能扫除，则举事无人，百弊丛积，稍变一二，终难补苴，而民日以贫，兵日以弱，士日以愚，国日以蹙。强夷环逼于外，会匪蔓延于内，五年之间，江、浙、闽、广、滇、桂恐不能保，十年之内，皖、楚、辽、藏、蒙、回亦虑变生。二十年后，败坏非所敢知矣。此尚言其常者，若瓦解之患，则旦夕可致。殷鉴不远，即在前明。得失之效如此，皇上果何择焉？

窃闻皇上触念时艰，顿足忧叹，惕励之心，达著于外，推此一念，可以大有为者也。然有自强之心而不能充，居莫强之势而不能用，窃为皇上惜之。

尝推皇上有忧危之心，而不能赫然愤发扫除更张者，大半牵于庸臣"无动为大"之言、容悦谨媚之习。夫诸臣当有事则束手无策，坐受缚割，当无事则容媚畏谨，苟持禄位。今者在皇上，则土地已割矣，在诸臣，则富贵无恙也。方其私忧窃叹，亦有危心，无如畏谨成风，迫为容悦。诗说谓与师处者帝，与友处者王，与奴隶处者亡。皇上日与容悦之臣处，惟有拜跪唯诺，使令趋走而已，安得不致今日之事哉？

上尊下媚，中塞外侮，谋略不能用，逆耳不能入，以此而求自强，犹之楚而北行，其道背矣。然二十年来粉饰承平，大臣皆非以才能进用，率以年资累官，但以供文字奔走之劳，本不能责以旋乾转坤之任。惟在皇上内审安危，断自圣衷而已。夫中国人主之权雷霆万钧，惟所转移，无不披靡。昔齐桓公好紫，举国皆服。秦武王好勇士，举国尚斗。今以楷法诗文驱天下，而人士皆奔走风从。然则抚有四万万人，何施而不可，何欲而不得哉？又视皇上所措而已。

皇上居可为之位，有忧愤之心，当万难少缓之时，处不能自已之势，不胜大愿。伏乞皇上讲明理势之宜，对较中外之故，特奋乾断，龚行天健，破积习而复古义，启堂构而立新基，无为旧俗所牵，无为庸人所惑，纡降尊贵，通达下情，日见贤才，日求说论。以整纪纲而成大化，雪仇耻而扬天威。宗庙幸甚！天下幸甚！

职疏逖小臣，岂敢妄参大计？但目击国耻，忧思愤盈，栋折榱坏，同受倾压。今将南归，感激圣明，瞻望宫阙，眷恋徘徊，不能自已，用敢再竭愚诚，冀补万一。其推行之节目，经理之章程，琐细繁重，不能详及。如

蒙垂采，或赐召对，当别辑书进呈。不胜冒昧战栗之至。伏乞代奏皇上圣鉴。谨呈。（《南海先生四上书记》）

## 京师强学会序

俄北瞰，英西睒，法南瞵，日东眈，处四强邻之中而为中国，岌岌哉！况磨牙涎舌，思分其余者，尚十余国。辽、台茫茫，回变扰扰，人心皇皇，事势儳儳，不可终日。

昔印度，亚洲之名国也，而守旧不变，乾隆时英人以十二万金之公司，通商而墟五印矣。昔土耳其，回部之大国也，疆土跨亚、欧、非三洲，而守旧不变，为六国絷其政，剖其地，废其君矣。其余若安南，若缅甸，若高丽，若琉球，若暹罗，若波斯，若阿富汗，若俾路芝，及国于太平洋群岛、非洲者，凡千数百计，今或削或亡。举地球守旧之国，盖已无一瓦全者矣。

我中国孱卧于群雄之中间，鼾寝于火薪之上，政务防弊而不务兴利，吏知奉法而不知审时，士主考古而不主通今，民能守近而不能行远。孟子曰：国必自伐，而后人伐之。蒙盟、奉吉、青海、新疆、卫藏土司圉徼之守，咸为异墟。燕、齐、闽、浙、江、淮、楚、粤、川、黔、滇、桂膏腴之地，悉成盗粮。吾为突厥、黑人不远矣。

西人最严种族，仇视非类。法之得越南也，绝越人科举富贵之路，昔之达宦，今作贸丝也。英之得印度百年矣，光绪十五年而始举一印人以充议员，自余土著，畜如牛马。若吾不早图，倏忽分裂，则桀黠之辈，王、谢沦为左衽。忠愤之徒，原、却夷为皂隶。伊川之发，骈阗于万方。钟仪之冠，萧条于千里。三州父子，分为异域之奴；杜陵弟妹，各衔乡关之戚。哭秦庭而无路，餐周粟而匪甘。矢成梁之家丁，则螳臂易成沙虫。觅泉明之桃源，则寸埃更无净土。肝脑原野，衣冠涂炭。嗟吾神明之种族，岂可言哉！岂可言哉！

夫中国之在大地也，神圣绳绳，国最有名，义理制度文物，驾于四溟。其地之广于万国等在三，其人之众等在一，其纬度处温带，其民聪而秀，其土腴而厚，盖大地万国未有能比者也。徒以风气未开，人才乏绝，坐受陵侮。昔曾文正与倭文端诸贤，讲学于京师，与江忠烈、罗忠节诸公，讲练于湖湘，卒定拨乱之功。普鲁士有强国之会，遂报法仇。日本有尊攘之徒，用成维新。盖学业以讲求而成，人才以摩厉而出。合众人之才力，则图书易庀。合众人之心思，则闻见易通。《易》曰：君子以朋友讲习。《论语》曰：百工居肆以成其事，君子学以致其道。

海水沸腾，耳中梦中，炮声隆隆，凡百君子，岂能无沦胥非类之悲乎？图避谤乎？闭户之士哉！有能来言尊攘乎？岂惟圣清，二帝、三王、孔子之教，四万万之人将有托耶！（《强学报》第一号，1899 年 1 月 12 日）

## 上海强学会章程

一、本会专为中国自强而立。以中国之弱，由于学之不讲，教之未修，故政法不举。今者鉴万国强盛弱亡之故，以求中国自强之学。总会立于上海，以接京师，次及于各直省。

一、今日学校颓废，士无术学，只课利禄之业，间考文史，不周世用。又士皆散处，声气不通，讲习无自，既违敬业乐群之义，又失会友辅仁之旨。西国每讲一种学术，必有专会，会中无书不备，无器不储，即僻居散处，亦得购书阅报，以广观摩。故士有专业而才日以成，国资其用而势日以盛。今设此会，聚天下之图书器物，集天下之心思耳目，略仿古者学校之规，及各家专门之法，以广见闻而开风气，上以广先圣孔子之教，下以成国家有用之才。最要者四事，条列于下，其局章附焉。

一、译印图书。道莫患于塞，莫善于通。互市者，通商以济有无；互译者，通士以广问学。尝考讲求西学之法，以译书为第一义。盖以中国人而讲西文，不过通酬酢语言，只能译书札尺牍，其能读朝章国律者已少，至各学专门之书，各具深微之理，即其字义，各有专门，不尽相通。彼方士人不入此门者，亦不识其字，此固非游历洋差人所能解，亦非同文方言译生所能知。即有一二专门之士，无以发天下之学者，其为益甚鲜。欲令天下士人皆通西学，莫若译成中文之书，俾中国百万学人，人人能解，成才自众，然后可给国家之用。今西学堂知课语言文字，而寡及译书，惟圣祖仁皇帝御纂《数理精蕴》，润色西算，嘉惠士林。高宗纯皇帝钦定《四库提要》，凡自明以来所译西书，并许著录。曾文正公开制造局，以译书为根，得其本矣。今此各会先办译书，首译各国各报，以为日报取资；次译章程、条教、律例、条约、公法、目录、招牌等书，然后及地图暨各种学术之书，随译随刊，并登日报，或分地，或分事，或分类，或编表，分之为散报，合之为宏编，以资讲求而广闻见，并设译学堂，专任此事。

一、刊布报纸。陈文恭公劝士阅邸报以知时务，林文忠公常译《澳门月报》，以觇敌情。近来津、沪各报，取便雅俗，语涉繁芜；官译新闻纸，外间未易购求。今之刊报，专录中国时务，兼译外洋新闻，凡于学术治术有关切要者，巨细毕登，会中事务附焉。其邸钞全分，各处各种中文报纸，各处新事，各人议论，并存钞以广学识，各局互相钞寄。

一、开大书藏。乾隆时敕建文汇阁于扬州，建文宗阁于镇江，例准士子就读，经乱散失，遗书无多。此会拟宏辟区宇，广集图书。近年西政西学，日新不已，实则中国圣经，古孔子先发其端，即历代史书、百家著述，多有与之暗合者，但研求者寡，其流渐湮。今之聚书，务使海内学者知中国自古有穷理之学，而讲求实用之意，亦未遽逊，正不必惊望而无极，更不宜画界以自封。泰西通都大邑，必有大藏书楼，即中国图籍亦藏弄至多。今合中国四库图书购钞一分，而先搜其经世有用者，西人政教及各种学术图书，皆旁搜购采，以广考镜而备研求，其各省书局之书，皆存局代售。

一、开博物院。文字明其义，有不能明者，非图谱不显；图谱明其体，有不能明者，非器物不显。《诗》称关关雎鸠，熟陆机之疏，通冲远之说，学者穷日详考其形色，而不知雎鸠也，置雎鸠于前，则立识矣。人之一体读《素问》，考明堂及《全体新论》，不知也，外国有人身全体，一见则立明矣。康熙年间，钦定《时宪书》，采用西法，置南怀仁所造仪器于观象台，其立算与中土回异。今步天测实，非登台观器不能明。又如轮船之大而且速，枪炮之坚而且利，制造机器之出货捷而且多，苟一寓目，便知守旧蹈常，断不能与之角力而争利。西国博物院，凡地球上天生之物，人造之器，备列其中。苟一物利用，必思考而成之，不令弃地。苟一器适用，必思则效，旋且运化生新，而利便又远过之。合众人之心思以求实用，合万国之器物以启心思，乌得不富？乌得不强？今创设此院，凡古今中外兵、农、工、商各种新器，如新式铁舰、轮车、水雷大器及各种电学、化学、光学、重学、天学、地学、物学、医学诸机器，各种矿质及动植种类，皆为备购，博揽兼收，以为益智集思之助。

右四条，皆本会开办，视款多寡，陆续推行，各有详细章程，别行刊布。

一、会中于义所应为之事，莫不竭力，视集款多寡，次第举行者，又有数事。立学堂以教人才，创讲堂以传孔教，派游历以查地舆、矿务、风俗，设养贫院以收乞丐、教工艺，视何处筹款多者，即在其地举行。惟望海内志士合力为之。

一、入会者，将姓名爵里函知局中，即送以章程，取捐款后即编号，会中遇事知照，展转援引，愈推愈广，庶几自保其类，不致令外国诮以散沙。

一、入会者不论名位学业，但有志讲求，概予延纳，德业相劝，过失相规，患难相恤，务推蓝田乡约之义，庶自保其教。

一、中国非无专门积学之士，苦于不相闻问，无由观摩。即已有学问，无人能知。且平素无相交之雅，相遇生妒忮之心。今此会使海内学人声气相通，以期增长，是入会之大益，既无隔碍，且合海内之才士联结讲求，庶自强有基。

一、入会诸君，原为讲求学问。圣门分科，听性所近。今为分门别类，皆以孔子经学为本。自中国史学、历代制度、各种考据、各种词章、各省政俗利弊、万国史学、万国公法、万国律例、万国政教理法、古今万国语言文字、天文、地舆、化、重、光、声、物理、性理、生理、地质、医药、金石、动植、气力、治术、师范、测量、书画、文字减笔、农务、牧畜、商务、机器制造、营建、轮船、铁路、电线、电器制造、矿学、水陆军事，以及一技一艺，皆听人自认，与众讲习。如有新得之学、新得之理，告知本会，以便登报。将来设立学堂，亦分门教士，人才自盛。

一、入会储君，原为学问起见，其有疑义，可函询会中讲求，当询通人详答。其有经世文字、新论新法，可寄稿本局，经通人评定，或抄存备览，或刊刻流通。倘发中西未得之新理，加酬奖赏，标其姓名，以收切磋之益。

一、外国学会，咸乐布施，有捐至百万者，故学者甚盛。各省善堂捐款，亦多累百盈千，况此举功德比善堂尤大。今议凡来入会者，皆须捐助，最少以十两为限。

一、善堂捐助义举，皆立即捐资，凡入此会，概同斯例。若逾月不交，即将其会扣除。其五十两以上，准分两次交清；百两以上，准分四次交清。每次以两月为限。

一、凡捐助百两以上者，每译印成书，各送一部；五十两以上者，译印之书，但收成本；三十两以上者，取译印之书，减价一成；自十两以上，报纸皆减二成，并刊名报上。其有捐助千金者，永准其送一人入学堂肄业，由会中支给。

一、捐助之款，写明姓名爵里，交强学总局给收条，仍到本局换票处换联票收执，作为入会之据。其各处捐助之款，写明姓名爵里，就近交电报局代收，掣给三联票收条。电报局将第三联票编号存案，将第二联票寄本局，由本局换给入会联票，交电报局付给收执为据。本局将姓名、爵里、学业、寄寓按照联票号数汇编存案，联票皆有董事盖章。

一、开办此会，合海内之耆硕名士任之，所有局事，由开办诸人内分举四人为提调，二人坐办，二人会办，公举谙练公正者八人为董事，亦四人坐办，四人会办。创办定后，分年举人轮管。倘董事因事辞退，提调、董事集众公举，择众而从。既经举定，不准以私见议改。被议之人，非有实在为难，亦不准规避委卸。其管事、管书、管器，皆用会内通达之人，由提调、董事公酌保用。董事拟多邀办赈诸君，其协理人数，随时增议。

一、此会专为联人心、讲学术，以保卫中国。入会之友，必求品行心术端正明白者，方可延入。局中应办之事，会友随时献替，留备采择。到局之后，倘别存意见，或诞妄挟私，及逞奇立异，或作奸犯科，致招物议，恐于局务有碍，即由提调、董事诸友公议辞退，以免口实，而严败群。如有不以局中为然者，到局审明，捐银照例充公，去留均听其便。

一、局中访求博雅通才主译书撰报之事，其人数随时增广。皆由提调、董事公同妥访邀请。

一、局中司帐，须习知贸易书籍情形及刷印文字者充其选，必须董友考查确实，一秉至公。又须有结实铺保，方许招致。倘涉营私舞弊，一经查出，原保之人照例责赔，经手之董事会友，凡预有保荐之力者，亦须一律议罚。

一、局中用项，概由值董核发。如有巨款，在千数百金以上者，须各董友齐集公议，方准开支。收有成数，择殷实商号存储，立折支取。如存数渐多，亦可议生利息。发票之期，按几日为限，由值董限同经理。

一、开局提调、董事，均仗义创办，不议薪资，将来局款大盛，须专请人办理，始议薪水。惟译书、撰报、管书、管器、司事、教习、游历、司帐，酌量给予薪水。

一、译书刊报，会友应分送及减成售卖者，俱持票到总局、分局验票付给。

一、书局开办之始，务求俭约，以期持久。择地赁屋，茶点坐落，须清雅洁净。董友集议之日，不拘分际，仪文从简。凡博弈游戏，征逐喧嚣，概宜屏禁，俾无坏局规。嗣后办有实效，人多款足，再议扩充，自行建造，添设园舍。

一、局中用款，分出、入、存三柱简明登记，每月一小结，刊刻报章，月朔由各董事齐集查阅，务期核实无弊，阅竟各于名下署押为记。每年一大结，汇刻征信录，分送提调、董事及捐款百两以上者，以昭信实。

一、先订简明章程，以期迅速集办，每事各有详细章程，举办以后，随时集议，如有利弊，应兴应革，均由提调、董友公议删增，或每季一集，每年一大议，并核用款，稽勤惰，详稽论定，再行刊刻布告。

　　浙江黄体芳漱兰　　浙江黄绍第叔镛

　　湖北屠仁守梅君　　浙江汪康年穰卿

　　广东康有为长素　　湖南邹代钧沅帆

　　广东梁鼎芬节庵　　广东黄遵宪公度

　　浙江黄绍箕仲弢　　湖南左孝同子异

　　安徽蒯光典礼卿　　满洲志钧仲鲁

　　江苏张謇季直　　福建沈瑜庆爱沧

　　四川乔树楠茂萱　　广西龙泽厚积之

　　同人公启（《强学报》第一号，1899 年 1 月 12 日）

## 上海强学会后序

号物之大者，曰驼、象、骡、马、牛，皆彭亨庞巨，倍于人体。然而槛之、絷之、服之、乘之，甚且刲之、炰之。象、驼、牛、马俯首宛转悲啼，痛苦受絷、缚、驾、乘、刲、炰，而呼号终莫救，仇怒终莫雪者，何哉？为其弱也。牛马无罪无辜，服勤供役，劳亦甚矣，而不免宰割者，何哉？为其愚也。《书》曰：兼弱攻昧。既弱既昧，自召兼攻，奈之何哉！尝考三千年青史氏之册，五大洲万国之志，若刘、石之破洛阳，耶律氏之取石晋，金斡离不之破汴，驱虏掳掠，有若犬羊，断殊骨肉，宛转道路，托命异类，寄生鼎俎。当此之时，其与象、驼、牛、马之受絷、维、驾、乘、刲、割，岂有异哉？岂有异哉？彼马基顿之破波斯，回教突厥之破罗马，及近者泰西之分非洲，虏掠凌暴，异种殊族，皆以愚弱被吞食者。然则天道无知，惟佑强者。《易》首系《乾》，以自强不息，《洪范》六极，弱居极下，盖强弱势也，虽圣人亦有不能不奉者欤！然则惟有自强而已。

夫强者有二：有力强，有智强。虎豹之猛，而扼于人，虎豹不能学问考论，即愚，人能学问考论，则智，是智胜也。至于天人鬼物，昆虫草木，莫不考论，则益智，故贵学。美人学会繁盛，立国百年，而著书立说多于希腊、罗马三千年，故兵仅二万，而万国莫敢谁何，此以智强也。夫物单则弱，兼则强，至累重什百千万亿兆京陔之则益强。荀子言物不能群，惟人能群。象、马、牛、驼不能群，故人得制焉。如使能群，则至微之蝗，群飞蔽天，天下畏焉，况莫大之象、马而能群乎？故一人独学，不如群人共学；群人共学，不如合什百亿兆人共学。学则强，群则强，累万亿兆皆智人，则强莫与京。

吾中国地合欧洲，民众倍之，可谓庞大魁巨矣，而吞割于日本，盖散而不群、愚而不学之过也。今者思自保，在学之、群之。昔在京师，既与诸君子开会，以讲中国自强之学，朝士集者百数，然犹未足合天下之才。海内耆贤通学，捧手推襟，欲推广京师之会，择合群之地而益宏厥规，则沪上总南北之汇，为士夫所走集，乃群中外之图书器艺，群南北之通人志士，讲习其间，而因推行于直省焉。凡吾神明之胄，衣冠之族，思保其教，思保其类，以免为象、驼、牛、马之受槛、絷、刲、割，岂无同心乎？抑其甘沦异类耶？其诸有乐于会友辅仁欤！仁者何？仁吾神明之胄，先圣孔子之教，非欤？南海康南海长素记。（《强学报》第一号，1899 年 1 月 12 日））

## 记强学会事

强学会之创，京朝诸公，欲合天下之力，通上下之气，讲维新之治。自七月创办以来，朝士云集，军机、总署、御史、翰林各曹来会者至百数，几与外国议院等。翁、孙两师傅咸主之，翁师傅拨机器一副，孙师傅租房子，楚督张香帅首捐五千，直督王夔帅、江督刘岘帅咸捐五千，宋祝帅及各将帅莫不入会助千数，李合肥亦捐千数，经费已巨万。粤中戴少怀学士、黎壁侯学使、曾刚甫、何梅村，周芹生各主政咸在局中，御史达官能言事者数千人，诚嘉会也。此会日大，朝议一变。中国变政自强，殆由于此。闻会中有某官者，甚专愎，会中诸公共恶之。本月上旬会中分一新局在琉璃厂，将某官二三人分出局外，不与之谋，某人怒而相攻，故有言官奏劾之事。从来意见不和，足以害事，凡办大事必有阻挠，然新局凡百余人，大势已成。闻文云阁学士及会中各侍御公数人，预备顶奏，有两师傅从中主持，不日可以复开。或谓沪局之停，知京朝有此消息，故借端于廷寄纪年之事而誓散云。此中情形不知若何，疑得其实也。（《万木草堂遗稿外编》下册）

## 上清帝第五书

具呈，工部主事康有为，为外衅危迫，分割洊至，急宜及时发愤，革旧图新，以少存国祚，呈请代奏事：

窃自马江败后，法人据越南，职于此时隐忧时事，妄有条陈，发俄、日之谋，指朝鲜之患，以为若不及时图治，数年之后，四邻交逼，不能立国。已而东师大辱，遂有割台赔款之事，于是外国蔑视，海内离心，职忧愤迫切，谬陈大计。及时变法，图保疆圉，妄谓及今为之，犹可补牢。如再徘徊迟疑，苟且度日，因循守旧，坐失事机，则外患内讧，间不容发。迟之期月，事变之患，旦夕可致，后欲悔改，不可收拾。虽有善者，无如之何。

危言狂论，冒犯刑诛，荷蒙皇上天地之量，俯采刍荛，下疆臣施行，以图卧薪尝胆之治。职诚感激圣明，续有陈论，格未得达，旋即告归。

去国二年，侧望新政，而泄沓如故，坐以待亡，土室抚膺，闭门泣血。顷果有德人强据胶州之事，要索条款，外廷虽不得其详。职从海上来，阅外国报，有革李秉衡、索山东铁路矿务。传闻章高元及知县已为所掳，德人修造炮台兵房，进据即墨，并闻德王胞弟亲统兵来。俄、日屯买吾米各七百万，日本议院日日会议，万国报馆议论沸腾，咸以分中国为言。若箭在弦，省括即发，海内惊惶，乱民蠢动。职诚不料昔时忧危之论，仓猝遽验于目前，更不料盈廷缄默之风，沉痼更深于昔日。瓜分豆剖，渐露机牙，恐惧回惶，不知死所。用敢万里浮海，再诣阙廷，竭尽愚诚，惟皇上自危览而采择焉。

夫自东师辱后，泰西蔑视，以野蛮待我，以愚顽鄙我。昔视我为半教之国者，今等我于非洲黑奴矣；昔憎我为倨傲自尊者，今则侮我为聋瞽蠢冥矣。按其公法均势保护诸例，只为文明之国，不为野蛮，且谓翦灭无政教之野蛮，为救民水火。故十年前吾幸无事者，泰西专以分非洲为事耳，今非洲剖讫，三年来泰西专以分中国为说，报章论议，公托义声，其分割之图，传遍大地，擘画详明，绝无隐讳。此尚虚声，请言实践，俄、德、法何事而订密约？英、日何事而订深交？土、希之役，诸国何以惜兵力而不用？战舰之数，诸国何以竞厚兵而相持？号于众曰：保欧洲太平，则其移毒于亚洲可知；文其言曰：保教保商，则其垂涎于地利可想。英国《太晤士报》论德国胶事，处置中国极其得宜。譬犹地雷四伏，药线交通，一处火燃，四面皆应，胶警乃其借端，德国固其嚆矢耳。

二万万华腴之地，四万万秀淑之民，诸国眈眈，朵颐已久；慢藏诲盗，陈之交衢。主者屡经抢掠，高卧不醒，守者袖手熟视，若病青狂。唾手可得，俯拾即是，如蚁慕膻，闻风并至，失鹿共逐，抚掌欢呼。其始壮夫动其食指，其后老稚亦分杯羹，诸国咸来，并思一脔。昔者安南之役，十年乃有东事；割台之后，两载遂有胶州。中间东三省、龙州之铁路，滇粤之矿，土司野人山之边疆，尚不计矣。自尔之后，赴机愈急，蓄势益紧，事变之来，日迫一日。教堂遍地，无刻不可起衅；矿产遍地，无处不可要求。骨肉有限，剥削无已。且铁路与人，南北之咽喉已绝，疆臣斥逐，用人之大权亦失。浸假如埃及之管其户部，如土耳其之柄其国政。枢垣总署，彼皆可派其国人；公卿督抚，彼且将制其死命。鞭笞亲贵，奴隶重臣，囚奴士夫，蹂践民庶。甚则如土耳其之幽废国主，如高丽之祸及君后；又甚则如安南之尽取其土地人民而存其虚号，波兰之宰割均分而举其国土。马达加斯加以挑水起衅而国灭，安南以争道致命而社墟；蚁穴溃堤，衅不在大。职恐自尔之后，皇上与诸臣，虽欲苟安旦夕、歌舞湖山而不可得矣。且恐皇上与诸臣，求为长安布衣而不可得矣。

后此数年，中智以下，逆料而知，必无解免。然其他事，职犹可先言之。若变辱非常，则不惟辍简而不忍著诸篇，抑且泣血而不能出诸口。处小朝廷而求活，则胡铨所羞；待焚京邑而忧惶，则董遇所鄙。此则职中夜屑涕，仰天痛哭，而不能已于言者也。

夫谓皇上无发愤之心，诸臣无忧国之意，坐以待毙，岂不宜然。然伏观皇上发愤之心，昭于日月；密勿重臣，及六曹九列之贤士大夫，忧国之诚，癯颜黑色，亦且暴着于人。顾日言自强而弱日甚，日思防乱而乱日深者，何哉？盖南辕而北辙，永无税驾之时；缘木而求鱼，决无得鱼之日。职请质言其病，并粗举治病之方。《仲虺之诰》曰：兼弱攻昧，取乱侮亡。吾既自居于弱昧，安能禁人之兼攻？吾既日即于乱亡，安能怨人之取侮？不知病所，而方药杂投，不知变症，而旧方犹守，其加危笃，固也。职请以仲虺之说明之。

欧洲大国，岁入数千万万，练兵数百万，铁船数百艘，新艺新器岁出数千，新法新书岁出数万，农工商兵，士皆专学，妇女童孺，人尽知书。而吾岁入七千万，偿款乃二万万，则财弱；练兵铁舰无一，则兵弱；无新艺新器之出，则艺弱；兵不识字，士不知兵，商无学，农无术，则民智弱；人皆偷安，士无侠气，则民心弱。以当东西十余新造之强邻，其必不能禁其兼者，势也。此仲虺兼弱之说可畏也。

大地八十万里，中国有其一；列国五十余，中国居其一。地球之通自明末，轮路之盛自嘉、道，皆百年前后之新事，四千年未有之变局也。列国竞进，水涨堤高，比较等差，毫厘难隐。故《管子》曰：国之存亡，邻国有焉。众治而己独乱，国非其国也，众合而己独孤，国非其国也。颇闻中朝诸臣，狃承平台阁之习，袭簿书期会之常，犹复以尊王攘夷施之敌国，拘文牵例以应外人，屡开笑资为人口实，譬凌寒而衣绤纷，当涉川而策高车，纳侮招尤，莫此为甚。咸、同之时，既以昧不知变而屡挫矣，法、日之事，又以昧不知变而有今日矣。皇上堂陛尊崇，既与臣民隔绝，恭亲王以藩邸议政，亦与士夫不亲。吾有四万万人民，而执政行权能通于上者，不过公卿、台谏、督抚百人而已。自余百僚万数，无由上达，等于无有。而公卿、台谏、督抚，皆循资格而致，既已裹足未出外国游历，又以贵倨未近通人讲求。至西政新书，多出近岁，诸臣类皆咸、同旧学，当时未有，年耄精衰，政事丛杂，未暇更新考求；或竟不知万国情状，其蔽于耳目，狃于旧说，以同自证，以习自安。故贤者心思智虑，无非一统之旧说；愚者骄倨自喜，实便其尸位之私图。有以分裂之说来告者，傲然不信也；有以侵权之谋密闻者，梦然不察也；语新法之可以兴利，则瞋目而诘难；语变政之可以自强，则掩耳而走避。老吏舞文，称历朝之成法，悚然听之者，盖十而六七矣；迂儒帖括，诩正学之昌言，瞿然从之者，又十而八九矣。

无一事能究其本原，无一法能穷其利弊，即聋从昧，国皆失目，而各国游历之人、传教之士，察我形胜，测我盈虚。言财政详于度支之司，谈物产精于商局之册，论内政或较深于朝报，陈民隐或更切于奏章，举以相质，动形窘屈。郑昭宋聋，一以免患，一以召祸。况各国竞骛于聪明，而我岸然自安其愚暗，将以求免，不亦难乎？此而望其尽扫旧弊，力行新政，必不可得。积重难返，良有所因，夜行无烛，瞎马临池，今日大患，莫大于昧。故国是未定，士气不昌，外交不亲，内治不举，所闻日孤，有援难恃，其病皆在于此。用是召攻，此仲虺攻昧之说可惧也。

自台事后，天下皆知朝廷之不可恃，人无固志，奸宄生心。陈涉辍耕于陇上，石勒倚啸于东门，所在而有，近边尤众。伏莽遍于山泽，教民遍于腹省，今岁广西全州、灌阳、兴安、东兰、那地、泗城、电白已见告矣。匪以教为仇雠，教以匪为口实，各连枝党，发作待时；加以贿赂昏行，暴乱于上，胥役官差，蠹乱于下，乱机遍伏。即无强敌之逼，揭竿斩木，已可忧危；况潢池盗弄之余，彼西人且将借口兴师，为我定乱。国初戡流贼而定都京邑，俄人逐回匪而占踞伊犁，兵家形势，中外同揆，覆军之辙，可为殷鉴。此仲虺所谓取乱者可惧也。

有亡于一举之割裂者，各国之于非洲是也；有亡于屡举之割裂者，俄、德、奥之于波兰是也；有尽夺其政权而一旦亡之者，法之于安南是也；有遍掳其海陆形胜之地而渐次亡之者，英之于印度是也。欧洲数强国，默操成算，纵横寰宇，以取各国，殷鉴具存，覆车可验。当此主忧臣辱之日，职亦何忍为伤心刺耳之谈。顾见举朝上下，相顾嗟呀，咸识沦亡，不待中智；群居叹息，束手待毙；耆老仰屋而咨嗟，少壮出门而狼顾；并至言路结舌，疆臣低首，不惟大异于甲申，亦且回殊于甲午；无有结缨誓骨、慷慨图存者，生机已尽，暮色惨凄，气象如此，可骇可悯，此真自古所无之事！夫至于公卿士庶，偷生苟活，候为欧洲之奴隶，听其犬羊之刲缚。哀莫大于心死，病莫重于痹痪；欲陨之叶，不假于疾风，将萎之华，不劳于触手，先亡已形。此仲虺所谓侮亡之说尤可痛也。

然原中朝敢于不畏分割、不惮死亡者，虽出于昧，亦由误于有恃焉。夫欲托庇强邻，借为救援，亦必我能自立，则犄角成势，彼乃辅车。若我为附枝，则卧榻之侧，岂容鼾睡！齐王建终伤松柏，李后主终坐牵机。且泰西兵事，决胜乃战，一旦败绩，国可破灭。俄、德力均，岂肯为我用兵，或败大局哉？此又中智以下咸知难恃者也。

如以泰西分割亚洲，连鸡互忌，气势甚缓；突厥频割大藩，尚延残喘；波斯尽去权利，犹存旧封。中国幅员广袤，从容分割，缓缓支持，可历年所。执政之人，皆已耄老，冀幸一身可免，听其贻祸将来。然突厥之回教，专笃悍强，西人所畏，吾则民教柔脆而枯朽；波斯之国主，纤尊游历西国尽遍，吾虽亲王宰相，闭户而潜修。分局早定，民心已变。瑞典使臣之奔告，各国新报之张皇，亚洲旧国，近数年间，岁有剪灭，近且殆尽，何不取鉴之？祸起旦夕，毕命丧尽，而谓可延年载，老人可免，此又掩耳盗铃，至愚自欺之术也。譬巨室失火，不操水呼救，而幸火未至，入室窃宝，屋烬身焚，同归于尽而已。故职窃谓诸臣即不为忠君爱国计，亦当自为身谋也。皇上远观晋、宋，近考突厥，上承宗庙，孝事皇太后，即不为天下计，独不计及宋世谢后签名降表，徽、钦移徙五国之事耶！

近者诸臣泄泄，言路钳口，且默窥朝旨，一切讳言。及事一来，相与惶恐，至于主辱臣死，虽粉身灰骨，天下去矣，何补于事？不早图内治，而十数王大臣俯首于外交，岂惟束手，徒增耻辱而已！不豫修于平时，一旦临警，张皇而求请，岂能弥缝，徒增赔割而已！故胶警之来，不在今日之难于对付，而在向者之不发愤自强也。势弱至此，岂复能进而折冲，惟有急于退而结网。职不避斧钺，屡有所陈，今日亦不敢言自保，言图存而已；亦不敢言图存，即为偏安之谋，亦须早定规模已耳。

殷忧所以启圣，外患所以兴邦，不胜大愿。伏愿皇上因胶警之变，下发愤之诏，先罪己以励人心，次明耻以激士气；集群材咨问以广圣听，求天下上书以通下情；明定国是，与海内更始。自兹国事付国会议行，纡尊降贵，延见臣庶，尽革旧俗，一意维新；大召天下才俊，议筹款变法之方；采择万国律例，定宪法公私之分；大校天下官吏贤否，其疲老不才者，皆令冠带退休；分遣亲王大臣及俊才出洋，其未游历外国者，不得当官任政；统算地产人工，以筹岁计豫算；察阅万国得失，以求进步改良；罢去旧例，以济时宜；大借洋款，以举庶政。若诏旨一下，天下雷动，士气奋跃，海内耸望。然后破资格以励人材，厚俸禄以养廉耻；停捐纳，汰冗员，专职司，以正官制；变科举，广学校，译西书，以成人材；悬清秩功牌，以奖新艺新器之能；创农政商学，以为阜财富民之部；改定地方新法，推行保民仁政，若卫生济贫，洁监狱，免酷刑，修道路，设巡捕，整市场，铸钞币，创邮船，徙贫民，开矿学，保民险，重烟税，罢厘征，以铁路为通，以兵船为护。夫如是则庶政尽举，民心知戴。

但天下人心离散，当日有恩意慰抚，以团其情；志士之志气劣弱，当激以强健豪侠，以壮其气。然后尽变民兵，令每省三万人，而加之训练；大购铁舰，须沿海数十艘，而习以海战。诏令日下，百举维新，诚意谆恳，明旨峻切。料所有新政诏书，虽未推行，德人闻之，便当退舍。但各国兵机已动，会议已纷，宜急派才望素重，文臣辩士，分游各国，结其议员；自开新报之馆，商保太平之局，散布论议，耸动英、日。职以为用此对付，或可缓兵。然后雷厉风行，力推新政，三月而政体略举，期年而规模有成，海内回首，外国耸听矣。

皇上发奋为雄，励精图治，于中国何有焉。论者谓病入膏肓，虽和、缓、扁鹊不能救；火燃眉睫，虽焦头烂额不为功；天运至此，何可换回？况普国变法而法人禁之，毕士马克作内政而后立；美国制造铁炮而英人禁之，华盛顿托荒岛而后成。近者英人有禁止出售机器于我之说，俄、法欲据我海关、铁路、矿务、银行、练兵之权，虽欲变法，虑掣我之肘。职窃以为不然。少康以一成一旅而光复旧物，华盛顿无一民尺土而保全米国。

况以中国二万里之地、四万万之民哉！顾视皇上志愿何如耳。若皇上赫然发愤，虽未能遽转弱而为强，而仓猝可图存于亡；虽未能因败以成功，而俄顷可转乱为治。职犹有三策以待皇上决择焉。

夫今日在列大竞争之中，图保自存之策，舍变法外别无他图。此谈经济者异口而同词，亦老于交涉之劳臣所百虑而莫易。顾革故鼎新，事有缓急；因时审势，道备刚柔。其条目之散见者，当世之士能言之。职前岁已条陈之，今不敢泛举，请言其要者：

第一策曰：采法俄、日以定国是。愿皇上以俄国大彼得之心为心法，以日本明治之政为政法而已。昔彼得为欧洲所摈，易装游法，变政而遂霸大地；日本为俄美所迫，步武泰西，改弦而雄视东方。此二国者，其始遭削弱与我同，其后底盛强与我异。日本地势近我，政俗同我，成效最速，条理尤详，取而用之，尤易措手。闻皇上垂意外交，披及西学，使臣游记，泰西纂述，并经乙览，不废刍荛。若西人所著之《泰西新史揽要》《列国变通兴盛记》，尤为得要，且于俄、日二主之事，颇有发明。皇上若俯采远人，法此二国，诚令译署进此书，几余披阅。职尚有《日本变政考》，专明日本变政之次第，若承垂采，当写进呈。皇上劳精厉意讲之于上，枢译诸大臣各授一册讲之于下，权衡在握，施行自易；起衰振靡，警聩发聋，其举动非常，更有回出意外者。风声所播，海内慴耸，职可保外人改视易听，必不敢为无厌之求。盖遇昧者其胆豪，见明者则气怯；且虑我地大人众，一旦自强，则报复更烈。非皇上洞悉敌情，无以折冲樽俎。然非皇上采法俄、日，亦不能为天下雄也。

其第二策曰：大集群才而谋变政。六部九卿诸司百执，自有才贤，咸可咨问。若内政之枢垣，外政之译署，司计之户部，司法之刑曹，议论之台谏翰林，尤为要剧。宜精选长贰，逐日召见，虚己请求。若者宜革，若者宜因，若者当先，若者当后，谋议既定，次第施行，期年三月，成效必睹。

其第三策曰：听任疆臣各自变法。夫直省以朝廷为腹心，朝廷以行省为手足。同治以前，督抚权重，外人犹有忌我之心；近岁督抚权轻，外人之藐我益甚。朝廷苟志存通变，宜通饬各省督抚，就该省情形，或通力合作，或专力致精，取用新法，行以实政。目前不妨略异，三年要可大同。宽其文法，严为督厉，守旧而不知变者斥之，习故而不能改者去之。要以三年，期使各省均有新法之练兵数千，新法之税款数万，制造之局数处，五金之矿数区，学校增设若干，道路通治若干，粗定课程，以为条格。如此则百废具举，万象更新，销萌建威，必有所济。我世宗宪皇帝注意督抚，而政举兵强；我文宗显皇帝、穆宗毅皇帝委重督抚，而中兴奏绩。重内轻外之说，帖括陈言，非救时至论也。

凡此三策，能行其上，则可以强；能行其中，则犹可以弱；仅行其下，则不至于尽亡。惟皇上择而行之。宗社存亡之机，在于今日；皇上发愤与否，在于此时。若徘徊迟疑，因循守旧，一切不行，则幅员日割，手足俱缚，腹心已刲，欲为偏安，无能为计。圈牢羊豕，宰割随时，一旦脔割，亦固其所。职上为君国，下为身家，苦心忧思，虑不能免。明知疏逖，岂敢冒越；但栋折榱坏，同受倾压，心所谓危急何能择！若皇上少采其言，发奋维新，或可图存，宗社幸甚，天下幸甚！职虽以狂言获罪，虽死之日，犹生之年也。否则沼吴之祸立见，裂晋之事即来，职诚不忍见煤山前事也。瞻望宫阙，忧思愤盈，泪尽血竭，不复有云，冒犯圣听，不胜战栗屏营之至，伏惟代奏皇上圣鉴。谨呈。（《戊戌政变记》卷一）

## 外衅危迫分割洊至急宜及时发愤大誓臣工开制度新政局折（总理衙门代递折）

总理各国事务王大臣等跪奏，为据呈代奏，仰祈圣鉴事：

光绪二十三年十一月十九日，准军机处钞交给事中高燮曾奏《请令主事康有为相机入西洋弭兵会》一片，军机大臣面奉谕旨："总理各国事务衙门酌核办理。钦此。"臣等查原奏所称，西洋弭兵会立意虽善，然当两国争论，将至开战，会中即有弭兵之论，并无弭兵之权；近日土、希之战，不能先事弭兵，是其明证。该给事中所请令工部主事康有为相机入会一节，应毋庸议。惟既据该给事中奏称，该员学问淹长，熟谙西法，臣等当经传令到署面询。旋据该员呈递条陈，恳请代奏。臣等公同阅看，呈内所陈，语多切要，理合照录原呈，恭呈御览，伏乞皇上圣鉴。谨奏。光绪二十四年二月十九日。

具呈，工部主事康有为，为外衅危迫，分割洊至，急宜及时发愤，大誓臣工，开制度新政局，革旧图新，以存国祚，呈请代奏事：

窃自马江败后，法人据越，职于此时隐忧时事，妄有条陈，发日本之阴谋，指朝鲜之蓄患。以为若不及时变法，数年之后，不能立国。已而东师大辱，遂有割台补款之事。于是外邦蔑视，海内离心。职忧愤迫切，谬陈大计，请及时变法，图保疆圉。妄谓及今为之，犹可补牢；如再徘徊迟疑，苟且度日，因循守旧，坐失事机，则外患内讧，且夕瓦解。后欲悔改，不可收拾，虽有善者，无如之何。危言狂论，冒犯刑诛，荷蒙皇上天地之量，俯采刍荛，下疆臣施行，以图卧薪尝胆之治。职诚感激圣明，续有陈论，格未得达，旋即告归。

去国二年，侧望新政，而泄沓如故，土室抚膺，闭门泣血。顷果有德人据胶之事，邀索条款。和议甫定，而英、俄乘机邀索，应接无暇。山东复有命案，德使翻然，教堂遍地，处处可以开衅。诸国接踵，其何以堪之！职闻胶变，从海上来，闻万国报馆议论沸腾，咸以分中国为言。海内震惶，乱民蠢动。顷元旦日食，天象告变，警戒非常。瓜分豆剖，大露机牙，栋折榱坏，同受倾压。用敢万里浮海，再诣阙廷，思竭愚诚，冀裨万一。蒙大臣延询以善后变法大计，用敢冒昧陈露，以备皇上采择焉。

职窃考大地百年来守旧诸国，削灭殆尽。有亡于一举之割裂者，各国之于非洲是也；有亡于屡举之割裂者，俄、德、奥之于波兰是也；有尽夺其政权、利权而一旦亡之者，法之于安南是也；有遍据其海陆形胜而渐次亡之者，英之于印度是也。此皆泰西取国之胜算，守旧被灭之覆辙，近事彰彰者也。当此主忧臣辱之日，职亦何忍为伤心刺耳之谈。然自东师辱后，泰西以野蛮鄙我，以黑奴侮我，故所派公使，皆调从非洲，无一调自欧洲者。按其公法均势保护诸例，只为文明之国，不为野蛮。十年前吾幸无事者，诸国方分非洲耳。今分地已讫，无地可图，故聚谋以分中国为事。剖割之图，传遍大地；擘画详明，绝无隐讳。此尚虚声，请言实迹。俄、德、法何事而订密约？英、日何事而订深交？土、希之役，何以惜兵力不用？战舰之数，何以竞厚兵而相持？譬犹地雷四伏，药线交通，一处火燃，四面皆应。胶警乃其借端，德国固其嚆矢耳！

二万万华腴之地，四万万秀淑之民，诸国眈眈，朵颐已久；慢藏海盗，陈之交衢；唾手可得，俯拾即是。如蚁慕膻，闻风并至，失鹿共逐，抚掌欢呼。其始壮夫动其食指，其后老稚亦分杯羹；诸国咸来，并思一脔。昔者安南之役，十年乃有东事；割台之后，两载遂有胶州。中间东三省、龙州之铁路，滇粤之矿，土司野山之边疆，尚不计矣。自尔之后，赴机愈急，蓄势益紧，事变之来，日迫一日。浸假如埃及之管其户部，如土耳其之柄其国。枢垣总署，彼皆可派其国人；公卿督抚，彼且将制其死命。鞭笞亲贵，奴隶重臣；囚奴士大夫，蹂践民庶。又其甚则且如土耳其之幽废，如高丽之祸及宫闱；又甚则如安南之尽取其土地人民而存其虚号，又如波兰之宰割均分而举其国土。马达加斯加以挑水起衅而国灭，安南以争道致命而社墟；蚁穴溃堤，衅不在大。职恐自尔之后，皇上与诸臣虽欲苟安旦夕而不可得矣。后此数年，中智以下，逆料可知，必无解免。然其他事，职犹可先事言之。若变辱非常，则不惟辍简而不忍著诸篇，抑且泣血而不能出诸口。处小朝廷而求活，则胡铨所羞；待焚京邑而忧惶，则董遇所鄙。此则职中夜屑涕、仰天痛哭而不能已于言者也。

夫以二万万方里之地，四万万之民，皇上抚而用之，何求不得，谁为束缚其手足耶？然伏观皇上忧愤之心，昭于日月；密勿重臣，及六曹九列之贤士大夫，忧国之诚，癯颜墨色，亦且暴着于人。顾日言自强而弱日甚，日思防乱而乱日深者何哉？则以国是未定故也。夫国是者，犹操舟之有舵，罗盘之有针；趋向即定，而后驶行求前。其有赴程或迟，不能速登彼岸，则或因风雾见阻，或责舟人惰勤。若针之子午无定，舵之东西游移，即使舟人加力，风帆大顺，而遥遥莫适，怅怅何之；甚且之楚而北行，马疾而愈远矣。

夫今日当大地忽通、万国竞长之时，回非汉、唐、宋、明一统之旧。各国治法、文学、技艺、制造、财富、武备之盛，回非匈奴、突厥愚犷之风。以地言，则英、俄倍我。以新政言，则自英人倍根变法至今五百年，政艺日新；而我今始用之，其巧拙与彼有一与五百之比。以财富言，英人匀算人有二万七千镑，而吾民鸠形菜色，不及十金；今镑价值银十一圆，是英人人有三十万元，是吾贫富较彼有一与三万之比。英、美赋税皆七十万万，而吾仅七千万。以兵言，则泰西强国皆数百万，铁舰百数；而吾无一劲兵，无一铁舰，则不在比数之列。此固中国四千年来之变局，亦祖宗二百年来所未遇也。

以吾闭关之俗，忽当竞长之时。绨绤宜于夏日，雨雪既至，不能不易重裘；车马宜于陆行，大河前横，不能不易舟楫。外之所感既异，内之备御因之，故大《易》贵乎时义，《管子》贵乎观邻。水涨堤高，专视比较。若执旧方以医变症，药既不对，病必加危。故当今日而思图存，舍变法外更无他巧；此固万国谋自强者所殊途而一辙，亦中外谈经济者所异口而同词。臣民想望，有不可不变之心；外国逼迫，有不能不变之势。

然则今日之国是，莫有出于尽革旧习、变法维新者矣。自同治、光绪以来，总署、使馆、同文馆、招商局、制造局、税务司、船政厂、电线铁路之设，皆采用新政，非祖宗之旧法矣。皇上与诸臣审时度势，图谋自强，亦固知法之不能不变矣。徒以根本未变，大制未新，少袭皮毛，未易骨髓。譬犹厦屋朽坏，岌岌将倾，而粉饰补漏，糊裱丹青，思以支柱。狂风暴雨之来，求不覆压，岂可得哉？故外侮一来，绝无可恃，猥以万里大国委命他人。一使狂言，举国震慑，听其判割。此真自古绝无之事，安有抚万里之大国而无计若此者乎？然而至于此者，则以国是未决，变法未尽。午针摇荡，操舵游移，加以风雾晦冥，波涛大作，其船虽大，必覆无疑。

夫病症既变，宜用新方；岁步既更，宜革旧历。《易》贵观会通以行典礼；《论语》称孝无改父道，不过三年，则四年后可改无疑。且今之制度，并非祖宗之法，皆秦汉自私之术、元明展转之弊耳，岂复有三代道德之美哉？抗言守祖宗之成法者，不过为胥吏之窠臼、奸人之凭借耳，岂有祖宗分毫之意哉？《大学》称日新又新，其命维新；伊尹称用新去陈，病乃不存。故新则和，旧则乖；新则活，旧则板；新则疏通，旧则阻滞；新则宽大，旧则刻薄。自古开国之法无不新，故新为生机；亡国之法无不旧，故旧为死机。更新则乳虎食牛，守旧则为丛驱爵。世祖章皇帝之入关，即大变太祖、太宗八贝勒八旗之法，以维新垂治矣。近俄与日本、暹罗变政维新，遂以辟地自强矣；印度、土耳其、埃及守旧不改，遂以削地灭亡矣。夫守祖宗之成法而不能守祖宗之土地，与稍易其法而能保其地，孰为得失？狃中国之体制而不能保中国之民，与稍变其制而能保其民，孰为轻重？新旧、变守之效如此，皇上果何择焉？

然皇上虽赫然发奋，思变图存，职窃虑数千年之旧说，易为所牵；数百年之积习，易为所滞。夫非常之原，黎民所惧；吐下之方，庸医畏投。非有雷霆霹雳之气，不能成造立天地之功；非天下之至强者，不能扫除也。后有猛虎，则懦夫可以跳涧溪；室遭大火，则吝夫不复惜什器。惟知之极明者行之极勇，然非天下之至明不能洞见也。伏愿皇上召问群臣，审量时势，反复辩难，决定国是；确知旧习之宜尽弃，补漏之无成功；别立堂基，涤除旧弊。以地方二万万方里之大，人民四万万之众，物产二十六万种之繁，加以先圣义理入人之深，祖宗德泽在人之厚，此地球各国之所无、而诸国之所羡绝者也。以皇上之明，居莫强之势，若发奋更始，变法一新。《孟子》谓"王犹反手"，虽为政地球何有焉，惟中国为然。今虽稍迟，补牢未晚；虽未遽转弱而为强，而仓卒可图存于亡；虽未能因败以成功，而俄顷可转乱为治。是在皇上志力之浅深、变法之迟速，以为收效之大小而已。

　　然徒言变法，条理万端，随举一事，皆关重大，少一不变，连类无功。此当世之士略能言之，职亦尝上陈之。惟其推行之本末、先后之次序、章程节目之繁、刚柔宽猛之用，从何下手，乃无疑惑；从何取法，乃无弊端。如作书画，必当有佳谱仿摹，尤贵见墨迹临写，庶不走作，乃易揣摩。职窃为皇上上下古今、纵横中外思之。尧舜三代之道在爱民，皇上必已熟讲之，职愿皇上常讽《孟子》而深知其意；勾践、燕昭之行在雪耻，皇上当已习闻之，职愿皇上熟诵《国语》《国策》而誓于心。若至近之墨迹可摹、绝佳之画谱可临者，职于地球中新兴者得二国焉，曰俄、曰日。职愿皇上以俄国大彼得之心为心法，以日本明治之政为政谱而已。

　　昔彼得为欧洲所摈，易装游法，学于船匠，变政而遂霸大地；日本为俄、美所败，步武泰西，乃至易服改纪而雄视东方。此二国者，其始遭削弱与我同，其后底盛强与我异。日本地势近我，政俗同我，成效最速，条理尤详；取而用之，尤易措手。职译纂累年，成《日本变政考》一书，专明日本改政之次第；又有《大彼得变政记》，顷方缮写，若承垂采，当以进呈。若西人所著之《泰西新史揽要》《列国变通兴盛记》，于俄、日二主之事颇有发明。皇上若俯采远人，法此二国，诚令译署并进此书，几余披阅。皇上劳精垂意讲之于上，枢译诸大臣各授一册讲之于下，权衡在握，施行自异；起衰振靡，警聩发聋，其举动非常，更有回出意计外者。风声所播，海内慴耸，职可保外人改视易听，必不敢为无厌之求。盖遇昧者其胆豪，见明者则气怯；且虑我地大人众，一旦自强，则报复更烈。非皇上洞悉敌情，无以折冲樽俎；然非皇上采法俄、日，亦不能为天下雄也。

考日本维新之始，凡有三事：一曰大誓群臣以革旧维新，而采天下之舆论，取万国之良法；二曰开制度局于宫中，征天下通才二十人为参与，将一切政事制度重新商定；三曰设待诏所许天下人上书，日主以时见之，称旨则隶入制度局。此诚变法之纲领，下手之条理，莫之能易也。伏愿皇上采而用之，因日食之警，震动修德，除旧布新；择吉日大誓百司庶僚于太庙，或御乾清门，下诏申警，宣布天下以维新更始；上下一心，尽革旧弊；采天下之舆论，取万国之良法，俾趋向既定，四海向风。然后用南书房、会典馆之例，特置制度局于内廷，妙选天下通才数人为修撰，派王大臣为总裁，体制平等，俾易商榷。每日值内，同共讨论；皇上亲临折衷一是，将旧制新政斟酌其宜。某政宜改，某事宜增，草定章程，考核至当，然后施行。

其午门设待诏所，派御史为监收，许天下人上书，皆与传达，发下制度局解之，以通天下之情，尽天下之才。或与召见，称旨者擢用，或擢入制度局参议。其将来经济特科录用之才，仿用唐制开集贤、延英之馆以待之，拔其尤者选入制度局。其他条陈关涉新政者，皆发制度局议行。盖六部为行政之官，掌守例而不任出议；然举行新政，无例可援。军机出纳喉舌，亦非论道经邦。跪对顷刻，岂能讨论？总署困于外交，且多兼差，簿书期会，刻无暇晷。变法事体大，安有无论思专官而可行乎？周公思兼三王，仰思待旦；《中庸》称博学、审问、慎思、明辨而后笃行。今有办事之官，而无议论之官，譬有手足而无心思，又以鼻口而兼耳目。不学、问、思、辨而徒为笃行，夜行无烛，瞎马临池，宜其丛脞也。若开局讨论，专设一官，然后百度维新可得备详。

其新政推行，内外皆立专局，以任其事：

一、法律局。考万国法律公法，以为交涉平等之计。或酌一新律，施行于通商口岸，以入万国公法之会。

二、税计局。掌参用万国之税则，定全地之税、户口之籍、关税之法、米禄之制、统计之法、兴业之事、公债之例、讼纸之制。

三、学校局。掌于京师、各直省即书院、佛寺为学堂，分格致、教术、政治、医、律、农、矿、制造、掌故、各国语言文字诸科，别以大、小、公、私，并立师范、女学而广励之；其有新书、新艺、新器者，奖劝焉。

四、农商局。掌凡种植之法、土地之宜、垦殖之事、赛珍之会、比较之厂，考土产，计物价，定币权，立商律，劝商学。

五、工务局。掌凡制造之厂、机器之业、土木之事。

六、矿政局。掌凡天下一切矿产，开矿学，定矿则，凡开矿者隶焉。

七、铁路局。掌天下开铁路事。

八、邮政局。掌修天下道路及递信、电报之事。

九、造币局。掌铸金、银、铜三品，立银行，造纸币，时其轻重。

十、游历局。掌派人游学外国，一法一艺，宜得其详。其有愿游学者报焉。

十一、社会局。泰西政艺精新，不在于官，而在于会；以官人寡而会人多，官事多而会事暇也。故皆有学校会、农桑会、商学会、防病会、天文会、地舆会、大道会、大工会、医学会、各国文字会、律法会、剖解会、植物会、动物会、要术会、书画会、雕刻会、博览会、亲睦会、布施会。宜劝令人民立会讲求，将会例、人名报局考察。

十二、武备局。掌编民兵、购铁舰、讲洋操、学驾驶、讲海战。

十二局立而新制举，凡制度局所议定之新政，皆交十二局施行。其直省藩、臬、道、府，皆为冗员；州县守令，选举既轻，习气极坏，仅收税、断狱，与民无关。故上有恩意而不宣，民有疾苦而莫告。千里之地，仅督抚一人能达于上，而层级十重隔于下。且督抚官尊，久累资格，故多衰眊，畏闻兴作。若督抚非人，下虽有才，无能为治，骤言尽革，其事既难。

日本国主之下、小民之上，仅一县令，虽亲王亦充之；故权尊而亲民，新政乃达。汉制，百郡以一守领令数十，宋制以京官知州县，皆可为法。昔曾国藩变兵为勇，以收平贼之效，今莫若变官为差。直省道员凡六七十，每道设一新政局，督办照主考学政及洋差体例，不拘官阶，随带京衔。准其专折奏事，听其辟举参赞随员，授以权任，凡学校、农工、商业、山林、渔产、道路、巡捕、卫生、济贫、崇教、正俗之政，皆督焉。每县设一民政局，由督办派员会同地方绅士公议新政，以厘金与之。其有道府缺出，皆令管理，三月而责其规模，一年而责其治效。学校几所，修路几里，制造几厂，皆有计表上达制度局、十二局、军机处；其治效著者，加秩进禄。

凡诸新政人员，就制度局、集贤院、待诏所及内外所保人才选授，略同南书房差，不拘官级。听辟幕僚，专在得才，与共新政。内外本末，指臂灵通，血管注于心房，脑筋遍于全体，简易广大，相与更新。然后破资格、厚俸禄以用人才，停捐纳、省冗员以清仕路，派亲王重臣游历以广学识。尚虑改变之始，需款甚繁。日人以纸币行之，真银仅二千万，而用值二亿五万万，盖得《管子》轻重之法焉。吾若大变法度，上下相亲，亦可行之。否则大借洋款数万万，派熟习美国之人与借商款，酌以铁路、矿产与之，当可必得。准限三年，各省铁路皆成，学堂皆立，学会皆开；工有新器，商有新学，地有余利，民有余饶。至于十年，治功大著，足以雪仇耻而威四裔，不难矣！

若惑于庸人之论，不为全局之谋，徘徊迟疑，苟且度日，旧弊未去，变法不全；则责言日闻，幅员日割，手足既缚，腹心亦刲。虽欲偏安，无能为计矣。时乎时乎，岂容再误！宗社存亡之机在于今日，皇上图存与否在于此时。职之疏逖，岂敢妄陈大计，变乱典章，诚以上为君国、下为身家，心所谓危急何能择，用敢冒越，竭尽其愚。伏唯皇上少采其言，乾健独断，发愤维新，或可图存。宗社幸甚！天下幸甚！职冒犯圣听，不胜战栗屏营之至。伏唯代奏皇上圣鉴。谨呈。（《杰士上书汇录》卷一）

## 为译纂《俄彼得变政记》成书可考由弱致强之故呈请代奏折（总理衙门代递折）

总理各国事务王大臣等跪奏，为据情代奏，仰祈圣鉴事：

窃工部主事康有为前至臣衙门呈递条陈，经臣等于本年二月十九日代奏，本日准军机处片交，军机大臣面奉谕旨：着总理各国事务王大臣妥议具奏。钦此。除该主事前递条陈由臣等另行妥议外，兹于本年二月二十日复据该主事至臣衙门续递条陈一件，并译纂《俄彼得变政记》一册；正拟代奏间，复于本月二十七日又据该主事递到条陈一件，均恳代为具奏。臣等未敢壅于上闻，谨照录该主事续递条陈，及所递《俄彼得变政记》，恭折进呈御览，伏乞皇上圣鉴。谨奏。光绪二十四年三月初三日。

具呈，工部主事康有为为译纂《俄彼得变政记》成书，可考由俄国弱致强之故，恭呈御览，以资采择，呈请代奏事：

窃顷强邻四迫，国势危蹙，皇上忧劳社稷，亟筹自强，量势审时，必有取法。将笃守祖宗之旧法耶？则大地忽通，数十强国环迫，皆祖宗所未遇，必不能执旧方以医变症也。将近采汉、唐、宋、明之法度耶？则接邻诸国文学极盛，回非匈奴、突厥、契丹犷野之风，又汉、唐、宋、明所未有也。将上法唐、虞、三代之治，道德纯备矣，而时势少异，或虑有一二迂阔而远于事情者？职窃考之地球，富乐莫如美，而民主之制与中国不同；强盛莫如英、德，而君民共主之制仍与中国少异。惟俄国其君权最尊，体制崇严，与中国同；其始为瑞典削弱，为泰西摈鄙，亦与中国同。然其以君权变法，转弱为强、化衰为盛之速者，莫如俄前主大彼得。故中国变法，莫如法俄；以君权变法，莫如采法彼得。职前言至近之谱迹，可临摹者也。职搜采彼得变政之事，苦中国群书皆罕译出，职刻意考求，始获彼得本传，即为译出，旁搜记乘，稍加损益，于是彼得行事粗见本末矣。

考彼得之能辟地万里、创霸大地者，岂有他哉？不过纡尊降贵，游历师学而已。以欲变法自强之故，而师学他国；非徒纡尊降贵，且不惜易服为仆隶、辱身为工匠焉。凡强敌之长技，必通晓而摹仿之；凡万国之美法，必采择而变行之。此其神武独授，破尽格式，操纵自在，动作非常，以发扬神智，丕变国俗。其举动为千古英王之所无，故其创业遂为大地万里之雄霸。《易》曰：天行健。又曰：武人为于大君。《书》曰：锡王勇智。《诗》曰：武王桓拨。彼得大力自运，乾坤璘埻，刚武健拔，勇智天锡，宜其远抚长驾，创业垂统，声威赫然也。昔勾践为吴夫差前驱而沼吴；晋文公游历十九年，知民情伪而创霸；殷武丁旧劳于外，爰暨小人而称宗；舜耕稼陶渔而为圣帝。盖虚骄自大者败之媒，卑飞敛翼者击之渐。人主不患体制之不尊，而患太尊；天下不患治安之无策，而患不取。此所以危败接踵也。

昔缅甸势弱将亡，觐见英使，英使不跪，尚须以黄布作帷，遮其下体；安南国权已削，而下僚不得见其主并递条陈。观缅甸、安南之所以亡，考俄之所以霸，以皇上之明，鉴观得失，果何择焉？今明知法敝不能不变，而卒不能变者，大率为体制所拘，与天下贤士不接，故不能大变也。夫威权者实也，体制者虚也。皇上既自强之后，绥服邻国，大地内外，悉主悉臣，欲崇体制，何求不得？若国体不立，割地赔款，筑路开矿，勒逐疆臣，强出上谕，俯首宛颈，委命他人，无复自主之权，亦无保国之术，虽我待藩属如朝鲜、越南尚未限禁，至是既回非祖宗一统之旧，且并非泰西平等之邦。若仍用旧时体制，以为尊崇，是甘蹈越南、缅甸之覆辙，而反勾践、武丁、帝舜之良图，窃为皇上不取也。

尝考中国败弱之由，百弊丛积，皆由体制尊隔之故。自知县号称亲民，而吏役千数人盘隔于内，山野数百里辽隔于外，小民有冤，呼号莫达。累上而为知府，则千里剖符之寄。又累上而为司道，则百城藩屏之任。然上未得其折以上达，下须行县乃逮民。若夫督抚之尊，去民益远；百县之地，为事更繁。积弊如山，疾苦如海，既已漫无省识，安能发之奏章？一省一人，一月数折，隔塞甚矣，何能为治？京师百僚千万，非无人才，而惟九卿台谏方能上达。故直省民数虽四万万，而达官仅数十，余皆隔绝。是虽有四万万人，而实俱弃之。枢臣位尊体重，礼绝百僚，卿贰大臣，不易得见。至与群僚益复回隔，东阁不开，谘谋无人，自塞耳目，自障聪明。故有利病而不知，有才贤而不识，惟有引体尊高，望若霄汉而已。比之外国君主，尊隔过之。《诗》云：瞻彼南山，维石岩岩。赫赫师平，民具尔瞻。刺尊隔也。昔周公吐哺握发以待天下士，况无周公文才美，而加以骄吝，而欲旋乾转坤，安可得哉？

皇上九重深邃，堂高廉远，自外之枢臣、内之奄寺外，无得亲近，况能议论？小臣引见，仅望清光；大僚召见，乃问数语。天威俨穆于上，匍匐拳跪于下，屏气战栗，心颜震播，何能得人才而尽下情哉？每日未明办事，召见枢臣，限以数刻，皆须了决；伏跪屏气，听候颜色，未闻反覆辩难，甚少穷日集思。天下甚大，事变甚微，皇上虽明，岂无缺失？而限时以言事，拳跪以陈词，虽有才贤不能竭尽。当此时变，岂能宏济艰难哉？

尊严既甚，忌讳遂多。上虽有好言之诚，臣善为行意之媚，乐作太平颂圣之词，畏言危败乱贼之事。故人才隔绝而不举，积弊日深而不发，至中国败坏之由，外夷强盛之故，非不深知，实不敢言。昔黎庶昌奉使日本，有所条陈，但请亲王出游，不能上达。其他关切皇上之事，皆知之而不言，言之而不达，达之而不动，动之而不行。皇上虽天亶聪明，而深居法官，一切壅塞；既未尝遍阅万国以比较政治之得失，并未遍见中国而熟知小民之困穷。所见惟宫妾宦官，所遇皆窳败旧物，谐媚日接于耳目，局束日困其心灵，外国宫室、桥梁、道路、器艺、军械之环奇新丽，孰从而知之？故欲坐一室而知四海，较中外而求自强，其道无由。如浮屠十级，级级难通；广厦千间，重重并隔。譬咽喉上塞，胸膈下滞，血脉不通，病危立至固也。

夫天子之所以为尊者，威棱远憺，四夷宾服；德泽流溢，海内乂安；上播祖宗之灵，下庇生民之命；盛德成功，传于后世，乃可尊耳。若徒隔绝才贤，威临臣下，以不见不动为尊，以忌讳壅塞为乐，则近之有土地不守之患，远之有二世瓦解之祸。夫大臣记于体制，尊主如帝天者，岂为其敬上哉？一以行其引体自尊之分，一以便其蒙蔽欺罔之私耳。文王与国人交，帝舜臣哉邻哉，岂以尊若天神为贵哉？人情安于所习，蔽所未见，而祸败一来，悔无可及。职曩言皇上尊则尊矣，实则独立于上，皇上何乐此独尊，良为此也。

夫天地交则泰，不交则否，自然之理也。历观自古开国之君，皆与臣民相亲，挽辂可以移驾，止辇可以受言，所以成一代之治也。自古危败之君，并与其臣相隔绝。隋炀之畏闻盗贼，万历之久不视朝，所以致国祚之倾也。伏读太宗文皇帝圣训，谓明主自视如天，臣下隔绝，是以致败；我国上下相亲，是以能强。呜呼！明室之所以亡，我朝之所以兴者，尽在此矣。夫泥虚文之体制，则不能保实有之威权。使如天如神，内示尊于奴隶，外蒙辱于强邻，孰若纤尊降贵，内交泰于臣民，而外扬威于四海？孰得孰失，皇上又何择焉！

外侮迫矣！通商则不许，借款则阻挠，今虽欲变政，窃恐外人掣肘，况能从容待我十年教训乎？故非如彼得之举动奇绝，不能桓拨速成雷轰电掣也。皇上天锡勇智，鉴考古今，深观时变，遍察万国，远念帝舜、武丁、勾践、太宗文皇帝之图迹，下鉴亡明、缅甸之覆辙。伏愿几暇垂鉴此书，日置左右，彼得举动，日存圣意，摩积激动，震越于中，必有赫然发愤不能自已者。非必全摹彼得，而神武举动，绝出寻常，雷霆震声，皎日照耀，一鸣惊人，万物昭苏，必能令天下回首面内，强邻改视易昕。其治效之速、奏功之奇，有非臣下所能窥测者。以中国二万万方里之地、四万万之民，皇上举而陶冶之，岂可量哉？谨将《俄彼得变政记》进呈，伏维代奏皇上圣鉴。谨呈。(《杰士上书汇录》卷一)

### 进呈《日本变政考》等书乞采鉴变法以御侮图存折（总理衙门代递折）

总理各国事务王大臣等跪奏，为据情代奏，仰祈圣鉴事：

窃工部主事康有为前至衙门呈递条陈书籍，经臣等于本年二月十九日、三月初三日两次代奏在案。兹于本月二十日复据该主事递到条陈二件，仍恳代为具奏。臣等未敢壅于上闻，谨将该主事续递条陈二件，及所递《日本变政考》《泰西新史揽要》《列国变通兴盛记》共三种，恭折进呈御览，伏乞皇上圣鉴。谨奏。光绪二十四年三月二十三日。

工部主事臣康有为跪奏，为译纂《日本变政考》成书可考日本由弱致强之故，并进《泰西新史揽要》《列国变通兴盛记》恭呈御览，乞采鉴变法，以御侮图存，恭折仰祈圣鉴事：

窃臣闻，危不能定，倾不能扶者，无为贵言矣。顷强邻胁割胶州、旅、大，大局岌岌，瓦解将至，咸为束手，举朝上下，叹息待亡。窃闻皇上临轩忧叹顿足，枢轴诸臣流涕被面。臣以为中国所以致危急如此者，不在强敌之肆其欺横也，亦不在我之无兵、无炮、无才无以拒敌也；而在甲午之后三年以来，高卧晏安，不信分割也，故不肯变法、不肯破除旧例、不肯纡尊降贵而至于今日也。

臣以为，皇上与诸臣今日知即分割，知忧危亡，则中国犹可不亡也。自古殷忧所以启圣，外患乃以存邦。勾践沼吴，在会稽之时；齐桓创霸，在奔莒之日。人情安于旧习，蔽所未见，非经大变大祸之后，不肯为舍旧图新之谋。惟经创巨痛深，而后轻于变易。皇上与枢轴诸臣若犹盘乐怠傲，不知危亡，则真可忧也。分割之来，犹其次也。今分割已至，亡国在即，而臣以为不患者，亦非他奇谋秘计也。所以御外侮，止分割，扶危定倾，亦不过变法而已。

诸臣又以为鱼烂瓦解，朝不保夕，虽欲变法，迟不及事。臣以为，事未至则雍容太平，事已至而张皇失措，又非然也。少康一成一旅，犹致中兴；勾践甲卒三千，犹能创霸；英不许美制炮，华盛顿尚以一匹夫而立国；法不许德增兵，威廉第三以内政寄令而破法。我祖宗创业之时，长白之山，布尔之湖，其地蕞尔，而灭国四十，抚有中夏。今即稍分割，亦不失万里之国。安有以万里之国而俯首延颈，坐听宰割，不能自立者乎？且臣所谓变法者，非铁路、矿务穷年累月不能奏效之谓，乃请皇上纡尊降贵，采纳舆论，大誓群臣，与民更始。去束缚拘牵之例，改上下隔绝之礼。政府专意论思，勿兼数职。广罗才俊，勿蔽聪明。救急之方，保国之策，即由此出。此岂有所待耶？亦岂有所不能者耶？盖变法更新之举，即为御侮止寇之方矣。

伏闻皇上讲求时变，既知中国之弊法为元、明一统之旧，不可用于今日诸国竞长之时矣。然日议变法，而朝廷举措拘文牵例，莫不由旧。此而云变法图存，犹却行而求及前，既无以改视而易观，亦安能使敌敛手而退听乎？夫既以今为列国竞长之时，则必以列国竞长之法治之，而不可参以分毫大一统之旧。如治病然，或凉或热，病症既变，用药全反。若犹参用旧方，医必不效，终归死亡而已。故辨症贵真，趋时贵急。皇上既辨明今日为诸国竞长之时，则请尽去昔日一统闭关之旧，即以救割地瓦解之患矣。

若夫泰西诸国，并立互峙者已千余载，讲求新法者已五百年，合十六国君相所讲励、人士所观摩，刮垢除弊，更新改良，历千万变化而成今法。故能以区区小国，奇械异器，横绝地球。故今日泰西之法，实得列国并立之公理，亦暗合吾圣经之精义，不得谓之西法也。若吾舍而自讲，纵合天下人士昼夜研治，亦须经阅数百年乃得之，亦不过至彼今日之域，与之暗合而已。岂若泰西耕耨而吾坐而食之、泰西筑室而吾坐而处之乎？

惟泰西国数极多，情势各异，文字政俗与我迥殊。虽欲采法之，译书既难，事势不合，且其富强精巧，皆逾我百倍。骤欲致之，下手实难。惟日本文字政俗，皆与我同，取泰西五百年之新法，以三十年追摹之。始则亦步亦趋，继则出新振奇，一切新法，惟妙惟肖。遂以南灭琉球，北开北海，左抚高丽，右取台湾，治效之速，盖地球诸国所未有也。吾地大人众，皆十倍日本，若能采鉴变法，三年之内，治具毕张；十年之内，治化大成矣。且日本变法，日异月殊，经百十之阻挠，过千万之丛弊，刮垢除旧，改良进步，乃得成今日之宪法。吾但假日本为向导，以日本为图样。其行之而错谬者，日本已蹈而去之，吾不复践之；其下手可推施者，日本已精择之，吾但取而誊写之。先后之序，不致有误分毫；轻重之宜，不致失于举措。

皇上乾纲独揽，既无日本将军柄政之患；臣民指臂一体，又无日本去封建藩士之难。但开制度、民政之局，拔天下通达之才，大誓群臣，以雪国耻；取日本更新之法斟酌草定，从容行之，章程毕具，流弊绝无。一举而规模成，数年而治功著。其治效之速，非徒远过日本，真有令人不可测度者。天下万里，皆皇上之地；臣民四万万，皆皇上之人。操纵阖辟，教化导养，何求不得？其事至易，其效至速，其功至奇。皇上但稍留意人才，拔至左右，日与讨论，立即施行，拱手垂裳，而土地可保、中国可安矣。以我之地大人众倍于欧洲，十年之后，虽为政地球不难矣。

臣二十年讲求为万国政俗之故，三年来译集日本变政之宜，日夜念此至熟也。茕茕之愚，为皇上之计，无以易此。然臣曩请皇上与诸臣讲明国是，正定方针，反复辩难，务至明尽，然后措施。昔武王之于太公，桓公之于管仲，苻坚之于王猛，宇文之于苏绰，讲论治体，皆数万言，然后推而出治。未有讲求未至，方针未定，进退失据，东西游移，而可以为治者。故臣不忧强邻分割之洊至，而忧国是讲求之未决也。臣曩言请定国是、正午针，亦已至切矣。今何时耶？分割洊至。此何事耶？救死之方。若以臣言为狂谬，则当加之褫斥。若以臣言为可采，则未见圣断赫然，誓告臣民，明定趋向；又未闻与群臣反复讲求，显露事势，仍是拘文牵例、循常中立而已。哀莫大于心死，病莫重于痿痹。冥行无适，举体不能，刺之不可，达之不下。夫强邻分割，犹是外伤；若冥行迷阳，则为不治之症。皇上之天亶圣明，诸臣之公忠爱国，而举措如此，此臣所为暗暗忧悲而不能解者也。

方今事势之急，间不容发。胶、旅继弃，门户尽失，岂复可迟疑？皇上念祖宗缔造之艰难，诸臣思家国沦亡之患苦，缨冠被发，救火追亡，岂犹有所谓格式者乎？破除旧例，与民更始，发奋维新，只此数月。否则，沼吴之事立见，分晋之祸即来，臣实不忍见也。臣薄田足以自赡，著书足以自娱，本无宦情，非求禄仕，诚以国亡在即，主辱臣死，栋折榱坏，同受倾压。荷蒙皇上采纳狂言，宣取著书，故敢披沥肝胆，竭尽诚愫。谨将所译纂《日本变政考》十卷，及西人李提摩太所著《泰西新史揽要》《列国变通兴盛记》进呈，敬备乙览，以资采鉴。但万几少暇，本书太繁，览观考求，甚费日月；别为撮要八篇，一览可得，以备急迫推行，冀有裨补。

虽然，事势拘牵，虽皇上岂尽能独断而推行之哉？其采用以变法图存耶？惟诸臣辅赞之功；其不听而坐以待亡耶？亦惟诸臣之罪。臣尚有《英国变政记》《法国变政记》《德国威廉第三作内政记》《波兰分灭记》，大地兴亡法戒，略尽于是矣。若承垂采，当续写进。伏乞皇上圣鉴。谨奏。(《杰士上书汇录》卷一)

## 保国会序

举四万万圆颅方趾、聪明强力之人，二万万方里膏腴岩阻之地，而投之不测之渊，掷之怒涛之海，悬诸绝岸之下，施以凌迟之刑，羁以牛马之络，刲之、缚之、割之、鬻之，而是四万万之人者，寝于覆屋之下，镇于漏舟之中，跃于炎炎薪火之上，以舞以歌，以食以哺，未闻大声疾呼、揭鼓长号者，则是真死矣亡矣，不可救矣。

我中国大地，号称最古之名国也。神圣绳绳，民皆神明之华胄也；孔子营营，文明之教也。而自经割台巨创之后，我士我大夫，醉乐酣嬉，不识不知，三年于兹。去岁，遂有割胶之事，于是旅顺、大连、威海、广州湾继割矣。自今岁元旦来，春分以前，失地失权，乃至两日而一事。其一，开大连湾通商，而俄不许；其二，欲开南宁通商，而法不许；其三，英借我万万，而俄不许；其四，德既得济南铁路，而索沂州铁路；其五，既得沂州铁路，而索全省铁路工程；其六，既得铁路，而索全省之矿；其七，既得矿，而索商务矣；其八，我津镇铁路道经山东，三电德廷而不许矣；其九，并绕道河南而不许，赖英、美使臣责言乃许矣；其十，调一兖沂漕济道，而限二十四点钟斥去矣；其十一，俄勒逐德教习矣；其十二，聂提督士成之俄教习，不听聂提督节制，而要抗行矣；其十三，并不听中国去留，而听俄定去留矣；其十四，畿辅、直隶、山东、山西、东三省练兵，须请俄教习矣；其十五，安南法人被虏，而勒偿款十万矣；其十六，不借英款，而仍许内河行轮船矣；其十七，再借英万万，而要以全归日本，不得留作他用矣；其十八，长江江浙厘金，皆谕英人征收矣；其十九，云南之西，听英筑铁路矣；其二十，云南蒙自之间，听法筑铁路，且听办邮政矣。

夫弱而割地，则我堂堂万里封疆，犹可为大国也；筑路、用人之权皆失，则是国土夷于属地、君上等于仆隶，岂得为有国者哉？《春秋》书梁亡者,《公羊》谓鱼烂而亡。夫吾今鱼烂也哉？但未纪侯大去矣。两月之失地失权如此。呜呼！无冬无夏，何以卒岁？我海疆，我民甿，人不自保；我妇女，我婴儿，人不聊生；皆不自审为何国之民哉！抚印度、埃及之狂澜，念安南、缅甸之覆辙，远怀波兰分裂之巨祸，近睹高丽戕贼之惨刑。呜呼！我士我大夫，何蹈于斯哉！何辜于天，我罪伊何，终为戎虏？为谋将多，落阱抵坑，奔谷投崖，闭门锁国，枕藉相偕，耳无枪炮之声，目无旌旗之形，钟簴不移，朝市无惊，窒有藏舟。大昏也，博夜也，醉梦不醒，移之甚轻，国无耻心，人无愤情；灯火张夕，金丝万声，红尘扬道，冠盖奔营。而孰知为崇祯甲申之燕市、北宋政和之汴京哉！我士我庶我大夫，乃欲超阱越坑，登岸出门，弃彼漏舟，舍兹覆屋，独力孤掌，又安能哉！将效士燮之祈死耶，则徒死无益；将为褚渊之偷生耶，则视息不忍；将为管宁之避地耶，则乾坤更无干净之土；将为鲁连之蹈海耶，则东海已非父母之邦；将托身于白足黄冠，则象教将微；将发奋为贰臣，无耻为印度，灭时甘为第六等人者，亦不见用矣。

志士仁人，能佯狂，能饿死，而我四万万同气同种之胄，忍回视其奴隶牛马哉？天地为愁，我将何容，昧昧我思之，惟有合群以救之，惟有激耻以振之，惟有厉愤气以张之。我四万万人，知身之不保，移其营私之心，以营一大公；知家之不存，移其保家之心，以保一大国。无富贵之可图，无格式之可循，同舟遭溺，同室遭焚，被发缨冠，奔走呼救，宜亦仁人志士所不弃也耶？宜亦仁人志士所不弃也耶！（《知新报》第八十五册，1899年4月30日）

## 保国会章程

一、本会以国地日割、国权日削、国民日困，思维持振救之，故开斯会以冀保全，名为保国会。

二、本会遵奉光绪二十一年五月二十六日上谕，卧薪尝胆，惩前毖后，以图保全国地、国民、国教。

三、为保全国家之政权、土地。

四、为保人民种类之自立。

五、为保圣教之不失。

六、为讲内治变法之宜。

七、为讲外交之故。

八、为仰体朝旨，讲求经济之学，以助有司之治。

九、本会同志讲求保国、保种、保教之事，以为论议宗旨。

十、凡来会者，激厉愤发，刻念国耻，无失本会宗旨。

十一、自京师、上海设保国总会，各省各府各县皆设分会，以地名冠之。

十二、会中公选总理某人，值理某人，常议员某人，备议员某人，董事某人，以同会中人多推荐者为之。

十三、常议员公议会中事。

十四、总理以议员多寡决定事件推行。

十五、董事管会中杂事，凡入会之事及文书、会计一切诸事。

十六、各分会每年于春秋二、八月将各地方入会名籍寄总会。

十七、各地方会议员随其地情形置分理议员约七人。

十八、董事每月将会中所收捐款登报。

十九、各局将入会者姓名、籍贯、住址、职业随时登记，各分局同。

二十、欲入会者，须会中人介之，告总理、值理，察其合者，予以入会凭票。

二十一、入会者若心术品行不端，有污会事者，会众除名。

二十二、如有意见不同，准其出会，惟不许假冒本会名滋事。

二十三、入会者人捐银二两，以备会中办事诸费。

二十四、会期有大会、常会、临时会之分。

二十五、来会者不论名位、学业，但有志讲求，概予延纳。德业相劝，过失相规，患难相恤，务推蓝田乡约之义，庶自保其教。

二十六、捐助之款，写明姓名、爵里，交本会给发收条为据。本会将姓名、爵里、学业、寄寓按照联票号数汇编存记，联票皆有总、值理及董事图章。

二十七、来会之人，必求品行心术端正明白者，方可延入。本会中应办之事，大众随时献替，留备采择。倘别存意见，或诞妄挟私，及逞奇立异者，恐其有碍，即由总理、值理、董事诸友公议辞退。如有不以为然者，到本会申明，捐银照例充公，去留均听其便。

二十八、商董兼司帐，须习知贸易书籍情形及刷印文字者充其选，必须考查确实，一秉至公。倘涉营私舞弊，照例责赔。经手之董事会友，凡预有保荐之力者，亦须一律议罚。

二十九、资会用项，概由值、董核发。如有巨款在千数百金以上者，须齐集公议，方准开支。收有成数，择殷实商号存储，立折支取。如存数渐多，亦可议生利息。发票之期按几日为限，由值、董眼同经理。

三十、总理、值理、董事均仗义创办，不议薪资。将来局款大盛，须专请人办理，始议薪水。惟撰报、管书、管器、司事、教习、游历、司账，酌量给予薪水。

会讲例

一、会中人数既多，谈话难合，外国开会，皆有演说，由众公举通中外、博古今之才，立题宣讲，以便激发而免游谈。

二、公推通博之才，由大众公举，或投阄密举。

三、投阄者席前各置纸笔墨及一碗，听客书自己姓名及所举之人，汇齐置中间一案，一人开阄，一人宣读。

四、公举宣讲之人，当拟出数题宣讲。

五、拟题当关切保国、保教、保民、保种切近有益之事，不得旁及。

六、凡宣讲者，既为大众公推，可在中堂宣讲，以便听讲者四面环听，讲毕仍就旁坐。

七、每会可公推数人轮讲，每讲酌定钟数，以一时为度。

八、听讲者，东西北向三面环坐，其曾被举宣讲之人，讲毕复听讲者，亦就听讲之位。

九、讲时自一点钟起，至三点钟而止。

十、同会有欲问辩者，须待讲毕乃问，或分条写出。惟有意诘难，及琐碎无关大旨者，讲者可不答。

十一、辩问可同时二人并问，不得过二人以外。

十二、凡问辩者，起立乃问，问毕乃坐。其望远者，就席前问亦可。讲者起立听候，问者复坐乃坐，听者不起。

十三、讲毕，随意与同人谈论，及入茶室食茶点，去留皆听自便。

十四、宣讲者于讲时供茶。

十五、讲时客复到者，随意就坐，不必为礼，以省繁嚣。有事不待讲毕而先行者亦听。

十六、讲时会中听者不得谈论，致喧哗乱听。

十七、公推宣讲之人，以多者为先，次者留作第二次宣讲。

十八、讲时皆立书记人写所讲者，有答问者亦录之，汇登《时务报》，并将每会姓名皆登《时务报》端，并译登外国报以告天下。

十九、散讲及讲前随意谈论者不录。

应拟之例

一、拟定会例推宣讲。

二、公推总理、董事管帐。

三、凡愿入会者，皆画姓名会簿中，入否皆听其便。

四、定捐款。

五、觅会舍。

六、购图书。（《知新报》第五十四册，1898 年 5 月 30 日）

## 京师保国会第一次集会演说

吾中国四万万人，无贵无贱，当今一日在覆屋之下、漏舟之中、薪火之上，如笼中之鸟、釜底之鱼、牢中之囚，为奴隶，为牛马，为犬羊，听人驱使，听人割宰，此四千年中二十朝未有之奇变。加以圣教式微、种族沦亡，奇惨大痛，真有不能言者也！

吾中国自古为大一统国，环列皆小国，若缅甸、朝鲜、安南、琉球之类，吾皆鞭箠使之，其自大也久矣。故在国初时，视英、法各国皆若南洋小岛。虽以纪文达校订《四库》，赵瓯北札记《二十二史》，阮文达为文学大宗，皆博极群书，而纪文达谓艾儒略《职方外纪》、南怀仁《坤舆图说》如中土瑶台阆苑，大抵寄托之辞；赵瓯北谓俄罗斯北有准葛尔大国，以铜为城，二百方里；阮文达《畴人传》不信对足抵行。今人环游地球，座中诸公有踏遍者，吾粤贩商沽客，亦视为寻常。而乾、嘉时博学如诸公，尚未之知。至道光十二年，英人轮舟初成，横行四海；以轮船二艘犯广州；两广总督卢敏肃，以三千师船二万兵御之而败。卢公曾平瑶匪赵金陇者，宣宗成皇帝诏谓卢坤昔平赵金陇，曾著微劳，不料今日无用至此。卢敏肃虽言洋船极大，而既无影镜灯片，宣宗无从见之，无能自白也。

暨道光二十年，林文忠始译洋报，为讲求外国情形之始。败于定海舟山，裕谦、牛鉴、刘韵珂继败，舰入长江，而炮震天津，乃开五口。宣宗乃知洋人之强在船坚炮利，命仿制之。西人如何，实未知也。道光二十九年，咸丰六年、八年、十年，屡战屡败，输数千万，开十一口，乃至破京师，文宗狩热河，洋使入住京师，亦可谓非常之变矣。然而士大夫以犬羊视之，深闭固拒。同治三年，斌椿遍游各国，等于游戏，无稍讲求之者。曾文正与洋人共事，乃始少知其故，开制造局译书，置同文馆、方言馆、招商局；文文忠乃遣美人蒲安臣与志刚、孙嘉谷出使各国，首用洋人，如古之安史那、金日磾，实为绝异之事。当时欲遣京官五品以下、正途翰林六曹出身入同文馆读书，最为通达，而倭文端限之。自是虽轺车岁出，而士大夫深恶外人，蔽拒如故。甲申之役，张南关之功，日益骄满。鄙人当时考求时局，以为俄窥东三省，日本讲求新治，骤强示威，必取朝鲜，曾上书请及时变法自强，而当时天下皆以为狂。壬辰年傅兰雅《译书事略》，言上海制造局译出西书售去者仅一万三百余部。中国四万万人而购书者乃只有此数，则天下士讲求中外之学者，能有几人，可想见矣。

非经甲午之役，割台偿款，创巨痛深，未有肯翻然而改者。至此天下志士，乃知渐渐讲求。自强学会首倡之，遂有官书局、《时务报》之继起，于是海内缤纷，争言新学，自此举始也。然甲午之后，仍不变法，间有一二，徒为具文。即如海军、电线、铁路、船局、船厂，间效一二，然变其甲不变其乙，变其一不变其二，牵连相累，必至无成。其他且勿论，即如被创之后，而兵未尝增练，铁舰不再购一艘。吾绿营兵六十余万，八旗兵三十余万，实皆老弱，且各有业，托名伍籍中。泰西以民为兵，吾则以兵为民，何以敌之！

若夫泰西立国之有本末，重学校，讲保民、养民、教民之道，议院以通下情，君不甚贵，民不甚贱，制器利用以前民，皆与吾经义相合，故其致强也有由。吾兵、农、学校皆不修，民生无保养教之之道，上下不通，贵贱隔绝者，皆与吾经义相反，故宜其弱也，故遂复有胶州之事。四十日之间，要挟逼迫者二十事：其一，德之强租胶州，人所共知也；其二，则英欲借我款三厘息，而俄不许矣；其三，欲开大连湾通商，俄不许矣；其四，欲开南宁通商，俄不许矣；其五，借英款不成，而内河全许驶行轮船矣；其六，西贡烧教堂，法索我偿款十万矣；其七，姚协赞调补山东道，德人限二十四点钟撤去矣；其八，津镇铁路过山东，三电德廷，德不许矣；其九，改道过河南，德亦不许，后请英、美使言之乃许矣；其十，聂军请俄教习，而订明不归统领节制矣；其十一，俄教习去留，须候俄皇旨矣；其十二，俄人勒逐德教习四人矣；其十三，直隶、山西、东三省练兵，必须请俄教习矣；其十四，长江左右厘金，尽归税务司矣；其十五，德人既得胶州百里，复索增广矣；其十六，既得增广，又索铁路矣；其十七，既得铁路，又索全省矣；其十八，既得铁路，又索全省商务矣；其十九，俄人要割旅顺、大连湾、金州矣；其二十，法人索广州湾，又订两广、云、贵不得让与他国矣。此皆今年二月以前之事，其此后英之索威海、日本之订福建不得让与别国等事，尚未及计也。

夫筑路待商之德廷，道员听其留逐，是皇上之权已失，贾谊所谓何忍以帝皇尊号为戎人诸侯。二月以来，失地失权之事，已二十见；来日方长，何以卒岁？缅甸、安南、印度、波兰，吾将为其续矣！观分波兰事，胁其国主，辱其贵臣，荼毒缙绅，真可为吾之前车哉！必然之事，安能侥幸而免乎？印度之被灭，无作第六等以上人者，自乾隆三十六年至光绪二年，百余年始有议员二人；香港隶英人，至今尚无科第，人以买办为至荣。英人之窭贫者，皆可为大班；吾华人百万之富、道府之衔、红蓝之顶，乃多为其一洋行之买办，立侍其侧，仰视颜色。呜呼哀哉！及今不自强，恐吾四万万人他日之至荣者，不过如此也。元人始来中国，尝废科举矣，其视安南之进士，抱布贸丝，有以异乎？故我士大夫设想他日，真有不可言者。即有无耻之辈，发愤作贰臣，前朝所极不齿者，而西人必不用中人；以西人之官必有专门，非专学不能承乏也。若使吴梅村在，他日将并一教官不能得，安敢望祭酒哉！即欲如熊开元作僧，而西教专毁佛教，佛像、佛殿将无可存，僧于何依？即欲蹈东海而死，吾中国无海军，即无海境，此亦非我干净土矣。做贰臣不得，做僧不得，死而蹈海不得，吾四万万之人，吾万千之士大夫，将何依何归、何去何从乎？

故今日当如大败之余，人自为战，救亡之法无他，只有发愤而已。穷途单路，更无歧趋，韩信背水之军，项羽沉舟之战，人人怀此心，只此或有救法耳。然割地失权之事，既忌讳秘密，国家又无法人师丹之油画院，绘败图以激人心；薄海臣民，多有不知者。或依然太平歌舞，晏然无事，尚纷纷求富贵、求保举；或乃日暮途远，倒行而逆施之。孟子曰：国必自伐，然后人伐之。故割地失权之事，非洋人之来割胁也，亦不敢责在上者之为也，实吾辈甘为之卖地，甘为之输权。若使吾四万万人皆发愤，洋人岂敢正视乎？而乃安然耽乐，从容谈笑，不自奋厉，非吾辈自卖地而何？故鄙人不责在上，而责在下，而责我辈士大夫，责我辈士大夫义愤不振之心。故今日人人有亡天下之责，人人有救天下之权者。

考日本昔为英、美所凌，其弱与我同，今何以能取我台湾、灭琉球而制朝鲜、得我偿款二万万？此日本之兵强为之耶？非也。其相伊藤、其将陆奥为之耶？非也。尝推考如此大事，乃一布衣高山正芝之所为。高山正芝哀国之衰不能变法，愤大将军之擅政，终日在东京痛哭于通衢，见人辄哭，终以哭死。于是林子平、蒲生秀实之流，出而言尊攘；大久保利通、岩仓具视、太宰纯、板桓退助、三条实美、大隈重信，出而谈变法，日本乃盛强。至明治以后，日人赏维新之功，乃赠高山正芝四品卿，赐男爵。凡物作始也简，将毕也巨。呜呼！谁知日本之治，盛强之效，乃由一诸生无权无勇无智无术而成之耶？

盖万物之生，皆由热力，有热点故生诸人，有热点故生太阳。太阳，热之至者，去我不知几百万亿里，而一尺之地，热可九十匹马力；故能生地，能生万物，被其光热者，莫不发生。地有热力，满腹皆热汁火汁，故能运转不息。医者视人寿之长短，察其命门火之衰旺，火衰则将死。至哉言乎！故凡物热则生，热则荣，热则涨，热则运动；故不热则冷，冷则缩、则枯、则干、则夭死，自然之理也。今吾中国以无动为大，无一事能举，民穷财尽，兵弱士愚，好言安靖而恶兴作，日日割地削权，命门火衰矣、冷矣、枯矣、缩矣、干矣、将危矣。救之之道，惟增心之热力而已。凡能办大事、复大仇、成大业者，皆有热力为之；其心力弱者，热力减故也。胡文忠谓今日最难得者，是忠肝热血人；范蔚宗谓桓、灵百余年，倾而未颠、危而未坠者，皆由仁人君子心力之为。凡古称烈士、志士、义士、仁人，皆热血人也，视其热多少以为成就之大小。若热如萤火、如灯，则微矣；并此而无之，则死矣。若如一大火团，至百二十度之沸度，则无不灼矣。若如日之热，则无所不照，无所不烧。热力愈大，涨力愈大，吸力愈多，生物愈荣，长物愈大。故今日之会，欲救亡无他法，但激厉其心力、增长其心力，念兹在兹，则爝火之微，自足以争光日月，基于滥觞，流为江河。果能四万万人，人人热愤，则无不可为者，奚患于不能救？（《戊戌政变记》卷三）

## 请广译日本书派游学折

奏为请广译日本书，大派游学，以通世界之识，养有用之才，恭折仰祈圣鉴事：

窃顷东事大败，割台湾，赔巨万，举国痛之。臣以为此非日本之胜我也，乃吾闭关之自败，而人才之不足用也。夫中国万里之广土，五千年文明之古国，以文学教化，自尊高于大地者也。以夙昔环我皆诸番野蛮未开化者，故鄙为夷狄，又皆遣学于我，而日本政法文学亦自我出，故足己无待，轻视一切。此中国人数千年之积习，非一日矣。其学者所事，学八股试帖、读四书五经而外，无他学矣。其号称博学方闻之士，则有义理、考据、掌故、词章、舆地、金石诸学，通之者郡县寡得其人。然问以新世五洲之舆地、国土、政教、艺俗，盖皆茫然无睹，瞠目挢舌，若罔闻知。猝以投之大地交通万国之世，以当各国之新法、新学、新器，安有不败者哉？

盖人才之盲瞽不足用也，数千年闭关自足使然也。吾永永闭关，以为今之世，犹古之世也。而不意自嘉庆之世，汽船骤出；道光之世，电线忽成；咸丰之代，铁舰创行；同治之朝，铁路交通；近乃电话四达。于是诸欧挟其异器，横行宇内，隳突全球，若天上诸星之忽下于地也，遂破吾数千年久闭之重关，惊吾久睡之大梦，入吾之门，登吾之堂，处吾之室矣。自尔之后，吾中国为列国竞争之世，而非一统闭关之时矣。

列国竞争者，政治、工艺、文学、知识，一切相通相比，始能并立；稍有不若，即在淘汰败亡之列，而吾乃以宿昔闭关之俗对待之。天已大雪，不觅炉裘，而尚葛屦履霜；前横大河，不具舟航，而以方车渡水；其有不寒毙而溺死者乎？我国今势，何以异此？

日本昔亦闭关也，而早变法，早派游学，以学诸欧之政治、工艺、文学知识，早译其书而善其治，是以有今日之强而胜我也。吾今自救之图，岂有异术哉？亦亟变法，亟派游学，以学欧美之政治、工艺、文学知识，大译其书以善其治。则以吾国之大、人民之多，其易致治强可倍速过于日本也。

今以吾国人士至卿大夫，此一国之托命者也。其聪明才智，岂为乏人？其欲讲求外国之政治、文学、工艺知识亦夥矣。然苦于欲通之而无其道也，以无各国之书故也。昔者大学士曾国藩尝开制造局于上海以译书，于今四十年矣，其天津、福建、广州亦时有所译，然皆译欧美之书，其途至难，成书至少，既无通学以主持之，皆译农、工、兵至旧非要之书，不足以发人士之通识也，徒费岁月、糜巨款而已。

臣愚颙颙思之，以为日本与我同文也，其变法至今三十年，凡欧美政治、文学、武备、新识之佳书，咸译矣，但工艺少阙，不如欧美耳。译日本之书，为我文字者十之八，其成事至少，其费日无多也。请在京师设译书局，妙选通人主之，听其延辟通学，专选日本政治书之佳者，先分科程并译之，不岁月后，日本佳书可大略皆译也。虽然，日本新书无数，专恃官局，为人有几，又佳书日出，终不能尽译也，即令各省皆立译局，亦有限矣。

窃计中国人多，最重科第，退以荣于乡，进仕于朝，其额至窄，其得到难也。诸生有视科第得失为性命者，仅以策论取之，亦奚益哉？臣愚请下令，士人能译日本书者，皆大赉之。若童生译日本书一种五万字以上者，若试其学论通者，给附生；附生、增生译日本书三万字以上者试论通，皆给廪生；廪生则给贡生。凡诸生译日本书过十万字以上者，试其学论通者给举人。举人给进士，进士给翰林，庶官皆晋一秩。

应译之书，月由京师译书局分科布告书目，以省重复。其译成之书，皆呈于译书局，译局验其文可，乃发于各省学政，试可而给第。举人以上至庶官，则译局每月汇奏，而请旨考试给之。若行此乎，以吾国百万之童生，二十万之诸生，一万之举人，数千之散僚，必皆竭力从事于译日本书矣。若此则不费国帑，而日本群书可二三年而毕译于中国，吾人士各因其性之所近而研究之，以成通才，何可量数。故臣之请译日本书便也。

若夫派游学乎，则宜多在欧美矣。书者空言也，实行之事，非深久游入其学校，尚虑不能深明之。且欧美近今之盛，实以物质故。汽力之为用，倍人力者三十，而国势之富盛强，亦三十倍。夫物质之学，又非可以译书得也。请大筹学费，或令各县分筹之，大县三人，中县二人，小县一人，皆举其县之秀才，令其县自筹供其费，吾以千五百县通计县二人，骤得三千游学生矣。律、医二者，我宜缓学。自哲学、海陆军、化电、光重、农工、商矿、工程、机器，皆我所无，亟宜分学，每科有二三百人矣，其后岁岁议增。及理财既成，增派无数。六年之后，立国之才，庶几有恃。

若派学生于诸欧，以德为宜。以德之国体同我，而文学最精也。若法民主，于欧东多变，覆车可鉴，吾国体不宜。惟日本道近而费省，广历东游，速成尤易。听人士负笈，自往游学，但优其奖导，东游自众，不必多烦官费。但师范及速成之学，今急于须才，则不得已，妙选成学之士，就学于东，则收新学之益，而无异说之害。昔日本变法之始，派游学生于欧美，至于万数千人，归而执一国之政，为百业之师，其成效也。此臣所以请派游学也。我皇上忧国如腊，叹念人才，乞下明诏，亟开译书局，并筹遣游学，其于作人成才以供国用，至大计也。伏惟皇上圣鉴。谨奏。（《戊戌奏稿》）

## 请定国是明赏罚以正趋向而振国祚折（代杨深秀作）

山东道监察御史臣杨深秀跪奏，为请定国是，明赏罚，以正趋向而振国祚，恭折仰祈圣鉴事：

窃近者外国交逼，内外臣工，讲求时变，多言变法，以图自保。然旧人多有恶为用夷变夏者，于是守旧、开新之名起焉。其守旧者，谓新法概宜屏绝；其开新者，谓旧习概宜扫除。小则见诸论说，大则形之奏牍，互相水火，有如仇雠。臣以为理无两可，事无中立，非定国是，无以示臣民之趋向；非明赏罚，无以为政事之推行。踟蹰歧途者不能至，首鼠两端者不能行。午针未定，标向不立，议论不一，游移不断，未有能成功者也。非徒无成而已，两党交争，其甚必至增内讧而召外侮、挠政事而败国家而已。

夫当今大地既通，万国环逼，新法日出，其不能复用元、明一统之旧法甚明。伏闻皇上圣明天亶，讲求变法，此祖宗艰难缔造之天下，望以不坠者也。乃累奉诏书，颁行新政，而大臣置若罔闻，或阁而不宣，或宣而不行，或行而不举，则以国是未定、赏罚未明故也。乃者诏书频下，废武科，裁冗兵，开学堂，举行经济特科及经济常科，皇上于变法之方，既已讲之明，审之决，而后行之矣。而犹未着定国是，申明赏罚，别黑白而定一尊，决嫌疑而去犹豫，致使新政不举。台湾既割，胶变旋生，今又半年矣。是非强敌割之，而守旧者倒戈内攻而割之也；亦非守旧者割之，而国是未定、赏罚未明割之也。夫以皇上之明，岂犹有所谓犹豫哉？

或以守旧者皆老成忧国而姑存之。臣愚窃以为忧国者，不当以攘夷之空言争，而当以措施之实事见。泰西练兵，皆数百万，铁舰皆百数十艘，岁入皆数万万，农、工、商、兵，人皆知学，妇女、童稚，人尽知书。铁路如网，作厂如林。而我兵皆不练，铁舰无一，岁入仅七千万，而国债累累，制造无有，器皆朽窳，士愚才乏。比较相形，贫富、愚智、强弱甚远矣！今彼守旧者，当斯艰巨，真能制梃以挞秦、楚乎？故守旧之人，见外国人则极畏甚葸，挠新政则深闭固拒，此其愚蔽若此，而以之当国任政，有不速召敌侮者哉？夫守旧之人，实非不知今之宜变法也；或年老不能读书，或气衰不能任事。不能读书，则难考新政；不能任事，则畏闻兴作。虑新法之行，于旧官必多更革，于旧人必多褫斥，于其富贵之图，大有不便，则惟有出全力以阻挠之，造谣言以摇惑之。开新者通达中外，其人本寡，其势甚孤；守旧者承袭旧习，其人极多，其势甚大。以极多之党人，咸自为私计，合成大众，造作语言，阻挠百端，飞诬百出，务攻开新之人，务挠维新之政。皇上日开之于上，而守旧者日塞之于下；虽有诏书，而新政不行，职是故也。故开新者，皇上所大利，而守旧者所不大利也；守旧者，于皇上有大害，而守旧者之大利也。乃上托法祖之名，下据攘夷之论，阳塞开新之口，阴便身家之图。皇上外观时变，内察人情，岂可以天下大器、四海民命，而徇守旧者富贵之图哉？夫使时局不危，则此辈营营，原可置之勿论。而无如胶事之后，祸变日急，推求其本，皆由议论不一，国是未定，赏罚未著，故令守旧者昌，而新政不行。

夫古今为政，未有东西未定、游移两可者。若皇上仍主由旧，则将总署使臣，航政、铁路、电线、邮政、制造、招商之局，同文、方言之馆尽撤之，而禁言外国之故，永锢开新之人，可也。若以夏葛冬裘，时变既易，量时审势，必宜开新，而徘徊中立，令臣民伥伥莫适，天下趋向无定，必至一事不立，坐待削弱。胶、旅之事，是其前车。臣愚谓皇上仍主守旧则已，若审观时变，必当变法，非明降谕旨，着定国是，宣布维新之意，痛斥守旧之弊，无以定趋向而革旧俗也。

且赏罚者，人主之大柄，所以操纵奔走天下者也。皇上有赏罚之大柄而不用，徒付之吏议；夫吏议之律，是亦守旧而已。皇上无操纵天下之权，故日欲行维新之政，而未见毫厘之效也。故从古行新法之时，未有不大用赏罚也。令开新者力任艰巨，未见赏擢；守旧者废格诏书，未见罢斥；开新者事劳而势逆，守旧者事逸而势顺，是驱天下人守旧而已。昔赵武灵王之罢公叔成，秦孝公之罢甘龙，日本之君睦仁变法之罢幕府藩侯，俄彼得变法之诛近卫大臣，此皆变法已然之效也。皇上欲推行新政，速见实效，请查核内外大臣奉行甲午以来新政之谕旨，若学堂，若武备，若商务农工，何者举行，何者废格，嘉奖其举行者，罢斥其废格者。明降谕旨，雷厉风行。如此而新政不行、疆土不保者，未之有也。臣实感于时变，目击艰危，不能自已。愚戆之见，伏乞皇上圣鉴训示。谨奏。（《戊戌变法档案史料》）

## 请明定国是疏（代徐致靖作）

日讲起居注官、翰林院侍读学士臣徐致靖跪奏，为外侮方深，国是未定，开新守旧，两无依据，请乾断特申，明示从违，以一众心而维时局，恭折仰祈圣鉴事：

窃自台湾弃后，诸国凭陵，纷纭胁割；推原其故，皆由吾行政用人游移两可，莫衷一是，积因循之习，启窥伺之萌故也。伏闻皇上宵旰忧勤，熟讲中外之故，知当诸国并立之时，万不能复守秦汉以来一统闭关之旧，励精变法，若将不及。此诚圣明英武，知时审变，祖宗二百数十年艰难缔造之天下，可无危坠。

　　然胶事以来，新政无一举动。学堂、特科等事，虽奉明旨，未见举办，有若空文。咸窃窃然疑皇上仍以守旧为是也。于是有司不能定政事之趋向，庶士不能审学术之宗旨，天下摇摇莫定，伥伥无之。臣窃疑之。夫持篙者不披裘，南辕者不北辙；开新之与守旧亦然，事无两可，必衷一是。当此事机万变之会，正群言纷进之时，在朝廷虚衷延纳，原期兼听并观。然而新旧两途，既无一定趋向，各持所见，势必乖争。将冀其笙磬之同音，适至如冰炭之相戾。空言徒讧，国是滋淆，非发愤图治之道也。

　　臣闻日本受侮泰西，翻然变计，力行新政，遂致富强；臣闻土耳其界欧亚之间，守回俗之旧，悍然不顾，亦尚自存；臣闻印度、波兰泄沓相寻，坐受侵削，无新无旧，竟以灭亡。此三者谋国不同，而治乱存亡亦因之而异。取舍所在，宜何择焉？

　　今自中日议和以来，朝旨命开学堂，而京师至今尚无片瓦。外省所设，亦甚廖廖，闽、粤督抚且置之不理矣。朝旨命开商务局，而各省尚未通行，已革广西巡抚史念祖遏阁诏书，至藩臬乃不知有是举矣。朝旨命修武备，而粤督谭钟麟乃反废张之洞经营百万金之水师学堂、鱼雷学堂，坐令生锈矣。朝旨命裁兵练队、筑路开矿诸事，亦已不惮烦言，而乃无一切实遵办者。此无他，盖朝廷于是非赏罚之间，尚未深切著明，见诸实事；是以阻新者借口于旧之可遵，趋避多方，终无成议也。

　　臣愚以为皇上如谓今日之政仍当守旧，则宜将一切总署、使臣、学堂、商务，洋操、船政、制造、方言、铁路、电线尽毁去；明诏内外，恪守旧章，实力整顿，不挠于强敌，不眩于他途，有再言开新者罪无赦。如此则国是画一，天下臣民咸晓然于圣意所在，有所适从，不再如前之游移莫定而无所成矣。

　　臣闻泰西诸国为政，亦未尝无新旧之分，然皆以见诸实事为断，无以空言聚讼敷衍塞责者。盖亦虑夫众喙繁兴，国是莫定。进退失据，坐误事机，上之不能为日本之强，下之不能为土耳其之弱也。臣目击时艰，忧愤莫措，是用忘其狂瞽，率意直陈。愚昧之见，是否有当，伏乞皇上圣鉴。谨奏。

（《中国近代史资料丛刊·戊戌变法》第二册）

## 国是既定用人宜先谨保维新救时之才请特旨破格委任折（代徐致靖作）

奏为国是既定，用人宜先，谨保维新救时之才，请特旨破格委任，以行新政而图自强，恭折仰祈圣鉴事：

窃臣伏读本月二十三日上谕，以国是不定，则号令不行，外察时局，内审国势，斥守旧迂谬之见，求通经济变之才；此诚穷变通久之大经，转弱为强之左券。明诏一下，海内忠义之士，翘首拭目以观新政；海外各国，亦知我皇上发奋振励。中国之强，指日可待。此孔子所谓一言兴邦者也。

然臣愚以为，皇上维新之宗旨既定矣，而所以推行新法，乃皆委诸守旧之人，夫非变法则不能自强，而非得人亦不能变法。昔日本维新之始，特拔下僚及草茅之士，如木户孝允、伊藤博文、大久保利通等二十人，入直宪法局以备顾问，不次擢用，各尽其才。新法皆数人所定。用能新政具兴、臻于强盛。今日言变法而不都收变法之效者，则以维新之才尚未见用故也。

臣闻泰西各国富强之由，其根源甚远，其条甚繁，非经讲求，不能通贯。今吾大臣，内自尚侍，外自督抚，率皆循资按格，垂耄以得今官。其中亦非无公忠体国、通达世变之人，特以论议不一，趋向各殊，非相与同术同方，讲求而切究者；故于一切致强之由，或畏阻而不愿更张，或惊震而未得要领。于是言守旧者固泥古而误今，言开新者亦逐末而忘本。

今夫国家之大臣，犹行旅之向导也。向导苟不识途，行旅必受其害。今欲举行新政，而委诸不讲新学以及模棱两可之人，是所谓求前而却行也。故臣以为不欲变法则已，苟欲变法，必广求湛深实学、博通时务之人用之，而后旧习可得而革、新模可得而成也。

臣窃见工部主事康有为，忠肝热血，硕学通才，明历代因革之得失，知万国强弱之本原，当二十年前，即倡论变法。其所著述有《彼得变政记》《日本变政记》等书，善能借鉴外邦，取资法戒。其所论变法，皆有下手处。某事宜急，某事宜缓，先后次第，条理粲然，按日程功，确有把握。其才略足以肩艰巨，其忠诚可以托重任。并世人才，实罕其比。若皇上置诸左右以备顾问，与之讨论新政，议先后缓急之序，以立措施之准，必能有条不紊，切实可行，宏济时艰，易若反掌。

湖南盐法长宝道黄遵宪，历充出使日本、英、美各国参赞官，游海外二十年，于各国政治之本原，无不穷究。器识远大，办事精细。其所言必求可行，其所行必求有效。近在湖南办理时务学堂、课吏馆、保卫局等事，规模宏远，成效已著。若能进诸政府，参赞庶务，或畀以疆寄，资其扬历，必能不负主知，有辅大局。

江苏候补知府谭嗣同，天才卓荦，学识绝伦。忠于爱国，勇于任事，不避艰险，不畏谤疑。内可以为论思之官，外可以备折冲之选。

刑部主事张元济，现充总理衙门章京，熟于治法，留心学校，办事切实，劳苦不辞。在京师创设通艺学堂，集京官大员子弟讲求实学，日见精详。若使之肩任艰大，筹画新政，必能胜任愉快，有所裨益。

广东举人梁启超，英才亮拔，志虑精纯，学贯天人，识周中外。其所著《变法通议》及《时务报》诸论说，风行海内外，如日本、南洋岛及泰西诸国，并皆推服。湖南抚臣陈宝箴聘请主讲时务学堂，订立学规，切实有用。若蒙圣上召置左右，以备论思，与讲新政；或置诸大学堂，令之课士；或开译书局，令之译书，必能措施裕如，成效神速。

臣闻资格用人之法，行之承平之世，可以止奔竞；行之多事之日，必不足以济时艰。盖行非常之政，必待非常之才。昔咸丰之末，天下云扰，文宗显皇帝宸纲独断，操纵群才，动之以不次之擢，临之以不测之威；同治初年皇太后训政，亦遵此法，破除资格，有才必用。故咸、同之间，得人最盛。左宗棠以举人赏三品卿，督办军务；沈保桢以在籍道员而擢抚江西；刘蓉以诸生而涖膺专寄；此外立功将帅，亦每起自草茅，不次拔擢。故能兼资群力，共济艰难。此破格用人之成效也。

今日者事变纷乘，需才正亟。皇上既知法之不能不变矣。特恐盈廷之臣，虽奉明诏，仍不知下手之次第、施行之缓急，或且草率从事，覆悚见讥，坐失事机，终无实效，徒为守旧之所借口。虽有良法，谁与任之？臣是以虑不得其人，亦不能变法也。臣学识浅薄，不足以仰赞睿虑，裨助新法。顾伏念荷蒙圣恩，擢置侍从，深维举尔所知之义，敬效以人事君之诚。所举五人，臣实知之甚深，是用不揣冒昧，胪列渎陈。查康有为、张元济现供职京曹，梁启超会试留京，可否特旨宣召奏对，若能称旨，然后不次擢用。其黄遵宪、谭嗣同二员，可否特谕该省督抚送部引见，听候简任之处，出自圣裁，非臣所敢擅请。伏愿皇上既定国是，益矢以怵惕惟厉之心，坚决不摇之志，虚衷侧席，广集英贤，早作夜思，如饥如渴。天下之才必将闻风兴起，争自濯磨，以仰副朝廷亟亟维新之至意。新政幸甚，天下幸甚。谨恭折具陈，伏乞皇上圣鉴训示。谨奏。（《知新报》第六十三册，1898 年 8 月 27 日）

## 请废八股试帖楷法试士改用策论折

奏为恭谢天恩，特许专折奏事，请罢弃八股试帖楷法取士，复用策论，冀养人才，以为国用，恭折仰祈圣鉴事：

窃臣以疏贱，荷蒙召对，询臣以中外之事、救国之谟，对逾二时，皆承嘉纳。天颜有喜，并问取所著各书，咸令写进，又令随时上陈，特许专折奏事。殊恩异数，非臣之贱所当被蒙；粉骨碎身，非臣之愚所能上报。臣窃惟今变法之道万千，而莫急于得人才；得才之道多端，而莫先于改科举。今学校未成，科举之法未能骤废，则莫先于废弃八股矣。夫八股之无用，臣即业八股以窃科第者也，从其业之既久，知其害之尤深。面对未详，敢为我皇上先陈之。

夫自《春秋》讥世卿而选郊野，汉世举孝秀而考经行；六朝至唐、宋，词章与帖括并用，元、明及国朝，经义与试帖俱行。自周与宋，曾取士于学校；经汉迄今，多试士以策论。虽立法各殊科，要较之万国，比之欧土，皆用贵族，尤为非才，则取秀于郊，吾为美矣。任官先试，我莫先焉。美国行之，实师于我。夫若汉之光禄四行，宋臣司马光之十科试士，朱子之学校贡举法，皆为良法，惜不见行。且凡法虽美，经久必弊；及其弊已著，时会大非，而不与时消息，改弦更张，则陷溺人才，不周时用，更非立法求才之初意矣。推宋王安石之以经义试士也，盖鉴于诗赋之浮华寡实，帖括之迂腐无用，故欲借先圣深博之经文，令学者发精微之大义，以为诸经包括人天，兼该治教，经世宰物，利用前民。苟能发明其大义微言，自可深信其通经致用。立法之始，意美法良。迨至明与国初，人士渐陋。然抉经心而明义理，扶人伦而阐心性，当闭关之世，虽未尽足以育才兴学，犹幸以正世道人心焉。

惟垂为科举，立法过严，以为代圣立言，体裁宜正，不能旁称诸子而杂其说，不能述引后世而谬其时，故非三代之书不得读，非诸经之说不得览。于是汉后群书，禁不得用；乃至先秦诸子，戒不得观。其博学方闻之士，文章尔雅，援引今故，间征子纬，旁及异域，则以为犯功令而黜落之。若章句瞽儒，学问止于《论语》，经义未闻《汉书》，读《礼记》则严删国恤，学《春秋》则束阁三传。若夫《周礼》以经国家，《仪礼》以范人伦，以试题不及，无人读诵。乃至《诗》《书》《易》《礼》之本经，亦复束汉注唐疏而不观；甚乃《学》《庸》《论》《孟》之微言，亦只守兔园坊本之陋说。盖以功令所垂，解义只尊朱子；而有司苟简，三场只重首场。故令诸生荒弃群经，惟读四书；谢绝学问，惟事八股。于是二千年之文学，扫地无用，束阁不读矣。渐乃忘为经义，惟以声调为高歌；岂知圣言，几类俳优之曲本。东涂西抹，自童年而咿唔摹仿；妃青俪白，迄白首而按节吟哦。既因陋而就简，咸闭聪而黜明。试官妄取，谬种展转以相传；学子循声，没字空疏而登第。虽有经文五义，皆以短篇虚衍；虽有问策五道，皆依题字空对。但八股清通，楷法圆美，即可为巍科进士、翰苑清才，而竟有不道司马迁、范仲淹为何代人，汉祖、唐宗为何朝帝者！若问以亚非之舆地、欧美之政学，张口瞪目，不知何语矣。既流为笑语，复秉文衡，则其展转引收，为若何才俊乎？

然凡此所讥，尚属进士、举、贡、生员以上者也。若夫童试，恶习尤苛。断剪经文，割截圣语，其小题有枯困缩脚之异，其搭题有截上截下之奇，其行文有钓伏渡挽之法。譬如《中庸》"及其广大，草木生之"，则上去"及其广"三字，下去"木生之"三字，但以"大草"二字为题。如此之例，不可殚书。无理无情，以难学者。不止上侮圣言，试问工之何益？而上自嘉、道，下迄同、光，举国人士，伏案揣摩，皆不出此"大草"之文法也。

夫人士之才否，国命之所寄托也。举贡诸生，为数无几；若童生者，士之初基。吾国凡为县千五百，大县童生数千，小县亦复数百，但每县通以七百计之，几近百万人矣。夫各国试皆无额，惟通是求；而吾国学额寡少，率百数十额乃录一人。故录取者百之一，而新试者不止百之一。故多有总角应试，耄耋犹未青其衿者；或十年就试，已乃易业。假三十年之通，则为三百万人矣。故有人士终身，未及作一大题，以发圣经大义者。夫以总角至壮至老，实为最有用之年华、最有用之精力，假以从事科学，讲求政艺，则三百万之人才，足以当荷兰、瑞典、丹墨、瑞士之民数矣。以为国用，何求不得？何欲不成？乃以三百万可用之精力、人才、月日，钩心斗角，敝精费神，举而投之枯困搭截文法之中。以言圣经之大义，皆不与之以发明也。徒令其不识不知，无才无用，盲聋老死，是比白起之坑长平赵卒四十万，尚十倍之。其立法之谬异、流弊之奇骇，诚古今所未闻，而外人所尤怪诧者矣。即以臣论，卯角学文，于小题搭截，尤畏苦之。其文法严苛，过于钳网，触处皆犯。束书不读，稍能习熟，若复涉群书，置而不事，即复犯文法。故六应童试，见摈以此。知事于学问最相阻相反也。

且童生者，全国人之蒙师也。师之愚陋盲瞽既极，则全国人之闭塞愚盲益甚。是投全国人于盲瞽也，何以为国？昔在一统闭关之世，前朝以之愚民则可矣。若夫今者，万国交通，以文学政艺相竞，少不若人，败亡随之。当此绸缪未雨之时，为兴学育才之事，若追亡救火之急，犹恐其不能以立国也。而乃以八股试多士，以小题枯困截搭缚人才，投举国才智于盲瞽，惟恐其稍为有用之学，以为救时之才也，不亦反乎？

然则中国之割地败兵也，非他为之，而八股致之也。故臣生平论政，尤痛恨之。即日面奏，荷蒙圣训，以八股为学非所用。仰见圣明，洞见积弊。夫皇上既深知其无用矣，何不立行废弃之乎？此在明诏一转移间耳。而举国数百万人士，立可扫云雾而见青天矣。从此内讲中国文学，以研经义、国闻、掌故、名物，则为有用之才；外求各国科学，以研工艺、物理、政教、法律，则为通方之学。以中国之大，求人才之多，在反掌间耳。

尚虑群臣守旧，或有阻挠。皇上睿虑，内断于心，请勿下部议，特发明诏，立废八股。其今乡会童试，请改试策论。以其体裁，能通古证今，会文切理。本经原史，明中通外，犹可救空疏之宿弊，事有用之问学。然后宏开校舍，教以科学。俟学校尽开，徐废科举。其试帖风云月露之词，亦皆无用；其楷法方光乌之尚，尤为费时。昔在闭关之世，或以粉饰夫承平；今当多难之秋，不必敝精于无用。应请定例，并罢试帖，严戒考官，勿尚楷法。庶几人士专研有用之学，其于立国育才，所关至大。臣愚颛颛，首以是请。恭折叩谢天恩，伏惟皇上圣鉴。谨奏。(《戊戌奏稿》)

## 请变通科举改八股为策论折（代宋伯鲁作）

掌山东道监察御史臣宋伯鲁跪奏，为请变通科举，上法祖制，特下明诏，改八股为策论，以作有才而济时艰，恭折仰祈圣鉴事：

窃臣伏读康熙二年圣祖仁皇帝诏曰："八股文章，实于政事无涉。自今以后，将浮饰八股文章永行停止，惟于为国为民之策论中出题考试。钦此。"大哉圣训，何其虑患之深而去弊之勇也。方今国事艰危，人才乏绝，推原其由，皆因科举仅试八股之故。盖今之八股，例不许用后世书、后世事，美其名为清高雅正，实以文其空疏谫陋。夫激厉士人以学，犹虑其不能相从，况禁其用后世书、后世事乎？是恐稍有知识而故新靳之也。督人以圣贤义理之学，犹惧不能，况束以连上犯下、偏全枯窘、缩脚搭截之法，而欲其游刃有余、善言德行，乌可得哉？又以入口气为代圣立言，夫以圣人之言，游、夏莫赞；扬雄太元拟《易》，刘向讥其僭妄；王通七制拟《书》，朱子笑其儿戏；以彼二贤，犹尚如是，生童何人，乃能上代圣言哉？以选举之大典，为优孟之衣冠，侮圣戏经，莫此为甚！夫公卿大夫，皆从八股出身；农商工贾，皆为生童所教。故士子读书数十年，尚不知汉、唐为何代，郡、县为何名，况能通万国之情形、考中外之治法哉？

夫西人之于民，皆思教之而得其用。故自童幼至冠，教之以算数图史、天文地理、化光电重、内政外交之学，惟恐其民之不智。而吾之教民，自卯角以至壮岁，束缚于八股帖括之中，若惟恐其民之不愚也者。是与自缚倒戈，何以异哉？故谓其发明义理，则论说之体发明更易；谓其可得有用之才，则不读后世书、不知当世事，空疏迂谬之人，皇上何赖焉？夫圣祖当明世八股腐烂之时，鉴人士空疏之弊，已思决意罢黜。惜有司奉行不力，卒蹈故辙，今又积三百年矣。腐烂之余，变为俳曲戏侮之具，即无强敌相攻，已当酌量变通；况以流极下衰之时，值此形见势绌之际，安得不废然思返乎？

伏读本月二十三日上谕，令士庶以圣贤义理之学为根本，又博采西学之切于时务者实力讲求，以救空疏迂谬之弊，以成通经济变之才，尚虑风气不开，特加诫谕。煌煌圣言，明并日月，勇过雷霆矣。臣愚以为科举利禄之途，于今千年，深入人心，得之则荣，失之则辱，为空疏迂谬之人所共托久矣。科举不变，则虽设有经济常科，天下士人谁肯舍素习之考卷墨卷，别求所谓经济哉？是欲南辕而北其辙也。

伏冀皇上上法圣祖，特下明诏，永远停止八股，悉如圣祖仁皇帝故事，自乡会试以及生童科岁一切考试，均改试策论，除去一切禁忌，义理以觇其本源，时务以观其经济。其详细章程，应请饬部妥议，自庚子科为始，一律更改。夫武科已改试枪炮矣，况文科关系尤巨乎？伏愿立予乾断，饬部议行，天下万世幸甚。臣愚昧之见，是否有当，伏乞皇上圣鉴，训示施行。谨奏。（《戊戌变法档案史料》）

## 经济特科以得通才为主片（代宋伯鲁作）

再：经济特科之设，与鸿博同为旷典，实以因时审变，在得通才，以备百执之任，非以求工匠之材。若制作、化、光、电、重诸科，浙江抚臣廖寿丰谓惟能在学校教授，不能在殿廷考试，言之诚是也。臣愚窃谓专门与通才，用各有宜，义本各异。专门宜于学堂之选拔，通才宜以特科为网罗。离则两美，合则两伤。拟请饬下总署，此次特科，专以得古今掌故、内政、外交、公法、律例之通才为主。其他各科，请饬下各督抚，速立学堂教授，然后选用为教习，则人才各得其用矣。即在泰西各国，专门之学，亦不过奖以金牌，许其专卖而已，未尝擢以任官也。谨附片具陈，伏乞圣鉴训示。谨奏。（《戊戌变法档案史料》）

## 请御门誓众开制度局以统筹大局折

工部主事臣康有为跪奏，为推行新政，请御门誓众，开制度局以统筹大局，革旧图新以救时艰，恭折仰祈圣鉴事：

臣海滨下士，才识暗愚，皇上过听人言，破格召对，宽具戆直，待以优容。臣自顾何人，过承知遇，并蒙圣恩，许令将面对未详者准具折条陈，并将著书进上；又蒙恩旨着在总理各国事务衙门章京上行走。隆天厚地，诚非小臣所当被蒙，感激天恩，灰骨莫报。方今国势危蹙，朝不及夕。伏承圣训，指明守旧之贻害，发明变法之宜，一叹通才之乏绝。仰见圣明天纵，洞达时变。皇上之及此也，天下之福也，中国之能自强，基于此矣！臣欢喜踊跃，益思自竭涓埃，以仰报圣明。

臣所欲言而未详者，审时势而定从违，筹大局而定制度，誓群臣而明维新而已。中国自汉、唐、宋、明之后，皆为大一统之时。及今欧、亚、美、澳之通，遂为诸国竞长之世。一统、竞长二者之为治，如方之有东西，色之有黑白，天之有晴雨，地之有水陆，时之有冬夏，器之有舟车，毫发不同，冰炭相反。伏承圣训，裘葛不能两存；皇上知之至明，实超出群臣智虑之外。故当泛海之时，则乘巨舰；虽有金车之美，亦必舍之。当盛暑之时，则衣绤绤；虽有狐白之裘，亦必弃之。则今日之宜全用诸国竞长之法，而不能毫厘用一统闭关之法至明。

夫治一统之世以静，镇止民心，使少知寡欲而不乱；治竞长之世以动，务使民心发扬，争新竞智，而后百事皆举，故国强。治一统之世以隔，令层级繁多，堂阶尊严，然后威令行；治竞长之世以通，通上下之情，通君臣之分，通心思，通耳目，通身体，咸令无阻阂，而后血脉流注而能强。治一统之世以散，使民不相往来，耕田凿井，不识不知；治竞长之世以聚，令人人合会讲求，然后见闻广，心思扩，有才可用。治一统之世以防弊，务在防民而互相牵制；治竞长之世以兴利，务在率作兴事以利用成务。窃伏愿皇上知之既明，更扩充而熟讲之，别白分明，念兹在兹。而后措施不误，尽涤旧制，尽除旧俗，不留毫厘以累新政；摧陷廓清，比于武事；行歧道者不至，骑墙者不下。此为变法辨门径之始也。

皇上已深知变法，而臣犹为此言者，以方今不变固害，小变仍害，非大变、全变、骤变不能立国也。数十年来，亦渐知变法矣；而或辨证不清，诊脉不明，或不通外感内因之变，或未谙明堂方药之理。故小试而无效，或杂投而不决，否则执不治中医之说，坐以待亡。至今人人知病证之危，而尚未求医救之方。夫泰西立国数千年，源流深远，能致富强，具有本末。其规模极大，条理极繁，次第有宜，章程极密。其守旧不变者无论，即以开新者言，大都皆补漏支拄、苟且度日之谋，未尝统筹全局，究极终始，穷古今之变，酌中外之宜，定下手之方，求先后之理。或举其末而忘其本，或言其粗而忘其精，或明其小而暗其大，或得其面而失其骨，或肖其形而失其神。无论今者粗末未举，固无成效；即使零碎凑合，亦复不成体格。况稍失其本，稍乱其节，必无成功。匠人筑室，缝人制衣，犹有鸠工庀材，审定全体，绘定图样，而后下手。医者治病，亦有先后缓急之序。安有治国之大，救危之时，而冥行踯躅、方药杂投者乎?《中庸》言：博学，审问，慎思，明辨，然后笃行。窃伏愿皇上统筹全局，而后可讲变法下手之方、先后缓急之理也。今之言变法者，皆非变法也，变事而已；言兵制，言学校，言铁路矿务，无论如何，大率就一二事上变之，而不就本原之法变之，故枝枝节节，迄无寸效。

皇上既统筹全局，臣谓下手之始宜先变法，将内政、外交一切法度尽行斟酌改定，使本末、精粗、小大、内外皆令规模毕定，图样写就。然后分先后、缓急之序次第举行，选天下通达之才与之分任，然后有效也。故必变定法度，而后徐图举事也。今言变法，规模如何，未加讨论；图样若何，未见谱写。凡臣下条陈一事，则交议行之，亦可谓从善如圜、欲图自强矣。然无论部臣守例驳斥、疆臣阁置不行，即使不驳尽行，亦于自强无当。日本变法之始，盖能定规模、画图样，而后举行，故能骤致富强。故非特开制度局于内廷，妙选通才入直，皇上亲临，日夕讨论，审定全规，重立典法，何事可存，何法宜改，草定章程，维新更始。此所谓先写图样，而后鸠工庀材也。若其粗迹，若法律、度支、学校、农、工、商、矿、铁路、邮政、海军、民兵及各省民政诸局，臣前者既言之；变科举、开学会、译西书、广游历以开民智，臣面对已略举之，皆制度局中条理之一端而已。

臣愚以为，皇上不欲变法自强则已，若欲变法而求下手之端，非开制度局不可也。虽然，国是未昭，人心未改，议论未一，人才未出，转移改易之始，未易易也。伏读二十三日上谕，国是已明定矣，然臣以为未者，何也? 诚以数千年之旧说、数百年之积习、数千万守旧之人心，非常之原，黎民所惧，非能以一二言遽能易之也。非有雷霆霹雳之声光、风电震惊之气势，未能使蛰虫发动、草木甲坼而万物昭苏也。

臣又以为，皇上不欲变法则已，若欲变法，请皇上亲御乾清门，大誓群臣，下哀痛严切之诏布告天下。一则尽革旧习，与之更始；二则所有庶政，一切维新；三则明国民一体，上下同心；四则采万国之良法；五则听天下之上书；六则着阻挠新政，既不奉行，或造谣惑众，攻诋新政者之罪。诏书榜之通衢，令群臣具表签名，奉行新政，咸发愤报国，不敢怠违。经此严切明白之诏，庶几天下改视易听，革面洗心。然后推行新政，自能令下若流水，无有阻碍者矣。而其本原全在皇上深警时局之危，日讲竞长之理，发愤为雄之意，自强不息之心。

以皇上之明，存之以诚，行之以勇，夙夜震动，念兹在兹，日夕讲求，某法未立，某事未举，某人未用，某政未善，刻日程功，义在必办；无惑于庸人之论，无摇于谣谬之言。则三月而规模成，一年而条理具，三年而效略见，十年而化大成。若复听诸臣之徘徊两可、从容迟疑、因循偷安、苟且度日，则强邻虎视，旦夕变作，有不可问。即幸能苟安，而俄人铁路既成，亦无幸免之理。臣窃忧危，过承恩遇，不敢不竭尽其愚，伏乞皇上圣鉴训示。谨奏。（《杰士上书汇录》卷二）

## 请废八股以育人才折（代徐致靖作）

翰林院侍读学士臣徐致靖跪奏，为请特颁明诏，废八股以育人才，易风气而救危局，恭折仰祈圣鉴事：

窃顷以时事艰难，国势危急，人才乏绝，廷臣条陈纷纷，多有请变科举、废八股者，而礼臣守旧拘牵议驳，致皇上依违不决。臣窃思维中国人民四万万，倍于欧洲十六国，此地球未有之国势也；而愚暗无才，虽使区区小国，亦得凭陵而割削之。中国神皋奥区，地当温带，人民智慧；而愚暗无才至此者，推原其故，皆八股累之。

泰西人民自童至冠，精力至充之时，皆教之图算、古今万国历史、天文、地理及化、光、电、重、格致、法律、政治、公法之学；其农工、商贾，亦皆有专门之学。故人人有学，人人有才，即其兵亦皆由学出，识字、绘图、测量、阅表略通，天文、地理、格致、医学始能充当。而我自童时至壮年，困之以八股之文，禁其用后世书，以使之不读史书、掌故及当今之务；锢之以搭截枯窘虚缩之题、钩渡挽入口气破承开讲八比之格，使之侮圣而不言理，填词而等于俳优。束之极隘，驱天下出于一途，标之甚高，使清班必由此出。得之累资格，则可任台司封疆；失之为举贡，亦分任守令教佐。上之为师傅，则宗室、亲藩之学识锢焉；下之为蒙师，则农、工、商、兵之学识锢焉。故自皇上聪明天纵之外，使举天下无人不受不学侮圣之传，以成其至陋极愚之蔽，目不通古今，耳不知中外。故至理财无才，治兵无才，守令无才，将相无才，乃至市井无才商，田亩无才农，列肆无才工，晦盲迂谬。西人乃贱吾为无教，藐吾为野蛮，纷纭胁割，予取予求，而莫敢谁何。皆八股之迷误人才有以致之也。

夫八股取士，非我祖宗之制，实前明敝陋之法也。我圣祖仁皇帝即位伊始，深知其敝，特诏废之，此真大圣人之盛谟也。后虽复行，而海禁未开，天下无事，尚不觉其为害。今又二百年，法敝更甚，出题既多重复，文艺尤多陈因，侮圣填曲，捐书绝学；而当万国极智之民，是犹两军相交，吾兵有耳目、手足、枪炮而掩蔽、束缚、捐弃之，而以拒强敌也。故言科举不可变、八股不可废者，与为敌国作反间者无以异也。愿皇上深思明辨而勇断之也。彼礼官所守者旧例，无论如何条奏必据例议驳。以皇上之明，岂能曲从一二人硁硁拘执之见，而误天下大计哉？

伏望皇上上法圣祖，特旨明谕天下，罢废八股，自岁科试以至乡会试及各项考试，一律改用策论，以发明圣道，讲求时务。则天下数百万童生、数十万生员、万数举人，皆改而致力于先圣之义理，以考究古今中外之故，务为有用之学。风气大开，真才自奋，皇上亦何惮而不为哉！臣愚以为新政之最要而成效最速者，莫过于此。谨恭折渎陈，伏乞皇上圣鉴训示。谨奏。（故宫博物院明清档案部藏原折）

## 请将经济岁举归并正科并饬各省生童岁科试迅即遵旨改试策论折（代宋伯鲁作）

掌山东道监察御史臣宋伯鲁跪奏，为请将经济岁举归并正科，并饬各省生童岁科试迅即遵旨改试策论，以重抡才而节糜费，恭折仰祈圣鉴事：

窃本月初五日奉上谕："因时文积弊太深，不得不改弦更张，以破拘墟之习，总期体用兼备，人皆勉为通儒等因，钦此。"臣伏读之下，仰见皇上天赐勇智，洞鉴积弊之原，力破迂拘之论；千年沉痼，一旦扫除，转弱为强，在此一举矣！臣又读本年正月初七日上谕，有"创行经济岁举，在各省学堂挑选高等学生应考，作为经济科举人、贡士"等语。臣恭绎前后两谕，用意实同。特前者因八股取士相沿既久，未便遽革，故别创一格，以待实学之士。今既毅然廓清积习，改试策论，则与经济岁举所试各项已大略从同，似宜合为一途，以一观听。

臣窃维中国人才衰弱之由，皆缘中西两学不能会通之故。故由科举出身者，于西学辄无所闻知；由学堂出身者，于中学亦茫然不解。夫中学体也，西学用也；无体不立，无用不行，二者相需，缺一不可。今世之学者，非偏于此即偏于彼，徒相水火，难成通才。推原其故，殆颇由取士之法歧而二之也。臣以为未有不通经史而可以言经济者，亦未有不达时务而可谓之正学者。教之法既无偏畸，则取之之方当无异致。似宜将正科与经济岁科合并为一，皆试策论，论则试经义，附以掌故；策则试时务，兼及专门。泯中西之界限，化新旧之门户，庶体用并举，人多通才。且并两科为一科，省却无数繁费。不然，则岁岁举行乡、会试，国家财赋断不能支。如承采择，乞将臣所陈交部一并议覆。

抑臣更有请者，新政之行，当如风行草偃，惟速乃成。恭绎谕旨，改试策论，自下科为始。臣窃思乡、会两场试事方竣，自不能不待诸下届；若生童岁科试，现正随时按考，既定例下科始改，则现时自仍用旧章，彼生童若不习八股，则无以为应考之地。若仍习之，则明明为已废之制，灼然知其无益，两年之后即行弃置，又何必率天下之生童枉费此两年之力，以从事于此，是令天下无所适从也。臣以为，应试之人莫多于生童，故转移风气，必当自生童试始。既奉明诏，变弊以厉实学，必使士子用心有所专注，庶学问不致两歧。伏乞再行明降谕旨，除乡、会试自下科为始改试策论外，其生童岁科试，即饬各省学政随按临所至，一经奉到谕旨，立即遵照新章，一律更改。经史时务，两者并重，庶学者不必复以帖括分心，得以专心讲求实学。至下科乡、会试之时，而才已不可胜用矣。臣为速成人才、撙节糜费起见，是否有当，伏乞皇上圣鉴训示施行。谨奏。（《国闻报》1898 年 7 月 6 日）

### 请告天祖誓群臣以变法定国是折

奏为决行变法，请上告天祖，大誓群臣，以定国是而一人心，恭折仰祈圣鉴事：

窃自东事败后，近者胶、旅继割，国势凌夷，瓜分日闻，几不国矣。所以至于此者，一统闭关之治，与列国竞争之治，若冬夏冰炭之相反，水陆舟车之异宜也。今我国处竞争之新世，而行闭关之旧法，安得不危败乎？夫秋扇必捐，堂簾无用，五月之裘难披，岸上之船不住，物之公理也。礼以时为大，而孔子时圣；逆天不祥，违时必败。若当变不变，必有代变之者矣。与其人为变之，何如己自变之之为安适。夫印度者，人代变者也；日本者，己自变者也。得失之故，可以鉴矣。

皇上圣明神武，奉天审时，知时变之宜民，观会通而行礼，审得失成败之故，决维新更始之谋，诚为不世出而膺昌期者矣。然非常之原，黎民所惧，变易之始，守旧所疑。盖聋者无以定韶武、郑卫之声，瞽者无以辨采色文章之美，蜀犬见日而吠之，愚暗闭塞之夫，安其所习，毁所未见。昔滕文公、赵武灵王、魏文帝变法之时，父兄百官，盖皆不欲，极力阻挠；俄大彼得之变法，群臣阴欲废之。惟赖诸主刚断，不惑群言，故能致治强，光烈昭著。

比年以来，皇上有意变法，而盈朝汹汹，不可向迩，亲贵抗违，耆旧力诤，群僚面从而后言，举政始行而中废。乃至奉旨发议，乃推延而不议；明诏施行，乃束阁而不行。人心众论，缉缉讻讻。譬行船驾驶，宜定方针，乃船主指之于南，而柁手推之于北；以此而求登彼岸，不亦难哉？臣愚窃窃忧之，又窃反复为皇上计之，若令守旧不变，而土地可保，宗社无恙，可长此终古也，则臣愚亦谓勿变也。然守旧不变之危败，成事已见矣。故徇守旧亲贵之意，则宗社、土地不保。试问守旧亲贵与宗社、国土孰重乎？皇上受祖宗之付托，为国民所托命，爱宗社、土地而保之乎？抑爱守旧亲贵而保之乎？但以此比校，皇上今之行政若何，可以立断矣。故今兹大变百度，非皇上乾纲睿断不可。即皇上能奋乾纲，而非大举誓礼，明定国是，昭示圣意，俾万众回首，改视易听，不足以一人心而定步趋也。

日本明治之初，决行变法，大集群臣，以五事誓于太庙，盖变法者必行之途径阶级也。皇上上法滕文公、魏文帝之英明，外采俄彼得、日本明治之政术，乞明诏天下，择日斋沐，大集群臣，无小无大，誓于天坛太庙，亦如日本以五事上告天祖，采万国之良规，行宪法之公议，御门誓众，决定国是，以变法维新为行政方针，有违此誓，罚兹无赦。若行乎此，雷霆震厉，万物昭苏，人心乃一，群疑乃释。然后群臣恪恭震动，同奉圣意，力行维新，天下更始，新政之行，当如流水。惟皇上留意幸察。伏维皇上圣鉴。谨奏。（《戊戌奏稿》）

## 请开学校折

奏为请广开学校以养人才，恭折仰祈圣鉴事：

窃臣以狂愚，请废八股，荷蒙圣明嘉纳，立下明诏施行。薄海回风，洗濯固陋，咸更新厉学，以赞休明。夫以千年之弊俗，而一旦扫除之，非皇上之神武英断，何能致此？岂愚臣之梦寐痈思所能及也。天下回首面内，想望更化之善治，肇应千载之昌期，在我皇上矣。其鼓荡国民，振厉维新，精神至大，岂止区区科举一事已哉？虽然，譬诸治病，既以吐下而去其宿疴，即宜急补养以培其中气，则今者广开学校为最要矣。

吾国周时，国有大学、国学、小学之等，乡有党庠、州序、里塾之分，教法有诗书、礼乐、戈版、羽龠、言说、射御、书数、方名之繁。人自八岁至十五岁，皆入大小学。万国立学，莫我之先且备矣。《诗》曰周王寿考，遐不作人，言文王于人才作而致之，非赖自然生而有之也。故兔罝野人，可为干城腹心；介胄武夫，能说诗书礼乐。人才既多，则国命延洪，故作人则能寿考也。后世不立学校，但设科举，是徒因其生而有之，非有作而致之。故人才鲜少，不周于用也。臣不引远古，请近校于今欧美各国，而知其故矣。

欧美之作其国民为人才也，当吾明世，乃始立学。仅从僧侣，但教贵族，至不足道。及近百年间，文学大兴。普之先王大非特力，馆法名士窝多于其生苏诗宫而师之，聘柏罗斯其于瑞士，而创国民学。令乡皆立小学，限举国之民，自七岁以上必入之。教以文史、算数、舆地、物理、歌乐，八年而卒业。其不入学者，罚其父母。县立中学，十四岁而入，增教诸科尤深，兼各国文，务为应用之学。其初等科二年，高等科二年；初等二年者，中学必应卒业者也。自是而入专门学者听之。专门者，凡农、商、矿、林、机器、工程、驾驶，凡人间一事一艺者，皆有学，皆为专门也。凡中学、专门学卒业者皆可入大学，其教凡经学、哲学、律学、医学四科。自是各国，以普之国民学为师，皆效法焉。英大学分文、史、算、印度学、阿喇伯学、远东学，于哲学中别自为科。美则加农、工、商于大学，日本从之。夫学至于专门止矣。其所谓大学者，不过合各专门之高等学多数为之。大聚天下之书图仪器，以博其见闻；广延各国鸿博硕学专门名家，以得其指导。而群一国之学者，优游渐渍，讲求激厉，而自得之。凡各州能备此者，皆可谓为大学，非徒在国都而已。总而言之，小学、中学者，教所以为国民，以为己国之用，皆人民之普通学也。高等、专门学者，教人民之应用，以为执业者也。大学者，犹高等学也，磨之礲之，精之深之，以为长为师、为士大夫者也。其条理至详，科学至繁。荷兰、比利时、瑞典、丹麦以蕞尔国而能独立者，以诸学并立，大学岿然，人才不可胜用故也。普胜法后，俾士麦指学生语之曰："我之胜法，在学生而不在兵。"以百业千器万技，皆出于学，作而成之故也。

彼分途教成国民之才，如此其繁详也。我乃鞭一国之民，以从事于八股枯困搭截之题，斫人才而绝之，故以万里之大国，四万万之人民，而才不足立国也。近者日本胜我，亦非其将相兵士能胜我也；其国遍设各学，才艺足用，实能胜我也。吾国任举一政一艺，无人通之，盖先未尝教养以作成之。天下岂有石田而能庆多稼者哉？今其害大见矣，不可不亟设学以育成之矣。

今各国之学，莫精于德；国民之养，亦倡于德。日本同文比邻，亦可采择。请远法德国，近采日本，以定学制。乞下明诏，遍令省府县乡兴学。乡立小学，令民七岁以上皆入学。县立中学。其省府能立专门高等学、大学，各量其力，皆立图书仪器馆。京师议立大学数年矣，宜督促早成之，以建首善而观万国。夫养人才，犹种树也，筑室可不月而就，种树非数年不荫。今变法百事可急就，而兴学养才不可以一日致也，故臣请立学亟亟也。若其设师范、分科学、撰课本、定章程，其事至繁，非专立学部，妙选人才，不能致效也。惟圣明留意幸察，伏乞皇上圣鉴。谨奏。（《戊戌奏稿》）

## 答人论议院书

承见教，责以不建言请开议院，所以督责者甚至，此诚大君子忧国救民之盛心，而爱人以德之高节也。然仆之愚，讲求变通宜民之故，窃有所斟酌焉，非苟为采袭已也。

夫议院之义，为古者辟门明目达聪之典，泰西尤盛行之，乃至国权全界于议院而行之有效。而仆窃以为中国不可行也，盖天下国势、民情、地利不通，不能以西人而例中国。泰西自罗马教亡后，诸国并立，上以教皇为共主，其君不过如春秋之诸侯而已。其地大者，如吾中国两省，小者如丹、荷、瑞、比，乃如吾一府。其臣可仕他国，其民可游外邦，故君不尊而民皆智，其与我二千年一统之大，盖相反矣。故中国惟有以君权治天下而已。顷皇上聪明神武，深通外国之故，戒守旧之非，明定国是，废弃八股，举行新政，日不暇给，皆中旨独下，不假部议，一诏既下，天下风行。虽有老重大臣，不敢阻挠一言，群士不敢阻挠一策，而新政已行矣。若如足下言，则定国是、废八股、开学堂、赏新书新器、易书院、毁淫祠诸事，足下故欢忻鼓舞、喜出望外者也。然下之九卿、翰詹、科道会议，又下之公车诸士会议，此亦西人之上下议院也。三占从二，然后施行。试问驳者多乎？从者多乎？方今士大夫能知变法维新以保危局者，百不得一；其稍有所知者，亦皆模棱两端，然已不可见矣。虽以皇上之毅然变法，然犹腹诽者众，泄沓〔沓〕如故。门人梁启超前被召对，直言八股守旧之士乃敢诽皇上为秦始皇之焚书坑儒者。皇上笑而言曰：彼等误以废八股即废四书也。圣明天亶，一言中的。然以此辈充议员，凡此新政，必阻无疑。然则议院能行否乎，不待言矣。故今日之言议院、言民权者，是助守旧者以自亡其国者也。

夫君犹父也，民犹子也；中国之民，皆如童幼婴孩。闻一家之中，婴孩十数，不由父母专主之，而使童幼婴孩主之、议之，能成家自养否乎？必不能也。君犹师长也，民犹徒属弟子也；中国之民，皆如蒙学。试问蒙馆之中，童蒙数千，不听师长主之、教之，而听童蒙共主之、自学之，能成学否乎？必不能也。敬告足下一言，中国惟以君权治天下而已，若雷属〔厉〕风行，三月而规模成，三年而成效著。泰西三百年而强，日本三十年而强；若皇上翻然而全变，吾中国地大人众，三年可成。况圣上天锡勇智，千载罕逢。有君如此，我等但夙夜谋画，思竭涓埃，以赞圣明足矣。

顷以维新之故，天下通才，好勇过我，每多贻书相责者。阳湖汪君，责仆以不请废科举，而专用学校者。其余言改策论与八股同为空言者，贻书相责者尤多。仆以修书故不暇一一复。然八股所以须废者，恶其禁人用后世书、后世事，故率天下于空疏不学，不知古今中外。故改用策论，以宽其八比连上犯下、不用后世书之缚，而肆其讲求中外古今之故，则人人得竭其才、得纵其学而已。如遽废科举，则直省童生数百万，诸生数十万，举人万数，中多长老，学堂必不能收。中亦多有聪明异才，视国家所驱之如何耳，岂可尽弃之？且安置此数百十万人，亦安有此政体乎？又有谓老旧之臣不能行新政者，仆谓《传》称"故旧不遗，则民不偷"。变法维新，尤以人心风俗为尚。且盘庚之作新邑，魏文帝之迁都改制，皆与其元臣大家再三诰诫，更以优礼厚禄待彼耆旧。凡行政皆以人心为主，王荆公未知此义，是以败绩。仆虽至愚，然讲求变法之故，皆有斟酌焉。然仆今日则为守旧者所大攻，在他日又必为开新者所痛诋，今日已萌芽矣。仆惟俯首两面受过而已。但忧国事之危急，哀民生之多艰，不能自已。张江陵谓有补益于世，虽以身为蝼蚁之蓐荐，亦所不辞。仆常慕斯言，岂敢巧避守旧一时之攻，又岂敢徇开新一时之举哉！足下不弃，幸谅其愚而教匡之。

（《国闻报》1898 年 7 月 9 日）


## 请立商政以开利源而杜漏折

工部主事臣康有为跪奏，为商务不兴，民贫财匮，请立商政，以开利源而杜漏卮，恭折仰祈圣鉴事。

窃方今国库窘匮，杼柚俱空，司农仰屋，束手忧叹。尝推困匮之由，皆自商务不兴、财源漏泄之故，非复仅节财流，或事搜括之所能支也。

今自洋布、洋纱岁溢五千余万，其他用物若洋绸、洋缎、洋呢、洋绒、漳绒、羽纱、毡毯、手巾、花边、钮扣、针线、伞灯、颜料、箱箧、牙刷、牙粉、胰皂、石印、铅字、面脂、口粉、藤床、钢榻、自来火，食物若架非、吕宋烟、夏湾拿烟、纸卷烟、鼻烟、洋酒、火腿、羊肉脯、洋饼、洋糖、洋盐、药水、丸粉、洋干果、洋水果，煤、铁、铅、铜、马口铁、材料、木器、钟表、日规、寒暑针、风雨针、电气灯、玻璃镜、照相片及玩好瑰奇之器，不可胜数，约以万万计。乃以煤油之出自地，岁易我千万；

塞门德土之为泥，岁易我六百万，皆我所有。四川火井，遍海泥沙，舍而不用，以金钱易之。若夫瓷器，我冠地球，乃反令洋瓷遍地售卖；丝糖为我所自出，乃经彼制炼，来我倍售。其他不税之洋药、洋酒皆千万，而金砖、金叶岁溢三千万。若鸦片之害人，岁出三千万者，在无论矣。而我出口货，大宗惟有茶、丝。茶向销五千万，近以印度、法、意并出，加搀杂不精，减至千余万。其他杂货日减，不及三千万。比较岁溢将万万，后此加增，积数十年计之，溢出百万万。吾财源不开，只有此数。譬犹一池之水，别无泉源引入，而终日汲之，涸可立待，大鱼小鱼，同悬枯肆。精华既竭，褰裳去之。即无兵事，民尽困弊，国亦从之矣。

然洋货所以越数万里而畅销者，在其国有商学以教之，有商报以通之，有商部以统之，有商律以齐之，有商会以结之，有比较厂以励之，有专利牌以诱之。及其出国也，假之资本以助之，轻其出税以便之，有保险以安其心，有兵船以卫其势。听其立商兵、商轮，以护其业；又有领事考万货之情，以资其事。官商相通，上下一体，故能制造精而销流易，视万里重洋若枕席，情信洽而富乐多，故筹兵饷重款若探囊。民足而君足，国富而势强，职商之故。

我既无商学、商报、商会之讲求，又无比较厂、专利牌之诱励。西人谓吾出口者皆生货，以皆材料土产也。西人皆熟货，以精工良作，若钟表、纱布，取携便而制造精，价值廉而外观美。其智愚、美恶、良楛回判，势必败矣。商官、商律不设，故无以定价值之低昂，治倒帐之控诉，治伙友之倒亏，制猾奸之诓骗；银钱无定价，则受平色之困；金钱不铸，则受镪价之困；行规不与官通，则官可任意遏抑；体制又与官隔，则胥吏摧伤；不助资本，不设专利牌、保水火险，则商人不肯出资本。加以内有厘金之加税，外有出口之重征；既不听商兵、商轮之自护，又无兵舰领事之保卫；乃至四万万人之多，而竟无一能商于泰西者。官既弃薄其商，商亦不信乎官。故制造粗而销流滞，商情涣而筹款难，民困下疑，而国大受其病矣。

夫吾中国矿产遍地，草木繁殖，物种地宜，有温带之利，人民繁庶勤敏，甲于万国。此皆西人所慕羡垂涎而不已者。夫天津草帽之贱，至四百万；牛皮、狗皮之贱，至九百万。其他万汇亿品，若教诲利导之，何可计数？徒以榛径未开耳。若一旦启辟，则富甲大地。英人李提摩太谓吾利源一辟，岁出可六十八万万。尚奚有于仰屋患贫哉？

夫商之源在矿，商之本在农，商之用在工，商之气在路。但民愚力弱，不能考行；官尊事殷，不能措理。故非设专司、专学以整齐教利之，不能有功。直省五金、水银、朱砂之矿，论者既详矣。即以湖南、山西一省之煤，可敌一英国，值以万万。金沙江两岸，流泉滴沥，并是煤油。四川火井，皆油井也。地不爱宝，吾自有而弃之。西南各省有金刚钻，和阗、西藏、川、滇有白玉、翠玉、碧霞、玛瑙、水晶、五色宝石，其他砚石、纹石、大理石、像石、浮石，何在不可加以精工，易彼金银？若夫磁器之土，惟中国独精，光韧柔滑，堕地不碎。泰西尤重，购乾、嘉之磁器，已出数百金。若能加采色妙丽，当大行泰西，驾丝、茶而上之。凡此皆出之吾地者也。

法人以葡萄岁销八万万，美人棉花岁销四万万，一草之利大矣。即以粤之龙眼，闽之荔枝，新会之橙，温福之橘，洞庭之柑，江浙之枇杷、杨梅，燕齐之梨、枣，岁销皆百十万。若川蜀之药材，闽之茶荈，若善其培壅，通其道路，何止此数？即哈密葡萄，绵亘数十里，但不知酿酒，故弃于地，而日本专延法人购法种而植之。吾北地数省皆宜葡萄，可用日法，广为劝植。吾棉色白丝长，虽逊洋棉，而坚厚温暖过之；而吾工贱用廉，价仅半洋棉，故近年骤销至数百万。若能推广，益收大利。

洋糖只有红萝卜，味甘而淡远，不若中国之蔗。惟提炼不纯，色味不洁；若改用机器，加以精工，西人视糖犹盐，日用必服，销售无量。胶树即橡树，云南擅之，野人山之割与英人，失此美利；而川、陕、滇、黔之间，尚多此树。樟脑施之于药，可增力五千倍；故鱼雷、地雷、水雷各炸药，非樟脑不为功。化学家又用作象牙。吾湘、豫、桂林，树带千里，老樟参天，实地球所独，废而不用，此尤非常大利者也。其他杂植，遍于川、滇、黔、桂，白蜡之树，可以为蜡者，种烟之地，则无处不宜矣。皂荚亦为中国所独，外国所无，可制胰皂。其他万卉有大用者，未加物色，何可胜数？

若茶之和平精美，丝之光白柔韧，冠绝大地，此尤中国出货之大宗，小民之生计，小补尾闾者。惟西人好用细丝，而中人乃为肥丝；西人精求佳茶，而中人偏多搀伪。皆宜专学讲求，茶则禁杂伪质，丝则多为濮䌷轻细。

其他文锦僮锦、麻布葛布，皆当用机织，务致光美，探彼好恶而投之。顾绣织金，西人犹尚以被墙屋，如中人之书画然。昔太公厉女红，故齐冠带衣履天下；今宜鼓励织工，务极华采。天津出口之羊毛、骆驼绒，价廉物贱，因不谙收储剪剔，故西人运归织造毡绒，售我重价，岁销大呢、羽毛、洋毡、法兰绒二千万金。若能于天津、山海关、漠河、七厂、蒙古等处设立围场，驼绒、羊毛，如法收剪，购机设厂，织造毡绒，务与俄、英同美，中国食贱物廉，又省转运，必可销售。

大抵中国之土产、矿金、工作三事，患我无货，不患不销；患我不运售，不患彼不收买；患我不精良，不患彼不好尚。但西人商务皆本于学，驾驶则有水师学堂，轮车则有铁路学堂，电报则有电报学堂，丝业则有蚕桑学堂，制茶、制糖、制磁、制酒、开煤、炼钢、纺纱、织布，无不有学堂。每创一业，必立一学堂。故一材一艺之微，万事万物之赜，皆由于学，故能精新。

日本之变法也，开商法公议所、商法学校、内国劝业博览会，萃全国物产人工，比较而赏拔之；派人往中西各国，考求种植之法、孳养之方、制造之事，归以教人；于直隶购羊千头，于纽约购马数千，于欧洲诸国购葡萄、木棉、烟草及其他奇花异卉；开农场，设学校，日讨国人而教之以训农、通商诸事；又开共进会，若棉、若丝、若茶、若糖各会商人出品物，不下千余种，别其精粗而赏之。故商业骤盛国以富强。今流通中国之洋货，大都皆日本所制也。今邮船会社已入长江，改造土货，又定约章矣。

今吾欲恢张利源，整顿商务，诚当设专官以讲之。先出矿质，发农产，精机器之工，精转运之路。然后开商学、译商书、出商报以教诲之，立商律、行保险、设兵舰以保卫之，免厘金税、减出口征以体恤之，给文凭、助经费游历以奖助之，行比较赛珍会以激劝之，定专利、严冒牌以诱导之，定册籍草簿之式以整齐之。故宜开局讲求，自内国之中，外国之情，土产若何，矿质若何，工艺制造若何，及税则之轻重，价值之低昂，转运之难易，天时之寒暖，地利之险夷，何道而费可省，何法而利源可兴，何经营而贸易而旺，何物可销，何物可自制，何方之货物最多，何国之措施最善，荟萃诸法，草定章程，行之各省埠，则万宝并出，岂复患贫？

若夫英之得美洲、澳洲，荷兰之得南洋，皆以商会之故。英人之举印度万里之地，乃十二万金之商会为之；即其来犯广州，亦皆出于其商会所为，而国家遂借以收辟地、殖民之利。吾南洋商民数百万家，若有商会，增力无穷。皇上鉴观时变，深念国忧，前岁御史王鹏运请开商务局，奉谕旨施行。惟各省督抚，多不通时变，久习因循，故奉旨两年，各省未见兴办。顷虽再下明诏，疆臣必仍置若罔闻。窃谓朝廷若不设立商部，乞即以总理各国事务衙门领之。令各省皆设立商务局，皆直隶总理衙门，由商人公举殷实谙练之才数人办理，或仿照广东爱育堂商董轮办章程办理。上海为天下商务总汇，各商专业，若丝茶银钱，皆有公所，常有商董，尤易举办。每商局皆令立商学、商报、商会、保险公司、比较厂，其有能购轮驶行外国者，予以破格重赏。

惟商人见小好利，未通大局；士夫官气太深，未谙商务，似此虽累烦明诏，仍是徒托空文，难期成效。臣再四思维，有上海向来办账诸人，若翰林院庶吉士沈善登、直隶知州谢家福、湖北候补知府经元善、训导严作霖、四川知县龙泽厚等，操行廉洁，任事忠实，久在商中劝募，商情信服，义声著于海内，叠经各省督抚臣陈士杰、张曜、陈彝、倪文蔚、崧骏、福润等先后奏保，累蒙传旨嘉奖。若令此数人先行在上海试办商务局，令其立商学、商报、商会，并仿日本立劝工场及农务学堂，讲求工艺、农学。所有兴办详细章程，令于两月内妥议，呈总理衙门，恭进御览酌定，诏下各省次第仿照推行。庶几商务乃有下手，富国可望成效。如蒙采择，伏乞明诏将商政施行，其于筹饷开源，必非小补。臣愚一得之见，伏乞皇上圣鉴训示。谨奏。光绪二十四年六月初五日。（《杰士上书汇录》卷二）

## 为厘定官制请分别官差以行新政以高秩优耆旧以差使任才能折

督办官报事工部主事臣康有为跪奏，为厘定官制，请分别官差以行新政，以高秩优耆旧，以差使任才能，恭折仰祈圣鉴事：

窃闻朝议纷纭，多有议厘定官制并裁冗署者。臣以为言之是也，而今行之，非其时也。夫立政变法，有先后轻重之序。若欲厘定新制须总筹全局，若者宜增，若者宜改，若者宜裁，若者宜并，草定宪法，酌定典章，令新政无遗议、拟安善。然后明诏大举，乃有实益。若稍革一二，无补实政，似非变法先后轻重之序也。

　　然统筹全局，改定官制，事体重大，不能速举也。查今内政、外交之重，皆在枢垣、总署；是二者，皆差也，非官也。然则今之施行新政，专重差使而已。臣考从古用人，皆分官、爵；爵以辨等，官以得才，二者不能偏废也。三代之制，公、侯、伯、子、男、公卿、大夫、士，爵也；司徒、司马、司空、司寇、太史、虎贲，官也。苏公以公爵而兼太史司寇，吕伋以齐侯而兼虎贲，康叔以卫侯而兼司寇，孔子以大夫而为司寇，皆以爵而充官也，如今亲王而充枢垣、译署也。唐、宋皆以官、爵分途，而宋世尤美。宋之所谓官者，即古之爵也；虽名某部某寺卿贰，而百官皆不任本职，但寄禄秩而已，如今侍郎、京卿、翰林出使及学差皆不营本职，但用其顶戴章服体制也。宋之所谓差者，即古之官也；各部寺监，皆有勾当、检校。勾当、检校者，犹今行走也。外官知县，则用九品以上京官充之；漕运、提刑等使，皆选八品以上朝官领之；知州则自宰相至七品以上朝官充之。专论差使，不问本官。差使皆用才能，不拘品秩，如今尚书、编检同值南书房，侍郎、主事同放试差也。寺监职官以待升转，馆阁祠禄以优老臣，深得三代官、爵并用之美，如今出使、学差依旧转官保傅宫衔，以示优崇也。但宋人尽用之，而今略用之耳。王安石变法，不通官、爵之意而妄改之，古意遂失矣。

　　然前代宰相，率皆三品，明世五品，然且皆用差使。内阁选之编检，督抚选之四五品卿僚，余各差选之部曹。中行评博，皆奉使直达于上，故人人乐尽其才。我朝差使之名出之于宋，而官差不别，品秩太峻。品秩峻，则非积资累格不足以致大位，至是则年已老矣；官差不别，则若尚书、侍郎既领枢垣、译署之差，即不当复任本部任事，即不当充各要差。盖以一人之身，才力有限，精神无多，且皆垂老之年，而令其官差杂沓，并归一人，势必一切具文不办而后止。外省督抚，亦以秩尊年老积资选用，故亦一事不办。顷皇上欲行新政，屡下诏书，而无一能奉宣圣意，少有举行者，皆由官、爵合一，不用古者分途并用之法，以高爵待耆旧，以差使任才能；故官至大僚，皆年老精衰，畏闻事任也。

　　泰西各国，皆以爵任官。日本亦然，其议定、参议、六卿及各县知事，选亲王、公卿、诸侯、大夫、征士任之。故炽仁亲王亦为知县，而大久保利通、大隈重信、伊藤博文皆以征士而参大政。此亦官、爵分途之明效也。今欲自强，非讲兵不可，讲兵非理财不可，理财非兴学校以开民智不可；兵、财、学校，皆非改官制、别官差无由整顿也。《论语》谓：故旧不遗，则民不偷。昔光武以高秩厚礼允答元勋、峻文深宪责成吏职，故开国功臣皆予特进奉朝请，虽以邓禹之才，亦不任职。宋太祖亦用此道，故当时功臣皆不挂吏议，保全终始，既有劳于前，亦当恩礼于后，论者以为君臣交得焉。

今法弊至此，欲行新政，臣以为采用三代官、爵分途之制，宋及日本专用差使之法，汉、宋优待功臣之义。伏祈皇上推行新政，先注意差使，令各政皆别设局差，如军机、译署之列；选通才行走，如宋及日本法。自朝官以上，不拘资格任之。去卿贰大臣，方任专差之例。若以积习相沿，骤难变易，则凡此专差人员，皆赏给京卿御史职衔，准其专折奏事、自辟僚佐；其每直省亦派通才一人办理新政，体制亦同。若不设新局，则每衙门皆派人行走，其带本衙门之官，照各部实缺郎中、员外例。其无掌印主稿之差者，不到署办事者听。凡官不得兼差。其有枢垣、译署、管学等差者，亦无庸到本衙门办事。其年较耆老者，不必劳以事任，赏给全俸，令奉朝请。如此，则耆旧得所，人才见用，新政能行，而自强可望。臣愚一得之见，伏祈皇上圣鉴训示。谨奏。光绪二十四年七月十三日。（《杰士上书汇录》卷三）

## 请定立宪开国会折（代内阁学士阔普通武作）

奏为请定立宪、开国会以安中国，恭折仰祈圣鉴事：

窃顷者东败于日，辽、台既割，胶、旅继踵，臣每忧国危，未尝不仰天而叹也。及闻皇上圣武发愤，变法维新，臣不禁轩鼓鼗舞，欢欣忭蹈，以为尧、舜复出也。方今变法，可陈之事万千，臣生逢尧、舜之世，安敢以枝节琐末之言上渎尧、舜之君哉？

臣窃闻东西各国之强，皆以立宪法、开国会之故。国会者，君与国民共议一国之政法也。盖自三权鼎立之说出，以国会立法，以法官司法，以政府行政，而人主总之，立定宪法，同受治焉。人主尊为神圣，不受责任，而政府代之。东西各国，皆行此政体，故人君与千百万之国民，合为一体，国安得不强？吾国行专制政体，一君与大臣数人共治其国，国安得不弱？盖千百万之人，胜于数人者，自然之数矣。其在吾国之义，则曰天视自我民视，天听自我民听，故民之所好好之，民之所恶恶之。是故黄帝清问下民，则有合宫；尧、舜询于刍荛，则有总章；盘庚命众至庭；《周礼》询国危疑；《洪范》称谋及卿士，谋及庶人；孟子称大夫皆曰，国人皆曰，盖皆为国会之前型，而分上下议院之意焉。

春秋改制，即立宪法，后王奉之，以至于今。盖吾国君民，久皆在法治之中，惜无国会以维持之耳。今各国所行，实得吾先圣之经义，故以致强；吾有经义，存空文而不行，故以致弱。然此实治国之大经，为政之公理，不可易矣。今变行新法，固为治强之计，然臣窃谓政有本末，不先定其本，而徒从事于其末，无当也。

《春秋》之义，据乱之后，进以升平。上有尧、舜之君，下有尧、舜之民。伏惟皇上圣明神武，拨乱反正，真尧、舜之君也。伏乞上师尧、舜三代，外采东西强国，立行宪法，大开国会，以庶政与国民共之，行三权鼎立之制，则中国之治强，可计日待也。若臣言可采，乞下廷议施行。若其宪法纲目，议院条例，选举章程，东西各国成规具存，在一采酌行之耳。则皇上之圣治，驾汉轶唐超宋迈明而上之，岂止治强中国而已哉？孟子曰：非尧、舜之道，不敢以陈。臣愚冒昧上闻，不胜恐惧屏营之至，伏乞皇上圣鉴。谨奏。（《戊戌奏稿》）

## 请君民合治满汉不分折

奏为请君民合治，满汉不分，以定国是而一人心、强中国，恭折仰祈圣鉴事：

窃臣顷闻内阁学士阔普通武奏请行宪法而开国会，廷议不以为然，皇上决欲行之。大学士孙家鼐谏曰："若开议院，民有权而君无权矣。"皇上曰："朕但欲救中国耳。若能救民，则朕虽无权何碍？"大哉王言！臣闻而感泣曰："非尧、舜之大圣，真有公天下之心者，安得有此哉？"臣幸生逢尧、舜之君，受非常之遇，安得不以死报？臣诚惶诚恐，愿竭忠愚，不敢爱死，冒犯非常，为我皇上陈之。

窃惟东西各国之所以致强者，非其政治之善、军兵炮械之精也，在其举国君民合为一体，无有二心也。夫合数千百万之人为一身，合数千百万人心为一心，其强大至矣。不必大国，虽比利时、荷兰、丹麦、瑞典之小，而亦治强也。近者欧美，尤留意于民族之治，凡语言政俗，同为国民，务合一之。近者日本以之，日本地与民数，仅比吾四川一省，而今强盛若彼矣。盖民合于一，而立宪法以同受其治，有国会以会合其议，有司法以保护其民，有责任政府以推行其政故也。

吾国人主，抚有其国，仅与数大臣共治之，或十数疆臣分治之，虽有多民，仅供租税，不得预政事焉。其视国家国土，若秦越人相视之肥瘠也。苟不及其乡土，亲受奴虐，皆无关焉。甚且民既不预国事，惟知身家亲族而已，余皆外视。故其至者，姓与姓分，乡与乡分，县与县分，省与省分。国朝龙兴东土，奄有中夏，兼定蒙古、准回、卫藏，为大一统，皆因其旧俗而治之。仁恩汪濊，咸戴圣朝矣。而列圣尚虑有金、元之弊，服官执政，多属色目之人，故不得已仍别满、汉，以分官缺，乃开国时之苦心也。故康、乾之时，廷臣有请去满、汉者，圣祖仁皇帝、高宗纯皇帝以此意喻之，乃咸仰圣意之高深。今阅二百余年，久安长治，戴白之老，服膺涵泽，率士民氓，咸戴圣清，非复开国时之比矣。

方今绝海棣通，列强邻迫，宜合举国之民心，以为对外之政策；不宜于一国民之内，示有异同。若疆界既分，即生彼此。属当国家危难，反侧生心，扇动摇惑，甚非所以置国家于磐石之安也。夫分则弱，合则强，治法之公理也。武王有臣三千人为一心故胜，纣臣万亿为万亿心故亡。然则国无小大，人无多寡，视其分合如何而已。

今吾国有四万万之民众，大地莫多焉，而不开国会；虽有四万万人，而不预政事，视国事如秦越，是有众民而弃之。然且令省与省分界，满与汉异名，务在削大使小，汰多使寡，多立彼疆此界之名，以薄其扶助亲爱之意。但一君之主与数大臣为政，尊则尊矣，制则制矣，然孤寡若此，而与列强合数千百万人为一者，相校相遇，安得不败？不然，安有以万里之大国，四万万之众民，而败于日本者哉？论者不深察本末，而妄言治体，繁为条陈。夫天下岂有本不立而能举其末者哉？即末治能举，亦何益矣。《易》

曰：正其本，万事理。臣昧昧思之，早夜筹之，为中国计，而求其治本，惟有君民合治、满汉不分而已。定其治本以为国是，乃可以一人心而求治理。

昔魏文帝抚有华夏，慕其文明，以为非令国人全用华风，不能致一统也。又以父兄百官，安于旧习，而不肯更新也，乃令皇族改拓拔为元氏，献帝兄纥骨氏改为胡氏，次兄普氏改为周氏，次兄拓拔氏改为长孙氏，次弟丘敦氏改为丘氏；更令功臣九十九大姓，咸改汉姓，若侯莫陈之改姓陈，勿忸于之改姓于，出大汗之改姓韩，步六孤之改姓陆，被多罗之改姓潘，丘林之改姓林，贺拔之改姓何，叱吕之改姓吕，是楼之改姓高，孤独之改姓刘，拔列之改姓梁，叱罗之改姓罗，素黎之改姓黎，嘔盆之改姓温，叱干之改姓薛，贺葛之改姓葛，库狄之改姓狄，吐奚之改姓古，出连之改姓毕，阿单之改姓单，阿鹿桓之改姓鹿，俟力伐之改姓鲍，吐伏卢之改姓卢，嘔石兰之改姓石，独孤浑之改姓杜，胡古口引之改姓侯。其后周、隋终复混一，实皆出于魏文之政俗族姓。而元氏及周胡长孙氏入唐，卿相如鲫，功臣遗裔，绵被中国。今之大姓，十九魏裔。其齐、周、隋、唐王侯贵族改汉姓者，不可悉数，无能别也，则皆魏文帝长虑远算致之。

以皇上之明，试览《北魏书·魏文帝纪》及《官氏志》，圣心神悟，必有宏谟。臣闻疏不间亲，远不间近，贱不间贵。臣实宾萌，疏贱至极，猥受皇上非常之知，有非常之虑，不敢自隐避，敢进尽忠言，愿皇上垂察。君民合体、满汉不分之言，念兹在兹，释兹在兹，所以发为治本者，必有以超绝前古，垂范后世，为中国数千年未有之圣，以上继尧舜、轶驾欧日者，非臣之愚所能颂发休美矣。

若圣意既定，立裁满、汉之名，行同民之实，则所以考定立宪国会之法、三权鼎立之义，凡司法独立，责任政府之例，议院选举之法，各国通例具存，但命议官遍采而慎择之，在皇上一转移间耳。合举国四万万人之身为一体，合四万万人之心为一心，其谁与吾敌，而岂复四顾旁皇，瞻畏邻敌哉？

抑臣更有请者，中国向用朝号，乃以易姓改物，对于前代耳。若其对外交邻，自古皆称中国。今东西国称我，皆曰支那，而我经典无此二文。臣细绎音义，支那号即诸夏之音，或即中华之转也。古称诸夏，或曰诸华，频见传记。盖华、夏音近而中、诸音转。其蒙、回、卫、藏，咸令设校，教以经书、文字、语言、风俗，名合同于中土，免有歧趋。伏惟今定国号，因于外称，顺乎文史，莫若用中华二字。皇上维新，尚统一而行大同，乞留圣意幸察。谨将《北魏书·文帝纪》《官氏志》进呈，伏惟乞皇上圣鉴。谨奏。（《戊戌奏稿》）

## 请开制度局议行新政折

奏为请速开制度局以议行新政，恭折仰祈圣鉴事：

窃臣自去年上书，条陈变法，其首重要，即在制度局，请设制度局，蒙皇上发交王大臣会议。近者面对，再详奏请，荷蒙圣明嘉许。及进呈《日本明治变法考》，于明治变法时，先开制度局一事，剀切详明，言之切至。迭闻圣明垂注，频咨议臣，累经催问，乃至今累月，未闻议定施行，虽雷霆震厉，而群臣置若罔闻。臣窃异之。

今者涣汗大号，新政日颁，我皇上急于求治，勇于求言，虽大舜闻善，若决江河，不足数也。故有嘉谟则必行，有刍荛而必采，比之昔者，若盲瞽之获明目，若白骨之忽昭苏，天下欣喜，想望自强。虽然，臣窃窃有忧之，颙颙不能不言之，则以医多而药杂，方乱而病生也。臣虽至愚，然尝讲求古今之治迹、斟酌中外之政法矣。凡治病之方，有先后缓急之宜、轻重表里之别。医病既尔，治国尤然。其次序有先后者，必不可少乱；其条理宜繁详者，必不可阙一。譬若工程家之营大宫室也，先有大匠，绘定图说，基址若干，高下若干，堂室、阶庭、廊窗、门柱若何，砖石、土木、灰钉、漆铁若干，用何国之新式，参何国之异样，沽价需金若干，然后鸠工庀材，划界行基，立门构堂，乃可次第举也。

若夫绘图未定，则基界未划，堂室、门庭、廊窗、门柱未定样，砖石、土木、灰钉、漆铁未知数，用何国式，皆未商定，但贸贸然日鸠工庀材，督其营筑。或言某堂室宜构，则听其言而构之；或言某门庭宜筑，又听其言而筑之；或言某窗柱宜如何式，又听其言而制之；或言某土木铁石宜若何备也，又听其言而购之。及其全功落成，则必门窗不通，堂庭相背，瓦缝不能交合，木榫不能互入，必至天光不蔽，道路不通，墙壁遮塞。岂徒贻笑邻里，亦且糜费失时。及乎猝有巨风淫雨之交侵，终至感寒而无所依蔽也。

岂惟经营一工程哉？即制一衣，事至微小，若不预计身度之长短、肥瘦、宽狭，须料若干，若者为领为袖，若者上衣下裳，而漫听人言，谬执刀尺，随意剪裁，应手零碎，缝以针线，缉而成工，被而衣之，必难蔽体。或障左肩而露右肘，或掩手足而失胸背，既失笑为狂疾，且难御夫风寒。今频颁新政，而不先开制度局以总裁之，定其千条万理之宜，明其先后缓急之序，而漫听群臣之条陈，遽为涣汗而颁下，枝枝节节，不相凑合，乱次而济，散无友纪，何以异于所笑营室、裁衣者之所为也。

臣愚过虑，恐行之久而鲜效，必将为守旧者所借口而反之也。且欧美之新法，固中国所未有，人士未习也。骤取法之，推行之初，必多致误。即使考求极详，施行极细，犹恐以生疏失败，迁地难良。故在彼为良法者，在我或为苛政，此又非审慎至详，推勘至极，不易实施也。况守旧诸臣，忧疑惊惧，阳为奉令，阴实阻挠，皇上日月至明，雷霆至厉，而勋旧亲贵，遍于当路。似宜思有以位置安全之，免其怨望，以生危殆。此亦为政之略，宜兼筹并顾者也。

伏乞皇上躬秉乾断，立开制度局，选一国之才，而公议定之。统筹全局，乃次第施行，其于变法，庶能少弊。若夫吾国法律，与万国异，故治外法权，不能收复。且吾旧律，民法与刑法不分，商律与海律未备，尤非所以与万国交通也。今国会未开，宜早派大臣及专门之士，妥为辑定。臣前所亟亟请开法律局为此也。请附于制度局设之。臣惓惓之愚，长虑过计，极言上陈，惟圣上留意幸察，伏惟皇上圣鉴。谨奏。（《戊戌奏稿》）

# 2. 梁启超的变法思想和主张

## 引　言

　　作为康门弟子，梁启超是戊戌时期康有为变法思想的得力宣传者。梁启超（1873—1929），字卓如，号任公，又号饮冰室主人，广东新会（今属江门）人。自幼刻苦好学，天资聪慧，12岁考取秀才，16岁考中举人，后来成为康有为的得意门生，也是康有为领导维新变法运动的主要助手：康有为发起"公车上书"，梁氏为之积极奔走鼓动；康有为创办《万国公报》，梁氏是主要撰稿人之一；康有为发起组织强学会，梁氏担任书记员；《时务报》创刊，梁氏南下任主笔；1897年秋梁氏又到湖南，任时务学堂总教习；1898年初，应康有为之召，梁氏又北上到京，参与后来的"百日维新"。所以人们常常将他与康有为相提并论，合称为"康梁"。这里收录的主要是梁启超刊发于《时务报》《知新报》的一系列文章，及少量他写给上司与友人的书信，集中反映了梁启超此期主要变法思想。概而言之，梁启超的变法思想主要体现在：其一，与其他维新思想家一样，大声疾呼变法维新，反对固守旧法，反复论证变法的合理性和迫切性，强调只有变法才能图存。其二，主张兴民权，开民智，实行君主立宪。他强调"能兴民权，断无可亡之理"。为此，他对专制君权大加批判，提倡开民智，他认为"今日欲伸民权，必以广民智为第一义"。而要"开民智"，第一，要变科举；第二，要兴学校，"变法之本，在育人才，人才之兴，在开学校，学校之立，在变科举"。而开民智、兴民权的终极目的在于实行君主立宪，"强国以议院为本，议院以学校为本"。其三，大力提倡开办学会、学堂、报刊，认为这是开民智、兴民权的重要途径。这也是梁启超戊戌时期的重要实践。其四，作为康门弟子，梁启超的变法理论又深深印上了康有为的烙印。他倡导变法的思想资源，除了中国传统的变易思想和西方的进化论外，主要是"公羊"学的"三世"说和"素王改制"理论。同样，梁启超对复原孔教和传教大力倡导，也是其宣传师说的重要内容。

作为《时务报》的主笔、《知新报》的主要撰稿人之一，梁启超以其敏锐的才思和常带感情的笔端，在维新变法中产生了巨大影响。他刊发于《时务报》的《变法通议》《古议院考》《论中国积弱由于防弊》《论君政民政相嬗之理》《西学书目表后叙》等文章，都影响深远。时人赞誉《时务报》"中外毕备，巨细兼收，辟四万万人之心思，通欧亚美澳之风气"，风流所至，"虽天下至愚之人，亦当为之蹶然奋兴，横涕集慨而不能自禁"。

## 变法通议

### 自序

法何以必变？凡在天地之间者，莫不变。昼夜变而成日，寒暑变而成岁；大地肇起，流质炎炎，热熔冰迁，累变而成地球；海草螺蛤，大木大鸟，飞鱼飞鼍，袋兽脊兽，彼生此灭，更代迭变而成世界；紫血红血，流注体内，呼炭吸养，刻刻相续，一日千变而成生人。借曰不变，则天地人类并时而息矣。故夫变者，古今之公理也。贡助之法变为租庸调，租庸调变为两税，两税变为一条鞭；井乘之法变为府兵，府兵变为礦骑，礦骑变为禁军；学校升造之法变为荐辟，荐辟变为九品中正，九品变为科目。上下千岁，无时不变，无事不变，公理有固然，非夫人之为也。为不变之说者，动曰"守古守古"，庸讵知自太古、上古、中古、近古以至今日，固已不知万百千变。今日所目为古法而守之者，其于古人之意，相去岂可以道里计哉！今夫自然之变，天之道也，或变则善，或变则敝，有人道焉，则智者之所审也。《语》曰："学者上达，不学下达。"惟治亦然，委心任运，听其流变，则日趋于敝；振刷整顿，斟酌通变，则日趋于善。吾揆之于古，一姓受命，创法立制，数叶以后，其子孙之所奉行必有以异于其祖父矣。而彼君民上下，犹偁焉以力吾今日之法吾祖，前者以之治天下而治，藭然守之，因循不察，渐移渐变，百事废弛，卒至疲敝，不可收拾。代兴者审其敝而变之，斯为新王矣。苟其子孙达于此义，自审其敝而自变之，斯号中兴矣。汉唐中兴，斯固然矣。《诗》曰："周虽旧邦，其命维新。"言治旧国必用新法也。其事甚顺，其义至明，有可为之机，有可取之法，有不得不行之势，有不容少缓之故。为不变之说者，犹曰"守古守古"，坐视其因循废弛，而漠然无所动于中。呜呼，可不谓大惑不解者乎？《易》曰："穷则穷，变则通，通则久。"伊尹曰："用其新，去其陈，病乃不存。夜不秉烛则昧，冬不御裘则寒，渡河而乘陆车者危，易证而尝旧方者死。"今专标斯义，大声疾呼，上循土训诵训之遗，下依矇讽鼓谏之义，言之无罪，闻者足兴，为六十篇，分类十二。知我罪我。其无辞焉。(《时务报》第一册，1896 年 8 月 9 日)

## 论不变法之害

今有巨厦，更历千岁，瓦墁毁坏，榱栋崩折，非不枵然大也，风雨猝集，则倾圮必矣。而室中之人犹然酣嬉鼾卧，漠然无所闻见。或则睹其危险，惟知痛哭，束手待毙，不思拯救。又其上者，补苴罅漏，弥缝蚁穴，苟安时日，以觊有功。此三人者用心不同，漂摇一至，同归死亡。善居室者，去其废坏，廓清而更张之，鸠工庀材，以新厥构。图始虽艰，及其成也，轮焉奂焉，高枕无忧也。惟国亦然。由前之说罔不亡，由后之说罔不强。

印度，大地最古之国也，守旧不变，夷为英藩矣。突厥，地跨三洲，立国历千年，而守旧不变，为六大国执其权分其地矣。非洲广袤，三倍欧土，内地除沙漠一带外，皆植物饶衍，畜牧繁盛，土人不能开化，拱手以让强敌矣。波兰为欧西名国，政事不修，内讧日起，俄、普、奥相约择其肉而食矣。中亚洲回部，素号骁悍，善战斗，而守旧不变，俄人鲸吞蚕食，殆将尽之矣。越南，缅甸、高丽服属中土，渐染习气，因仍弊政，萎靡不变，汉官威仪，今无存矣。今夫俄宅苦寒之地，受蒙古钤辖，前皇残暴，民气凋丧，岌岌不可终日，自大彼得游历诸国，学习工艺，归而变政，后王受其方略，国势日盛，辟地数万里也。今夫德列国分治，无所统纪，为法所役，有若奴隶，普人发愤兴学练兵，遂蹶强法，霸中原也。今夫日本，幕府专政，诸藩力征，受俄、德、美大创，国几不国，自明治维新，改弦更张，不三十年，而夺我琉球，割我台湾也。又如西班牙、荷兰，三百年前属地遍天下，而内治稍弛，遂即陵弱，国度夷为四等。暹罗处缅越之间，同一绵薄，而稍自振厉，则岿然尚存。记曰："不知来，视诸往。"又曰："前车覆，后车戒。"大地万国，上下百年间，强盛弱亡之故不爽累黍，盖其几之可畏如此也。

中国立国之古等印度，土地之沃迈突厥，而因沿积敝，不能振变，亦伯仲于二国之间。以故地利不辟，人满为患。河北诸省，岁虽中收，犹道殣相望。京师一冬，死者千计。一有水旱，道路不通，运赈无术，任其填委，十室九空。滨海小民，无所得食，逃至南洋、美洲诸地，鬻身为奴，犹被驱迫，丧斧以归。驯者转于沟壑，黠者流为盗贼，教匪会匪，蔓延九州，伺隙而动。工艺不兴，商务不讲，土货日见减色，而他人投我所好，制造百物，畅销内地，漏卮日甚，脂膏将枯。学校不立，学子于帖括外一物不知，其上者考据词章，破碎相尚，语以瀛海，瞠目不信，又得官甚难，治生无术，习于无耻，懵不知怪。兵学不讲，绿营防勇，老弱癖烟，凶悍骚扰，无所可用。一旦军兴，临事募集，半属流丐，器械窳苦，饷糈微薄；偏裨以上，流品猥杂，一字不识，无论读图，营例不谙，无论兵法。以此与他人学问之将、纪律之师相遇，百战百败，无待交绥；官制不善，习非所用，用非所习，委权胥吏，百弊猬起。一官数人，一人数官，牵制推诿，一事不举。保奖蒙混，鬻爵充塞，朝为市侩，夕登显秩。宦途壅滞，候补窘悴，非钻营奔竞，不能疗饥；俸廉微薄，供亿繁浩，非贪污恶鄙，无以自给。限年绳格，虽有奇才，不能特达，必俟其筋力既衰，暮气将深，始任以事，故肉食盈廷，而乏才为患。法弊如此，虽敌国外患，晏然无闻，君子犹或忧之，况于以一羊处群虎之间，抱火厝之积薪之下而寝其上者乎？

孟子曰："国必自伐，然后人伐之。"又曰："未闻以千里畏人者也。"又曰："能治其国家，谁敢侮之！"中国户口之众，冠于大地；幅员式廓，亦俄、英之亚也；矿产充溢，积数千年未经开采；土地沃衍，百植并宜；国处温带，其民材智；君权统一，欲有兴作，不患阻挠。此皆欧洲各国之所无也。夫以旧法之不可恃也如彼，新政之易为功也又如此，何舍何从？不待智者可以决矣。

难者曰："今日之法，匪今伊昔，五帝三王之所递嬗，三祖八宗之所诒谋，累代率由，历有年所，必谓易道乃可为治，非所敢闻。"释之曰：不能创法，非圣人也，不能随时，非圣人也。上观百世，下观百世，经世大法，惟本朝为善变。入关之初，即下剃发之令，顶戴翎枝，端罩马褂，古无有也，则变服色矣；用达海创国书，借蒙古字以附满洲音，则变文字矣；

用汤若望、罗雅谷作宪书，参用欧罗巴法以改大统历，则变历法矣。圣祖皇帝永免滋生人口之赋，并入地赋，自商鞅以来计人之法，汉武以来课丁之法无有也，则变赋法矣。举一切城工河防以及内廷营造、行在治跸，皆雇民给直，三王于农隙使民，用民三日，且无有也，则变役法矣。平民死刑别为二等，曰情实，曰缓决，犹有情实而不予勾者，仕者罪虽至死，而子孙考试入仕如故，如前代所沿，夷三族之刑，发乐籍之刑，言官受廷杖，下镇抚司狱之刑，更无有也，则变刑法矣。至于国本之说，历代所重，自理密亲王之废，世宗创为密缄之法，高宗至于九降纶音，编为《储贰金鉴》，为世法戒，而懵儒始知大计矣。巡幸之典，谏臣所争，而圣祖、高宗皆数幸江南，木兰秋狝，岁岁举行，昧者或疑之，至仁宗贬谪松筠，宣示讲武习劳之意，而庸臣始识苦心矣。汉、魏、宋、明，由旁支入继大统者，辄议大礼，断断争讼，高宗援据礼经，定本生父母之称；取葬以士、祭以大夫之义。圣人制礼，万世不易，观于醇贤亲王之礼，而天下翕然称颂矣。凡此皆本朝变前代之法，善之又善者也。至于二百余年，重熙累洽，因时变制，未易缕数，数其荦荦大者。崇德以前，以八贝勒分治所部，太宗与诸兄弟朝会则共坐，饷用则均出，俘虏则均分；世祖入关，始严天泽之分，裁抑诸王骄蹇之习，遂壹寰宇，诒谋至今矣。累朝用兵，拓地数万里，膺阃外之寄，多用满蒙；逮文宗而兼用汉人，辅臣文庆力赞成之，而曾、左诸公遂称名将矣。八旗劲旅，天下无敌，既削平前三藩、后三藩，乾隆中屡次西征，犹复简调前往，朝驰羽檄，夕报捷书。逮宣宗时，而知索伦兵不可用。三十年来，歼荡流寇，半赖召募之勇以成功，而同治遂号中兴矣。内而治寇，始用坚壁清野之法，一变而为长江水师，再变而为防河圈禁矣。外而交邻，始用闭关绝市之法，一变而通商者十数国，再变而命使者十数国矣。此又以本朝变本朝之法者也。吾闻圣者虑时而动，使圣祖、世宗生于今日，吾知其变法之锐，必不在大彼得（俄皇名）、威廉第一（德皇名）、睦仁（日皇名）之下也。《记》曰："法先王者法其意。"今泥祖宗之法，而戾祖宗之意，是乌得为善法祖矣乎？

中国自古一统，环列皆小蛮夷，但虞内忧，不患外侮。故防弊之意多，而兴利之意少，怀安之念重，而虑危之念轻。秦后至今，垂二千年，时局匪有大殊，故治法亦可不改。国初因沿明制，稍加损益，税敛极薄，征役几绝；取士以科举，虽不讲经世，而足以扬太平。选将由行伍，虽未尝学问，然足以威隼符；任官论资格，虽不得异材，而足以止奔竞。天潢外戚，不与政事，故无权奸僭恣之虞，督抚监司互相牵制，故无藩镇跋扈之患。使能闭关画界，永绝外敌，终古为独立之国，则墨守斯法，世世仍之，稍加整顿，未尝不足以治天下。而无如其忽与泰西诸国相遇也。泰西诸国并立，大小以数十计，狨焉思启，互相猜忌，稍不自振，则灭亡随之矣。故广设学校，奖励学会，惧人才不足，而国无与立也；振兴工艺，保护商业，惧利源为人所夺，而国以穷蹙也。将必知学，兵必识字，日夜训练，如临大敌，船械新制，争相驾尚，惧兵力稍弱，一败而不可振也。自余庶政，罔不如是。日相比较，日相磨厉，故其人之才智，常乐于相师，而其国之盛强，常足以相敌。盖舍是不能图存也。而所谓独立之国者，目未见大敌，侈然自尊，谓莫己若，又欺其民之驯弱而凌轹之，虑其民之才智而束缚之，积弱陵夷，日甚一日，以此遇彼，犹以敝痈当千钧之弩，故印度、突厥（突厥居欧东，五十年前未与英法诸国交涉，故亦为独立之国）之覆辙，不绝于天壤也。难者曰："法固因时而易，亦因地而行。今子所谓新法者，西人习而安之，故能有功，苟迁其地则弗良矣。"释之曰：泰西治国之道，富强之原，非振古如兹也，盖自百年以来焉耳。举官新制，起于嘉庆十七年。（先是欧洲举议院及地方官惟拥厚资者能有此权，是年拿破仑变西班牙之政，始令人人可以举官。）民兵之制，起于嘉庆十七年。工艺会所，起于道光四年。农学会，起于道光二十八年。国家拨款以兴学校，起于道光十三年。报纸免税之议，起于道光十六年。邮政售票，起于道光十七年。轻减刑律，起于嘉庆二十五年。汽机之制，起于乾隆三十四年。行海轮船，起于嘉庆十二年。铁路起于道光十年。电线起于道光十七年。自余一切保国之经，利民之策，相因而至，大率皆在中朝嘉、道之间。盖自法皇拿破仑倡祸以后，欧洲忽生动力，因以更新。至其前此之旧俗，则视今日之中国无以远过（英人李提摩太近译《泰西新史揽要》言之最详），惟其幡然而变，不百年间，乃浡然而兴矣。然则吾所谓新法者，皆非西人所故有，而实为西人所改造。改而施之西方，与改而施之东方，其情形不殊，盖无疑矣。况蒸蒸然起于东土者，尚明有因变致强之日本乎？

难者曰："子言辩矣。然伊川被发，君子所叹，用夷变夏，究何取焉？"

释之曰：孔子曰："天子失官，学在四夷。"《春秋》之例，夷狄进至中国则中国之。古之圣人未尝以学于人为惭德也。然此不足以服吾子，请言中国。有土地焉，测之，绘之，化之，分之，审其土宜，教民树艺，神农后稷，非西人也。度地居民，岁杪制用，夫家众寡，六畜牛羊，纤悉书之。《周礼》《王制》，非西书也。八岁入小学，十五就大学，升造爵官，皆俟学成，庠序学校，非西名也。谋及卿士，谋及庶人，国疑则询，国迁则询，议郎博士，非西官也（汉制博士与议郎议大夫同主论议，国有大事，则承问，即今西人议院之意）；流宥五刑，疑狱众共，轻刑之法，陪审之员，非西律也；三老啬夫，由民自推，辟署功曹，不用他郡，乡亭之官，非西秩也。尔无我叛，我无强贾，商约之文，非西史也；交邻有道，不辱君命，绝域之使，非西政也；邦有六职，工与居一，国有九经，工在所劝，保护工艺，非西例也；当宁而立，当扆而立，礼无不答，旅揖士人，《礼经》所陈，非西制也；天子巡守，以观民风，皇王大典，非西仪也；地有四游，地动不止，日之所生为星，恁纬雅言，非西文也；腐水离木，均发均县，临鉴立景，蜕水谓气，电缘气生，墨翟、亢仓、关尹之徒，非西儒也。故夫法者，天下之公器也。征之域外则如彼，考之前古则如此，而议者犹曰"夷也夷也"，而弃之，必举吾所固有之物，不自有之，而甘心以让诸人，又何取耶？

难者曰："子论诚当。然中国当败衄之后，穷蹙之日，虑无余力克任此举。强敌交逼，眈眈思启，亦未必能吾待也。"释之曰：日本败于三国，受迫通商，反以成维新之功。法败于普，为城下之盟，偿五千兆福兰格，割奥斯、鹿林两省，此其痛创过于中国今日也。然不及十年，法之盛强，转逾畴昔。然则败衄非国之大患，患不能自强耳。孟子曰："国家闲暇，及是时，明其政刑，虽大国必畏之矣。"又曰："国家闲暇，及是时，般乐怠敖，是自求祸也。"泰西各国，磨牙吮血。伺于吾旁者固属有人；其顾惜商务，不欲发难者，亦未始无之，徒以我晦盲太甚，厉阶孔繁，用启戎心，亟思染指。及今早图，示万国以更新之端，作十年保太平之约，亡羊补牢，未为迟也。

天下之为说者，动曰"一劳永逸"。此误人家国之言也。今夫人一日三食，苟有持说者曰"一食永饱"，虽愚者犹知其不能也。以饱之后历数时而必饥，饥而必更求食也，今夫立法以治天下，则亦若是矣。法行十年，或数十年，或百年而必敝，敝而必更求变，天之道也。故一食而求永饱者必死，一劳而求永逸者必亡。今之为不变之说者，实则非真有见于新法之为民害也。夸毗成风，惮于兴作，但求免过，不求有功。又经世之学，素所未讲，内无宗主，相从吠声，听其言论，则日日痛哭，读其词章，则字字孤愤，叩其所以图存之道，则眙然无所为对，对曰："天心而已，国运而已，无可为而已。"委心袖手，以待覆亡。噫！吾不解其用心何在也！

要而论之，法者，天下之公器也；变者，天下之公理也。大地既通，万国蒸蒸，日趋于上，大势相迫，非可阏制。变亦变，不变亦变；变而变者，变之权操诸己，可以保国，可以保种，可以保教；不变而变者，变之权让诸人，束缚之，驰骤之。呜呼，则非吾之所敢言矣！是故变之途有四：其一如日本，自变者也；其二如突厥，他人执其权而代变者也（埃及高丽等国皆是）；其三如印度，见并于一国而代变者也（越南缅甸等国皆是）；其四如波兰，见分于诸国而代变者也。吉凶之故，去就之间，其何择焉？《诗》曰："嗟我兄弟，邦人诸友，莫肯念乱，谁无父母！"《传》曰："嫠妇不恤其纬，而忧宗周之陨，为将及焉。"此固四万万人之所同也。彼犹太之种，迫逐于欧东；非洲之奴，充斥于大地，呜呼！夫非犹是人类也欤！（《时务报》第二册，1896 年 8 月 19 日）

**论变法不知本原之害**

难者曰：中国之法，非不变也，中兴以后，讲求洋务三十余年，创行新政，不一而足，然屡见败衄，莫克振救，若是乎新法之果无益于人国也。释之曰：前此之言变者，非真能变也，即吾向者所谓补苴罅漏，弥缝蚁穴，漂摇一至，同归死亡，而于去陈用新，改弦更张之道，未始有合也。昔同治初年，德相毕士麻克语人曰：三十年后，日本其兴，中国其弱乎！日人之游欧洲者，讨论学业，讲求官制，归而行之。中人之游欧洲者，询某厂船炮之利，某厂价值之廉，购而用之。强弱之原，其在此乎！呜呼！今虽不幸而言中矣。惩前毖后，亡羊补牢，有天下之责者，尚可以知所从也。

今之言变法者，其荦荦大端，必曰练兵也、开矿也、通商也。斯固然矣。然将率不由学校，能知兵乎？选兵不用医生，任意招募，半属流丐；体之羸壮所不知，识字与否所不计，能用命乎？将俸极薄，兵饷极微，伤废无养其终身之文，死亡无恤其家之典，能洁己效死乎？图学不兴，阨塞不知，能制胜乎？船械不能自造，仰息他人，能如志乎？海军不游弋他国，将卒不习风波，一旦临敌，能有功乎？如是则练兵如不练。矿务学堂不兴，矿师乏绝，重金延聘西人，尚不可信，能尽地利乎？机器不备，化分不精，能无弃材乎？道路不通，从矿地运至海口，其运费视原价或至数倍，能有利乎？如是则开矿如不开。商务学堂不立，罕明贸易之理，能保富乎？工艺不兴，制造不讲，土货销场，寥寥无几，能争利乎？道路梗塞，运费笨重，能广销乎？厘卡满地，抑勒逗留，朘膏削脂，有如虎狼，能劝商乎？领事不报外国商务，国家不护侨寓商民，能自立乎？如是则通商如不通。其稍进者曰："欲求新政，必兴学校。"可谓知本矣。然师学不讲，教习乏人，能育才乎？科举不改，聪明之士，皆务习帖括，以取富贵，趋舍异路，能俯就乎？官制不改，学成而无所用，投闲置散，如前者出洋学生故事，奇才异能，能自安乎？既欲省、府、州、县皆设学校，然立学诸务，责在有司，今之守令，能奉行尽善乎？如是则兴学如不兴。自余庶政，若铁路，若轮船，若银行，若邮政，若农务，若制造，莫不类是，盖事事皆有相因而至之端，而万事皆同出于一本原之地，不挈其领而握其枢，犹治丝而棼之，故百举而无一效也。

今之言变法者，其蔽有二：其一欲以震古铄今之事，责成于肉食官吏之手；其二则以为黄种之人，无一可语，委心异族，有终焉之志。夫当急则治标之时，吾固非谓西人之必不当用。虽然，则乌可以久也？中国之行新政也，用西人者，其事多成，不用西人者，其事多败。询其故，则曰："西人明达，华人固陋；西人奉法，华人营私也。"吾闻之，日本变法之始，客卿之多，过于中国也，十年以后，按年裁减，至今一切省署，皆日人自任其事，欧洲之人，百不一存矣。今中国之言变法，亦既数十年，而犹然借材异地，乃能图成，其可耻孰甚也！夫以西人而任中国之事，其爱中国与爱其国也孰愈？夫人而知之矣，况吾所用之西人，又未必其彼中之贤者乎？

若夫肉食官吏之不足任事，斯固然矣。虽然，吾固不尽为斯人咎也，帖括陋劣，国家本以此取之，一旦而责以经国之远猷，乌可得也？捐例猥杂，国家本以此市之，一旦而责以奉公之廉耻，乌可得也？一人之身，忽焉而责以治民，忽焉而责以理财，又忽焉而责以治兵，欲其条理明澈，措置悉宜，乌可得也？在在防弊，责任不专，一事必经数人，互相牵掣，互相推诿，欲其有成，乌可得也？学校不以此教，察计不以此取，任此者弗赏，弗任者弗罚，欲其振厉黾勉图功，乌可得也？途壅俸薄，长官层累，非奔竞末由得官，非贪污无以谋食，欲其忍饥寒，蠲身家，以从事于公义，自非圣者，乌可得也？今夫人之智愚贤不肖，不甚相远也，必谓西人皆智，而华人皆愚，西人皆贤，而华人皆不肖，虽五尺之童，犹知其非。然而西官之能任事也如彼，华官之不能任事也如此。故吾曰：不能尽为斯人咎也，法使然也！立法善者，中人之性可以贤，中人之才可以智，不善者反是。塞其耳目而使之愚，缚其手足而驱之为不肖，故一旦有事，而无一人可为用也。不此之变，而鳃鳃然效西人之一二事，以云自强，无惑乎言变法数十年，而利未一见，弊已百出，反为守旧之徒，抵其隙而肆其口也。

吾今为一言以蔽之曰：变法之本，在育人才，人才之兴，在开学校，学校之立，在变科举，而一切要其大成，在变官制。难者曰：子之论探本穷原，靡有遗矣。然兹事体大，非天下才，惧弗克任，恐闻者惊怖其言以为河汉，遂并向者一二西法而亦弃之而不敢道，奈何子毋宁卑之无甚高论，令今可行矣？释之曰：不然。夫渡江者泛乎中流，暴风忽至，握舵击楫，虽极疲顿，无敢云者，以偷安一息，而死亡在其后也。庸医疑证，用药游移，精于审证者，得病源之所在，知非此方不愈此疾，三年畜艾，所弗辞已，虽曰难也，将焉避之？抑岂不闻东海之滨，区区三岛，外受劫盟，内逼藩镇，崎岖多难，濒于灭亡，而转圜之间，化弱为强，岂不由斯道矣乎？则又乌知乎今之必不可行也？有非常之才，则足以济非常之变。呜呼！是所望于大人君子者矣。

去岁，李相国使欧洲，问治国之道于德故相俾士麦。俾士麦曰：我德所以强，练兵而已。今中国之大，患在兵少而不练，船械窳而乏也，若留意于此二者，中国不足强也（见去年七、八月间上海、香港各报所译西文报中）。今岁，张侍郎使欧，与德国某爵员语，其言犹俾相言（见七月上海某日报）。中国自数十年以来，士夫已寡论变法，即有一二，则亦惟兵之为务，以谓外人之长技，吾国之急图，只此而已。众口一词，不可胜辨。既闻此言也，则益自张大，谓西方之通人，其所论固亦如是。

梁启超曰：嗟乎！亡天下者，必此言也。吾今持春秋无义战、墨翟非攻、宋钘寝兵之义以告中国，闻者必曰，以此屡国而陈高义以治之，是速其亡也。不知使有国于此，内治修，工商盛，学校昌，才智繁，虽无兵焉，犹之强也，彼美国是也。美国兵不过二万，其兵力于欧洲，不能比最小之国，而强邻耽耽，谁敢侮之？使有国于此，内治瘝，工商窳，学校塞，才智希，虽举其国而兵焉，犹之亡也，彼土耳其是也。土耳其以陆军甲天下，俄土之役，五战而土三胜焉，而卒不免于今日。若是乎国之强弱在兵，而所以强弱者不在兵，昭昭然矣。今有病者，其治之也，则必涤其滞积，养其荣卫，培其元气，使之与无病人等，然后可以及它事，此不易之理也。今授之以甲胄，予之以戈戟，而曰尔盍从事焉，吾见其舞蹈不终日，而死期已至也。彼西人之练兵也，其犹壮士之披甲胄而执戈鋋也。若今日之中国，则病夫也，不务治病，而务壮士之所行，故吾曰：亡天下者，必此言也。然则西人曷为为此言？曰：嗟乎！狡焉思启封疆以灭社稷者，何国蔑有？吾深惑乎吾国之所谓开新党者，何以于西人之言，辄深信谨奉，而不敢一致疑也？西人之政事，可以行于中国者，若练兵也，置械也，铁路也，轮船也，开矿也。西官之在中国者，内焉聒之于吾政府，外焉聒之于吾有司，非一日也，若变科举也，兴学校也，改官制也，兴工艺开机器厂也，奖农事也，拓商务也，吾未见西人之为我一言也，是何也？练兵而将帅之才，必取于彼焉；置械而船舰枪炮之值，必归于彼焉；通轮船铁路，而内地之商务，彼得流通焉；开矿而地中之蓄藏，彼得染指焉。且有一兴作，而一切工料，一切匠作，无不仰给之于彼，彼之士民，得以养焉，以故铁路开矿诸事，其在中国，不得谓非急务也，然自西人言之，则其为中国谋者十之一，自为谋者十之九，若乃科举、学校、官制、工艺、农事、商务等，斯乃立国之元气，而致强之本原也，使西人而利吾之智且强也，宜其披肝沥胆，日日言之。今夫彼之所以得操大权、沾大利于中国者，以吾之弱也愚也，而乌肯举彼之所以智、所以强之道，而一以畀我也？恫乎英士李提摩太之言也，曰：西官之为中国谋者，实以保护本国之权利耳！余于光绪十年回英，默念华人博习西学之期，必已不远，因拟谒见英、法、德等国学部大臣，请示振兴新学之道，以储异日传播中华之用。迨至某国，投刺晋谒其学部某大臣，叩问学校新规，并请给一文凭，俾得遍游全国大书院，大臣因问余考察本国新学之意，余实对曰："欲以传诸中华也。"语未竟，大臣艴然变色曰："汝教华人尽明西学，其如我国何？其如我各与国何？"文凭遂不可得。又曰：西人之见华官，每以谀词献媚，曰："贵国学问，实为各国之首。"以骄其自以为是之心，而坚其藐视新学之志，必使无以自强而后已。（并见李所自著《西铎》卷七，《西铎》以乙未年刻于京师。）今夫李君，亦西人也，其必非为谰言以污蔑西人，无可疑也。而其言若此，吾欲我政府有司之与西人酬酢者，一审此言也。李相国之过德也，德之官吏及各厂主人，盛设供帐，致敬尽礼，以相款宴，非有爱于相国也，以谓吾所欲购之船舰枪炮，利将不赀，而欲胁肩捷足以夺之也，及哭龙姆席间一语，咸始废然。英、法诸国，大哗笑之（事见去年《万国公报》），然则德人之津津然以练兵置械相劝勉者，由他国视之，若见肺肝矣！且其心犹有叵测者，彼德人固欧洲新造之雄国也，又以为苟不得志于东方，则不能与俄、英、法诸国竞强弱也，中国之为俎上肉久矣，商务之权利握于英，铁路之权利握于俄，边防之权利握于法、日及诸国。德以后起，越国鄙远，择肥而噬，其道颇难，因思握吾邦之兵权，制全国之死命，故中国之练洋操、聘教习也，德廷必选知兵而有才者以相畀，令其以教习而兼统领之任。今岁鄂省武备学堂之聘某德弁也，改令只任教习，不充统领，而德廷乃至移书总署，反覆力争，此其意欲何为也？使吾十八行省，各练一洋操，各统以德弁，教之诲之，日与相习，月渐岁摩，一旦瓜分事起，吾国绿营防勇，一无所恃，而其一二可用者，惟德人号令之是闻，如是则德之所获利益，乃不在俄、英、法、日诸国下，此又德人隐忍之阴谋，而莫之或觉者也。当中、日订通商务约之际，德国某日报云：我国恒以制造机器等售诸中国、日本，日本仿行西法，已得制造之要领，今若任其再流之中国，恐德国之商务，扫地尽矣（亦见《西铎》卷七）。去岁《字林西报》载某白人来书云：昔上海西商，争请中国务须准将机器进口，欧格讷公使回国时，则谓此事非西国之福。今按英国所养水陆各军，专为扩充商务、保护工业起见，所费不赀。今若以我英向来制造之物，而令人皆能制造以夺我利，是自作孽也（见《时务报》第八册）。呜呼！西人之言学校商务也，则妒我如此，其言兵事也，则爱我如彼，虽负床之孙，亦可以察其故矣。一铁甲之费，可以支学堂十余年；一快船之费，可以译西书数百卷；克虏伯一尊之费，可以设小博物院三数所；洋操一营之费，可以遣出洋学生数十人。不此之务，而惟彼之图，吾甚惜乎以司农仰屋艰难，罗掘所得之金币，而晏然馈于敌国，以易其用无可用之物，数年之后，又成盗粮。往车已折，来轸方道，独至语以开民智、植人才之道，则咸以款项无出，玩日愒时，而曾不肯舍此一二，以就此千万也！吾又惑乎变通科举、工艺专利等事，不劳国家铢金寸币之费者，而亦相率依违，坐视吾民失此生死肉骨之机会，而不肯一导之也。吾它无敢怼焉，吾不得不归罪于彼族设计之巧，而其言惑人之深也。《诗》曰：无信人之言，人实诳汝。（《时务报》第三、三十九册，1896 年 8 月 29 日、1897 年 9 月 15 日）

**学校总论**

吾闻之《春秋》三世之义，据乱世以力胜，升平世智、力互相胜，太平世以智胜。草昧伊始，蹄迹交于中国，鸟兽之害未消，营窟悬巢，乃克相保，力之强也。顾人虽文弱，无羽毛之饰，爪牙之卫，而卒能槛絷兕、虎，驾役驼、象，智之强也。数千年来，蒙古之种，回回之裔，以虏掠为功，以屠杀为乐，屡蹂各国，几一寰宇，力之强也。近百年间，欧罗巴之众，高加索之族，借制器以灭国，借通商以辟地，于是全球十九，归其统辖，智之强也。世界之连，由乱而进于平；胜败之原，由力而趋于智。故言自强于今日，以开民智为第一义。

智恶乎开？开于学。学恶乎立？立于教。学校之制，惟吾三代为最备：家有塾，党有庠，术有序，国有学，立学之等也；八岁入小学，十五而就大学，入学之年也；六年教之数与方名，九年教之数日，十年学书计，十有三年学乐诵诗，成童学射御，二十学礼，受学之序也；比年入学，中年考校，以离经辨志为始事，以知类通达为大成，课学之程也。《大学》一篇，言大学堂之事也；《弟子职》一篇，言小学堂之事也；《内则》一篇，言女学堂之事也；《学记》一篇，言师范学堂之事也。管子言"农、工、商，群萃而州处，相语以事，相示以功，故其父兄之教不肃而成，其子弟之学不劳而能"，是农学、工学、商学，皆有学堂也。孔子言"以不教战，是谓弃民"；晋文始入而教其民，三年而后用之；越王栖于会稽，教训十年，是兵学有学堂也。其有专务他业，不能就学者，犹以十月事讫，使父老教于校室（见《公羊传》宣十五年注），有不帅教者，乡官简而以告，其视之重而督之严也如此。故使一国之内，无一人不受教，无一人不知学。兔罝之野人，可以备干城；小戎之女子，可以敌王忾；贩牛之郑商，可以退敌师；
斫轮之齐工，可以语治道；听舆人之诵，可以定霸；采乡校之议，可以闻
政，举国之人，与国为体；填城溢野，无非人才。所谓以天下之目视，以
天下之耳听，以天下之虑虑，三代盛强，盖以此也。

　　马贵与曰："古者户口少而才智之民多，今户口多而才智之民少。"余悲
其言。虽然，盖有由也：先王欲其民智，后世欲其民愚。天下既定，敌国
外患既息，其所虑者，草泽之豪杰，乘时而起，与议论之士，援古义以非
时政也。于是乎为道以钤制之。国有大学，省有学院，郡县有学官，考其
名犹夫古人也，视其法犹夫古人也，而问其所以为教，则曰制义也，诗赋
也，楷法也，不必读书通古今而亦能之，则中材以下，求读书求通古今者
希矣。非此一途不能自进，则奇才异能之士，不得不辍其所学，以俛焉而
从事矣。其取之也无定，其得之也甚难，则倜傥之才，必有十年不第，穷
愁感叹，销磨其才气，而无复余力以成其学矣。如是则豪杰与议论之士必
少，而于驯治天下也甚易。故秦始皇之燔诗书，明太祖之设制艺，遥遥两
心，千载同揆，皆所以愚黔首，重君权，驭一统之天下，弭内乱之道，未
有善于此者也，譬之居室，虑其僮仆窃其宝货，束而缚之，置彼严室，加
扃镭焉，则可以高枕而卧，无损其秋毫矣；独惜强寇忽至，入门无门，入
闺无闺，悉索所有，席卷以行，而受缚之人，徒相对咋舌，见其主之难，
而无以为救也。

　　凡国之民，都为五等：曰士，曰农，曰工，曰商，曰兵。士者学子之
称，夫人而知也。然农有农之士，工有工之士，商有商之士，兵有兵之士。
农而不士，故美国每年农产值银三千一百兆两，俄国值二千二百兆两，法国
值一千八百兆两，而中国只值三百兆两。工而不士，故美国每自创新艺，报
官领照者，二万三百十事，法国七千三百事，英国六千九百事，而中国无闻
焉。商而不士，故英国商务价值二千七百四十兆两，德国一千二百九十六兆
两，法国一千一百七十六兆两，而中国仅二百十七兆两。兵而不士，故去岁
之役，水师军船，九十六艘，如无一船，榆关防守兵，几三百营，如无一
兵。今夫有四者之名，无士之实，则其害且至于此。矧于士而不士，聚千百
帖括、卷折、考据、词章之辈，于历代掌故，瞢然未有所见，于万国形势，
瞢然未有所闻者，而欲与之共天下，任庶官，行新政，御外侮，其可得乎？

今之言治国者，必曰仿效西法，力图富强，斯固然也。虽然，非其人莫能举也。今以有约之国十有六，依西人例，每国命一使；今之周知四国，娴于辞令，能任使才者，几何人矣？欧、美、澳洲，日、印、缅、越、南洋诸岛，其有中国人民侨寓之地，不下四百所，今之熟悉商务，明察土宜，才任领事者，几何人矣？教案、界务、商务，纷纷屡起；今之达夷情，明公法，熟约章，能任总署章京，各省洋务局者，几何人矣？泰西大国常兵皆数十万，战时可调至数百万，中国之大，练兵最少亦当及五十万，为千营，每营营哨官六员；今之习于地图，晓畅军事，才任偏裨者，几何人矣？娴练兵法，谙习营制，能总大众，遇大敌，才任统帅者，几何人矣？中国若整顿海军，但求与日本相敌，亦须有兵船百四十余艘；今之深谙海战，能任水弁者，几何人矣？久历风涛，熟悉沙线，堪胜船主、大副、二副者，几何人矣？陆军每营，水师每船，皆需医师二三人；今之练习医理，精达伤科，才任军医者，几何人矣？每造铁路，十英里需用上等工匠二员，次等六十员；今之明于机器，习于工程学，才任工师者，几何人矣？中国矿产，封镭千年，得旨开采，设局渐多；今之能察矿苗，化分矿质，才任矿人者，几何人矣？各省议设商务局以保利权；今之明商理，习商情，才任商董者，几何人矣？能制造器械，乃能致强，能制造货物，乃能致富；今之创新法，出新制，足以方驾彼族，衣被天下者，几何人矣？坐是之故，往往有一切新法，尽美尽善，人人皆知，而议论数十年，不能举行者，苟漫然举之，则偾辙立见，卒为沮抑新法者所诟詈；其稍有成效之一二事，则任用洋员者也。而轮船招商局、开平矿局、汉阳铁厂之类，每年开销之数，洋人薪水，几及其半。海关厘税，岁入三千万，为国饷源，而听彼族盘踞，数十年不能取代。即此数端论之，任用洋员之明效，大略可睹矣。然犹幸而借此以成就一二事，若决然舍旃，则将并此一二事者而亦无之。呜呼！同是圆颅方趾，戴天履地，而必事事俯首拱手，待命他人，岂不可为长太息矣乎！

若夫四海之大，学子之众，其一二识时之彦，有志之士，欲矢志独学，求中外之故，成一家之言者，盖有人矣。然不通西文，则非已译之书不能读，其难成一也；格致诸学，皆借仪器，苟非素封，未由购置，其难成二也；增广学识，尤借游历，寻常寒士，安能远游，其难成三也；一切实学，如水师必出海操练，矿学必入山察勘，非借官力不能独行，其难成四也；国家既不以此取士，学成亦无所用，犹不足以赡妻子，免饥寒，故每至半途，废然而返，其难成五也。此所以通商数十年，而士之无所能借，能卓然成异材为国家用者，殆几绝也。此又马贵与所谓姑选其能者，而无能之人，则听其自为不肖而已；姑进其用者，而未用之人，则听其自为不遇而已。豚蹄满篝之祝，旁观犹以为笑；况复束缚之，驰骤之，销磨而钤制之，一旦有事，乃欲以多材望天下，安可得耶？安可得耶？

然犹曰洋务为然也。若夫内外各官，天子所以共天下也；而今日之士，他日之官也。问国之大学，省之学院，郡县之学官，及其所至之书院，有以历代政术为教者乎？无有也。有以本朝掌故为教者乎？无有也。有以天下郡国利病为教者乎？无有也。当其学也，未尝为居官之地；其得官也，则尽弃其昔者之所学，而从事于所未学，《传》曰："吾闻学而后入政，未闻以政学者也。"以政学犹且不可，况今之既入官而仍读书者，能有几人也？以故一切公事，受成于胥吏之手。六部书办，督抚幕客，州县房科，上下其手，持其短长，官无如何也。何以故？胥吏学之，而官未学也。遂使全局糜烂，成一吏例利之天下，祸中腹心，疾不可为。是故西学之学校不兴，其害小；中学之学校不兴，其害大。西学不兴，其一二浅末之新法，犹能任洋员以举之；中学不兴，宁能尽各部之堂司，各省之长属，而概用洋员以承其乏也？此则可为流涕者也。

不宁惟是。中国孔子之教，历数千载，受教之人，号称四百兆，未为少也。然而妇女不读书，去其半矣；农、工、商、兵不知学，去其十之八九矣；自余一二占毕咿嚘以从事于四书五经者，彼其用心，则为考试之题目耳，制艺之取材耳，于经无与也，于教无与也；其有通人志士，或笺注校勘，效忠于许、郑，或束身自爱，为命于程、朱，然于古人之微言大义，所谓诵《诗》三百可以授政，《春秋》经世先王之志者，盖寡能留意，则亦不过学其所学，于经仍无与也，于教仍无与也。故号为受教者四万万人，而究其实能有几人，则非吾之所敢言也。故吾常谓今日之天下，幸而犹以经义取士耳，否则读吾教之经者，殆几绝也。此言似过，然有铁证焉：彼《礼经》十七篇，孔子之所雅言，今试问缀学之子，能诵其文言其义者，几何人也？何也？科举所不用也。然则堂堂大教，乃反借此疲敝之科举以图存。夫借科举之所存者，其与亡也相去几何矣？而况今日之科举，其势必不能久。吾向者所谓变亦变，不变亦变，与其待他人之变，而一切渐灭以至于尽，则何如吾自变之，而尚可以存其一二也。《记》曰："下无学，贼民兴，丧无日矣。"《传》曰："《小雅》尽废，则四夷交侵，而中国微。"忾我儒教，爰自东京，即已不竞；晋、宋之间陷于老，隋、唐以来沦于佛；外教一入，立见侵夺。况于彼教之徒，强聒不舍，挟以国力，奇悍无伦。今吾盖见通商各岸之商贾，西文学堂之人士，攘臂弄舌，动曰四书六经为无用之物，而教士之著书发论，亦侃侃言曰：中国之衰弱，由于教之未善。夫以今日帖括家之所谓经，与考据家之所谓经，虽圣人复起，不能谓其非无用也，则恶能禁人之轻薄之而遗弃之也！故准此不变，吾恐二十年以后，孔子之教，将绝于天壤，此则可为痛哭者也。

亡而存之，废而举之，愚而智之，弱而强之，条理万端，皆归本于学校。西人学校之等差、之名号、之章程、之功课，彼士所著《德国学校》《七国新学备要》《文学兴国策》等书，类能言之，无取吾言也。吾所欲言者，采西人之意，行中国之法；采西人之法，行中国之意。其总纲三：一曰教，二曰政，三曰艺。其分目十有八：一曰学堂，二曰科举，三曰师范，四曰专门，五曰幼学，六曰女学，七曰藏书，八曰纂书，九曰译书，十曰文字，十一曰藏器，十二曰报馆，十三曰学会，十四曰教会，十五曰游历，十六曰义塾，十七曰训废疾，十八曰训罪人（所拟章程皆附于各篇之后）。

今之同文馆、广方言馆、水师学堂、武备学堂、自强学堂、实学馆之类，其不能得异才何也？言艺之事多，言政与教之事少。其所谓艺者，又不过语言文字之浅，兵学之末，不务其大，不揣其本，即尽其道，所成已无几矣。又其受病之根有三：一曰科举之制不改，就学乏才也；二曰师范学堂不立，教习非人也；三曰专门之业不分，致精无自也。故此中人士，阁束六经，吐弃群籍，于中国旧学，既一切不问，而叩以西人富强之本，制作之精，亦罕有能言之而能效之者。昔尝戏言：古人所患者，离乎夷狄，而未合乎中国；今之所患者，离乎中国，而未合乎夷狄。推其成就之所至，能任象鞮之事，已为上才矣；其次者乃适足为洋行买办罔必达之用；其有一二卓然成就，达于中外之故，可备国家之任者，必其人之聪明才力，能借他端以自精进，而非此诸馆、诸学堂之为功也。夫国家之设学，欲养人才以共天下，而其上才者仅如此，次下者乃如彼，此必非朝廷作人之初意也。今朝士言论，汲汲然以储才为急者，盖不乏人。学校萌芽，殆自兹矣。其亦有洞澈病根之所在，而于此三端者少为留意也乎？

抑今学校之议不行，又有由也：经费甚巨，而筹措颇难，虽知其急，莫克任也。今夫农之治畴也，逾春涉夏，以粪以溉称贷苦辛，无或辞者，以为非如是则秋成无望也。中人之家，犹且节衣缩食以教子弟，冀其成就，光大门闾。今国家而不欲自强则已，苟欲自强，则悠悠万事，惟此为大，虽百举未遑，犹先图之。吾闻泰西诸大国学校之费，其多者八千七百余万，其少者亦八百万（小学堂费，英国每年三千三百万元，法国一千四百万元，德国三千四百万元，俄国五百万元，美国八千四百万元，中学大学共费，英国每年八百六十万元，法国三千万元，德国二百万元，俄国四百余万元，美国三百余万元）。日本区区三岛，而每年所费，亦至八九百万。人之谋国者，岂其不思撙节之义，而甘掷黄金于虚牝乎？彼日人二十年兴学之费，取偿于吾之一战而有余矣。使吾向者举其所谓二万万而百分之，取其一二以兴群学，则二十年间，人才大成，去年之役，宁有是乎？呜呼！前事不忘后事之师。及今不图，恐他日之患，其数倍于今之所谓二万万者，未有已时。迨痛创复至，而始悔今之为误，又奚及乎？今不惜糜重帑以治海军，而不肯舍薄费以营学校，重其所轻，而轻其所重。譬之孺子，怀果与金示之，则弃金而取果，譬之野人，持寸珠与百钱示之，则遗珠而攫钱。徒知敌人胜我之具，而不知所以胜之具，旷日穷力，以从事于目前之所见，而蔽于其所未见，究其归宿，一无所成，此其智视孺子、野人何如矣？

西人之策中国者，以西国之人数与中国之人数为比例，而算其应有之学生，与其学校之费，谓小学之生，宜有四千万人，每年宜费二万二千六百万元；中学之生，宜有一百十八万四千余人，每年宜费五千九百万余元；大学之生，宜有十六万五千余人，每年宜费七千一百万余元。今不敢为大言，请如西人百分之一，则亦当有小学生四十万人，中学生一万一千八百四十人，大学生一千八百五十余人，每年当费三百五十六万元。中国房屋衣食等费，视西人仅三之一，则每年不过一百余万元耳，犹有一义于此。中国科第之荣，奔走天下久矣。制艺楷法，未尝有人奖励而驱策之，而趋者若鹜，利禄之路然也。今创办之始，或经费未充，但使能改科举，归于学校，以号召天下，学中惟定功课，不给膏火，天下豪杰之士，其群集而勉焉从事者，必不乏人，如是则经费又可省三之一，岁费七十余万足矣。而学中所成之人材即以拔十得五计之，十年之后，大学生之成就者，已可得八千人。用以布列上下，更新百度，沛然有余矣。夫以日本之小，每年此费，尚至八九百万，而谓堂堂中国，欲得如日本十二分一之费，而忧其无所出邪？必不然矣。（《时务报》第五、六册，1896 年 9 月 17、27 日）

**论科举**

科举弊政乎，科举法之最善者也。古者世卿，《春秋》讥之，讥世卿所以立科举也。世卿之弊，世家之子，不必读书，不必知学，虽呆愚淫佚，亦循例入政。则求读书求知学者必少，如是故上无才。齐民之裔，虽复读书，虽复知学，而格于品第，末从得官，则求读书求知学者亦少，如是故下无才。上下无才，国之大患也。科举立，斯二弊革矣。故世卿为据乱世之政，科举为升平世之政。

古者科举，皆出学校，学校制废而科举始敝矣。古者家有塾，党有庠，术有序，国有学，州长党正遂师乡大夫，皆其地之教师也（见于《周礼》者，皆言掌其地之教令）。《王制》所记，有秀士、选士、俊士、进士之号，当其为秀士也，家党术乡教之。（《国语》：齐桓公内正之法，正月之朔，乡长复事，君亲问焉，曰：于子之乡，有居处好学、慈孝于其父母、聪慧贤仁发闻于乡里者，有则以告，有而不以告谓之蔽明，其罪五。有司已于事，而竣，公又问焉，曰：于子之乡，有奉养股肱之力秀出于众者，有则以告，有而不以告是谓蔽贤，其罪五。役官及五属大夫复事，公问之如初，五属大夫退而修教于其属，属退而修县，县退而修乡，乡退而修卒，卒退而修邑，邑退而修家，是故匹夫有善，可得而举也。启超案，属县乡卒邑家以《周礼》《管子》证之，皆使教于其地者也。）当其为选士也，司徒教之；当其为俊士也，大乐正教之，故升秀士于司徒者，乡大夫也；升选士于学者，司徒也；升俊士于司马而告于王者，大乐正也；居处相迩，耳目相习，为之师者；当平居之时，于群士之德行、道艺，孰高孰下，孰贤孰不肖，固已熟察之而饫知之。及大比之日，书其贤者与其能者，盖教之有素，非漫然决优劣于一二日之间而已，汉后得天下者，皆于马上，庠序之事未遑，京师大学，犹且议数十年不能定，郡国之间，尤无闻焉。故虽有乡举、里选之名，而于古人良法、美意，殆稍稍渐灭矣。是以天子不能教士，而惟立一荣途，为之标准，以诱厉之，天下之士趋焉。班孟坚所谓禄利之路然矣，于其时也，或有硕儒巨子，出乎其间，代司徒、乐正之权，行学校之事，缀学小生，群焉萃焉，禀而受之，至其人才盛衰，则恒视国家所立之标准，或善或不善以为差。虽然，取士之与教士，既分其途，则虽其所立标准，极尽善美，而于得人，抑已难矣，故两汉辟举之法，其流弊乃至变为九品中正。盖学校不立，有司未尝有人才之责，一旦以考校宾兴之事，而受成于渺不相属之刺史守相，其安从知之？而安从举之？是以不考实行，专探虚望，末流所届，乃至寒门贵族，划若鸿沟，乡举里选之弊，极于时矣。隋唐以后，制科代兴，虑郡国之不实，乃悉贡京师以一其权；虑牧守之徇私，乃专出侍臣以承其乏，夫郡国之疏逖，已逊于塾序，而京师又加甚焉，牧守之阁隔，已异于学官，而内臣又加甚焉。举一切耳目，而寄之于虚空无薄之区，于孔子举尔所知之义，其悖谬为何如矣。其疏逖而阁隔，既已如是，则非惟实行无可见。即虚望亦无可闻，于是其所立以为标准者，不得不在雕虫之技，兔园之业，狗曲之学，蛙鸣之文，上以鼓下，下以应上，父诏兄勉，友习师传，虽有道艺，非由此进不为荣。虽有豪杰，非由此道不能进，尽数十寒暑，疲精敝神以从事于此间，而得与不得，尚在不可知之数。故三代之盛，天下之士，无一人不能自成其才，而国家不可胜用。两汉之间，士民之失教而自弃者，盖有之矣。苟其才学可备世用，则无不可以自达。降及后世，岂惟不教，又从而锢蔽之，岂惟不用，又从而摧残之。呜呼！其所余能几何哉。故科举合于学校，则人才盛，科举离于学校，则人才衰。有科举，无学校，则人才亡。科举学校，既已分矣，则其所立标准，出于多途者，其才稍盛，出于一途者，其才益衰。此亦古今得失之林也，故汉代以孝廉为常科，而其余有所谓贤良方正者，直言极谏者（多不具征），明当世之务，习先圣之术者（元光五年），学文高第者，有行义者，茂才异伦者（多不具征），可充博士位者（阳朔二年）；勇猛知兵法者（元延元年），能直言通政事，延于侧陋，可亲民者（建平元年），明兵法有大虑者（建平四年），治狱平者（元始二年），通天文、历算、钟律、方术、本草者（元始五年），而丞相辟掾，亦有四科（一曰德行高妙志节清白，二曰学通行修经中博士，三曰明习法令，足以决疑能按章覆问文中御史，四曰刚毅多略遭事不惑，明足决断材任三辅县令），光禄茂才，亦有四行（淳厚、实朴、谦逊、节俭），刺史移名，亦有三等（一明经、二明律、三能治剧），其取之也，或特诏征，或特科试，或三府辟，或公车召，或公卿郡国举，或遣持节察上，或上书待诏，或博士弟子射策，或以技艺为郎（《汉书·卫绾传》），或仕郡为曹掾从事，其科目与出身之多如此，故天下之士，皆能因其性之所近，而各成其学，学苟成矣。则征辟察举交至，未有不能自见者也，故天下人人皆有用之器，而国家不至以乏才为患。唐因隋制，设六科：一曰秀才，二曰明经，三曰进士，四曰明法，五曰明字，六曰明算，又有史科、开元礼、道举、童子、学究等科，其制科之名，则多至百数（见于《困学纪闻》者八十有六）。虽不免猥滥而一时贤俊，如姚崇之下笔成章，张九龄之道侔伊、吕者，往往出焉。宋初继轨，亦有九经、五经、三史、三礼、三传、通礼（初沿唐制，试开元礼，至开宝六年开宝通礼成，乃改科。是岁以新书试问）、学究、明经、明法、明医（《宋史》医学初隶太常寺，元丰间始置提举判局以教之，曰方脉科、针科、疡科。试题有六，一墨义，二脉义，三大义，四论方，五假令，六运气。）等科。夫明经有科，则士知守其教矣。行义有科，则人笃于行矣。治剧有科，则有司知尽心于民事矣。明律治狱有科，则政刑平矣。兵法有科，则多折冲之才矣，开元礼、通礼有科，则士习于本朝掌故矣。学究有科，则可以为人师矣。技艺、明算有科，则制器前民矣。明医有科，则人寿矣。此诸科者，今西方之国，莫不有之，若骤以语守旧之徒，则将吐而弃之曰夷也夷也，而不知皆吾中国所尝行之者也。惜乎徒悬其名，未广其用，其所偏重，乃专在进士一科，遂令天下学子，虽有绝学高志，不能不降心俯首，以肆力于诗、赋、帖括之业，而通人硕儒，蹉跎不第，若韩愈、刘蕡其者，犹不可数计，驯至廉耻道丧，请谒若固，关节还往，温卷求知等名，习焉不以为怪，荣途之狭，人才之少，风俗之坏，盖自千数百年以来矣。

宋熙宁间，议建学校，变贡举，罢诗赋，问大义，此三代以下一大举动也。惜荆公以无助而败，后人废其学校之阂议，而沿其经义之偏制，谬种流传，遗毒遂日甚一日，（凡天下任举一事，必有本末，荆公之议兴学本也，变科末也。本既不行，徒用其末，不成片段，安得不弊？荆公经义取士，未敢谓为善制，而合科举于学校，则千古之伟论也。当时旧执政之党哓哓争辩，全属意见之言，其传诵后世，最近理而乱真者，苏文忠公一疏也。向尝刺其纰谬而条辨之，今略录于下，当今之世其犹有援此等迂谬之论以相驳诘者，可以此折之矣。苏氏曰：得人之道，在于知人，知人之法，在于责实，使君相有知人之明，朝廷有责实之政。则胥吏、皂隶未尝无人，而况于学校贡举乎？虽用今之法，臣以为有余。使君相无知人之明，朝廷无责实之政。则公卿侍从，常患无人，况学校贡举乎？虽复古之制，臣以为不足矣。梁启超曰：君相虽曰知人若欲举天下之士，其才学之可任与否，一望而尽得之，虽尧汤皋禹，吾知其不能矣。则必寄耳目于公卿，公卿寄之牧守，牧守寄之令长，令长可谓亲民者也。然其民之才智与其学行，乌从而知之？则非由学校不为功也。但言责实不言更新，此固守旧家之常谈也。试问国家之取人，非所以共政事乎？政事之才不足而设学校以养之固其宜也。今乃以诗赋帖括之滥劣冒其名，而充其数，则谁为实，而谁为虚矣？胥吏、皂隶未尝无人者，古者卒吏皆以通经之士为之，学校之功也。公卿、侍从常患无人者，自其入学之始，即务为阿世无用之学，一旦得志，安望其能匡时哉？此无学校之弊也。吾以为苏氏而不知此义，则已苟其知之，则当推求其所以然之故，而瞿然于学校之兴，刻不容缓，而尚暇为驳议耶？苏氏曰夫时有可否，物有兴废，使三代圣人复生于今，其选举亦必有道，何必由学乎？梁启超曰：道有可，与民变革者有不可，与民变革者学而优则仕，学而后入政，此不可与民变革者也。人民社稷何必读书，此孔子深恶痛绝之言，而苏氏乃摭拾之，何为也？且所谓其选举亦必有道者，道果何若矣？强圣人而从我，圣人岂任受之。苏氏曰：且庆历间尝立学矣，天下以为太平可待，至于今惟空名仅存，今陛下必欲求德行道艺之士，责九年大成之业，则将变今之礼，易今之俗，又当发民力以治宫室，敛民财以养游士，而又时简不帅教者，屏之远方，徒为纷纷，其于庆历之际何异？梁启超曰：凡持议者，但当论其议之是不是，不当论其事之成不成，学而不当立，虽庆历规模已定，犹当废之。苟其当立，前事何害？且庆历之仅存空名，正坐朝廷不能责实之弊，苏氏何不申其责实之说，议道旧绪，顾乃因噎废食也。夫人才者，国民之本。学校者人才之本，兴学所以安国而长民也。欲成大功，不见小利，虽稍劳费将焉避之，且有司供给之需，养兵饷馈之用，每岁节其一二可以兴学而有余矣。不彼之争而斤斤然，阻挠安国长民之举，果何心也？范蔚宗推原汉法，且谓倾而未颠，抑而未坠出于党锢，诸贤心力之为游士，果何负于人国乎？先王之教其民，若诲其子弟，故既有选秀之升，而亦有不帅教之罚，上下一体，痛切相关，此太平之所由也。后世去古既远，不明先王之意，徒据今日之弊政以绳古制，宜其以为笑矣。苏氏曰：夫欲兴德行，在君人者修身以格致，审好恶以表俗，若欲设科立名以取之，则是教天下相率而伪也。上以孝取人，则勇者割股，怯者庐墓，上以廉取人，则敝车羸马恶衣菲食。凡可以中上意者，无所不至，德行之弊一至于此。梁启超曰：科名之不足以得贤才，固也。盖其本源必在学校也，若修身格物之说，乃俗儒迂言能制人之口，不能服人之心，其于辩才斯为下矣。汉以孝廉取士，而一代名节出焉，虽云伪也，其视唐之进士怀温卷趋拜马下者，何如矣？自魏武下令，再三求负污辱之名见笑之行，不仁不孝而有治国用兵之术者，此后廉耻道丧播其流风极于五季，其视割股、庐墓、恶衣、菲食之为伪者，又何如矣？苏氏本以气节自任，今乃以意见之故，而发为此言，真非吾之所敢闻也，苏氏曰：虽知其无用，然自祖宗以来，莫之废者，以为设法取士，不过如此也。梁启超曰：吾闻大易之义，干父之蛊谓之吉，裕父之蛊谓之吝，今既谓为无用则当更求其所谓有用者，以匡厥不逮，今乃悉举而归罪于祖宗，以为制度虽坏，吾不任其咎。此岂仁人孝子所忍言哉？且祖宗之法，非祖宗所自创也，因前代之弊而已。前代又因其前代之弊而已，推而上之，以至于古人立法之始，则其法固未尝如是也。历代相沿不思振刷，逐渐流变遂成今日。然则所谓法者，不过成于泄沓庸臣之手而非祖宗之意，以为不如是不可为治也。今乐于师庸臣而惮于法先王，此太平之道所以千岁而不一遇也。自汉迄今取士之法，已不知几易。今乃谓不过如是，其谁信之？）阅数百载，历元涉明，荼靡疲敝迄于今世，揣摩腔调言类俳优，点名对簿，若待囚房，担簦累累，状等乞丐，搜索挟书，视同穿窬，糊名摸索，乃似赌博。归本重书，若选钞胥。夫国家之取士，取其才也，取其学也，取其行也。今以俳优钞胥畜之，以囚房乞丐穿窬赌博视之，欲士之自爱，欲国家之能受其用，何可得也？王介甫曰：古者取士也宽，其用之也严，今取士严，其用之也宽。吾请为一说曰：古者试士之具严，其为途也宽，今试士之具宽，其为途也严。今之所以进退天下者，八股之文，八韵之诗，虽使伊、吕、管、乐，操觚为之，必无以远过于金陈章罗，而曲士陋儒，剽窃模仿，亦未尝不可能之而有余也。故不必论其立法之善否，但使能如其法，中其程式者，而后取之，就其所取之人，以为比例，则举人之可以及第，诸生之可以得解者，皆当数千人矣。而进士之额，每科不过数百，举人之额，每省不过数十，则其余数千人之见摈黜者，安知无伊、吕、管、乐之才，而所取数百数十，安得无曲士陋儒，以滥竽于其间也？昔人论科举之弊不一，而以探筹之喻为最当，所谓非科举之能得人才，而奇才异能之人之能得科举，斯固然矣，然奇才异能者，固能得之，阘冗〔茸〕污下者，亦能得之，则将何择也？今夫挟千金以求力士，号于众曰：“有能举千钧者致千金。”则强有力之人立见矣，号于众曰：“有能胜匹雏者，致百金。”则所怀之金，顷刻而尽，而贲获之才，未必能致也。今之为说者，每以科第猥滥欲裁中额，以清其途，不知由今之道，无变今之法，虽进士之额，裁至数十，举人之额，裁至数人，而猥滥如故也。徒使怀才之徒，欷歔抑郁，不能自达，駸駸白首，才气销磨，此所谓不揣其本而齐其末也。吾盖见夫缀学之子当其少年气盛，未尝不欲博通古今，经营天下，其意若曰：吾姑降心于帖括之学，俟得一第，可以娱父母，畜妻子，然后从事于吾之所欲学而已。当其应童子试也，县试数场，经月始毕，又逾月而试之府，府试数场，经月始毕，又逾月而试之院，三试竣事，一年去其半矣，既以半年人力，废学以就试，一经黜落，则穷愁感叹，不能读书，而颓然以自放者，又复数月，感叹既已，而县试又至矣，试不一试，年不一年，即幸而入学，而诸生得解之难，其情形犹是也，举子得第之难，其情形犹是也，词馆得差之难，其情形亦犹是也。试事无穷已之日，即学子无休暇之时，日月逝于上，体貌衰于下。而向之所谓博通古今，经营四方者，终未尝获一从事也。若夫瑰玮之士，志气不衰，冲决罗网，自成其志者，千百之中岂无一二人哉。然其中材以下，汩没此间而不能救者，何可胜道？况此一二人者，苟非为科举所困，而移其冲决罗网之力量，以从事于他端，则其成就，又当何如也？故学校之盛，中人亦进为上材，科举之衰，有志亦成为无用，其差数之相去，如此其远也。

今内之有同文、方言之馆舍，外之有出洋学习之生徒，行之数十年，而国家不获人才之用，盖有由也。昔俄主大彼得，躬游列国，择国中俊秀子弟，使受业葡、法之都，归而贵显之，布在朝邑，俄遂以强；日本维新之始，选高才生就学欧洲，学成反国，因才委任，今之伊藤博文之徒，皆昔日之学生也。而中国所谓洋务学生者，竭其精力，废其生业，离井去邑，逾幼涉壮，以从事于西学，幸薄有成就，谓可致身通显光宠族游，及贸贸然归，乃置散投间，瓠落不用，往往栖迟十载，未获一官，上不足以尽所学，下不足以救饥寒，千金屠龙，成亦无益。呜呼！人亦何乐而为此劳劳哉？夫国家之教之，将为用也，教而不用，则其教之之意何取也？生徒之学之，将效用也，学而不见用，则其学之之意何在也？此真吾之所不能解也。或谓此辈之中，求所谓奇才异能可以大用者，盖亦寡焉，斯固然矣。不知国家所重，既不在是，举国上才之人，悉已为功令所束缚，帖括所驱役，鬻身灭顶，不能自拔，孰肯弃其稽古之荣，以勉焉而从事也？故当其就学之始，其与斯选者，大半仅中人之才耳。而自束发以后，又未尝一教以中国义理之学，徒溷身洋场饱染习气，及至学成，亦且视为杂流，不与士齿，其不自爱固所宜也，坐是之故，而瑰玮特绝之徒，益惩羹吹齑，羞与哙伍，是以此中人才，日就寂寥也，然二十年间，其在西国学堂中考试前列，领有学成凭据者，往往有人，而西人之达者，亦每复嗟叹，谓震旦人才，不下彼国，然则出洋学生中之未尝无才，昭昭然矣。顾乃束之高阁听其自穷自达不一过问，于是有美国学生，糊口无术，投入某洋行为买办者，有制造局匠师月俸四十金，而为西国某厂以二百金聘去者，豪杰之士安得不短气，有志之徒，安得不裹足？既无细腰高髻之倡，重以弃鼎宽瓠之失，不怀顾犬补牢之义？徒效渊鱼丛爵之愚，犹复顿足搓手，日日叹息曰，无人才，无人才。天下之人岂任受之？

故欲兴学校，养人才，以强中国，惟变科举为弟一义，大变则大效，小变则小效，综而论之，有三策焉，何谓上策？远法三代，近采泰西，合科举于学校，自京师以迄州县，以次立大学、小学，聚天下之才，教而后用之，入小学者比诸生，入大学者比举人，大学学成比进士，选其尤异者，出洋学习比庶吉士，其余归内外、户刑工商各部，任用比部曹，庶吉士出洋三年，学成而归者，授职比编检，学生业有定课，考有定格，在学四年而大试之，以教习为试官，不限额，不糊名。凡自明以来，取士之具，取士之法，千年积弊，一旦廓清而辞辟之，则天下之士，靡然向风，八年之后，人才盈廷矣。

何谓中策？若积习既久，未即遽除，取士之具，未能尽变，科举学校，未能遂合，则莫如用汉唐之法，多设诸科，与今日帖括一科并行，昔圣祖高宗，两开博学鸿词，网罗俊良，激厉后进，故国朝人才，以康乾两世为最盛，此即吾向者多途胜于一途之说也。今请杂取前代之制，立明经一科，以畅达教旨，阐发大义，能以今日新政，证合古经者为及格；明算一科，以通中外算术，引申其理，审明其法者为及格；明字一科，以通中外语言文字，能互翻者为及格；明法一科，以能通中外刑律，斟酌适用者为及格；使绝域一科，以能通各国条约章程，才辩开敏者为及格；通礼一科，以能读《皇朝三通》《大清会典》《大清通礼》，谙习掌故者为及格；技艺一科，以能明格致制造之理，自著新书，制新器者为及格；学究一科，以能通教学童之法者为及格；明医一科，以能通全体学，识万国药方，知中西病名证治者为及格；兵法一科，以能谙操练法程，识天下险要，通船械制法者为及格。至其取之之法，或如康乾鸿博故事，特诏举试，或如近世算学举人，按省附考，而要之必予以出身，示以荣途，给以翰林进士举人之名，准以一体乡会朝殿之实，著书可以入翰林，上策可以蒙召见，告之以用意之所重，导之以利禄之所存，则岩穴之间，乡邑之内，与夫西学诸馆，及出洋学习之学生，皆可因此以自达。其未有成就者，亦可以益厉于实学，以为天下用，则其事甚顺，而其效亦甚捷。

何谓下策，一仍今日取士之法，而略变其取士之具，童子试非取录经古者，不得入学，而经古一场，必试以中外政治得失，时务要事，算法、格致等艺学，乡会试必三场并重，第一场试四书文、五经文、试帖各一首；第二场试中外史学三首，专问历代五洲治乱存亡之故；第三场试天、算、地、舆、声、光、化、电、农、矿、商、兵等专门，听人自择一门，分题试之各三首；殿试一依汉策，贤良故事，专问当世之务，对策者不拘格式，不论楷法，考试学差试差，亦试以时务艺学各一篇，破除成格，一如殿试，如是则向之攻八股哦八韵者，必将稍稍捐其故业，以从事于实学，而得才必盛于今日。

上策者，三代之制也。中策者，汉唐之法也。下策者，宋元之遗也。由上策者强，由中策者安，由下策者存。若夫守晚明之弊制，弃历朝之鸿矩，狃百载之积习，惮千夫之目议。违作人之公理，踵愚黔之故智，则虽铁舰阗海，谁与为战，枪炮如林，谁与为用，数万里地，谁与为守，数百兆人，谁与为理，《传》曰："子有美锦，不使人学制焉。"言不学之人，不可以共政事也。今其用之也在彼，而取之也在此，是犹蒸沙而欲其成饭，适燕而南其辕也，岂不颠哉，岂不颠哉。

昔同治初叶，恭亲王等，曾请选编检庶常，并五品以下由进士出身之京外各官，及举人恩拔副岁优贡等，入同文馆，学习西艺，给以廪俸，予以升途。

（原奏究澈利弊、驳辨邪说，语语适当，切实可行，恐外间见者尚少，特照录以餍众览，其文曰：臣等因制造机器必须讲求天文、算学，议于同文馆内添设一馆等，因于十一月初五日具奏，奉旨依议，钦此，钦遵在案，臣等伏查，此次招考天文、算学之议，并非务奇好异，震于西人术数之学也。盖以西人制器之法，无不由度数而生，今中国议欲讲求制造轮船机器诸法，苟不借西士为先导，俾讲明机巧之原，制作之本，窃恐师心自用，枉费钱粮，仍无裨于实际。是以臣等衡量再三，而有此奏，论者不察，必有以臣等此举为不急之务者，必有以舍中法而从西人为非者，甚且有以中国人师法西人为深可耻者，此皆不识时务也。夫中国之宜谋自强，至今日而已亟矣。识时务者，莫不以采西学制洋器为自强之道。疆臣如左宗棠、李鸿章等，皆深明其理，坚持其说，时于奏牍中详陈之，上年李鸿章在上海设立机器局，由京营拣派兵弁前往学习，近日左宗棠亦请在闽设立艺局，选少年颖悟弟子，延聘洋人教以语言、文字、算法、画法。以为将来造轮船机器之本，由此以观，是西学之不可不急为肄习也。固非臣等数人之私见矣，或谓雇赁轮船购买洋枪各口均会办过，既便且省，何必为此劳赜？不知中国所当学者，固不止轮船、枪炮一事，即以轮船、枪炮而论雇买以应其用计虽便而法终在人，讲求以澈其原，法既明而用将在我。盖一则权宜之策，一则久远之谋，孰得孰失不待辨而明矣。至于以舍中法而从西人为非，亦臆说也。查西术之借根，实本于中术之天元。彼中犹目为东来法，特其人性情缜密善于运思，遂能推陈出新，擅名海外耳，其实法固中国之法也，天文算法如此，其余亦无不如此。中国创其法，西人袭之。中国傥能驾而上之，则在我既已洞悉根源，遇不必外求其利益，正非浅鲜，且西人之术，我圣祖仁皇帝深怼之矣，当时列在台官垂为时宪，兼容并包，智周无外本朝掌故亦不宜数典而忘祖，六艺之中数居其一，古者农夫戍卒，皆识天文，后世设为厉禁，知者始鲜，我朝康熙年间，除私习天文之禁，由是人文蔚起，天学盛行，治经之儒皆兼治数各家，著述考证俱精。《语》曰：一物不知，儒者之耻。士子出户举目见天，顾不解列宿为何物亦足羞也。即今日不设此馆，犹当肄业及之，况乎悬的以招哉？若夫以师法西人为耻，此其说尤谬，夫天下之耻，莫耻于不若人，查西洋各国数十年来，讲求轮船之制，互相师法，制造日新，东洋日本近亦遣人赴英国，学其文字，究其象数，为仿造轮船张本，不数年亦必有成。西洋各国，雄长海邦，各不相下者无论矣。若夫日本蕞尔国耳，尚知发愤为雄，独中国狃于因循积习不思振作，耻孰甚焉？今不以不如人为耻而独以学其人为耻，将安于不如而终不学，遂可雪其耻乎，或谓制造乃工匠之事，儒者不屑为之，臣等尤有说，查《周礼·考工》一记，所载皆梓匠轮舆之事，数千百年簧序奉为经术，其故何也？盖匠人习其事，儒者明其理，理明而用宏焉。今日之学，学其理也。乃儒者格物致知之事，并非强学士大夫以亲执艺事也。又何疑焉？总之学期适用，事贵因时，外人之疑议虽多当，局之权衡宜当，臣等于此筹之熟矣。惟是事属创始，立法宜详。大抵欲严课程，必须优给禀饩，欲期鼓舞，必当量予升途，谨公同酌，拟章程六条，缮呈御览，恭候钦定。再查翰林院、编修、检讨、庶吉士等官学问素优，差使较简。若令学习此项天文、算学，程功必易，又进士出身之五品以下京外官，举人五项贡生事同一律，应请一并推广招考以资博采。）得旨依议，其时正当日本初次遣人出洋学习之时耳。此议若行，中学与西学，不至划为两途，而正途出身之士大夫，莫不研心此间以待用，至今三十年，向之所谓编检及五品以下官，皆位卿孤矣，用以更新百度，力图富强。西方大国，犹将畏之，而况于区区之日本乎，乃彼时倭文、端方以理学名臣，主持清议，一时不及平心详究，遂以用夷变夏之说，抗疏力争，遽尼成议，子曰："君子一言以为智，一言以为不智。"文端之言，其误人家国，岂有涯耶，抑天心之未厌乱也。今夫非常之原，黎民惧焉，千数百岁之痼疾，一旦欲举而去之，吾知其难矣。然不由此道，则终无自强之一日。虽事事模仿西式，究其成就，则如邯郸之学步，新武未习，而故迹已沦。我三十年来，学西法之成效，已可睹矣。后之视今，犹今之视昔，悔前事之无及，思继起之有功，呜呼！其毋使后人而复哀后人也。（《时务报》第七、八册，1896年10月7、17日）

**论学会**

道莫善于群，莫不善于独。独故塞，塞故愚，愚故弱；群故通，通故智，智故强。星地相吸而成世界，质点相切而成形体。数人群而成家，千百人群而成族，亿万人群而成国，兆京陔秭壤人群而成天下。无群焉，曰鳏寡孤独，是谓无告之民。虎豹狮子，象驼牛马，庞大傀硕，人槛之驾之，惟不能群也。非洲之黑人，印度之棕色人，美洲、南洋、澳岛之红人，所占之地，居地球十六七，欧人剖之铃之，若槛狮象而驾驼马，亦曰惟不能群之故。

群之道，群形质为下，群心智为上。群形质者，蝗蚊蜂蚁之群，非人道之群也；群之不已，必蠹天下，而卒为群心智之人所制。蒙古、回回种人，皆以众力横行大地，而不免帖耳于日耳曼之裔，蝗蚊蜂蚁之群，非人道之群也。

群心智之事则赜矣。欧人知之，而行之者三：国群曰议院，商群曰公司，士群曰学会。而议院、公司，其识论业艺，罔不由学；故学会者，又二者之母也。学校振之于上，学会成之于下，欧洲之人，以心智雄于天下，自百年以来也。

学会起于西乎？曰：非也，中国二千年之成法也，《易》曰："君子以朋友讲习。"《论语》曰："有朋自远方来。"又曰："君子以文会友。"又曰："百工居肆以成其事，君子居学以致其道。"孔子养徒三千，孟子从者数百，子夏西河，曾子武城，荀卿祭酒于楚、宋，史公讲业于齐、鲁，楼次子之著录九千，徐遵明之会讲逾万，鹅湖、鹿洞之盛集，东林、几、复之大观，凡兹前模，具为左证。先圣之道，所以不绝于地，而中国种类，不至夷于蛮越，曰惟学会之故。学会之亡，起于何也？曰：国朝汉学家之罪，而纪昀为之魁也。汉学家之言曰："今人但当著书，不当讲学。"纪昀之言曰："汉亡于党锢，宋亡于伪学，明亡于东林。"呜呼！此何言耶？此十常侍所以倾李膺、范滂，蔡京、韩侂胄所以锢司马公、朱子，魏忠贤、阮大铖所以陷顾、高、陈、夏，而为此言也。吾不知小人无忌惮之纪昀，果何恶于李、范诸贤，而甘心为十常侍、蔡京、韩侂胄、魏忠贤、阮大铖之奴隶也。而举天下缀学之士，犹群焉宗之，伈伣低首，为奴隶之奴隶，疾党如仇，视会为贼。是以金壬有党，而君子反无党；匪类有会，而正业反无会。是率小人以食君子之肉，驱天下之人而为鳏寡孤独，而入于象驼牛马，而曾蜂蝗蚊蚁之不若，而后称善人。呜呼！岂不痛哉！岂不痛哉！

今天下之变亟矣。稍达时局者，必曰兴矿利，筑铁路，整商务，练海军。今试问驱八股八韵、考据词章之士，而属之以诸事，能乎否乎？则曰有同文馆、水师学堂诸生徒在。今且无论诸生徒之果成学与否，试问以区区之生徒，供天下十八行省变法之用，足乎否乎？人才乏绝，百举具废，此中国所以讲求新法三十年而一无所成，卒为一孔守旧之论，间执其口也。今海内之大，四万万人之众，其豪杰之士聪明材力，足以通此诸学者，盖有之矣。然此诸学者，非若考据词章之可以闭户獭祭而得也。如矿利则必游历各省，察验矿质，博求各国开矿、分矿、炼矿之道，大购其机器仪器而试验之，尽购其矿务之书而翻译之，集陈万国所有之矿产而比较之。练军则必集万国兵法之书而读之，集万国制造枪炮药弹、筑修营垒船舰之法而学之。学此诸法，又非徒手而学也，必游历其国，观其操演，遍览各厂，察其制造，大陈汽机，习其用式。自余群学，率皆类是。故无三十七万金之天文台，三十五万金之千里镜，则天学必不精；不能环游地球，即游矣，而不能遍各国省府州县，皆有车辙马迹，则地学必不精。试问一人之力，能任否乎？此所以虽有一二有志之士，不能成学，不能致用，废弃以没世也。

彼西人之为学也，有一学即有一会。故有农学会，有矿学会，有商学会，有工学会，有法学会，有天学会，有地学会，有算学会，有化学会，有电学会，有声学会，有光学会，有重学会，有力学会，有水学会，有热学会，有医学会，有动植两学会，有教务会，乃至于照像、丹青、浴堂之琐碎，莫不有会。其入会之人，上自后妃王公，下及一命布衣，会众有集至数百万人者，会资有集至数百万金者。会中有书以便翻阅，有器以便试验，有报以便布知新艺，有师友以便讲求疑义，故学无不成，术无不精，新法日出，以前民用，人才日众，以为国干，用能富强甲于五洲，文治轶于三古。

今夫五印度，数万里之大，五十年间，晏然归于英国；广州之役，割香港，开口岸，举动轰赫，天下震慑，而不知皆彼中商学会为之也。通商以来，西人领文凭，游历边腹各省，测绘舆图，考验物矿者，无岁无之；中国之人，疑其奸细，而无术以相禁，而不知皆彼中地学会为之也。故西国国家之于诸会也，尊重保护而奖借之；或君主亲临，以重其事；或拨帑津贴，以助其成。会日盛而学日进，盖有由也。

今欲振中国，在广人才；欲广人才，在兴学会。诸学分会，未能骤立，则先设总会。设会之日：一曰胪陈学会利益，专折上闻，以定众心；二曰建立孔子庙堂，陈主会中，以著一尊；三曰贻书中外达官，令咸捐输，以厚物力；四曰函招海内同志，咸令入会，以博异才；五曰照会各国学会，常通音闻，以广声气；六曰函告寓华西士，邀致入会，以收他山；七曰咨取官局群籍，概提全分，以备储藏；八曰尽购已翻西书，收庋会中，以便借读；九曰择购西文各书，分门别类，以资翻译；十曰广翻地球各报，布散行省，以新耳目；十一曰精搜中外地图，悬张会堂，以备流览；十二曰大陈各种仪器，开博物院，以助试验；十三曰编纂有用书籍，广印廉售，以启风气；十四曰严定会友功课，各执专门，以励实学，十五曰保选聪颖子弟，开立学堂，以育人才；十六曰公派学成会友，游历中外，以资著述。

举国之大，而仅有一学会，其犹一蚊一虻之劳也。今以四万万人中，忧天下求自强之士，无地无之，则宜所至广立分会。一省有一省之会，一府有一府之会，一州县有一州县之会，一乡有一乡之会，虽数十人之寡，数百金之微，亦无害其为会也。积小高大，扩而充之，天下无不成学之人矣，遵此行之，一年而豪杰集，三年而诸学备，九年而风气成。欲兴农学，则农学会之才，不可胜用也；欲兴矿利，则矿学会之才，不可胜用也；欲兴工艺，则工艺会之才，不可胜用也；欲兴商务，则商务会之才不可胜用也；欲求使才，则法学会之才，不可胜用也；欲整顿水陆军，则兵学会之才，不可胜用也；欲制新器，广新法，则天、算、声、光、化、电等学会之才，不可胜用也。以雪仇耻，何耻不雪！以修庶政，何政不成！若徇纪昀之衋言，率畏首之旧习，违乐群之公理，甘无告之恶名，则非洲、印度、突厥之覆辙，不绝于天壤。西方之人，岂有爱乎？一木只柱，无所砥于横流；佩玉鸣琚，非所救于急难。《诗》曰："迨天之未阴雨，彻彼桑土，绸缪牖户。今此下民，或敢侮予？"呜呼！凡百君子其无风雨漂摇，乃始晓音

瘠口，而莫能相救也。（《时务报》第十册，1896 年 11 月 5 日）

## 论变法必自平满汉之界始

自大地初有生物，以至于今日。凡数万年，相争相夺，相搏相噬，递为强弱，递为起灭，一言以蔽之曰，争种族而已。始焉物与物争，继焉人与物争。终焉人与人争。始焉蛮野之人与蛮野之人争，继焉文明之人与蛮野之人争，终焉文明之人与文明之人争，茫茫后顾，未始有极。呜呼！此生存相竞之公例，虽圣人无如之何者也，由是观之，一世界中，其种族之差别愈多，则其争乱愈甚，而文明之进愈难，其种族之差别愈少，则其争乱愈息，而文明之进愈速，全世界且然。况划而名之曰一国，内含数个小异之种，而外与数个大异之种相遇者乎。

夫世界之起初，其种族之差别，多至不可纪极，而其后日以减少者，此何故乎？凭优胜劣败之公理，劣种之人，必为优种者所吞噬所胺削。日侵月蚀，日渐月灭，以至于尽。而世界中遂无复此种族，盖地球自有人类以来，其蹈此覆辙者，不知几何姓矣。虽然，追原有生之始，同是劣种而已，而其后乃能独有所谓优种，以别异于群劣种而战胜于他种者何也？数种相合，而种之改良起焉，所合愈广，则其改良愈盛。而优劣遂不可同年而语矣。夫世界种族之差别，必日趋于减少。此自然之势也，而所以减少差别之法，不外乎澌灭与合并之二者，非优则劣，非胜则败，苟不改良，必致灭亡，无中立之理焉，有统治种族之权者，当何择也？

今且勿论他洲，勿论他国，先以支那论之，在昔春秋之间，秦、楚、吴、越，皆谓之夷狄。而巴、蜀、滇、桂、南越，至秦、汉间犹谓之羌，谓之西南夷。夫夷、狄之称，何自起乎？蔑视异种人之名耳，今夫秦今之陕西，楚今之湖南，吴今之江南，越今之浙江也，巴蜀今之四川，滇今之云南，桂今之广西，南越今之广东也。当时皆与中原之人异种，互相猜而不相通，无以异于今之满汉也。自汉以后，支那之所以渐进于文明，成为优种人者。则以诸种之相合也，惟其相合，故能并存。就今日观之，谁能于支那四百兆人中，而别其孰为秦之戎？孰为楚之蛮也？孰为巴之羌？滇之夷也？反之则春秋以前，杂居于内地者，有所谓潞戎、徐戎、莱戎、淮夷陆浑之戎，有所谓赤狄、白狄、长狄，其种别之繁，不可数计，今无一存焉。则以劣种战败，而澌灭以至于尽也。今犹有苗种、僮种、瑶种等，与优种人错居而不相合，然其残喘殆亦不可以久矣，何也？不合则必争，争而必有一败，而胜败之数，恒视其优劣以为凭故也，今夫满人与汉人孰为优种？孰为劣种？不待知者而决矣。然则吾所谓平满、汉之界者，为汉人计乎，为满人计耳。

或曰：如子之言，则自五胡、北魏、辽、金、元以来，游牧之种，狃主中夏，而蒙古之兵力，东辖高丽，北统俄罗斯，西侵欧洲，南吞缅甸、越南，迫印度、阿剌伯，回回之种，抚有希腊、罗马、西班牙、印度之地，峨特狄打牲之种，亦曾蹂躏半欧，然则优胜劣败之说未可凭，而子所忧者特过虑耳。答之曰：不然。夫种战者非决于一时而已，其最后之胜败，往往战于数百年以前，而决于数百年以后。彼洪水前之时，主持世界者为巨鸟大兽。人生其间，其势固不足与之敌，徒受其残暴而已。而其最后之战，人卒能胜禽兽者，则用智与用力之异也。故世界之进化愈盛，则恃力者愈弱，而恃智者愈强。俄之能逐蒙古，西班牙之能逐回部，希腊之能反土耳其，皆其证也。故即使以数百年前满洲强悍之人种，生于今日，犹不能安然独立于竞智诸强国间也。况如今之满人者，强悍之气已失，蒙昧之性未改，而欲免朘削澌灭之祸，其可得乎？

夫以黄色种人与白色种人相较，其为优为劣，在今日固有间矣，至其末后之战，胜败如何，则未能悬定也。虽然欲种战之胜，必自进种改良始，而支那之人数，实居黄种十之七八焉，然则支那之存亡，系于黄种之胜败，而宰治支那者，宁忍置全种数百兆人于死地，听其永永沉沦，永永糜烂，而不以易其一日之欢娱富贵，徒认汉人为异种，为不利于己，而不知更有异种之大不利者过此万万也，是则旁观所代为惕息，而局中人所宜痛哭流涕者也。

今试言满人他日之后患，抑压之政，行之既久，激力所发，遂生大动，全国志士，必将有米利坚独立之事，有法兰西、西班牙革命之举，彼时满人噬脐无及，固无论矣。即不然。守今日顽固之政体，不及数年，必受分割，分割之际，会匪乘起，暴徒横行，政府之威力，既不能行于地方，则民皆将任意报其所仇愤，其他吾不敢知。而各省驻防之满人，其无噍类也必矣，分割以后，则汉人满人虽同为奴隶，然汉人人数太多，才智不少，尚可谋联合以为恢复独立之事。满人则既寡且愚且弱，虽不遭报复于汉人，亦长为白种之牛马而已。且汉人之农者工者，其操作最勤，其价值甚廉，他日全地球力作之业，尚借汉人为一转输之纽，而南美、非洲太平洋未开辟之地，皆赖汉人以垦之以实之，故汉土虽分割，而汉人仍可以有权力于世界之上。即受钤制，而终能以自存。若满人，则数百年来，不耕而食，不织而衣，其全部五百万人，不能为士，不能为农，不能为工，不能为商，一旦分割，政权财权兵权三者，既归白种人之手，彼时欲求一饭之饱，一椽之安，可复得乎？然则满人所自以为得计者，正其自取灭亡之道，真所谓医渴而饮鸩者也。

圣哉！我皇上也，康南海之奏对，其政策之大宗旨，曰满汉不分，居民同治。斯言也，满洲全部人所最不乐闻者也，而我皇上深嘉纳之，将实见诸施行焉，虽被掣肘，未能有成，然合体之义，实起点于兹矣。满人之仇视皇上也，谓皇上有私爱于汉人，有偏憎于满人，（皇上最恶内务府官吏，凡内务府官吏，几无一人不带处分者，故内务府之人仇视皇上尤甚。每曰"使皇上得志"，吾等无啖饭处矣，故前者外廷传播皇上许多失德之事，今年传言皇上久病难痊，皆内务府之言也。）夫皇上岂惟无私爱无偏憎而已哉？其所以为汉人计者，不过十之四，其所以为满人计者，乃十之六也。今满洲某大臣之言曰：变法者汉人之利也，而满人之害也。满人之阻挠变法，惑于斯言也。吾今请举利害之事而质言之，譬之十人同附一舟，中流遇风，将就覆溺，于是附舟者呼号协力以助舵楫之役，则于操舟之主人，为有利乎，为有害乎？譬之十人同旅一室，中夜遇火，将就毁烬，于是旅居者呼号协力以谋洴澼之劳，则于居室之主人，为有利乎，为有害乎？夫当此危急存亡之际，而舟之获济也，而室之获全也，彼附舟与旅居者所得之利，则在能保生命也。而舟室主人所得之利，则既获生命，又不失其舟，不失其室焉。是附者旅者之利一，而主人之利二也，反是则同舟而敌国，同室而操戈，未有不速其覆亡，同归于尽者也。惟国亦然，彼汉人之日日呼号协力以求变法者，惧国之亡，而四百兆同胞之生命将不保也，若满人能变法以图存，则非惟生命可保，而宰治支那之光荣，犹可以不失焉。故曰汉人之利害惟一，而满人之利害则二也。夫以公天下之大义言之，则凡属国民，皆有爱国忧国之职分焉，不容有满汉君民之界也，即以家天下之理势言之，则如孪体之人，利害相共，尤不能有满汉君民之界也。

今我国之志士，有愤嫉满人之深闭固拒，思倡为满汉分治之论，倡为革命之论者，虽然，其必有益于支那乎？则非吾之所敢言也，何也？凡所谓志士者，以保全本国为主义也。今我国民智未开，明自由之真理者甚少，若倡革命，则必不能如美国之成就，而其糜烂将有甚于法兰西、西班牙者，且二十行省之大，四百余州之多，四百兆民之众，家揭竿而户窃号，互攻互争互杀，将为百十国而有未定也，而何能变法之言，即不尔，而群雄乘势剖而食之，事未成而国已裂矣。故革命者最险之着，而亦最下之策也。至于分治之说，则尤为不达事理焉，匈牙利之与澳大利也，苏格兰之与英伦也，名为合国分治，而其中窒碍之情形，固已甚多矣。况我国民之智慧，远下于奥匈英苏数等，地方自治之体段，尚未胚胎。而何能治乎？且以大同之义言之，凡在未合之国，未合之种，尚且当设法以合之，岂于已合者而更分之哉？况如彼之说，将置我圣天子于何地也？夫当我支那至危极险山穷水尽之时，而忽有我英明仁厚、刚断通达之皇上以临之，以满洲顽陋闭塞偏狭之种人。而忽有我不分畛域、大公无我之皇上以御之，殆非偶然焉，殆天未欲绝我满汉两种之人，而思有以拯之也。此吾所以殷然有合体之望，而亟欲为两种人告也。

夫满汉之界，至今日而极矣。虽然，此界之起，起自汉人乎，起自满人耳，天下一家三百年矣。支那民气素静，相安相习，固已甚久，乃无端忽焉画鸿沟以限之曰：某事者汉人之私利也，某事者汉人之阴谋也，虽有外患，置之不顾，而惟以防家贼为言。夫国家既以贼视其民，则民之以贼自居，固其所也，昔英法之民变，先后并起，英人达于大势，急弛其闲平民之权，故英之皇统，至今无恙，安富尊荣，冠万国焉。法人从而压制之，钳轭之，刀俎之，而路易之祚，自兹遂绝。当法乱沸腾之顷，法皇及其贵族，乃至求为一平民而不可得。合两国之前事以观之，孰为智，孰为愚，不可不审也。彼日本德川氏之持国柄垂三百年。太平之泽，沐浴人心，百国诸侯，皆其指臂，而其末叶之败亡，若摧枯拉朽者，岂非以自生界限，拂国民之性而逆大局之势乎？吾一不解今日之满洲政府，何以勇于求祸若是，虽不为满汉两种之民计，独不为一己之身家计乎。

夫以理论之既如彼矣，以势论之则如此矣。然则平满汉之界，诚支那自强之第一阶梯也。今请言平之之条理，一曰散籍贯，向例凡汉人皆称某府某县人，凡满人皆称某旗人。某旗云者，兵籍之表记也，当国初之际，满洲人尽为兵，且在塞外为游牧之国，无有定居，故以旗别焉。今则情形大殊，昔之行国，易为居国矣。昔之专为兵者，今则不尽然矣。何必更留此名以独异于齐民哉？故宜各因其所居之地，注其民籍，与汉人一律。则畛域之见自化矣；二曰通婚姻，当顺治元年，摄政睿亲王入关之始，即下诏命满汉通婚姻，此诚合种之远谋，经国之特识也。使当时能实行之，则至今三百年，久已天下一家，无所谓满，无所谓汉矣。而国初疑忌尚多，此议卒废，界限日积日深，遂有今日。今欲决其藩篱，非此不可。且满、汉所以难通婚姻者，则汉人妇女缠足，不无窒碍焉。今各省戒缠足之会，纷纷并起，若朝廷因势而利导之，乘此机会，定满汉互婚之例。既扫积弊，又得大益矣。三曰并官缺，国初定制，每部之官缺，必满汉各半，故国朝之官多，倍于前朝焉，夫以汉人之数百倍于满人，而得官之数，仅与相等，论者莫不谓汉人之亏屈甚矣。然苟不如是，恐益如金元故事，十缺之中，汉人不得其一也。故苟满汉之界未合，则毋宁分其缺之为愈也。然一部之中，主权者数人，互相牵制，互相推诿，其弊终至于一事不能办。故欲变法，非并官缺不可也，而欲并官缺，非先裁满汉之界不可也。四曰广生计，国家定例，凡旗人皆列兵籍，给以口粮，不使其营他业焉，其本意欲养劲旅以备非常，且加优恤以求区别也。然承平既久，此辈老弱驽惰，已无复可用，而他业又为功令所禁，于是乎不能为士，不能为农，不能为工，不能为商，并且不能为兵，而国家岁糜巨帑以赡之。运南漕以给之，故八旗生计，为数百年来谈治家之一大问题。夫以数百万满人，不自为生，而仰食于国家。则国家受其病，然徒豢养之，而不导以谋生之路，则满人亦何尝不受其病乎。譬之父母之爱子者，将养其子终身，使之无所事事，然后为爱乎？抑责督其学，导引其业，使之自谋生计，然后为爱乎？然则国家之以养满人为爱满人者，实则累满人耳，满人之以仰给国家为得计者，实则自累耳。故计莫如弛旗丁营业之禁，免口粮供给之例，使人人各有所业，则国家与满人，均受其利矣。凡此四端，行之数年，成效必著。虽然，其人存则其政举，其人亡则其政息，持此义以告于今之当局。其犹劝操、莽使让位，责虎狼以返哺也，呜呼！非我圣皇，莫之能任也。

要而论之，种战之大例，自有生以来至于今日，日益以剧，大抵其种愈大者，则其战愈大。而其胜败愈有关系，善为战者，知非合种不能与他种敌。故专务沟而通之，《诗》所谓兄弟阋于墙，外御其侮也。不善战者，不知大异种之可畏，而惟小异种之相仇，《传》所谓鹬蚌相持，渔人获其利也。今全世界大异之种，泰西人区其别为五焉，彼三种者不足论矣。自此以往，百年之中，实黄种与白种人玄黄血战之时也。然则吾之所愿望者，又岂惟平满汉之界而已。直当凡我黄种人之界而悉平之，而支那界，而日本界，而高丽界，而蒙古界，而暹罗界，以迄亚洲诸国之界，太平洋诸岛之界，而悉平之。以与白色种人相驰驱于九万里周径之战场，是则二十世纪之所当有事也。虽然，黄种之人，支那居其七八焉，故言合种必自支那始。(《清议报》第一册、第二册，1898 年 12 月 23 日、1899 年 1 月 2 日 )

## 古议院考

问泰西各国何以强？曰：议院哉！议院哉！问议院之立，其意何在？曰：君权与民权合，则情易通。议法与行法分，则事易就。二者斯强矣。问子言西政，必推本于古，以求其从同之迹，敢问议院，于古有征乎？曰：法先王者法其意，议院之名，古虽无之，若其意则在昔哲王所恃以均天下也。其在《易》曰："上下交泰。上下不交否。"其在《书》曰："询谋佥同。"又曰："谋及卿士，谋及庶人。"其在《周官》曰："询事之朝，小司寇掌其政，以致万人而询焉。一曰询国危，二曰询国迁，三曰询立君，以众辅志而蔽谋。"其在《记》曰："与国人交止于信。"又曰："民之所好，好之，民之所恶，恶之。"此之谓民之父母，好民之所恶，恶民之所好，是谓拂人之性，灾必逮乎身。其在《孟子》曰："国人皆曰贤，然后察之，国人皆曰不可，然后察之，国人皆曰可杀，然后杀之。"《洪范》之卿士，《孟子》之诸大夫，上议院也；《洪范》之庶人，《孟子》之国人，下议院也。苟不由此，何以能询？苟不由此，何以能交？苟不由此，何以能见民之所好恶？故虽无议院之名而有其实也。汉制议员之职有三：一曰谏大夫，二曰博士，三曰议郎。《通典》云：谏大夫掌议论，无常员，多至数十人。《汉旧仪》云：博士国有疑事则承问，有大事则与中二千石会议。(《史记·三王世家》言臣谨与列侯婴齐中二千石，二千石臣贺谏大夫博士臣安等议云云，又言臣青翟等与列侯史二千石谏大夫博士臣庆等议云云，又言臣青翟臣汤博士臣将行等伏闻云云，又言臣谨与中二千石二千石谏大夫博士臣庆等昧死请云云，《儒林传》言谨与太常臧博士平等议云云，盖汉世有事无不与谏大夫博士会议者，而博士为尤重，每一议必列其官且列其名，史汉中多不具征，盖博士实议员之常职也。）中世以后，博士多加给事中，入中朝，备顾问，称为腹心。上所折中定疑，汉官解诂云：议郎不属署，不直事，国有大政大狱大礼，则与中二千石博士会议，夫曰多至数十人，则其数与西国同。曰不属署，不直事，则其职与西国同，国有大事，乃承问会议，则其开院之例与西国同。或制书征。（《史记·儒林传》伏生孝文时征为博士。）或大臣举，（《汉书·孝成本纪》阳朔二年诏丞相御史与中二千石，二千石杂举可充博士位者。）则其举人之例，亦与西国略同。虽法之精密有未逮，而规模条理，亦略具矣。《史记·叔孙通传》称秦二世时，陈涉反，召博士与公卿会议，然则博士主议论，其制不始于汉，《盐铁论》云：齐宣王褒儒尊学，孟轲、淳于髡之徒，受上大夫之禄，不任职而论国事，盖亦与议郎之不属署不直事等。然则国家有议论之官，其制又不始于秦，齐、秦、汉挽近力征之邦，此良法美意，岂能特创，盖必于三代明王遗制，有所受之矣，滕文公欲行三年之丧，而父兄百官皆不悦，此上议院之公案也。周厉无道，国人流之于彘，此下议院之公案也。郑人游于乡校，以议执政，子产弗禁。汉昭帝始元六年，诏公卿问贤良文学，民所疾苦。遂以盐铁事相争议，辩论数万言，其后卒以此罢盐铁，是虽非国家特设之议员，而亦阴许行其权也。至于汉官之制，丞相有议曹，见《翟方进传》，大司马有议曹，见《匡衡传》，车骑将军有议曹史，见《匡衡传》，行军有军正议郎，见《卫青传》，其制尚足以补西法所未及。又郡国皆有议曹、门下、议史，见《北海相景君碑阴》，议曹议曹史，见《仓颉庙碑阴》（多不具征）。《汉书·朱博传》云：博不爱诸生，所至辄去议曹，曰：岂可复用谋曹邪？是前此各郡皆有议曹矣。西国每邦（谓合盟国之各邦）每城皆有议会，亦即此意也。问古议院之亡，自何时乎？曰：议院者，民贼所最不利也，如朱博之徒，悍然以败坏古制为事者，盖不知几何人矣。问今日欲强中国，宜莫亟于复议院，曰：未也，凡国必风气已开，文学已盛，民智已成，乃可设议院。今日而开议院，取乱之道也，故强国以议院为本，议院以学校为本。（《时务报》第十

册，1896 年 11 月 5 日）

## 论中国积弱由于防弊

先王之为天下也公，故务治事，后世之为天下也私，故务防弊。务治事者，虽不免小弊，而利之所存，恒足以相掩；务防弊者，一弊未弭，百弊已起，如葺漏屋，愈葺愈漏，如补破衲，愈补愈破。务治事者，用得其人则治，不得其人则乱；务防弊者，用不得其人而弊滋多，即用得其人而事亦不治。自秦迄明，垂二千年，法禁则日密，政教则日夷，君权则日尊，国威则日损，上自庶官，下自亿姓，游于文网之中，习焉安焉，驯焉扰焉，静而不能动，愚而不能智，历代民贼，自谓得计，变本而加厉之。及其究也，有不受节制，出于所防之外者二事：曰彝狄，曰流寇。二者一起，如汤沃雪，遂以灭亡。于是昔之所以防人者，则适足为自敝之具而已。梁启超曰：吾尝读史鉴古今成败兴废之迹，未尝不悁悁而悲也。古者长官有佐无贰，所以尽其权，专其责，易于考绩。（《王制》《公羊传》《春秋繁露》所述官制，莫不皆然，独《周礼》言建其正，立其贰，故既有冢宰、贰司徒、宗伯、司马、司寇、司空，复有小宰、小司徒、小宗伯、小司马、小司寇、小司空。凡正皆卿一人，凡贰皆中大夫二人，此今制一尚书、两侍郎之所自出。《周礼》伪书，误尽万世者也。）汉世九卿，尚沿斯制。（汉、晋间太常等尚无少卿，后魏太和十五年始有之。）后世惧一部之事，一人独专其权也，于是既有尚书，复有侍郎，重以管部，计一部而长官七人，人人无权，人人无责，防之诚密矣。然不相掣肘，即相推诿，无一事能举也。古者大国百里，小国五十，各亲其民，而上统于天子，诸侯所治之地，犹今之县令而已，汉世犹以郡领县，而郡守则直达天子。后世惧亲民之官权力过重也，于是为监司以防之；又虑监司之专权也，为巡抚、巡按等以防之；又虑抚、按之专权也，为节制、总督以防之，防之诚密矣。然而守令竭其心力以奉长官，犹惧不得当，无暇及民事也，朘万姓脂膏，为长官苞苴，虽厉民而位则固也。古者任官，各举其所知，内不避亲，外不避仇。汉、魏之间，尚存此意，故左雄在尚书，而天下号得人；毛玠、崔琰为东曹掾，而士皆砥砺名节。后世虑选人之请托，铨部之徇私也，于是崔亮、裴光庭定为年劳资格之法，孙丕扬定为掣签之法，防之诚密矣。然而奇才不能进，庸才不能退，则考绩废也，不为人择地，不为地择人，则吏治隳也。古者乡官，悉用乡人，（《周礼》《管子》《国语》具详之。）汉世掾尉，皆土著为之，（《京房传》：房为魏郡太守，自请得除用他郡人，可知汉时掾属无不用本郡人者，房之此请，乃是破格。）盖使耳目相近，督察易力。后世虑其舞弊也，于是隋文革选，尽用他郡，然犹南人选南，北人选北。（宋政和六年，诏知县注选，虽甚远无过三十驿。三十驿者，九百里也。）明之君相，以为未足，于是创南北互选之法，防之诚密矣。然赴任之人，动数千里，必须举债，方可到官，非贪污无以自存也。士风不谙，语言难晓，政权所寄，多在猾胥，而官为缀旒也。古者公卿，自置室老，汉世三府，开阁辟士，九卿、三辅、郡国，咸自署吏，（顾氏《日知录》云：鲍宣为豫州牧，郭钦奏其举错烦苛。代二千石署吏。是知署吏乃二千石之职，州牧代之，尚为烦苛，今以天子而代之宜乎？事烦而职不举。）所以臂指相使，情义相通，后世虑其植党市恩也。于是一命以上，皆由吏部，防之诚密矣。然长佐不习，耳目不真，或长官有善政，而末由奉行，或小吏有异才，而不能自见也。古者用人皆久于其任，封建世卿无论矣。自余庶官，或一职而终身任之，且长子孙焉。爰及汉世，犹存此意，故守令称职者，玺书褒勉，或累秩至九卿，终不迁其位。盖使习其地，因以竟其功。后世恐其久而弊生也，于是定为几年一任之法，又数数迁调，宜南者使之居北，知礼者使之掌刑，防之诚密矣。然或欲举一事，未竟而去官，则其事废也，每易一任，必经营有年，乃更举一事，事未竟而去如初，故人人不能任事。而其盘踞不去，世其业者，乃在胥吏，则吏有权而官无权也。古者国有大事，谋及庶人，汉世亦有议郎、议大夫、博士、议曹，不属事，不直事，以下士而议国政（余别有《古议院考》）。所以通下情，固邦本。后世恐民之讪己也，蔑其制，废其官，防之诚密矣。然上下隔绝，民气散奂，外患一至，莫能为救也。古者三公，坐而论道，其权重大，其体尊严（三公者，一相、二伯）。汉制丞相用人行政，无所不统，盖君则世及，而相则传贤，以相行政，所以救家天下之穷也。后世恐其专权敌君也，渐收其权归之尚书，渐收而归之中书，而归之侍中，而归之内阁，渐易其名为尚书令，为侍中，为左右仆射，中书侍郎，门下侍郎，为平章政事同三品，为大学士；渐增其员为二人，为四人，乃至十人，渐建其贰为同平章事，参知政事，为协办大学士。其位日卑，其权日分，于是宰相遂为天子私人，防之诚密矣。然政无所出，具官盈廷，徒供画诺，推诿延阁，百事业脞也。古者科举皆出学校，教之则为师，官之则为君。汉、晋以降，犹采虚望，后世虑士之沽名，官之徇私也，于是为帖括、诗赋以锢之，浸假而锁院，而搜检，而糊名，而誊录，而回避。若夫试官，固天子近侍亲信之臣，亲试于廷，然后出之者也；而使命一下，严封其宅焉，所至，严封其寓焉，行也，严封其舟车焉，若槛重囚，防之诚密矣。然暗中摸索，探筹赌戏，驱人于不学，导人以无耻，而关节请托之弊，卒未尝绝也。古之学者，以文会友；师儒之官，以道得民。后世恐其聚众而持清议也，于是戒会党之名，严讲学之禁，防之诚密矣。然而儒不谈道，独学孤陋，人才凋落，士气不昌，徒使无忌惮之小人，借此名以陷君子，为一网打尽之计也。古者疑狱，泛与众共，悬法象魏，民悉读之，盖使知而不犯，冤而得伸。后世恐其民之狡赖也，端坐堂皇以耸之，陈列榜杨以胁之，防之诚密矣。然刁豪者益借此以吓小民，愿弱者每因此而戕身命，猾吏附会例案，上下其手，冤气充塞，而莫能救正也。古者天子时巡，与国人交，君于其臣，贱亦答拜。汉世丞相谒天子，御座为起，在舆为下，郡县小吏，常得召见。后世恐天泽之分不严也，九重深闭，非执政未由得见，防之诚密矣。然生长深宫，不闻外事，见贤士大夫之时少，亲宦官宫妾之时多，则主德必昏也。上下睽孤，君视臣如犬马，臣视君如国人也。凡百庶政，罔不类是，虽更数仆，悉数为难。悠悠二千岁，莽莽十数姓，谋谟之臣比肩，掌故之书充栋，要其立法之根，不出此防弊之一心。谬种流传，遂成通理。以缜密安静为美德，以好事喜功为恶词，容容者有功，崭崭者必缺，在官者以持禄保位为第一义，缀学者以束身自好为第一流。大本既拨，末亦随之。故语以开铁路，必曰恐妨舟车之利也；语以兴机器，必曰恐夺小民之业也；语以振商务，必曰恐坏淳朴之风也；语以设学会，必曰恐导标榜之习也；语以改科举，必曰恐开躁进之门也；语以铸币楮，必曰恐蹈宋、元之辙也；语以采矿产，必曰恐为晚明之续也；语以变武科，必曰恐民挟兵器以为乱也；语以轻刑律，必曰恐民藐法纪而滋事也。坐此一念，百度不张，譬之怔病，自惊自怛，以废寝食。譬之痿病，不痛不痒，僵卧床蓐，以待死期，岂不异哉！岂不伤哉！

防弊之心乌乎起？曰：起于自私，请言公私之义。西方之言曰：人人有自主之权。何谓自主之权？各尽其所当为之事，各得其所应有之利，公莫大焉，如此则天下平矣。防弊者欲使治人者有权，而受治者无权，收人人自主之权，而归诸一人，故曰私。虽然，权也者，兼事与利言之也。使以一人能任天下人所当为之事，则即以一人独享天下人所当得之利，君子不以为泰也。先王知其不能也。故曰："不患寡而患不均。"又曰："君子有絜矩之道，言公之为美也。"地者积人而成，国者积权而立，故全权之国强，缺权之国殃，无权之国亡。何谓全权？国人各行其固有之权。何谓缺权？国人有有权者，有不能自有其权者。何谓无权？不知权之所在也。无权恶乎起？曰：始也，欲以一人而夺众人之权，然众权之繁之大，非一人之智与力所能任也，既不能任，则其权将糜散堕落，而终不能以自有；虽然，向者众人所失之权，其不能复得如故也，于是乎不知权之所在。故防弊者，始于争权，终于让权。何谓让权？天下有事，上之天子，天子曰议以闻，是让权于部院；部院议可，移文疆吏，是让权于督抚；督抚以颁于所属，是让权于州县；州县以下于有司，是让权于吏胥。一部之事，尚、侍互让。一省之事，督抚互让。一君之事，君、国民互让。争固不可也，让亦不可也。争者损人之权，让者损己之权。争者半而让者半，是谓缺权。举国皆让，是谓无权。夫自私之极，乃至无权。然则防弊何为乎？吾请以一言蔽之曰：因噎而废食者必死，防弊而废事者必亡。（《时务报》第九册，1896年10月27日）

## 论报馆有益于国事

觇国之强弱，则于其通塞而已。血脉不通则病，学术不通则陋。道路不通，故秦越之视肥瘠，漠不相关。言语不通，故闽粤之与中原，邈若异域。惟国亦然，上下不通，故无宣德达情之效，而舞文之吏，因缘为奸。内外不通，故无知己知彼之能，而守旧之儒，乃鼓其舌，中国受侮数十年，坐此焉耳。

去塞求通，厥道非一，而报馆其导端也。无耳目、无喉舌，是曰废疾。今夫万国并立，犹比邻也。齐州以内，犹同室也。比邻之事，而吾不知，甚乃同室所为，不相闻问，则有耳目而无耳目，上有所措置，不能喻之民，下有所苦患，不能告之君，则有喉舌而无喉舌，其有助耳目喉舌之用，而起天下之废疾者，则报馆之为也。

报馆于古有征乎，古者太师陈诗以观民风，饥者歌其食，劳者歌其事，使乘辂轩以采访之，邻移于邑，邑移于国，国移于天子，犹民报也。公卿大夫，揄扬上德，论列政治，皇华命使，江汉纪勋。斯干考室，駉马畜牧，君以之告臣，上以之告下，犹官报也。又如诵训掌道方志，以诏观事，掌道方慝，以诏辟忌，以知地俗，外史掌四方之志，达书名于四方，撢人学诵王志道国之政事，以巡天下之邦国而语之。凡所以宣上德通下情者，非徒纪述，兼有职掌，故人主可坐一室而知四海。士夫可诵三百而知国政，三代盛强，罔不由此。

西人之大报也，议院之言论纪焉，国用之会计纪焉，人数之生死纪焉，地理之险要纪焉，民业之盈绌纪焉，学会之程课纪焉，物产之品目纪焉，邻国之举动纪焉，兵力之增减纪焉，律法之改变纪焉，格致之新理纪焉，器艺之新制经焉。其分报也，言政务者，可阅官报。言地理者，可阅地学报。言兵学者，可阅水、陆军报。言农务者，可阅农学报。言商政者，可阅商会报。言医学者，可阅医报。言工务者，可阅工程报。言格致者，可阅各种天、算、声、光、化、电专门名家之报。有一学即有一报。其某学得一新义，即某报多一新闻，体繁者证以图，事赜者列为表。朝登一纸，夕布万邦。是故任事者无阂隔蒙昧之忧，言学者得观善濯磨之益，犹恐文义太赜，不能尽人而解。故有妇女报，有孩孺报。其出报也，或季报，或月报，或半月报，或旬报，或七日报，或五日报，或三日报，或两日报，或每日报，或半日报。国家之保护报馆，如鸟鬻子，士民之嗜阅报章，如蚁附膻，阅报愈多者，其人愈智。报馆愈多者，其国愈强。曰：惟通之故。

其益于国事如此，故怀才抱德之士，有昨为主笔，而今作执政者，亦有朝罢枢府，而夕进报馆者。其主张国是，每与政府通声气，如俄、土之争战，德、奥、意之联盟。五洲之人，莫不仰首企足以观《泰晤士》之议论，文甫脱稿，电已飞驰，其重之又如此。然在而英国、德国、日本国，或于报馆有谗谤之律，有惩罚之条，则又何也？记载琐故，采访异闻，非齐东之野言，即秘辛之杂事，闭门而造，信口以谈，无补时艰，徒伤风化，其弊一也；军事敌情，记载不实，仅凭市虎之口，罔惩夕鸡之嫌，甚乃揣摩众情，臆造诡说，海外已成劫烬，纸上犹登捷书，荧惑听闻，贻误大局，其弊二也；臧否人物，论列近事，毁誉凭其恩怨，笔舌甚于刀兵，或扬颂权贵，为曳裾之阶梯，或指斥富豪，作苞苴之左卷，行同无赖，义乖祥言，其弊三也；操觚发论，匪有本原，蹈袭陈言，剿撮涂说，或乃才尽为忧，敷衍塞责，讨论轶闻，纪述游览，义无足取，言之无文，其弊四也；或有译录稍广，言论足观，删汰秽芜，颇知体要，而借阐宗风，不出郑志，虽有断章取义之益，未免歌诗不类之憾，其弊五也。具此诸端，斯义遂梏，遂使海内一二自好之士，反视报馆为螙贼，目报章为妖言，古义不行，良法致弊，呜呼，不其恫欤。

今设报于中国，而欲复西人之大观，其势则不能也。西国议院议定一事，布之于众，令报馆人入院珥笔而录之，中国则讳莫如深，枢府举动，真相不知，无论外人也。西国人数、物产、民业、商册，日有记注，展卷粲然，录副印报，与众共悉，中国则夫家六畜，未有专司，州县亲民，于其所辖民物、产业，末由周知，无论朝廷也。西人格致制造，专门之业，官立学校，士立学会，讲求观摩，新法日出，故亟登报章，先睹为快；中国则稍讲此学之人，已如凤毛麟角，安有专精其业，神明其法，而出新制也。坐此数故，则西报之长，皆非吾之所能有也。然则报之例当如何？曰：广译五洲近事，则阅者知全地大局，与其强盛弱亡之故，而不至夜郎自大，坐智井以议天地矣；详录各省新政，则阅者知新法之实有利益，及任事人之艰难经画，与其宗旨所在，而阻挠者或希矣；博搜交涉要案，则阅者知国体不立，受人嫚辱，律法不讲，为人愚弄，可以奋厉新学，思洗前耻矣。旁载政治、学艺要书，则阅者知一切实学源流门径，与其日新月异之迹，而不至抱八股、八韵、考据、词章之学，枵然而自大矣。准此行之，待以岁月，风气渐开，百废渐举，国体渐立，人才渐出，十年以后，而报馆之规模，亦可以渐备矣。

嗟夫！中国邸报兴于西报未行以前，然历数百年未一推广，商岸肇辟，踵事滋多，劝百讽一，裨补盖寡；横流益急，晦盲依然，喉舌不通，病及心腹，虽蚊虻之力，无取负山，而精禽之心，未忘填海。上循不非大夫之义，下附庶人市谏之条，私怀救火弗趋之愚，迫为大声疾呼之举，见知见罪，悉凭当途。若听者不亮，目为诽言，摧萌拉蘖，其何有焉？或亦同舟共艰，念厥孤愤，提倡保护，以成区区，则顾亭林所谓"天下兴亡，匹夫之贱，与有责焉"已耳。(《时务报》第一册，1896 年 8 月 9 日)

## 与严幼陵先生书

幼陵先生：二月间读赐书二十一纸，循环往复诵十数过，不忍释手，甚为感佩，乃至不可思议。今而知天下之爱我者，舍父师之外，无如严先生；天下之知我而能教我者，舍父师之外，无如严先生。得书即思作报，而终日冗迫，欲陈万端。必得半日之力始罄所怀，是以迟迟，非敢慢也。承规各节，字字金玉。数月以来，耳目所接，无非谀词，贡高之气，日渐增长，非有先生之言，则启超堕落之期益近矣。启超于学，本未尝有所颛心肆力，但凭耳食，稍有积累；性喜论议，信口辄谈，每或操觚，已多窒阂。当《时务报》初出之第一二次也，心犹矜持而笔不欲妄下。数月以后，誉者渐多，而渐忘其本来。又日困于宾客，每为一文，则必匆迫草率，稿尚未脱，已付钞胥，非直无悉心审定之时，并且无再三经目之事。非不自知其不可，而潦草塞责，亦几不免，又常自恕，以为此不过报章信口之谈，并非著述，虽复有失，靡关本原。虽然，就今日而自观前此之文，其欲有所更端者，盖不啻数十百事矣。先生谓苟所学自今以往继续光明，则视今之言必多可悔。乌乎！何其与启超今日之隐念相合也。然启超常持一论，谓凡任天下事者，宜自求为陈胜、吴广，无自求为汉高，则百事可办。故创此报之意，亦不过为椎轮，为土阶，为天下驱除难，以俟继起者之发挥光大之。故以为天下古今之人之失言者多矣，吾言虽过当，亦不过居无量数失言之人之一，故每妄发而不自择也。先生谓毫厘之差，流入众生识田，将成千里之谬，得无视启超过重，而视众生太轻耶？以魂魄属大小囱之论，闻诸穗卿；拉丁文一年有成之言，闻诸眉叔。至今自思魂魄之论，觉有不安，而欧、印性理之学，皆未厝治，未能豁然。拉丁文之说，再质之眉叔，固亦谓其不若是之易也。此亦先生所谓示人以可歆，而反为人所借口者矣。

变法之难，先生所谓一思变甲，即须变乙，至欲变乙，又须变丙，数语尽之。启超于此义，亦颇深知，然笔舌之间无可如何，故诸论所言，亦恒自解脱。当其论此事也，每云必此事先办，然后他事可办，及其论彼事也，又云必彼事先办，然后余事可办。比而观之，固已矛盾；而其实互为先后，迭相循环，百举毕兴，而后一业可就。其指事责效之论，抚以自问，亦自笑其欺人矣。然总自持其前者椎轮、土阶之言，因不复自束，徒纵其笔端之所至，以求振动已冻之脑官，故习焉于自欺而不觉也。先生以觉世之责相督，非所敢承。既承明教，此后敢益加矜慎，求副盛意耳。

《古议院考》，乃数年前读史时偶有札记，游戏之作。彼时归粤，倚装匆匆，不能作文，故以此塞责。实则启超生平最恶人引中国古事以证西政，谓彼之所长，皆我所有。此实吾国虚骄之结习，初不欲蹈之，然在报中为中等人说法，又往往自不免。得先生此论以权为断，因证中国历古之无是物，益自知其说之讹谬矣。然又有疑者，先生谓黄种之所以衰，虽千因万缘，皆可归狱于君主，此诚悬之日月不刊之言矣。顾以为中国历古无民主，而西国有之，启超颇不谓然。西史谓民主之局，起于希腊、罗马，启超以为彼之世非民主也。若以彼为民主也，则吾中国古时亦可谓有民主也。《春秋》之言治也有三世：曰据乱，曰升平，曰太平。启超常谓据乱之世则多君为政，升平之世则一君为政，太平之世则民为政。凡世界，必由据乱而升平，而太平；故其政也，必先多君而一君，而无君。多君复有二种：一曰封建，二曰世卿。故其政无论自天子出，自诸侯出，自大夫出，陪臣执国命，而皆可谓之多君之世（古人自士以上皆称君）。封建之为多君也，人多知之；世卿之为多君也，人恒昧之。其实其理至易明，世卿之俗，必分人为数等，一切事权皆操之上等人，其下等人终身累世为奴隶。上等之与下等，不通婚姻，不交语，不并坐。故其等永不相乱，而其事权永不相越。以启超所闻，希腊、罗马昔有之议政院，则皆王族世爵主其事。其为法也，国中之人可以举议员者，无几辈焉；可以任议员者，益无几辈焉。惟此数贵族展转代兴，父子兄弟世居要津，相继相及耳。至于蚩蚩之氓，岂直不能与闻国事，彼其待之且将不以人类。彼其政也，不过如鲁之三桓，晋之六卿，郑之七穆，楚之屈、景，故其权恒不在君而在得政之人。后之世家不察，以为是实民权，夫彼民则何权欤？周厉无道，流之于彘而共和执政。国朝入关以前，太宗与七贝勒朝会燕飨皆并坐，饷械房掠皆并分，谓之八公。此等事谓之君权欤，则君之权诚不能专也；谓之民权欤，则民权究何在也？故启超以为此皆多君之世，去民主尚隔两层。此似与先生议院在权之论复相应，先生以为何如？地学家言土中层累，皆有一定，不闻花刚石之下有物迹层，不闻飞鼍大鸟世界以前复有人类。惟政亦尔，既有民权以后，不应改有君权。故民主之局，乃地球万国古来所未有，不独中国也。西人百年以来。民气大伸，遂尔淬兴。中国苟自今日昌明斯义，则数十年其强亦与西国同，在此百年内进于文明耳。故就今日视之，则泰西与支那诚有天渊之异，其实只有先后，并无低昂。而此先后之差，自地球视之，犹旦暮也。地球既入文明之运，则蒸蒸相逼，不得不变，不特中国民权之说即当大行，即各地土番野猺亦当丕变，其不变者即澌灭以至于尽。此又不易之理也。南海先生尝言，地球文明之运，今始萌芽耳。譬之有文明百分，今则中国仅有一二分，而西人已有八九分，故常觉其相去甚远；其实西人之治亦犹未也。然则先生进种之说至矣，匪直黄种当求进也，即白种亦当求进也。先生又谓何如？

来书又谓教不可保，而亦不必保。又曰保教而进，则又非所保之本教矣。读至此则据案狂叫，语人曰："不意数千年闷胡芦，被此老一言揭破！"不服先生之能言之，而服先生之敢言之也。国之一统未定，群疑并起，天下多才士；既已定鼎，则黔首戢戢受治，蔺然无人才矣。教之一尊未定，百家并作，天下多学术；既已立教，则士人之心思才力，皆为教旨所束缚，不敢作他想，窒闭无新学矣。故庄子束教之言，天下之公言也。此义也，启超习与同志数人私言之，而未敢昌言之。若其著论之间，每为一尊之言者，则区区之意又有在焉。国之强弱悉推原于民主，民主斯固然矣。君主者何？私而已矣，民主者何？公而已矣。然公固为人治之极则，私亦为人类所由存。譬之禁攻，寝兵，公理也。而秦桧之议和，不得不谓之误国。视人如己，公理也。而赫德之定税则，不能不谓之欺君。《天演论》云："克己太深，而自营尽泯者，其群亦未尝不败。"然则公私之不可偏用，亦物理之无如何者矣。今之论且无遽及此，但中国今日民智极塞，民情极涣，将欲通之，必先合之。合之之术，必择众人目光、心力所最趋注者而举之，以为的则可合，既合之矣，然后因而旁及于所举之的之外，以渐而大，则人易信而事易成，譬犹民主，固救时之善图也。然今日民义未讲，则无宁先借君权以转移之。彼言教者，其意亦若是而已。此意先生谓可行否？抑不如散其藩篱之所合为尤广也！此两义互起灭于胸中者久矣，请先生为我决之。

　　南海先生读大著后，亦谓眼中未见此等人。如穗卿，言倾佩至不可言喻。惟于择种留良之论，不全以尊说为然，其术亦微异也。书中之言，启超等昔尝有所闻于南海，而未能尽。南海曰："若等无诧为新理，西人治此学者，不知几何家几何年矣。"及得尊著，喜幸无量。启超所闻于南海有出此书之外者，约有二事：一为出世之事，一为略依此书之义而演为条理颇繁密之事。南海亦曰："此必西人之所已言也。"顷得穗卿书，言先生谓斯宾塞尔之学，视此书尤有进。闻之益垂涎不能自制，先生盍怜而饷之！

　　以上所复各节，词气之间有似饰非者，有似愎谏者，实则启超于先生爱之敬之，故有所疑辄欲贡之以自决，不惟非自是之言，抑且非自辨之言也。对灯展纸，意之所及，即拉杂书之，未尝属稿，故不觉言之长，恐有措语不善，类于断断致辨也者，不复省察，以负先生厚意。知我爱我如先生，其亦必不以其见疑也。侪辈之中，见有浏阳谭君复生者，其慧不让穗卿，而力过之，真异才也。著《仁学》三卷，仅见其上卷，已为中国旧学所无矣。此君前年在都与穗卿同识之，彼时觉无以异于常人；近则深有得于佛学，一日千里，不可量也。并以奉告。启超近为《说群》一篇，未成，将印之《知新报》中，实引申诸君子之言，俾涉招众生有所入耳。本拟呈先生改定乃付印，顷彼中督索甚急，遂以寄之。其有谬误，请先生他日具有以教之也。又来书谓时务诸论，有与尊意不相比附者尚多，伏乞仍有以详教。（《饮冰室合集》文集之一）

## 论君政民政相嬗之理

　　博矣哉，《春秋》张三世之义也。治天下者有三世：一曰多君为政之世，二曰一君为政之世，三曰民为政之世。多君世之别又有二：一曰酋长之世，二曰封建及世卿之世。一君世之别又有二：一曰君主之世，二曰君民共主之世。民政世之别亦有二：一曰有总统之世，二曰无总统之世。多君者，据乱世之政也；一君者，升平世之政也；民者，太平世之政也。此三世六别者，与地球始有人类以来之年限，有相关之理。未及其世，不能躐之。

既及其世，不能阏之。

酋长之世，起于何也？人类初战物而胜之，然而未有舆骑舟楫之利，一山一川一林一泽之隔，则不能相通也。于是乎划然命为一国。其黠者或强有力者，即从而君之。故老子曰："古者邻国相望，鸡犬之声相闻，其民老死不相往来。"禹会诸侯于涂山，执玉帛者万国，彼禹域之大，未及今日之半也，而为国者万，斯盖酋长之世也。今之蒙古也，回疆也，苗也，黎也，生番也，土司也，非洲也，南洋也，美洲、澳洲之土人也，皆吾夏后氏以前之世界也。凡酋长之世，战斗最多。何也？其地隔，故其民不相习，而其情不相通，加以凡有血气皆有争心，故相戕无已时也。封建世既有一天子以统众诸侯矣，而犹命为多君，何也？封建者，天子与诸侯俱据土而治，有不纯臣之义（见《公羊》何注）。观于《周礼》只治畿内，春秋战国诸侯各自为政，可以见封建世之俗矣。其时诸侯与天子同有无限之权，故谓之多君。封建亦一大酋长耳，其相戕亦惨，其战斗亦多。

世卿亦谓之多君，何也？《礼·丧服》传：公士大夫之众臣为其君。《传》曰：君谓有地者也。盖古者凡有采地皆称君，而仕于其邑，居隶其地者，皆为之民。其待之也，亦得有无限之权，故亦谓之多君。世卿之国，亦多战斗。如鲁之季孙氏、郈氏，晋之韩、魏、范、中行氏，皆是也。故世卿亦可谓之小封建。

凡多君之世，其民皆极苦。争城争地，糜烂以战，无论矣。彼其为君者，又必穷奢极暴，赋敛之苛，徭役之苦，刑罚之刻，皆不可思议。观于汉之诸侯王，及今之土司，犹可得其概矣。孔子作《春秋》，将以救民也。故立为大一统、讥世卿二义。此二者所以变多君而为一君也。变多君而为一君，谓之小康。昔者秦、楚、吴、越相仇相杀，流血者，不知几千万人也。问今有陕人与湘人争强，苏人与浙人构怨者乎？无有也。昔之相仇相杀者，皆两君为之也。无有君，无有国，复归于一，则与民休息，此大一统之效也。世卿之世，苟非贵胄不得位卿孤。既讥世卿，乃立选举。但使经明行修，虽蓬荜之士，可以与闻天下事。如是则贤才众多，而天下事有所赖。此讥世卿之效也。

虽然，当其变也，盖亦难矣。秦汉以后，奉《春秋》为经世之学，亦既大一统矣。然汉初之吴楚七国乱之，汉末以州牧乱之，晋之八王乱之，唐之藩镇乱之，乃至明之燕王宸濠，此害犹未获息。越二千年，直至我朝，定宗室自亲王以下至奉恩将军凡九等；功臣自一等公以下至恩骑尉凡二十六等，悉用汉关内侯之制，无分土，无分民，而封建之多君始废。汉氏虽定选举之制，而魏晋九品中正，寒门贵族，界限画然。此犹微有世卿之意焉。虽然，吾中国二千年免于多君之害者，抑已多矣，皆食素王之赐也，凡变多君而为一君者，其国必骤强。昔美之三十七邦也，德之二十五邦也，意之二十四邦也，日本之九十二诸侯也，当其未合也，彼数国者，曾不克自列于地球也。其既合也，乃各雄长于三洲，何也？彼昔者方罢敝其民，以相争之不暇，自斫其元气，耗其财力，以各供其君之私欲。合而一之，乃免此难。此一君世之所以为小康也。而惜乎诸国用《春秋》之义太晚，百年前之糜烂，良可哀也。

世卿之多君，地球各国，自中土以外，罕有能变者。日本受毒最久。藤原以后，政柄下移，大将军诸侯王之权，过于天皇。直至明治维新，凡千余年，乃始克革。今俄之皇族，世在要津；英之世爵，主持上议院；乃至法人既变民政，而前朝爵胄，犹潜滋暗窥，渐移国权。盖甚矣变之之难也。

封建世卿之与奴隶，其事相因也。举天下之地而畀诸诸侯，则凡居其地者，莫敢不为臣。举天下之田而聚诸贵族，则凡耕其田者，莫敢不为隶。故多君之世，其民必分为数等，而奴隶遍于天下。孔子之制，则自天子以外，士农工商（天子之元子犹士也），编为四民，各授百亩，咸得自主。六经不言有奴隶。（《周礼》有之者，非孔子所定之制。）汉世累诏放奴婢，行孔子之制也。后世此议不讲，至今日而满蒙尚有包衣望族，达官尚有世仆，盖犹多君世之旧习焉。西方则俄国之田，尚悉归贵族掌辖；法国之田，悉为教士及世爵公产。凡齐民之欲耕者，不得不佃其田，而佃其田者，不得不为之役。自余诸国，亦多类是。日本分人为数等之风尤盛，乃至有秽多、非人等名号。凡列此者，不齿人类。而南北美至以贩奴一事，构兵垂十年。此皆多君世之弊政也。今殆将悉革矣。此亦《春秋》施及蛮貊之一端也（余别有《孔制禁用奴婢考》）。

欧洲自希腊列国时已有议政院，论者以为即今之民政。然而吾窃窃焉疑之。彼其议政院皆王族世爵主持其事，如鲁之三桓，郑之七穆，晋之六卿，楚之屈景。父子兄弟，世居要津，相继相及耳。至于匹夫编户，岂直不能与闻国是，乃至视之若奴隶，举族不得通籍，此其为政也。谓之君无权则可，谓之民有权则不可，此实世卿多君之世界也。度其为制也，殆如英国今日之上议院，而非英国今日之下议院。周厉无道，见流于彘，而共和执政。滕文公行三年之丧，而父兄百官皆不悦。此实上议院之制也，不得谓之民政。若谓此为民政也，则我朝天聪、崇德间，八贝勒并坐议政，亦宁可谓之为民政也。俄史称俄本有议事会，由贵爵主之，颇有权势，诸事皆可酌定。一千六百九十九年，大彼得废之，更立新会，损益其规，俾权操于己（见《俄史辑译》）。俄之旧会，殆犹夫希腊、罗马诸国之议院也，犹多君之政也。俄之变多君而为一君，则自大彼得始也。

大地之事事物物，皆由简而进于繁，由质而进于文，由恶而进于善。有定一之等，有定一之时，如地质学各层之石，其位次不能凌乱也。今谓当中土多君之世，而国已有民政，既有民政，而旋复退而为君政，此于公理不顺。明于几何之学者，必能辨之。

严复曰：欧洲政制，向分三种。曰满那弃者，一君治民之制也；曰巫理斯托格拉时者，世族贵人共和之制也；曰德谟格拉时者，国民为政之制也。德谟格拉时又名公产，又名合众。希、罗两史，班班可稽，与前二制相为起灭。虽其时法制未若今者之美备，然实为后来民治滥觞。且天演之事，始于胚胎，终于成体。泰西有今日之民主，则当夏商时含有种子以为起点。而专行君政之国，虽演之亿万年，不能由君而入民，子之言未为当也。启超曰：吾既未克读西籍，事事仰给于舌人，则于西史所窥知其浅也。乃若其所疑者，则据虚理比例以测之。以谓其国既能行民政者，必其民之智甚开，其民之力甚厚。既举一国之民而智焉，而力焉，则必无复退而为君权主治之理。此犹花刚石之下，不得复有煤层，煤层之下，不得复有人迹层也。至于希、罗二史，所称者其或犹火山地震喷出之石汁，而加于地层之上，则非所敢知，然终疑其为偶然之事，且非全体也。故代兰得常得取而篡之（西史称借民权之名以攘君位者，谓之代兰得）。其与今之民政殆相悬也。至疑西方有胚胎，而东方无起点，斯殆不然也。日本为二千年一王主治之国，其君权之重，过于我邦，而今日民义之伸不让英、德。然则民政不必待数千年前之起点明矣。盖地球之运，将入太平，固非泰西之所得专，亦非震旦之所得避。吾知不及百年，将举五洲而悉惟民之从，而吾中国，亦未必能独立而不变。此亦事理之无如何者也。

世之贤知太过者，或疑孔子何必言小康，此大谬也。凡由多君之政而入民政者，其间必经一君之政，乃始克达。所异者，西人则多君之运长，一君之运短；中国则多君之运短，一君之运长。（此事就三千年内言之。）至其自今以往，同归民政，所谓及其成功一也。此犹佛法之有顿有渐，而同一法门。若夫吾中土奉一君之制，而使二千年来杀机寡于西国者，则小康之功德无算也。此孔子立三世之微意也。

问今日之美国、法国，可为太平矣乎？曰恶，恶可。今日之天下自美、法等国言之，则可谓为民政之世；自中、俄、英、日等国言之，则可谓为一君之世。然合全局以言之，则仍为多君之世而已。各私其国，各私其种，各私其土，各私其物，各私其工，各私其商，各私其财；度支之额，半充养兵，举国之民，悉隶行伍；眈眈相视，龁龁相仇，龙蛇起陆，杀机方长，螳雀互寻，冤亲谁问？呜呼！五洲万国，直一大酋长之世界焉耳。《春秋》曰："末不亦乐乎，尧舜之知君子也。"《易》曰："见群龙无首吉。"其殆为千百年以后之天下言之哉？（《时务报》第四十一册，1897 年 10 月 6 日）

## 论中国之将强

西人之侮我甚矣，西人之将灭人国也，则必上之于议院，下之于报章，日日言其国政之败坏，纲纪之紊乱，官吏之苛黩。其将灭人种也，则必上之于议院，下之于报章，日日言其种族之犷悍，教化之废坠，风俗之糜烂，使其本国之民士，若邻国之民士闻其言也。仁者愀然思革其政，以拯其难，鸷者狡焉思乘其敝，以逞其志。夫然后因众人之欲，一举再举而墟其国，奴其种，而偭然犹以仁义之师自居。斯道也，昔施诸印度，又施诸土耳其，今彼中愤土责土唾骂土之言，且日出而未有止也（迭见近日《万国公报》《时务报》中）。余读西报，其訾中国之国政纲纪官吏，盖数十年以来矣。去岁八九月以后，乃更明目张胆，昌言华种之野悍，华民之愚诈，华教之虚伪（《时务报》中亦屡译之，然其不敢译者尚不知凡几，即如去年西历十二月廿四号，上海某西报有一论，言华民不徒已死，并且臭烂，其言真不堪入耳，此外类此者尚多），其意若谓苟不灭此朝食，则为逆天，为辱国，为悖理，一倡百和，举国若狂，日本人师其故智，于其报章日言台湾之民顽恶刁狡，不如生番之驯善，西国罗马旧律，凡与文教之国战争者，皆有公法，虽攻城入邑，无得肆扰，惟与野蛮战不在此论。日人惟痛诋华民曾土番之不若，故得屠戮淫掠，惨无天日，而他国鲜有以为非者，非不知其非也。彼其因利乘便，狨焉思启。思以此道行于吾十八行省者，举欧洲诸国皆有同心也。罗马旧律，凡入野蛮之国者，不由国门入，筑桥逾城而进焉。庚申之役，英法之待我，盖以此也。去岁五六月间，英人、德人先后遣其向驻非洲之公使来驻中国，厥意谓之国也，非以治非洲之道治之弗治也。无端而逐工，无端而拒使，无端而索岛岸，无端而揽铁路，无端而涎矿产，无端而干狱讼，人之轻我贱我，野蛮我，奴隶我，禽兽我，尸居我，其惨酷至于如此其极也。

梁启超曰：西人其毋尔，中国非印度土耳其之比也。印度见并已百数十载，尔来英人设学校以教之，其人才成就，能与旅印之英人齐驱者盖绝焉。愚智之相越远也，土耳其受侮三十年，而其君上下委软恭敝，无或思自振厉以卫国本，徒知区别种族，仇视其民。今中国诚败衄矣，然未至如百年以前之印度也。且未至如三十年前之土耳其也。今自和议以后，虽朝贵大吏，晏安犹昔，而草茅之间，风气大开，其灼然有见于危亡之故。振兴之道，攘臂苦口，思雪国耻者所在皆有。虽喉舌之地尚多窒塞，而各封疆奋然兴作者盖不乏人。虽乡曲学究，枯守瞽井，侈言尊攘，旧习未改，而后起之秀，年在弱冠以下者，类多资禀绝特，志气宏远，才略沉雄。嗟乎！谓天之不亡中国也，则瓜分之约期以五年，内讧之形，不可终日，虽讳言亡，宁有幸也。谓天之亡中国也，则何必生此无数人才，以膏刃而马足，使之奴焉隶焉，犬马焉，于异类然后为快也。

吾请与国之豪杰，大声疾呼于天下曰：中国无可亡之理，而有必强之道。约举其故，都有三事。而土地之腴，矿脉之盛，物产之衍，犹不与焉。今夫西人之所以强者，则岂不以人才乎哉？以今日蒙翳固陋窒闭之中国，而欲与西方之人才较短长，其奚不量。虽然，今微论他事，以吾所闻向者所派学生游学美国者，咸未及卒业，中途撤归，而至今卓然成就专门之业，有声于西域者，犹不乏人。当其初达美境，于彼中语文一无所识，二三年后，则咸可以入中学校。每试焉辄冠其曹，学中教师，罔不鼓掌赞叹。盖无论何国学堂，苟有支那人在弟子籍者，未有不翘然秀出于侪辈也。今夫向者之游学生，皆非必吾此间之上才也，向者风气未开，父兄所以诏勉其子弟者，恒在科第，大率量其才力，不足以得科第，乃遣之从事于此途。非如日本之遴选俊异，以承其乏也。然所成就已若此，然则以彼中上才与吾中才较，而其短长高下，固尚在不可知之数矣。况率吾四万万人中所谓聪明才智之士者，而一一进之以实学，练之以实事，行之以实心，十年之内，何才不成？彼夫印度之不昌，限于种也，凡黑色红色棕色之种人，其血管中之微生物，与其脑之角度，皆视白人相去悬绝，惟黄之与白，殆不甚远，故白人所能为之事，黄人无不能者。日本之规肖西法，其明效也。日本之种，本出于我国，而谓彼之所长，必我之所短，无是道也。土耳其之不振也，局于教也。回民锢蔽窒塞，残忍酷虐，谓杀人者生天，谓战死者成圣。其教也，盖野蛮之行也，若夫吾教，则精粗并举，体用兼备，虽久湮昧，一经发明，方且可以施及蛮貊，莫不尊亲。而何有于区区之神州也。以种则若彼，以教则若此。呜呼！是岂宜奴焉仆焉，犬马焉于人者哉？闻之有才千人，国可以立。有才万人，国可以强。今夫以中国之大，种类之美，教俗之善，欲求于四万万人中而得一人，殆匪曰难也。此其将强之道一也。

今天下大较，西国则君子多而野人少，中国则君子少而野人多，斯盖强弱之大原哉。虽然，福固祸所倚，祸亦福所伏。十年之后，吾恐黄白两种之交涉，必有因此而生非常之变者。西国机器日盛，工厂所容之人日夥，而争工价，争作工时刻，抑胁厂主，相率罢役之事。岁辄数十见，何也？知学之人日以多，谋生之道日以广，苟其才力粗足以自养。则恒乐为劳心，而不乐为劳力，此人情也。以是操作辛工之人，日少一日，工人既日益减，而所兴作之事，所需工人日益增以希获贵，于是执业愈贱愈苦者，其所获之工价愈大。工既涨则成物价亦涨，一切物价既涨，则一切人所执业之价亦涨，互相增益，无有已时。故欧洲人谈时务者，以工价一端为数十年来绝大消息之事，夫以今日白种作工之人，应今日欧美工厂之用，犹叹其少，况十年以后，此益增而彼益减乎。工价日增而作工时刻日减，则厂主病，厂主折阅，工亦无依。则工人亦病，百物腾踊，人心惶惑，则举国皆病。穷极思反，必求工人多，然后工价可以贱，工价贱然后物价可以平。此必然之情形矣。今夫华民四万万，其恃作工以谋食者，过半而未有已也（中国妇女恃粗工自养者亦过半）。而其操业最勤，其费用最俭，惟勤也，故作工时刻可以倍增，惟俭也，故工价可以倍减。于彼时也，用吾之所短，以持西人之所长，则华工之权力，可以横绝于天下。举天下之器物，皆仰成于华民之手，欲华种之无强，不可得也。今夫日本之民数，视中国仅什一耳，其操作之勤，取值之寡，视欧洲虽有间，其去中国则尚远甚也。而近年以来，犹以工艺雄于万国，每岁手作之物，售至美国者，且值百千万。西方诸国，靡不睊睊畏之。而况于寰繁朴悫之中国乎，彼美人之苛逐华民也，固彼中巨室所大不欲，而无如其力之不足以胜细民也。彼细民之嫉我也，盖亦由忌我畏我，而无术以制我。故宁冒天下之不韪，而悍然出于此途，然我必有使人可忌可畏之道，昭昭然也。彼今日徒知嫉吾以自卫，而不知隐微之间，同受其病者，已非一日。十年以后，患害大著，上下共睹，而吾华民之公利，终莫得裁制而禁抑之也，此其将强之道二也。

欧洲何以强？欧洲壤地最褊，生齿最盛，自四五百年前，即忧人满，于是哥伦波创探新地，辟阿美利加大洲，而印度、非洲、南洋、澳岛相继垦殖。徙欧民以实之，莽莽五洲，辙迹殆满。是以白种之权利遍天下，使欧人以丸泥自封，闭关勿出，今虽以瘠亡可也。虽然，殖民之政，（日本人称属地为殖民地，盖人满则徙之他地以殖之也。）行之数百年矣，其真能尽地利者，今惟合众一国，自余若印度，若加拿大，若澳洲，若南洋诸岛，近数十年，锐意拓殖，然犹未得其半。若非洲，若亚洲西北一带，虽颇经营，曾靡功焉。此犹曰沙漠不毛之地为然也。若夫南阿美利加一洲，若巴西，若墨西哥，其纬道在温热带之间，与中国美国相等，地质肥沃，物产繁衍，亦伯仲于两邦，盖地球天府之壤，未或过是也。而欧人之力，不能及之，听其荒而不治而已。彼非不涎之也，强弩之末，不穿鲁缟，彼白人只有此数，固不足以尽专天下之利。且其君子多而野人少，用以攫他人已有之成业则有余，用以开千古未辟之地利则不足。故千手亿目，咸注东方，而穰穰膏腴，莫或厝意也。夫全地人类，只有五种，白种既已若是，红种则湮灭将尽，棕黑两种，其人蠢而惰，不能治生，不乐作苦，虽芸总犹昔，然行尸走肉，无所取材。然则佃治草昧，澄清全地者，舍我黄人末由也。今夫合众一国，澳大一洲，南洋一带，苟微华人，必不有今日。今虽获兔烹狗，得鱼忘筌，摈之逐之，桎之梏之，鱼之肉之，奴之仆之，然筚路蓝缕之功，在公论者，终不没于天下，顾徒为人作计，曾未能得其丝毫之利，虽由国势之不振，亦由吾民于彼中情伪未悉，恒以可得之权利。晏然让诸人耳，昔惟昧之，是以弃之；今惟察之，是以得之。消息甚微，轨轴甚大，殆亦天之未绝黄种，故留此一线以俟剥极将复之后，乃起而苏之也，此其将强之道三也。

吾闻师之言地运也，大地之运，起于昆仑，最先兴印度，迤西而波斯，而巴比伦，而埃及。渡地中海而兴希腊，沿海股而兴罗马意大利，循大西洋海岸迤北兴西班牙、葡萄牙，又北而兴法兰西，穿海峡而兴英吉利，此千年以内。地运极于欧土，洋溢全洲，其中原之地，若荷兰、若瑞士、若德意志，则咸随其运之所经，而一一浡起。百年以内，运乃分达，一入波罗的海迤东以兴俄，一渡大西洋迤西以兴美，三十年来西行之运，循地球一转，渡大东洋以兴日本，日本与中国接壤，运率甚速，当渡黄海、渤海兴中国，而北有高丽，南有台湾，以为之过脉，今运将及矣。东行之运，经西伯利亚，达中国。十年以后，两运并交，于是中国之盛强，将甲于天下。昔终始五德之学，周秦儒者，罔不道之，其几甚微，其理可信。此固非一孔之儒，可以持目论而非毁之者也。以人事言之则如彼，以势言之则如此。呜呼！彼西人虽欲犬马我，奴隶我，吾奚惧焉，吾奚馁焉。问者曰：瓜分之约，期以五年，内讧之形，不可终日。汲汲顾影，日薄崦嵫，死丧无日，皇言盛强，五尺之童，知其无救。甚矣吾子之至愚而病狂也，不则故为大言以自喜以欺天下也。释之曰，不极剥者不速复，不小往者不大来。华盛顿八岁血战，南北美频年交恶，于美之强，宁有害焉？拿帝用兵，杀人如草菅，君民革政，废置如弈棋，于法之强，宁有害焉？俄、德、美三国，劫盟海疆，萨长土诸藩，构衅内地，于日本之强，宁有害焉？且而不闻乎，殷忧所以启圣，多难乃以兴国，又曰置之死地而后生，置之亡地而后存，举天下人而安之，斯获危矣。举天下人而危之，斯获安矣。吾直惧夫吾国人于今日危亡之故，知之者尚少也，借或知之，则以为大局之患。于我无与也。亦既知之，亦既忧之，固知重泉之下，即是天衢，各怀衔石之心，已无东海。彼何德而天幸，我何辜而天亡，敬告我后，及我大夫，凡百君子，吾侪小民，忍大辱，安大苦，发大愿，合大群，革大弊，兴大利，雪大耻，报大仇，定大难，造大业，成大同。仁人志士，其宁能无动于其心者乎？其听其冥冥以沦胥也，若夫夜郎之大，莫肯念乱，徒撼余论，益其嚣张，则蒙有罪焉矣。（《时务报》第三十一册，1897 年 6 月 30 日）

## 《日本国志》后序

中国人寡知日本者也，黄子公度撰《日本国志》，梁启超读之，欣怿咏叹黄子，乃今知日本，乃今知日本之所以强，赖黄子也。又潸愤责黄子曰：乃今知中国，知中国之所以弱，在黄子成书十年久谦让不流通，令中国人寡知日本，不鉴不备，不患不悚，以至今日也。乃诵言曰：使千万里之外，若千万岁之后，读吾书者，若布眉目而列白黑，入家人而数米盐，登庙庑而诵昭穆也。则良史之才矣。使千万里之外，若千万岁之后，读吾书者，乃至知吾世，审吾志，其用吾言也。治焉者荣其国，言焉者辅其文，其不能用，则千万里之外，若千万岁之后，轾材讽说之徒，咨嗟之，太息之，夫是之谓经世，先王之志。斯义也，吾以求诸古史氏，则惟司马子长有取焉。虽然，道己家事者，非愚呆蒙崽之子，莫不靡靡能言之。深周隐曲，若夫远方殊类，邈绝侚侏之域，则虽大智长老，闻言未解，游梦不及，况欲别闺闼、话子姓、数米盐哉，此为尤难绝无之事矣。司马子长美矣，然其为《史记》也，则家人子之道其家事而已。日本立国二千年无正史，私家纪述秽杂不可理，彼中学子能究澈本末，言之成物者已鲜，况以此土之人，谈彼岸之书，异域绝俗，殊文别语，正朔服色，器物名号，度律量衡，靡有同者，其孰从而通之？且夫日本古之弹丸，而今之雄国也。三十年间，以祸为福，以弱为强，一举而夺琉球，再举而割台湾，此土学子鼾睡未起，睹此异状，挢口咋舌，莫知其由。故吾政府宿昔靡得而戒焉。以吾所读《日本国志》，其于日本之政事人民土地及维新变政之由。若入其闺闼而数米盐，别白黑而诵昭穆也。其言十年以前之言也，其于今日之事。若烛照而数计也。又岂惟今日之事而已，后之视今，犹今之视昔，顾犬补牢，未为迟矣。孟子不云乎，有王者起，必来取法。斯书乎，岂可仅以史乎？史乎目之乎？虽然，古之史乎皆有旨义，其志深，其恉远。启超于黄子之学，自谓有深知其为学也，不肯苟焉附古人以自见，上自道术，中及国政，下逮文辞，冥冥乎入于渊微，敢告读是书者，论其遇，审其志，知所戒备，因以为治，无使后世咨嗟而累欷也。（《时务报》第二十一册，1897 年 3 月 23 日）

## 读《日本书目志》书后

梁启超曰：今日中国欲为自强第一策，当以译书为第一义矣。吾师南海先生，早眀眀忧之，大收日本之书，作书目志以待天下之译者。谨按其序曰，圣人譬之医也，医之为方，因病而发药，若病变则方亦变矣。圣人之为治法也，随时而立义，时移而法亦移矣。孔子作六经而归于《易》《春秋》，《易》者随时变易，穷则变，变则通。孔子虑人之守旧方而医变症也，其害将至于死亡也。《春秋》发三世之义，有拨乱之世，有升平之世，有太平之世，道各不同，一世之中，又有天地文质三统焉，条理循详，以待世变之穷而采用之。呜呼！孔子之虑深以周哉。吾中国大地之名国也，今则耗矣衰矣，以大地万国皆更新，而吾尚守旧故也，伊尹古能治病国者也，曰：用其新，去其陈，病乃不存。汤受其教，故言日新又新，积池水而不易，则臭腐兴，身面不沐浴，则垢秽盈，大地无风之扫荡改易，则万物不生，物新则壮，旧则老，新则鲜，旧则黯，新则洁，旧则败，天之理也。今中国亦汲汲思自强而改其旧矣，而尊资格使耆老在位之风未去，楷书割截之文，弓刀步石之制未除。补缀其一二，以具文行之，譬补漏糊纸于覆屋破船之下，亦终必亡而已矣。即使扫除震荡，推陷其旧习而更张之，然泰西之强，不在军兵炮械之末，而在其士人之学，新法之书。凡一名一器，莫不有学，理则心伦生物，气则化光电重，业则农工商矿，皆以专门之学为之。此其所以开辟地球，横绝宇内也。而吾数百万之吏士，问以大地道里，国土人民物产，茫茫如堕烟雾，瞠目挢舌不能语。况生物、心伦、哲、化、光、电、重、农、工、商、矿之有专学新书哉。其未开径路固也，故欲开矿而无矿学、无矿书，欲种植而无植物学、无植物书，欲牧畜而无牧学、无牧书，欲制造而无工学、无工书，欲振商业而无商学、无商书，仍用旧法而已。则就开矿言之，亏败已多矣。泰西于各学，以数百年考之，以数十国学士讲之，以功牌科第激厉之，其室户堂门，条秩精详，而冥冥人微矣。吾中国今乃始舍而自讲之，非数百年不能至其域也，彼作室而我居之，彼耕稼而我食之，至逸而至速，决无舍而别讲之理也。今吾中国之于大地万国也，譬犹泛万石之木航，与群铁舰争胜于沧海也，而舵工榜人，皆盲人瞽者，黑夜无火，昧昧然而操柁于烟雾中，即无敌船之攻，其遭风涛沙石之破可必也。况环百数习于出没波涛之铁舰，而柁工、榜人皆渔户为之，明灯火张旌旗而来攻，其能待我从容求火乎？然今及诸舰之未来攻也，吾速以金篦刮目，槐柳取火，尤不容缓也。然即欲刮目取火以求明矣。而泰西百年来诸业之书，万百亿千，吾中人识西文者寡，待吾数百万吏士，识西文而后读之，是待百年而后可。则吾终无张灯之一日也。故今日欲自强，惟有译书而已。今之公卿明达者，亦有知译书者矣。曾文正公之开制造局以译书也，三十年矣，仅百余种耳。今即使各省并起，而延致泰西博学专门之士，岁非数千金，不能得一人，得一人矣，而不能通中国语言文字，犹不能译也。西人有通学游于中国，而通吾之语言文字者，自一二教士外，无几人焉，则欲译泰西诸学之要书，亦必待之百年而后可。彼环数十国之狡焉思启者，岂能久待乎，是诸学终不可得兴，而终不能求明而自强也。夫中国今日不变法日新不可，稍变而不尽变不可，尽变而不兴农、工、商、矿之学不可，欲兴农、工、商、矿之学，非令士人尽通物理不可，凡此诸学，中国皆无其书，必待人士之识泰西文字，然后学之，泰西文字，非七年不可通，人士安得尽人通其学，不待识泰西文字而通其学，非译书不可矣。然即欲译书，非二十行省并兴不可，即二十行省尽兴而译之矣。译人有人矣，而吾岌岌安得此从容之岁月。然则法终不能变，而国终不能强也。康有为昧昧思之曰：天下后起者胜于先起也，人道后人逸于前人也。泰西之变法至迟也，故自倍根至今五百年，而治艺乃成。日本之步武泰西至速也，故自维新至今三十年，而治艺已成。大地之中，变法而骤强者，惟俄与日也。俄远而治效不著，文字不同也，吾今取之至近之日本，察其变法之条理先后，则吾之治效，可三年而成，尤为捷疾也。且日本文字，犹吾文字也。但稍杂空海之伊吕波文，十之三耳。泰西诸学之书，其精者日人已略译之矣。吾因其成功而用之，是吾以泰西为牛，日本为农夫，而吾坐而食之，费不千万金，而要书毕集矣。使明敏士人，习其文字，数月而通矣。于是尽译其书，译其精者而刻之，布之海内，以数年之期，数万之金，而泰西数百年数万万人士新得之学举在是。吾数百万之吏士识字之人，皆可以讲求之，然后致之学校以教之，或崇之科举以励之，天下响风，文学辐凑，而才不可胜用矣。于是言矿学而矿无不开，言农、工、商而业无不新，言化、光、电、重、天文、地理而无不入微也。以我温带之地，千数百万之士，四万万之农工商，更新而智之，其方驾于英美而逾越于俄、日，可立待也。日本变法，二十年而大成，吾民与地十倍之，可不及十年而成之矣。迩者购铁舰、枪炮、筑营垒以万万计。而挫于区区之日本，公卿、士夫，恐惧震动，几不成国，若夫一铁舰之费数百万矣，一克房伯炮之微，费数万金矣。夫以数万金，可译书以开四万万人之智，以为百度之本。自强之谋而不为，而徒为购一二炮以为赍敌借寇之资，其为智愚何如也？呜呼！日人之祸，吾自戊子上书言之，曲突徙薪，不达而归，欲结会以译日书久矣，而力薄不能成也。呜呼！使吾会成，日书尽译，上之公卿，散之天下，岂有割台之事乎？故今日其可以布衣而存国。然今不早图，又将为台湾之续矣。吾译书之会，不知何日成也。窃悯夫公卿忧国者，为力至易，取效至捷，而不知为之也。购求日本书至多，为撰提要，欲吾人共通之。因汉志之例，撮其精要，剪其无用，先著简明之目，以待忧国者求焉，启超既卒业，乃正告天下曰：译书之亟亟，南海先生言之既详矣。启超愿我农夫，考其农学书，精择试用，而肥我树艺；愿我工人，读制造美术书，而精其器用；愿我商贾，读商业学。而作新其货宝贸迁；愿我人士，读生理、心理、伦理、物理、哲学、社会、神教诸书，博观而约取，深思而研精，以保我孔子之教；愿我公卿，读政治、宪法、行政学之书，习三条氏之政议，撢究以返观，发愤以改政，以保我四万万神明之胄；愿我君后，读明治之维新书。借观于寇仇，而悚厉其新政，以保我万万里之疆域，纳任昧于太庙。以广鲁于天下，庶几南海先生之志，则启超愿鼓歌而道之。跪坐而进之，馨香而祝之。（《时务报》第四十五册，1897 年 11 月15 日）

## 《西政丛书》叙

政无所谓中西也，列国并立，不能无约束，于是乎有公法。土地人民需人而治，于是乎有官制。民无恒产则国不可理，于是乎有农政、矿政、工政、商政。逸居无教，近于禽兽，于是乎有学校。官民相处，秀莠匪一，于是乎有律例。各相猜忌，各自保护，于是乎有兵政。此古今中外之所同，有国者之通义也。中国三代尚已，秦汉以后，取天下于马上，制一切法，草一切律则，咸为王者一身之私计，而不复知有民事。其君臣又无深心远略，思革前代之弊，成新王之规。徒因陋就简，委靡废弛。其上焉者，补苴罅漏，涂饰耳目，故千疮百孔，代甚一代。二千年来之中国，虽谓之无政焉可已。欧洲各国，土地之沃，人民之赜，物产之衍，匪有迈于中国也。而百年以来，更新庶政，整顿百废，始于相妒，终于相师。政治学院，列为专门；议政之权，逮于氓庶。故其所以立国之本末，每合于公理，而不戾于吾三代圣人平天下之义。其大国得是道也，乃纵横汪洋于大地之中而莫之制；其小国得是道也，亦足以自立而不见吞噬于他族。播其风流，乃至足以辟美洲、兴印度、强日本、存暹罗。西政之明效大验，何其盛欤。利徐以来，西学始入中国，大率以天算、格致为传教之梯径。自晚明以逮乾嘉，魁儒巨子，讲者盖寡。互市以后，海隅士夫，怵念于败衄，归咎于武备，注意于船械，兴想于制造，而推本于格致。于是同文馆、制造局、船政所各事，南北踵起；而旁行之书，始行于学官；象鞮之笔，渐齿于士类。然而旧习未涤，新见未莹，则咸以为吾中国之所以见弱于西人者，惟是武备之未讲、船械之未精、制造之未习，格致之未娴，而于西人所以立国之本末，其何以不戾于公理，而合于吾圣人之义者，则瞠乎未始有见。故西文译华之书数百种，而言政者可屈指算也。吾既未识西人语言文字，则翘颈企踵，仰余沥于舌人之手，一新译政书出，购之若不及。虽然，所译之书，未必其彼中之良也。良矣，译者未必能无失其意也。即二者具备，而其书也。率西域十余年以前之旧书，他人所吐弃而不复道者，而吾犹以为瑰宝而珍之，其为西域笑也，固已多矣。又况并此区区者，乃不过燕、吴、粤一隅之地有通行本。而腹地各省乡僻绩学士，犹往往徒睹目录，如宋椠元钞，欲见而不可得。呜呼！中国之无人才，其何怪欤，乃从肆客之请，略撷其译本之最要者，或家刻本少见者，或丛刻本无单行者，得十余种汇为一编，俾上石以广流通，其华人著作之深通外事而有独见者，亦附数种焉。腹地之省，乡僻绩学之士，其或愿闻之也。虽然，其细已甚。欲免于西儒之笑难矣，慰情聊胜无，亦靡恶焉。若责以古贤编辑之体例，则俟译本遍天下，必有人从而抉择之，厘定之者。（《知新报》第十七册，1897 年 5 月 12 日）

## 南学会叙

岁十月，启超以湘中大夫君子之督责，辞不获命，乃讲学长沙，既至而湘之大夫君子，适有南学会之设。不以启超为不文也，而使为之序。序曰：呜呼！今之策时变者，则曰八股不废，学校不兴，商政不修，农工不饬，民愚矣。未有能国者也。蒙则谓人股即废，学校即兴，商政即修，农工即饬，而上下之弗矩絜，学派之弗沟通，人心之无热力，虽智其民，而不能国其国也，敢问国，曰有君焉者、有官焉者、有农焉者、有工焉者、有商焉者、有兵焉者，万其目，一其视，万其耳，一其听。万其手，万其足，一其心，万其心，一其力，万其力，一其事，其位望之差别也，万其执业之差别也，万而其知此事也一，而其志此事也一，而其治此事也一，心相构，力相摩，点相切，线相交，是之谓万其途，一其归，是之谓国。有国于此，君与官不相接，官与官不相接，官与士不相接，士与士不相接，士与农与工与商与兵不相接，农与农、工与工、商与商、兵与兵不相接，如是乃至士与君不相接，农工商兵与官不相接，之国者何国矣？曰：使其国千人也，则为国者千，使其国万人也，则为国者万。呜呼！不得为有国焉矣。今夫躯万也，心万也，力万也，位望万也，执业万也。虽欲一之，孰从而一之？吾乃远稽之三代，乃博观于泰西，彼其有国也。必有会，君于是焉会，官于是焉会，士于是焉会，民于是焉会，旦旦而讲之。昔昔而摩厉之，虽天下之大，万物之多，而惟强吾国之知，夫能齐万而为一者，舍学会其曷从与于斯。昔普之覆于法也，普不国也，时乃有良民会，卒报大仇也。法之覆于普也，法不国也，时乃有记念会，不数年而法之强若畴昔也。意大利之轭于教皇也，希腊之轭于突厥也，意与希不国也，时乃有保国会、保种会，卒克自立，光复旧物也。日本之劫盟于三国也，日不国也，时乃有萨摩长门诸藩侯，激厉其藩士，畜养其豪杰，汗且喘走国中，以倡大义，一啸百吟，一呻百问疾，时乃有尊攘革政，改进自由诸会党，继轨并作，遂有明治之政也。今夫以地之小如日本，民之寡如日本，幕府秉政以来，士之偷、民之靡、国之贫、兵之弱如日本，君相争权，内外交讧，时势之危蹙如日本。当彼之时，其去亡也不容发，而卒有今日，则岂非会之为功，有以苏已死之国，而完瓦裂之区者乎。嗟夫！吾中国四万万人，为四万万国之日，盖已久矣。甲午、乙未之间。敌氛压境。沿海江十数省。风声鹤唳。草木兵甲。举国自上达下，抱颅护颈，呼妻唤子，苍黄涕泣，戢戢待絷刉，犹可言也。曾不数月，和议既定，偿币犹未纳，戍卒犹未撤，则已以歌以舞、以邀以嬉，如享太牢，如登春台。其官焉者，依然惟差缺之肥瘠是问；其士焉者，依然惟八股、八韵、大卷、白折之工窳是讲，即有一二号称知学之英，忧时之彦，而汉宋有争，儒墨有争，夷夏有争，新旧学有争，君民权有争，乃至兴一利源，则官与商争，绅与民又争；举一新政，则政府与行省争，此省与彼省又争；议一创举，则意见歧而争，意见不歧而亦争。究之阴血周作，张脉偾兴，旋动旋止，只视为痛痒无关之事，而其心之热力久。冰消雪释于亡何有之乡，而于国之耻、君父之难、身家之危，其忘之也，抑已久矣。会不知支那股分之票，已骈阗于西肆；瓜分中国之图，已高张于议院。持此以语天下，天下人士犹瞠目莫之信，果未两载，而德人又见告矣。今山东胶湾之据，闽海船岛之割，予取予携，拱手以献，不待言矣。而其欲犹未餍，其祸犹未息。试问德人今日必索山东全省、福建全省，改隶德版，我何以拒之？试问俄人今日以一旅兵收东三省、直隶、山陕，我何以拒？试问法人今日以一介使索云、贵、两广，我何以拒之？试问英人今日以一纸书取楚、蜀、吴、越，我何以拒之？然则所恃以延一线之息、偷一日之活者，恃敌之不来而已。敌无日不可以来，国无日不可以亡。数年以后，乡井不知谁氏之藩，眷属不知谁氏之奴，血肉不知谁氏之俎，魂魄不知谁氏之鬼！及今犹不思洗常革故，同心竭虑，摩荡热力，震撼精神，致心皈命，破釜沉船，以图自保于万一。而犹禽视息息，行尸走肉，毛举细故，瞻前顾后，相妒相轧，相距相离。譬犹蒸水将沸于釜，而鯈鱼犹作莲叶之戏；燎薪已及于栋，而燕雀犹争稻粱之谋，不亦哀乎。今夫西人不欲分裂中国，斯亦已矣。苟其欲之，如以千钧之弩溃痈，何求不得，何愿不成？然又必迟回审顾，累岁而不发者，则岂不以彼之所重者在商务，一旦事起，沦胥糜烂，而于彼固非有所大利，故苟可已则无宁已也。而无如中国终不自振、终不自保则其所谓沦胥糜烂者，终不能免。而彼之商务无论迟速，而必有受牵之一日，故熟思审处，万无得已，而势殆必出于瓜分去尔。然则吾苟确然示之以可以自振、可以自保之机，则其谋可立戢，而其祸可立弭，昭昭然矣。此所以中东之役以后，而泰西诸国，犹徘徊莫肯先动，以待我中国之有此一日，及至三年，一无所闻，而德人之事，乃复见也。夫所谓可以自振、可以自保之机者，何也？即吾向者所谓齐万而为一，而心相构、而力相摩、而点相切、而线相交，盖非是而一利不能兴，一弊不能革，一事不能办。虽日呼号痛哭，奔走骇汗，而其无救于危亡一也。吾闻日本幕府之末叶，诸侯拥土者数十，而惟萨、长、土、肥四藩者，其士气横溢，热血奋发，风气已成，浸假遍于四岛。今以中国之大，积弊之久，欲一旦联而合之，吾知其难矣。其能如日本之已事，先自数省者起，此数省者，其风气成，其规模立，然后浸淫披靡以及于他省，苟万夫一心、万死一生以图之。以力戴王室，保全圣教。噫，或者其犹可为也。湖南天下之中，而人才之渊薮也。其学者有畏斋、船山之遗风，其任侠尚气，与日本萨摩长门藩士相仿佛。其乡先辈若魏默深、郭筠仙、曾劼刚诸先生，为中土言西学者。曾劼自出焉。两岁以来，官与绅一气，士与民一心，百废具举，异于他日，其可以强天下而保中国者，莫湘人若也。今诸君子既发大愿，先合南部诸省而讲之，庶几官与官接，官与士接，士与民接，省与省接，为中国热心之起点。而上下从兹其矩絜，学派从兹而沟通，而数千年之古国，或尚可以自立于天地也。则启超日日执鞭以从诸君子之后，所忻慕焉。（《时务报》第五十一册，1898 年 2 月 11 日）

## 知耻学会叙

《春秋》曰：蒙大辱以生者，无宁死（《春秋繁露·竹林篇》）。痛乎哉！以吾中国四万万戴天履地含生负气之众，轩辕之胤，仲尼之徒，尧舜文王之民，乃伈伈伣伣，忍尤攘垢，缅然为臣、为妾、为奴、为隶、为牛、为马于他族，以偷余命而保残喘也。《记》曰：哀莫大于心死。心死者，诟之而不闻，曳之而不动，唾之而不怒，役之而不惭，刲之而不痛，縻之而不觉，此其术也。自老氏言之，谓之至道，而自孔子、孟子言之。谓之无耻。呜呼！吾不解今天下老氏之徒，何其多也，越惟无耻，故安于城下之辱，陵寝之蹂躏，宗祐之震恐，边民之涂炭，而不思一雪。乃反托虎穴以自庇，求为小朝廷以乞旦夕之命。越惟无耻，故坐视君父之难，忘越镝之义，昧鳌纬之恤；朝睹烽燧，则苍黄瑟缩，夕闻和议，则歌舞太平。官惟无耻，故不学军旅而敢于掌兵，不谙会计而敢于理财，不习法律而敢于司李。瞀聋跛疾，老而不死，年逾耋颐，犹恋栈豆，接见西官，栗栗变色，听言若闻雷，睹颜若谈虎，其下焉者，饱食无事，趋衙听鼓，旅进旅退，濡濡若驱群豕，曾不为怪。士惟无耻，故一书不读，一物不知，出穿窬之技，以作搭题，甘囚虏之容，以受收检，裹八股、八韵，谓极宇宙之文，守高头讲章，谓穷天人之奥。商惟无耻，故不讲制造，不务转运，攘窃于室内，授利于渔人，其甚者习言语为奉承西商之地，入学堂为操练买办之才，充犬马之役，则耀于乡闾，假狐虎之威，乃轹其同族。兵惟无耻，故老弱羸病，苟且充额，力不能胜匹雏。耳未闻谈战事，以养兵十年以蓄，饮酒看花，距前敌百里而遥，望风弃甲。民惟无耻，百人之中，识字者不及三十，安之若素，五印毒物，天下所视为虺命为鸩，乃遍国种之，遍国嗜之，男妇老弱，十室八九，依之若命，缠足陋习，倡优之容，天刑之惨，习之若性。嗟乎！之数无耻者，身有一于此罔不废，家有一于此罔不破，国有一于此罔不亡。使易其地居殷周之世，则放巢流奡之事，兴不旋踵，使移此辈实欧墨之域，则波兰、突厥之辙。将塞天壤。吾不解天之所毒中国者，何以如此其甚也。吾又不解中国人之自绝于天者，又何以如此其至也。《孟子》曰："无耻之耻。无耻矣。"吾中国四万万人者，惟不知无耻之为可耻以有今日，亦既知之，亦既耻之，子胥耻父，乃鞭楚墓，范蠡耻君，乃沼吴室。张良耻国，乃墟秦社。大彼得耻愚以兴俄，华盛顿耻弱以造美，惠灵吞耻挫以拒法，嘉富洱耻散以合意，威良卑士麦耻受辖而德称雄，爹亚士耻割地而法再造，日本君臣民耻劫盟而幡然维新，更张百度，遂有今日。若是者虽耻何害，而惜乎吾中国知之者尚少，方且掩匿弥缝其可耻者，以冀他人之不我知，而未闻有出天下之公耻，以与天下共耻之者也。宗室寿君，以天潢之亲，明德之后，奋然耻之，特标此义，立会以号召天下，而走告于启超曰：嗟乎！吾侪四万万蒙耻之夫，苟犹有人心。犹是含生负气戴天履地者，其庶诵《春秋》之义，抉老学之毒，以从寿君之后，意者天其未绝中国欤。虽然，吾犹将有言，愿吾侪自耻其耻，无责人之耻，贤者耻大，不贤耻小，人人耻其耻而天下平。自讳其耻，时曰无耻，自诵其耻，时曰知耻，启超请诵耻以倡于天下。呜呼！圣教不明，民贼不息，太平之治不进，大同之象不成。斯则启超之耻也。（《时务报》第四十册，1897 年 9 月 26 日）

## 与林迪臣太守书

顷阅各报，知浙中学堂已有成议，大吏委公总司厥事，无任忭喜，军事既定，庙谟谆谆，野议缤缤，则咸以振兴学校为第一义。各省州县颇有提倡，而省会未或闻焉，浙中此举，实他日群学之权舆也。启超窃以为此后之中国，风气渐开。议论渐变，非西学不兴之为患。而中学将亡之为患，至其存亡绝续之权则在于学校。昔之蔽也，在中学与西学分而为二。学者一身不能相兼，彼三十年来之同文馆、方言馆、武备学堂等，其创立之意，非不欲储非常之才以为国用也。然其收效乃仅若是，今之抵掌鼓舌以言学校者，则莫不知前此诸馆之法之未为善矣。而要彼今日之所立法，其他日成就有以异于前此诸馆之为乎？则非启超之所敢言也，启超谓今日之学校，当以政学为主义，以艺学为附庸，政学之成较易，艺学之成较难，政学之用较广，艺学之用较狭。使其国有政才而无艺才也，则行政之人，振兴艺事，直易易耳。即不尔，而借材异地，用客卿而操纵之，无所不可也。使其国有艺才而无政才也，则绝技虽多，执政者不知所以用之，其终也必为他人所用。今之中国，其习专门之业稍有成就者，固不乏人，独其讲求古今中外治天下之道，深知其意者，盖不多见。此所以虽有一二艺才而卒无用也。中国旧学，考据、掌故、词章为三大宗。启超窃尝见侪辈之中，同一旧学也。其偏重于考据、词章者，则其变而维新也极难；其偏重于掌故者，则其变而维新也极易。盖其人既以掌故为学，必其素有治天下之心，于历代治乱兴亡、沿革得失所以然之故。日往来于胸中，既遍思旧法，何者可以治今日之天下，何者不可以治今日之天下，抉择既熟，图穷匕见，乃幡然知泰西之法，确有可采，故其转圜之间廓如也。彼夫西人之著书为我借箸者，与今世所谓洋务中人介于达官市侩之间而日日攘臂谭新法者，其于西政非不少有所知也。而于吾中国之情势政俗，未尝通习，则其言也，必窒碍不可行。非不可行也，行之而不知其本，不以其道也。于是有志经世者，或取其言而试行之，一行而不效，则反以为新法之罪。近今之大局，未始不坏于此也。故今日欲储人才，必以通习中国掌故之学。知其所以然之故，而参合之于西政，以求致用者为第一等。泰西诸国，首重政治学院，其为学也，以公理、公法为经，以希腊、罗马古史为纬，以近政近事为用。其学成者授之以政，此为立国基第一义。日本效之，变法则独先学校，学校则独重政治，此所以不三十年而崛起于东瀛也。启超自顷入鄂，则请南皮易两湖书院专课政学，以六经诸子为经，而以西人公理公法之书辅之，以求治天下之道；以历朝掌故为纬，而以希腊、罗马古史辅之，以求古人治天下之法；以按切当今进势为用，而以各国近政近事辅之，以求治今日之天下所当有事。苟由此道，得师而教之，五年之间，可以大成，则真国家有用之才也。今以为浙中学堂宜仿此意，即未能专示以所重，亦当中西兼举、政艺并进，然后本末体用之间，不至有所偏丧。彼乎同文、方言诸馆者，其中亦未尝无中学教习也，未尝不课以诵经书作策论也，而其学生皆如未尝受中学然者，彼其教习固半属此间至庸极陋之学究，于中学之书，原一无所闻，其将以何术传诸其徒也？学生既于中学精深通达之处，未尝少有所受，则其所诵经书，只能谓之认字，其所课策谕，只能谓之习文法，而绝不能谓之中学，故其成就一无可观也。故今日欲兴学校，苟不力矫此弊，则虽糜巨万之经费，只为洋人广蓄买办之才。十余年后，必有达识之士以学堂为诟病者。此不可不慎也。为今之计。能聘一通古今、达中西之大儒为总教习，驻院教授，此上策也。其不能也，则窃见尊拟章程中有诸生各设日课部一条，苟能以《周礼》、《公羊》、《孟子》、《管子》、《史记》、《文献通考》、全史书志等。及近译西人政学略精之书数种，列为定课使诸生日必读若干页，以今日新法证群书古义，而详论其变通之由与推行之道，其有议论，悉札识于日课中。而请通人评骘之，或每月更设月课，其题多用策问体，常举政学之理法以叩之。俾启其心思，广其才识，则其所得亦庶几也。浙中此举，为提倡实学之先声。一切章程，他日诸省所借以损益也。惟公留意焉，启超稚龄寡学，于一切门径条理，岂有所知。顾承见爱，相待逾恒，故不避唐突，薄有所见。则贡之于左右，想公达人，必不诃其多

言也。（《饮冰室合集》文集之三）

## 保国会演说词

今日之会，惟诸君子过听，或以演说之事相督责。启超学识陋浅，言语朴呐、且久病初起，体气未复，无以应明命，又不敢阙焉以破会中之例，谨略述开会宗旨，以笔代舌，惟垂览焉。

呜呼！今日中国之士大夫，其心力，其议论，与三岁以前则大异。启超甲午、乙未游京师，时东警初起，和议继就，窃不自揣，日攘臂奋舌，与士大夫痛陈中国危亡、朝不及夕之故，则信者十一，疑者十九。退而盖然忧，眈然思，谓安得吾国中人人知危知亡，其必有振而救之者。乃及今岁，胶、旅、大、威相继割弃，受胁失权之事，一月二十见。启超复游京师，与士大夫接，则忧瓜分、惧为奴之言，洋溢乎吾耳也。及求其所以振而救之之道，则曰天心而已，国运而已；谈及时局，则曰一无可言；语以办事，则曰缓不济急。千臆一念，千喙一声，举国戢戢，坐待刲割。嗟乎！昔曾惠敏作《中国先睡后醒论》，英人乌理西（英之子爵，今任全国陆军统帅）谓中国如佛兰金仙之怪物，纵之卧则安寝无为，警之觉则奋牙张爪，盖皆于吾中国有余望也。今之忧瓜分惧危亡者遍天下，殆几于醒矣，而其论议若彼，其心力若此。故启超窃谓，吾中国之亡，不亡于贫，不亡于弱，不亡于外患，不亡于内讧，而实亡于此辈士大夫之议论之心力也。

今有病者于此，家人亲戚，咸谓其病不可治也，相与委而去之，始焉虽无甚病，不浃旬必死矣。今中国病外感耳，病噎嗝耳，苟有良药，一举可疗，而举国上下，漫然以不可治之一语，养其病而待其死亡。昔焉不知其病，犹可言也；今焉知其病而相率待死亡，是致死之由不在病而在此辈之手，昭昭然也。且靡论病之必可治也，即治之罔效，及其死也，犹有衣衾棺椁之事焉，犹有托孤寄命之事焉，欲委而去之，盖有所不能矣。一人之身且有然，而况国之存亡，其所关系所牵率，有百倍于此者乎！故即瓜分之事已见，为奴之局已成，后此者犹当有事焉矣。执豕于牢，尚狂踯而怒嗥；今数万里之沃壤，固犹未割也，数万万之贵种，固犹未絷也，而已俯首帖耳，忍气吞声，死心塌地，束手待亡，斯真孟子所谓"是自求祸也"。

《论语》之记孔子也。曰"知其不可为而为之"。夫天下事可为不可为，亦岂有定哉！人人知其不可而不为，斯真不可为矣！人人知其不可而为之，斯可为矣！使吾四万万人者，咸知吾国处必亡之势，而必欲厝之于不亡之域，各尽其聪明才力之所能及者，以行其分内所得行之事，人人如是，而国之亡犹不能救者，吾未之闻也。何谓分内所得行之事？今语人以变法，以办事，其在上者，必曰下无人才，无所可用也；其在下者，必曰上不变法，无一可言也。以故，疆臣则归罪政府，政府亦归罪疆臣；州县则归罪督抚，督抚亦归罪州县；士民则归罪有司，有司亦归罪士民。要而论之，相率以不发一论，不办一事而已。其太息痛恨涕哭唾骂之言，正以便其推诿卸责一齐放倒之计，而实非有一毫真心，以忧国忧天下者也。如真忧之，则必无以办事望人焉，以望诸己而已；必无以办事责人焉，以责诸己而已。各有不可诿之责分，各有可得为之权限。愿我士我大夫，皆移其责望人之心，以自望自责，则天下事之可为者，未有量也。

子曰："饱食终日，无所用心，难矣哉！"又曰："群居终日，言不及义，好行小慧，难矣哉！"又曰："说而不绎，从而不改，吾末如之何也已矣！"盖天下无论何种人，皆可教皆可用，惟此死心塌地，一齐放倒，知其不可而不为者，虽圣贤末由而化之。且此辈者，岂惟自行放倒而已，其见有他人之实心忧天下者，则相与目笑之，鼻訾之，或撷拾言语举动之小小过节，微词以诋诽之、阻挠之，以佐其饱食群居、好行小慧之谈资以为快。嗟乎，痛哉！吾壹不知我中国人若此辈者何其多也！孔子一则曰"难"，再则曰"难"，再则曰"末如之何"。诚哉，其"末如之何"矣！

昔有英人某，游高丽归而著书，曰："高丽其亡矣！入其国，见其人，终日无所事，但携荈一榼，三五为群，以清谈于阴树之下，永日永夜，人人如是，日日如是，国其能国乎？"呜呼！启超观于我京师之士大夫，而窃有感于斯言也。籍于朝者以千计，自一二要津显宦，疲精力于苞苴钻竞，日不暇给外，自余则皆饱食以待升转，终日无所事，既不读书，又不办事，堂堂岁月，无法消遣，乃相率自沉于看花、饮酒、诗钟、射覆、弹棋、六博、征歌、选舞，以为度日之计。若今之公车，自闱后榜前二十日间，集辇毂下者八千人，其无可消遣之情态，视朝士又有甚焉。而此人者，则皆能为忧瓜分惧为奴之言者也。徐而叩其说，则曰："今日事无可为，正我辈醇酒妇人之时也。"呜呼！"行有死人，尚或殣之；君子秉心，惟其忍之。"
我士我大夫，岂必其有乐于此？无亦以保国之大事，非一手之为烈，救亡
之条理，非举念之可得；或思救之而不得其下手之法，或独为之而苦无相
助之人，日消月磨，而因自放云尔！夫同一法也，合群策以讨论之，斯易
定矣；同一学也，合群智以讲求之，斯易成矣；同一事也，合群力以分
任之，斯易治矣。然则，我士我大夫之所以自放于无用之地，以求为消遣
岁月之谋，甘为游民，甘蹈高丽之覆辙而不悟者，殆皆以无学会之故。思
之思之，鬼神通之。锲而不舍，金石镂之。群之习之，摩之厉之，荡之决
之，策之鞭之。意者佛兰金仙，其犹有将醒之时；而曾惠敏、乌西里之言，
不终不验耶。则启超馨香而祝之，跪膜而礼之。（《湘报》第一百零三号，
1898 年 7 月 5 日）

## 论湖南应办之事

今之策中国者，必曰兴民权。兴民权斯固然矣，然民权非可以旦夕而成
也。权者生于智者也，有一分之智，即有一分之权；有六七分之智，即有六七
分之权；有十分之智，即有十分之权。是故国即亡矣，苟国人之智，与灭我
之国之人相等，则彼虽灭吾国，而不能灭吾权。阿尔兰之见并于英人是也，今
英伦人应享利益，阿尔兰人无不均沾也。即吾民之智，不能与灭我之国之人
相等，但使其智日进者，则其权亦日进，印度是也。印度初属于英，印人只
能为第六七等事业，其第五等以上事业，皆英人为之。（凡官事、私事莫不皆
然，如一衙署则五品以上官皆英人，一公司则总办、帮办及高等司事皆英人
也。）近则第二等以下事业，皆印人所为矣。其智全塞者，则其权全亡。非洲
之黑人，美洲之红人，南洋之棕人是也。此数种者，只见其为奴为隶，为牛为
马，日渐月削。数十年后，种类灭绝于天壤耳，更无可以自立之时矣。夫使印
度当未亡之时，而其民智慧即能如今日，则其蚤为第二等人也久矣；使其有加
于今日，则其为第一等人也亦已久矣。是故权之与智，相倚者也，昔之欲抑民
权，必以塞民智为第一义；今日欲伸民权，必以广民智为第一义。湖南官绅，
有见于民智之为重也，于是有时务学堂之设，意至美矣。然于广之之道，则犹
未尽也。学堂学生，只有百二十人，即使一人有一人之用，其为成也亦仅矣。

而况此辈中西兼习，其教之也当厚植其根柢，养蓄其大器，非五年以后，不欲其出而闻天下事也。然则此五年中，虽竭尽心力以教之，而其风气仍不能出乎一学堂之外，昭昭然矣。故学生当分为二等：其一以成就远大，各有专长，各有根柢为主，此百二十人是也；其一则成就不必其远大，但使于政学之本原，略有所闻，中外之情形，无所暗蔽，可以广风气，消阻力，如斯而已。由前之说，则欲其精；由后之说，则欲其广。大局之患，已如燎眉，不欲湖南之自保则已耳，苟其欲之，则必使六十余州、县之风气同时并开，民智同时并启，人才同时并成，如万毫齐力，万马齐鸣，三年之间，议论悉变。庶几有济，而必非一省会之间、数十百人之局可以支持，有断然矣。则必如何然后能如此？就其上者言之，一曰朝廷大变科举，一曰州、县遍设学堂，斯二者行，顷刻全变。然而非今日之所能言矣，有官绅之力所可及，而其成效之速，可与此二事相去不远者。一曰全省书院官课、师课，改课时务也，以岳麓求贤之改章，及孝廉堂之为学会，士林举无间然，然则改课亦当无违言必矣。官课、师课全改，耳目一新，加以学政所至，提倡新学，两管齐下，则其力量亚于变科举者无几矣。或疑各府、州、县悉变，则恐阅卷者无人，是不难，但专聘一二人驻省会，而各处课卷皆归其评阅，不过邮寄稍需时日耳。于事无伤也。若太僻远之州、县，则或两三月之题目，同时并发，课卷同时并收，则邮寄之繁难，亦可稍省矣。尤有进于此者，则莫如童试之县考、府考，饬下州、县，除第一场外，悉试时务。府县考凡六七场，功令所载，并无必试八股之例。支床架屋，实属可憎，扫除更张，真乃快事。然此事尚有未尽可行者，则虑各府、县无阅卷之人也。今宜饬下，令其自行物色聘请，或由省中荐人前往，此则只需长官一纸书耳，不费一铢，而举省之士，靡然向风矣。二曰学堂广设外课，各州、县咸调人来学也。州、县遍设学堂，无论款项难筹，即教习亦无从觅聘。教习不得人，讲授不如法，劳而少功，虽有若无耳。以余所见，此间各处书院诸生，讲习经年，而成就通达者，寥寥无几。大约为开风气起见，先须广其识见，破其愚谬，但与之反复讲明政法所以然之理。国以何而强，以何而弱；民以何而智，以何而愚；令其恍然于中国种种旧习之必不可以立国。然后授以东西史志各书，使知维新之有功，授以内外公法各书，使明公理之足贵，更折衷于古经古子之精华，略览夫格致各学之流别。大约读书不过十种，为时不过数月，而其见地固已甚莹矣。乃从而摩激其热力，鼓厉其忠愤，使以保国、保种、保教为己任，以大局之糜烂为一身之耻疚。持此法以教之，间日必有讲论，用禅门一棒一喝之意，读书必有札记，仿安定经义治事之规，半年以后，所教人才，可以拔十得五。此间如学堂学生，鼓箧不过月余耳。又加以每日之功，学西文居十之六，然其见识议论，则已殊有足观者。然则外课成就之速，更可冀矣。大抵欲厚其根柢，学颛门之业，则以年稚为宜；欲广风气观大略，速其成就，则以年稍长为善。盖苟在二十以上，于中国诸学曾略有所窥者，则其脑筋已渐开，与言政治之理，皆能听受，然后易于有得。故外课生，总以不限年为当。前者出示在此间招考，仅考两次，已迫岁暮，来者百余人，可取者亦三十人。然设此课之意，全在广风气，其所重者在外府、州、县，故必由学政按临所至，择其高才年在三十以下者，每县自三人至五人，咨送来学，其风始广。然各府辽远，寒士负笈之资，固自不易，愚意以为莫如令各州、县为具川资咨送到省，每岁三五人之费，为数无几，虽瘠苦之县，亦不至较此区区。到省以后，首须谋一大厦，使群萃而讲习。若学堂有余力，则普给膏火，否则但给奖赏而已。（如不给膏火，则须问其愿来与否，乃可咨送。）此项学生，速则半年，迟则一年，即可遣散，另招新班。择其学成者，授以凭记，可以为各县小学堂教习。一年之后，风气稍成，即可饬下各州、县，每县务改一书院为学堂。三年之间，而谓湘人犹有嫉新学如仇，与新学为难者，其亦希矣。欲兴民权，宜先兴绅权；欲兴绅权，宜以学会为之起点。此诚中国未常有之事，而实千古不可易之理也。夫以数千里外渺不相属之人，而代人理其饮食、讼狱之事，虽不世出之才，其所能及者几何矣？故三代以上，悉用乡官；两汉郡守，得以本郡人为之；而功曹掾史，皆不得用它郡人，此古法之最善者。今之西人，莫不如是。唐宋以来，防弊日密，于是悉操权于有司，而民之视地方公事，如秦越人之肥瘠矣。今欲更新百度，必自通上下之情始；欲通上下之情，则必当复古意。采西法，重乡权矣。然亦有二虑焉：一曰虑其不能任事，二曰虑其借此舞文也。欲救前弊，则宜开绅智；欲救后弊，则宜定权限。定权限者何？西人议事与行事分而为二，议事之人，有定章之权，而无办理之权；行事之人，有办理之权，而无定章之权。将办一事，则议员集而议其可否，既可，乃议其章程，章程草定，付有司行之，有司不能擅易也。若行之而有窒碍者，则以告于议员，议而改之，西人之法度，所以无时不改，每改一次，则其法益密，而其于民益便，盖以议事者为民间所举之人也。是故有一弊之当革，无不知也；有一利之当兴，无不闻也。其或有一县、一乡之公益，而财力不能举者，则议员可以筹款而办之。估计其需费之多少，而醵之于民焉，及其办成也，则将其支用款项，列出清单，与众人共见，未有不愿者也。譬之一街之中，不能无击柝之人，于是一街之户宅集议，各出资若干而雇一人为之。一乡之中，欲筑一桥，修一路，于是一乡之户宅集议，或按田亩，或按人丁，各出资若干而动工为之，未有不愿者也。推而大之，而一县，而一省，而一国，莫不如是。西人即以此道治一国者也。（吾中国非不知此法，但仅以之治一乡、治一街，未能推广耳。）故每有应筹款项，皆待命于下议院。下议院则筹之于民，虽取之极重，而民无以为厉己者，盖合民财以办民事，而为民所信也。民亦知此事之有益于己，而又非己之独力所能办，故无不乐输以待上之为我成之也。（如一街四十户，每户月输一百，即得四千，可以用一击柝之人，以为己保护财产，若非得一人总任其事，则虽每户月自出二百，仍不能用一人也。）故有乡绅为议事，则无事不可办，无款不可筹，而其权则不过议此事之当办与否及其办法而已。及其办之也，仍责成于有司，如是则安所容其舞文也？至于讼狱等事，则更一委之于官，乡绅只能为和解，或为陪审人员，而不能断其谳。然则又何舞文之有乎？西人举国而行之，不闻有弊，则亦由权限之划定而已。开绅智者何？民间素不知地方公事为何物，一切条理，皆未明悉，而骤然授之，使其自办，是犹乳哺之儿，而授之以杯箸，使自饮食，其殆必矣。故必先使其民之秀者，日习于公事，然后举而措之裕如也。今中国之绅士，使以办公事，有时不如官之为愈也。何也？凡用绅士者，以其于民之情形熟悉，可以通上下之气而已。今其无学、无智既与官等，而情伪尚不如官之周知，然则用之何为也？故欲用绅士，必先教绅士，教之惟何？惟一归之于学会而已。先由学会绅董，各举所知品行端方、才识开敏之绅士，每州、县各数人，咸集省中入南学会。会中广集书籍、图器，定有讲期，定有功课，长官时时临莅以鼓励之；多延通人，为之会长。发明中国危亡之故，西方强盛之由，考政治之本原，讲办事之条理。或得有电报，奉有部文，非极秘密者，则交与会中，俾学习议事；一切新政，将举办者，悉交会中议其可办与否，次议其办法，次议其筹款之法，次议其用人之法。日日读书，日日治事，一年之后，会中人可任为议员者过半矣。此等会友，亦一年后，除酌留为总会议员外，即可分别遣散，归为各州、县分会之议员。复另选新班在总会学习，绅智既开，权限亦定，人人既知危亡之故，即人人各思自保之道。合全省人之聪明才力，而处心积虑，千方百计，以求办一省之事，除一省之害，捍一省之难，未有不能济者也。绅权固当务之急矣，然他日办一切事，舍官莫属也。即今日欲开民智、开绅智，而假手于官力者，尚不知凡几也。故开官智，又为万事之起点。官贫则不能望之以爱民，官愚则不能望之以治事。闻黄按察思所以养候补官，优其薪水之法，此必当速办者也。既养之，则教之，彼官之不能治事，无怪其然也。彼胸中曾未有地球之形状，曾未有欧洲列国之国名，不知学堂工艺、商政为何事，不知修道、养兵为何政，而国家又不以此考成，大吏又不以此课最，然则彼亦何必知之？何必学之？举一省之事，而委之此辈未尝学问、无所知识之人之手，而欲其事之有成，是犹然薪以止沸，却行而求前也。而无如不办事则已，苟办事，则其势不能不委之此辈之手，又不可以其不能办而不办也。然则将如之何？曰：教之而已矣。教官视教士难，彼其年齿已老，视茫发苍，习气极深，宦情熏灼，使之执卷伏案，视学究之训顽童，难殆甚焉；然教官又视教士易，彼其望长官如天帝，觊缺差若九鼎，宫中细腰，四方饿死，但使接见之时，稍为抑扬，差委之间，微示宗旨。虽强之以不情之举，犹将赴汤蹈火以就之。而况于导之以学乎？故课吏堂不可不速立，而必须抚部为之校长，司道为之副校长。其堂即设在密迩抚署之地，每日或间一二日，必便衣到堂，稽察功课，随时教诲。最善者莫如删堂属之礼，以师弟相待。堂中陈设书籍，张挂地图，各官所读之书，皆有一定。大约各国约章、各国史志，及政学、公法，农、工、商、兵，矿、政之书。在所必读，多备报章，以资讲求，各设札记。一如学堂之例，延聘通人为教习，评阅功课；校长及副校长，随意谈论，随意阅札记；或阅地图，而与论其地之事；或任读一书，而与论其书之美恶；听其议论，而可以得其为人矣。而彼各官者，恐功课不及格而获谴，恐见问不能答而失意。莫不争自濯磨，勉强学问矣。教之既熟，必有议论明达、神气坚定者出矣。或因好学而特予优差，或因能办事而委之繁缺，数月之后，家弦诵而人披吟矣。闻曾文正每日必有一小时与幕府纵谈，若有事应商，则集幕府僚属，使之各出意见，互相辩论，文正则不发一言，归而采之。既可于此事集思广益，复可见其人之议论见地。骆文忠则每集司道于一圆桌，令以笔墨各陈所见。岑襄勤、丁雨生之办事，如训蒙馆然，聚十数幕友于一堂，陈十数几桌，定时刻办事，随办随到，案无留牍，此诚治事之良法也。今日之中国，亦颇苦于礼矣。终日之晷刻，消磨于衣冠应酬迎送之间者，不知凡几，交受其劳，而于事一无所补，日日议变法，此之不变，安得有余日以办应办之事乎？是宜每日定有时刻，在课吏堂办事，一切皆用便衣，凡来回事者，立谈片刻，不迎不送，除新到省衣冠一见外，其余衙门例期，悉予停免，有事咸按时刻，在堂中相见，则形骸加适，而治事加多，斯实两得之道也。至实缺各官，关系尤重。既未能尽取而课之，亦必限以功课。指明某书，令其取读，必设札记，读书治事，二者并见。须将其读书所有心得，及本县人情、物产、风俗，咸著之札记中，必须亲笔，查有代笔者严责。（难者必以为实缺官身任繁剧，安能有此休暇？不知古人仕优则学，天下断无终年不读书而可以治事之理。每日苟定出时刻，以一两点钟读书，未必即无此暇晷也。）频颁手谕，谆谆教诲，如张江陵与疆臣各书，胡文忠示属员各谕，或以严厉行之，或以肫诚出之，未有不能教诲者也。吏治之怠散久矣，参劾则无人可用，亦不可胜劾。其无咎无誉，卧而治之，无大恶可指者，亦常十居六七焉。夫立木偶于庭，并水不饮，其廉可谓至矣。然而不能为吏者，吏者治事者也。吏不治事，即当屏黜，岂待扰民哉？虽然，治事者，必识与才兼，然后可云也。若并不知有此事，不知此事之当办，则曷从治之？未尝讲求此事之办法，则曷从治之？西国治一事，则有一事之学堂，既学成而后授以事矣。然其每日办事之暇，未尝有一日废书者。（不读书则看报，贵至君主，贱至皮匠，莫不皆然。）今我国人士，自其鼓箧之始，即已学非所用，用非所学，及一入宦途，则无不与书卷长别。《传》曰："子有美锦，不使人学制焉。"一官一邑，身之所庇也。而使学制焉，又况于终其身而不学者乎？中国一切糜烂，皆起于此，而在位者沓焉不自觉。今日兴一新法，明日兴一新法，而于行法之有人与否，漠然而不之计，此真可为痛哭流涕者也！以上三端，一曰开民智，二曰开绅智，三曰开官智。窃以为此三者，乃一切之根本。三者毕举，则于全省之事，若握裘挈领焉矣。至于新政之条理，则多有湖南所已办者，如矿务、轮船、学堂、练兵之类；或克日开办者，如学会、巡捕、报馆之类；或将办而尚有阻力者，如铁路之类；或已办而尚须变通扩充者，如钞票制造公司之类。今不必述，而窃以为尚有极要者二事：一曰开马路，通全省之血脉，则全省之风气可以通，全省之商货可以出；二曰设劝工博览场，取各府、州、县天产人工之货，聚而比较之，工艺精者优加奖励，长沙古称贫国，而五代马氏，即恃工商以立邦。今欲易贫而富，则非广励工商末由也。今全省无论已办、将办、未办各事，除绅士协办外，苟经官手，则几无事不责成于一二人。其事至繁，其势至散，一人之精神，有万不能给之势，然舍此则又无可倚畀。鄙意以为宜设一新政局，（各省有洋务局之称，其名最不雅驯，不可用。）一切新政，皆总于其中，而使一司道大员为总办，令其自举帮办以下之人，事归一线，有条不紊，或稍易为力也。（新政局即设于课吏堂，尤为两益。）(《湘报》第二十六、二十七、二十八号，1898 年 4 月 5、6、7 日）